# LA PRIMA BATTAGLIA NAVALE DELLA SIRTE
## (17 DICEMBRE 1941)

GENESI E FALLIMENTO DELL'OPERAZIONE "M.41" E LA
PIANIFICAZIONE E IL FORTUNATO SUCCESSO
DELL'OPERAZIONE "M. 42"

**FRANCESCO MATTESINI**

ROMA 2020

**Autore**

**Francesco Mattesini**, nato ad Arezzo il 14 aprile 1936, residente a Roma dall'estate 1951, ha prestato servizio, tra il febbraio 1958 e il luglio 1999, presso il IV Reparto dello Stato Maggiore dell'Esercito. Studioso ed esperto di guerra aeronavale, ricercatore abile e meticoloso, già attivo collaboratore del Giornale d'Italia per il quale ha curato la rubrica "Verità Storiche", ha scritto, svelando molti retroscena, numerosissimi articoli di carattere politico-militare su quotidiani e stampa specializzata, ed ha pubblicato, negli anni '80, con editori privati, i volumi "La battaglia d'Inghilterra"; "Il giallo di Matapan"; "La battaglia aeronavale di mezzo agosto"; e con coautore, ma soltanto per la parte politica, il Prof. Alberto Santoni, "La partecipazione tedesca alla guerra aeronavale nel Mediterraneo", alla seconda edizione, (2005), di cui ha curato tutta la parte della ricerca, operativa, statistica e grafica. Collaboratore dell'Ufficio Storico della Marina Militare, dal quale ebbe l'incarico di effettuare una severa e precisa revisione storica dei libri pubblicati negli anni 1950-1980, Mattesini ha pubblicato "La battaglia di Punta Stilo"; "Betasom. La guerra negli Oceani"; "La battaglia di Capo Teulada", "L'Operazione Gaudo e lo scontro notturno di Capo Matapan"; "La Marina e l'8 Settembre", in due tomi; e i primi quattro volumi della collana "Corrispondenza e direttive tecnico operative di Supermarina" (1939-1941), oltre a 60 saggi per il Bollettino d'Archivio dell'Ufficio Storico della Marina Militare. Contemporaneamente, per l'Ufficio Storico dell'Aeronautica, Mattesini ha realizzato la collana in due volumi (quattro tomi), "Le direttive tecnico operative di Superaereo 1940-1943", e il volume "L'attività aerea italo-tedesca nel Mediterraneo, gennaio-maggio 1941". Nel 2019-2020 Mattesini ha pubblicato "Luci e ombre degli aerosiluranti italiani Agosto 1940 – Settembre 1943"; "La battaglia aeronavale di mezzo-agosto" rielaborata e aggiornata; "Punta Stilo 9 luglio 1940, 80° anniversario della prima battaglia aeronavale della storia"; "L'agguato di Matapan". È socio da moltissimi anni della Società di Storia Militare (SISM) e della Associazione Italiana Documentazione Marittima Navale (AIDMEN), per le quali ha prodotto diversi saggi, e molti altri nella sua pagina del sito Academia Edu. Per Luca Cristini editore a oggi ha al suo attivo quasi una decina di titoli, tra cui nella serie Storia: "La notte di Taranto dell'11 novembre 1941", "La battaglia di Creta maggio 1941, La guerra civile spagnola e la Regia Marina italiana, Testimonianze di guerra nell'estate del 1944 a Castel Focognano e L'attacco dei sommergibili tedechi e italiani nei mari delle Indie occidentali (1942).

**LICENSES COMMONS**

This book may utilize part of material marked with license creative commons 3.0 or 4.0 (CC BY 4.0), (CC BY-ND 4.0), (CC BY-SA 4.0) or (CC0 1.0). We give appropriate attribution credit and indicate if change were made in the acknowledgments field. Our WTW books series utilize only fonts licensed under the SIL Open Font License or other free use license.

la gran parte parte delle immagini qui riprodotte provengono dagli archivi pubblici italiani di esercito, marina e aviazione, dove l'autore ha prestato servizio per tanti anni, o da fonti di libero utilizzo per raggiunto status di pubblico dominio.

Related all the British navy or RAF image of the book the expiry of Crown Copyrights applies worldwide because: It is photograph taken prior to 1 June 1957 and/or It was published prior to 1970 and/or It is an artistic work other than a photograph or engraving (e.g. a painting) which was created prior to 1970

For a complete list of Soldiershop titles please contact Luca Cristini Editore on our website: www.soldiershop.com or www.cristinieditore.com. E-mail: info@soldiershop.com

**STORIA**

Titolo: **La prima battaglia navale della Sirte (17 Dicembre 1941)** Code.: SPS-068 Di Francesco Mattesini. ISBN code: 9788893276412 prima edizione Ottobre 2020 – ebook ISBN 9788893276429
Lingua: Italiano - layout 177,8x254mm Cover & Art Design: Luca S. Cristini
Pubblicato da Luca Cristini Editore, via Orio, 35/4 - 24050 Zanica (BG) ITALY.www.soldiershop.com

L'incrociatore pesante *Trento*, da Naval Encyclopedia

## *L'offensiva della Regia Aeronautica contro le basi aeronavali di Malta e l'arrivo alla Valletta della Forza K*

Il problema che nell'estate del 1941 nel Mediterraneo centrale stava causando ai Comandi delle Forze Armate italiane le maggiori preoccupazioni era costituito dal rafforzamento britannico dell'Isola di Malta, che era iniziato alla fine di maggio, dopo il ritiro del 2° Corpo Aereo Tedesco (X Fliegerkorps) dalla Sicilia per trasferirsi in Grecia. Le conseguenze che né derivarono furono rappresentate da un notevole incremento dell'attività degli aerei e dei sommergibili britannici contro i convogli dell'Asse diretti in Libia, guidati da una efficientissima ricognizione aerea, con velivoli notturni forniti di radar di scoperta navale ASV, e da un altrettanto efficiente servizio d'informazioni svolto dall'organizzazione crittografica Ultra.

Di fronte alla critica situazione venuta a crearsi nel campo dei rifornimenti dell'Asse destinati al fronte della Cirenaica, il comandante dell'Africa Korps, generale Erwin Rommel, in perenne stato di crisi con i Comandi italiani, aveva rivolto le sue lamentele a Berlino, sollecitando che venissero inviati nel Mediterraneo sommergibili e aerei tedeschi, da impiegare anche sulle rotte britanniche per Tobruk, la cui guarnigione era assediata dalle forze dell'Asse fin dall'aprile. Il cancelliere della Germania, Adolf Hitler (Führer), dopo averne parlato con il Capo del Governo italiano Benito Mussolini (Duce), che concesse di buon grado il suo assenso, alla fine di agosto ordinò che un primo gruppo di sei U-boote (*U-75, U-79, U-97, U-331, U-371, U-559*), denominato "Goeben", si trasferissero dall'Atlantico nel Mediterraneo orientale, per operare, dalla base greca di

Salamina, sulle rotte britanniche che rifornivano Tobruk. Il Führer, però, non poté allora inviare alcun rinforzo di aerei, perché gran parte della Luftwaffe si trovava impegnata ad oltranza sul fronte Russo e su quello della Manica.[1]

Per permettere ai convogli italiani di transitare con alquanta sicurezza nel Mediterraneo centrale, occorreva però che la Regia Aeronautica aumentasse gli sforzi contro Malta, da cui partivano gli aerei e i sommergibili britannici che causavano le maggiori perdite ai convogli italiani; perdite spesso dolorosissime come dimostrò, il 19 settembre, l'affondamento dei transatlantici *Neptuma* e *Oceania*, carichi di soldati, per opera dell'*Upholder*. Si trattava di un sommergibile particolarmente efficiente e letale, che al comando del tenente di vascello Malcolm David Wanklyn aveva già ottenuto notevoli successi, incluso l'affondamento del transatlantico *Conte Rosso*, conseguito il 24 maggio a sud di Capo Passero, e il danneggiamento dell'incrociatore *Garibaldi*, verificatosi il 28 luglio presso Merettimo.

Sollecitato dal Comando Supremo della Regie Forze Armate e da Supermarina, l'organo operativo dello Stato Maggiore della Regia Marina, ad un maggiore impegno per tenere sotto pressione le basi nemiche, il 29 settembre 1941 il generale Pricolo, portò a conoscenza del generale Ugo Cavallero, le proprie direttive, per gli "*Attacchi su Malta*", che furono inviate quello stesso giorno al Comando dell'Aeronautica della Sicilia. L'impiego delle forze aeree, da svolgersi soprattutto con azioni di bombardamento notturno, doveva realizzarsi secondo il concetto operativo di "*massa*", da sviluppare con il rafforzamento dell'Aeronautica della Sicilia nei limiti del possibile, a causa delle molteplici esigenze degli altri settori di guerra. Il generale Cavallero, affermando che l'esposizione del generale Pricolo corrispondeva alle direttive operative sulle quali egli insisteva da tempo, rispose a Superaereo (l'organo operativo dello Stato Maggiore della Regia Aeronautica) di voler conoscere il programma della azione aeree da svolgere contro Malta, che ebbero inizio nella prima decade di ottobre, con risultati però insoddisfacenti.[2]

Questa constatazione riconosciuta dallo stesso Capo di Stato Maggiore dell'Aeronautica il quale, affrontando con lettera del 18 ottobre l'argomento della protezione dei convogli per la Libia sollecitato dal Comando Supremo, sostenne che, nonostante fossero stati attuati provvedimenti per potenziare l'Aeronautica della Sicilia, appariva impossibile neutralizzare Malta in modo talmente efficace da impedire la partenza dei suoi aerei offensivi diretti contro i convogli libici.[3]

Messo di fronte a questa spiacevole realtà, Cavallero invitò l'indomani Supermarina e Superaereo a studiare i provvedimenti più efficaci per migliorare la difesa del traffico con l'Africa Settentrionale, attuando misure che dovevano comportare, pur sempre, un intensificato impiego delle azioni aeree contro le basi di Malta, specialmente

---

[1] Alberto Santoni, per la parte politica, e Francesco Mattesini, per la parte operativa, statistica e grafica, *La partecipazione tedesca alla guerra aeronavale nel Mediterraneo (1940-1945)*, Edizioni dell'Ateneo & Bizzarri, Roma, 1980.

[2] Per la direttiva di Superaereo "*Attacchi su Malta*" e per la risposta del Comando Supremo vds. Francesco Mattesini e Mario Cermelli *Le Direttive Tecnico-Operative di Superaereo*, Volume Primo - II Tomo, Stato Maggiore dell'Aeronautica Ufficio Storico (da ora in poi SMAUS), Doc. n. 331-332, p. 869-873.

[3] Francesco Mattesini, *Corrispondenza e Documenti tecnico-operativi di Supermarina*, Volume Secondo II Tomo, *Giugno 1941-Dicembre 1941*, Roma, Ufficio Storico della Marina Militare (da ora in poi USMM), 2001, Doc. n. 426 e 427, p. 1035-1037.

nelle notti in cui si svolgevano importanti movimenti dei convogli. Ma il generale Pricolo ribadì che la Regia Aeronautica, impiegando la quasi totalità delle forze aeree dislocate in Sicilia per compiti di scorta ai convogli, di interdizione agli attacchi del nemico e di offesa contro gli obiettivi maltesi, non poteva attingere ad altri rinforzi, e pertanto non era in grado di fare contro Malta più di quanto già stesse facendo.[4]

I giudizi che si avevano negli ambienti aeronautici britanniche, espressi nelle loro relazioni, erano che la Regia Aeronautica operava contro Malta con scarso successo per mancanza di iniziativa e di insufficiente determinazione. Noi sappiamo che non era così, poiché tutte le lacune italiane, verificatesi in ogni fronte, erano determinate, non dalla scarsa volontà di combattere, ma dal materiale di volo ormai superato, che non permetteva agli equipaggi di misurarsi alla pari con quelli britannici. Questi, inoltre, potevano giovarsi di mezzi tecnici di riconoscimento amico-nemico (gli IFF) e per combattere nell'oscurità e con ogni tempo vari tipi di Radar, che erano di caratteristiche di efficienza letteralmente impensabili per gli italiani, perennemente impegnati a risolvere i problemi connessi al modesto radiolocalizzatore EC.3/ter "Gufo" studiato dalla Regia Marina a Marinelettro Livorno (presso l'Accademia) fin dal 1935. Lacune derivate dalle iniziali errate teorie sul funzionamento di quel tipo di apparato, dalla mancanza di adatto materiale e di tecnici qualificati.[5]

La colpa di queste lacune risiedeva non nello scarso valore dei singoli, ma su chi li aveva mandati a combattere in simili pietose condizioni.

---

[4] *Ibidem*, Doc. n. 456, p. 1098 sg.

[5] Francesco Mattesini, "*I radiolocalizzatori della Regia Marina*": Parte Prima, *Dalle prime esperienze sulle onde elettromagnetiche alle realizzazioni di Marinelettro Livorno*, Settembre 1995; Parte Seconda, *L'aiuto fornito dalla Germania*, Bollettino d'Archivio dell'Ufficio Storico della Marina Militare, Settembre e Dicembre 1995; Francesco Mattesini, *La difficile realizzazione del Radar in Italia prima e durante la guerra 1940-1945*, nel sito Academia Edu, Agosto 2019.

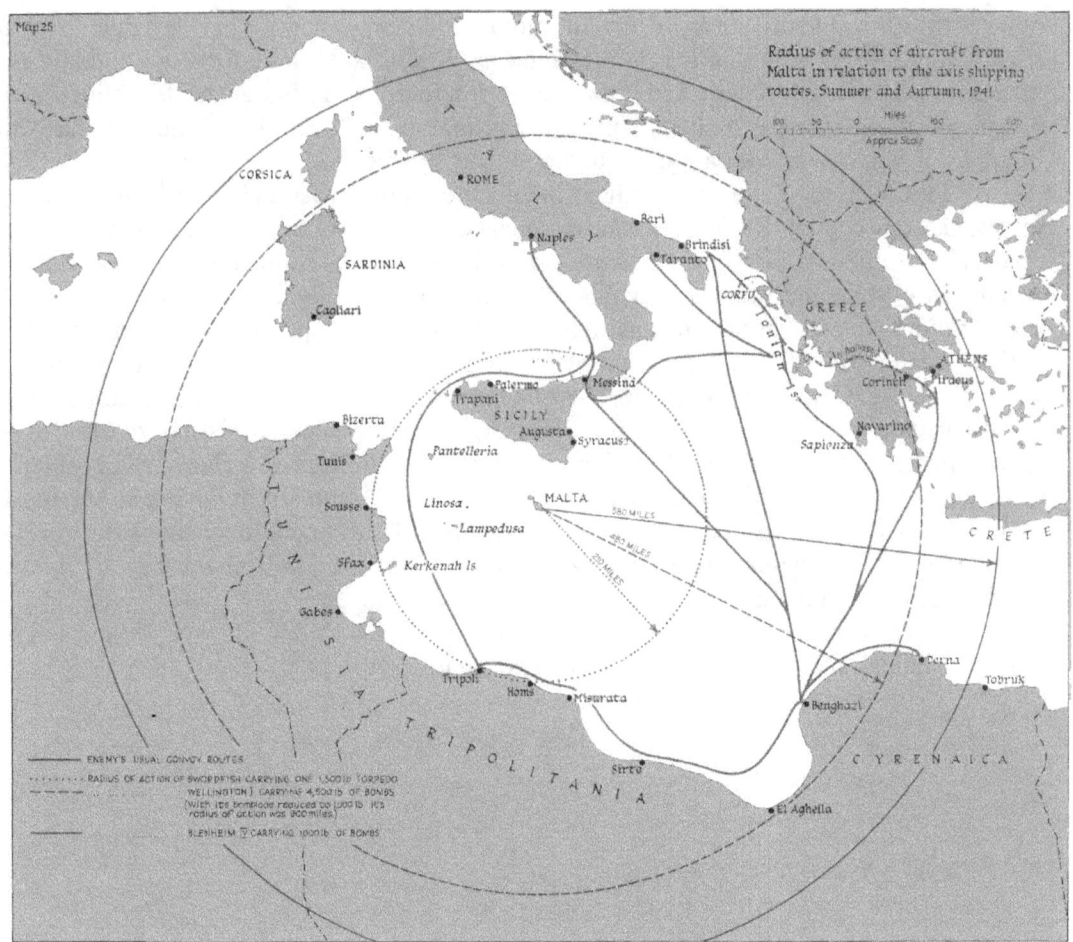

Raggio d'azione degli aerei di Malta in relazione alle rotte delle navi dell'Asse nell'estate e autunno 1941.

La lettera del Capo di Stato Maggiore della Regia Aeronautica, dal contenuto alquanto duro, compilata in un momento in cui le relazioni fra il generale Pricolo e il generale Cavallero, in disaccordo sull'invio di rinforzi aerei in Libia, stavano raggiungendo il punto di rottura, fu poi abrogata su richiesta dello stesso Capo del Comando Supremo. Essa fu sostituita con altra lettera di pari numero di protocollo e data, in cui, addolcendo alquanto il suo tono violento, il generale Pricolo assicurava che avrebbe impegnato *"ogni suo mezzo disponibile per la protezione dei convogli e per il controllo di Malta"*.[6]

Ma nonostante queste affermazioni, il problema di Malta continuava a rimanere sempre più spinoso, poiché all'inizio di ottobre il numero dei sommergibili della 10ª Flottiglia dislocati a La Valletta era stato portato a dieci; ed un notevole incremento si era verificato anche nel potenziale aereo, dal momento che stazionava negli aeroporti dell'isola circa centosessanta velivoli operativi, dei quali trenta bombardieri Bristol

---

[6] Francesco Mattesini, *Corrispondenza e Documenti tecnico-operativi di Supermarina*, Volume Secondo II Tomo, *Giugno 1941-Dicembre 1941*, Roma, Ufficio Storico della Marina Militare (da ora in poi USMM), 2001, Doc. n° 457 e 458, p. 1100 sg.

Blenheim e Wellington, dodici aerosiluranti Swordfish e Albacore, dieci ricognitori Maryland e Wellington VIII, in parte forniti di apparati Radar per la ricerca notturna, e un centinaio di caccia "Hurricane". Inoltre, un flusso continuò di rinforzi per ripianare a Malta le perdite arrivavano in volo dalla Gran Bretagna, via Gibilterra, mentre altri velivoli proseguivano anche per l'Egitto.

Alle preoccupazioni italiane per queste due forme di attacchi, che stavano generando perdite e danni elevati fra il naviglio mercantile, e che costringevano a rinforzare le scorte dei convogli, con forte logorio tra i cacciatorpediniere che compromettevano anche l'addestramento di squadra, si aggiunse ben presto quello della minaccia delle navi di superficie dislocate alla Valletta. Ciò avrebbe comportato, come vedremo, a rinforzare i dispositivi di difesa lungo le coste libiche, impegnandovi maggiormente anche gli incrociatori.

Dall'altra parte, i britannici erano consapevoli che danni causati al traffico dell'Asse dai sommergibili e gli aerei, con i loro attacchi intensificati, erano di natura ingente. Nondimeno l'Ammiragliato, tenendo in considerazione anche il fatto che verso la metà di novembre era stata pianificata una controffensiva dell'Esercito in Cirenaica (operazione "Crusader"), il cui obiettivo primario era quello di prevenire l'offensiva di Rommel contro Tobruk e di tendere e spezzare il blocco alla piazzaforte assediata, decise, anche su pressioni esercitate dal Primo Ministro britannico Winston Churchill, di dare un'altra spallata alle linee di comunicazione marittime italo - tedesche. Ciò si realizzò concentrando il 21 ottobre a Malta la Forza K, una piccola ma efficientissima forza navale di superficie, costituita dai due incrociatori leggeri *Aurora* e *Penelope*, prelevati dalla Home Fleet e provenienti dal Regno Unito, e dai cacciatorpediniere *Lance* e *Lively*, sottratti alla Forza H di Gibilterra. Comandante della Forza K era l'ufficiale più anziano, capitano di vascello William Gladstone Agnew che, sull'*Aurora*, aveva l'incarico di commodoro.

20 Ottobre 1941. La partenza da Gibilterra per Malta dell'incrociatore *Aurora*, la nave del commodoro della Forza K, capitano di vascello Agnew.

Naturalmente, la presenza a La Valletta della Forza K, segnalata dalla ricognizione aerea italiana allarmò Supermarina, che il 22 ottobre, ossia il giorno prima che l'8ª Armata britannica desse inizio in Cirenaica all'operazione Crusadere, si rese conto che quelle navi britanniche giunte a Malta, non erano entrate in porto soltanto per rifornirsi, *"ma per restarvi"*. Sulla base di questa constatazione il Sottosegretario e Capo di Stato Maggiore della Regia Marina, ammiraglio Arturo Riccardi informò il generale Cavallero che la presenza a Malta di quelle navi obbligava a tener fermi i convogli diretti a Tripoli e a Bengasi.

Aggiunse che il traffico con la Libia poteva essere assicurato soltanto fornendo alle scorte navali dei principali convogli l'appoggio di due divisioni di incrociatori, il cui impiego avrebbe però comportato il consumo di una grande quantità di nafta e rischi notevoli per le navi, determinati dall'incrementato numero di sommergibili e di aerosiluranti nemici.[7]

Era pertanto indispensabile, specificò l'ammiraglio Riccardi, che la Regia Aeronautica si incaricasse di rendere impossibile la permanenza alla Valletta delle navi britanniche. A questa richiesta fece seguito un invito, rivolto dal generale Cavallero a Superaereo, che il generale Pricolo tradusse in una direttiva in cui ordinava al Comando dell'Aeronautica della Sicilia di fare ogni sforzo per raggiungere lo scopo desiderato dalla Marina.[8]

Il capitano di vascello Agnew commodoro della Forza K tra l'ottobre 1940 e l'aprile 1942, qui ripreso a Liverpool il 10 giugno 1942 assieme all'ambasciatore brasiliano in Gran Bretagna, in visita all'incrociatore *Aurora*.

---

[7] *Ibidem*, Doc. n° 459, p. 1102.
[8] *Ibidem*, Doc. 462, p. 1105.

Il *Legion*, uno dei due cacciatorpediniere della Forza K percorre il Grand Harbour di Malta passando sotto il Forte Ricasoli.

Il *Lively* l'altro cacciatorpediniere di squadra della Forza, transita a lento moto nel Grand Harbour.

Tuttavia i risultati dell'offensiva aerea, iniziata nella notte del 24 ottobre con appena quattro bombardieri Cant.Z.1007 bis del 9° Stormo, e proseguita con forze alquanto modeste anche nei giorni successivi, portò a gravi perdite tra i reparti dell'Aeronautica della Sicilia, che comportarono la sospensione dei bombardamenti diurni, contro i quali il contrasto esercitato dalla caccia britannica si era dimostrato molto pericoloso ed efficace. Inoltre, non potevano essere le poche tonnellate di bombe sganciate sulla Valletta ad impensierire la permanenza degli incrociatori britannici in quel porto. Di questo fallimento si rese perfettamente conto il generale Pricolo, il quale, considerando che l'unico mezzo per sloggiare da Malta le navi risiedeva su massicci attacchi condotti con bombardieri in picchiata, il 30 ottobre prese l'iniziativa di richiedere urgentemente al Comandante in Capo della Luftwaffe, maresciallo del Reich Hermann Göring, la cessione di una trentina di velivoli Ju.87, il famoso "Stuka".[9]

Velivoli da bombardamento Cant.Z.1007 bis "Alcione" che l'Aeronautica della Sicilia impiegava nei bombardamenti diurni e notturni contro gli obiettivi di Malta. I velivoli appartenevano alla 210ª Squadriglia del 50° Gruppo.

La risposta telegrafica di Göring, giunta a Roma il 17 novembre, fu di contenuto negativo in quanto, avendo sentito il parere di Hitler, nel Capo della Luftwaffe vi era stato il convincimento che gli attacchi dei bombardieri in picchiata non avrebbero potuto raggiungere i risultati desiderati se non fossero stati preceduti da un indebolimento di tutto il sistema della difesa maltese. Quest'operazione era già stata programmata, ed era previsto che sarebbe iniziata, a partire dalla fine dell'anno, con l'arrivo in Sicilia di una nuova Squadra Aerea germanica fortemente dotata di reparti di bombardamento.[10]

---

[9] Ibidem, Doc. Doc. n° 463, p. 1106.
[10] Ibidem, Doc. n° 466- 467, p. 1119- 1122.

Il Führer, infatti, si era reso conto che nel Mediterraneo si stava nuovamente per verificare un tracollo per le forze dell'Asse e, giungendo alla conclusione che le operazioni che si combattevano in questo settore potevano essere decisive per la conclusione favorevole della guerra, ordinò ai capi della Luftwaffe e della Kriegsmarine di fornire i mezzi necessari che già da mesi erano richiesti dagli Stati Maggiori delle Forze Armate italiane, dagli addetti militari germanici a Roma, e dal generale Rommel in Libia.

## *Dalla distruzione del convoglio "Duisburg" al disastro di Capo Bon.*

La prima misura presa da Hitler per potenziare le rotte libiche era stata quella di impegnare nella protezione del traffico che si svolgeva nel Mediterraneo centro-orientale il 10° Corpo Aereo Tedesco (X Fliegerkorps) che, con basi in Grecia e a Creta, si trovava impegnato ad appoggiare il fronte terrestre in Africa Settentrionale e ad attaccare i centri logistici britannici in Egitto. A quella grande unità aerea della Luftwaffe, al comando del generale Hans Geisler, fu quindi ordinato di dedicarsi anche alla protezione dei traffici fra la Sicilia, la Grecia e la Cirenaica, in modo da permettere alla Regia Aeronautica di concentrare ogni suo sforzo alla protezione delle rotte per Tripoli.

Successivamente il Cancelliere della Germania Adolf Hitler, per venire incontro alle richieste di aiuto che arrivavano da Benito Mussolini attraverso gli Addetti militari italiani a Berlino, decise di impegnarsi maggiormente nel Mediterraneo, approfittando della stasi delle operazioni sul fronte russo, determinate dalla stagione invernale, che rendevano disponibili, fino all'inizio della primavera del 1942, molti reparti aerei. il 3 novembre 1941 il Führer scrisse a Mussolini informandolo di aver deciso di inviare in Italia la 2ª Flotta Aerea (2ª Luftflotte), dipendente dal suo migliore comandante di aviazione, il feldmaresciallo Albert Kesselring.

L'alto ufficiale arrivò a Roma alcuni giorni dopo per concordare con gli italiani i compiti che gli erano stati affidati dal Führer, assumendo la denominazione di Oberbefehlshaber Sud (Comandante Superiore del Sud), meglio noto come OBS.

Dopo che erano state stabilite le norme che ne fissavano la dipendenza al Duce, e le modalità degli ordini che gli sarebbero stati impartiti nel campo operativo dal Comando Supremo, il feldmaresciallo Kesselring concordò con Superaereo le sedi di schieramento dei suoi reparti di volo. Quindi impianto il suo Comando operativo a Frascati e quella di Comando tattico a Taormina, per essere vicino alla sede del 2° Corpo Aereo (II Fliegerkorps), che disponeva di circa 400 velivoli ripartiti in dieci gruppi di impiego, sei dei quali da bombardamento. Alle dipendenze della 2ª Luftflotte passarono poi, per ordine di Hitler, il X Fliegerkorps dislocato in Grecia e le forze aeree del Comandante Aereo dell'Africa (Fliegerführer Afrika) operanti in Libia, che portarono le forze aeree della 2ª Luftflotte a disposizione di Kesselring a circa mille velivoli. Erano a disposizione dell'OBS anche le forze tedesche dell'Africa Korps del generale Rommel.[11]

Mentre si svolgeva il trasferimento dei reparti del II Fliegerkorps, che si sarebbero istallati sugli aeroporti della Sicilia tra la metà di dicembre 1941 e la metà di gennaio 1942, si erano verificati dolorosi avvenimenti determinati dall'attività della Forza K di Malta, che costrinse la Regia Marina ad impegnare ogni sforzo nella protezione del traffico fra l'Italia e la Libia.

---

[11] *Ibidem*, Doc. n. 481- 482, p. 1154-1156.

Nei primi venti giorni di permanenza a Malta, la formazione navale britannica era salpata da La Valletta in due sole occasioni nel tentativo, non riuscito, di intercettare un convoglio e una formazione di tre cacciatorpediniere, segnalati dall'organizzazione crittografica Ultra.[12] Nel frattempo la Forza K era stata sottoposta a costante attenzione da parte dell'Aeronautica italiana della Sicilia. Ma l'attività offensiva non poté raggiungere i risultati sperati, perché l'attività offensiva esplicata contro le unità all'ancora nel Grand Harbour si ridusse al modesto impiego di cinquantasei bombardieri, mentre altri diciotto furono contemporaneamente diretti contro gli aeroporti dell'isola.

L'allarmante presenza alla Valletta di quel pericoloso avversario, che imponeva di rinforzare le scorte alle unità in transito nel Mediterraneo centrale, costrinse Supermarina a rallentare alquanto il traffico con la Libia, per organizzare un grosso convoglio diretto a Tripoli, costituito da cinque piroscafi e due petroliere, e scortato da sei cacciatorpediniere. Inizialmente era stato deciso di affidarne la protezione a due incrociatori leggeri *Abruzzi* e *Garibaldi* della 8ª Divisione Navale e quattro cacciatorpediniere, di base a Palermo, che avrebbe dovuto scortarlo sulla rotta Canale di Sicilia, Pantelleria, Tripoli; ma poi, ritenendo che la rotta passante a levante di Malta sarebbe stata la più favorevole, fu ripiegato sulla ben più potente 3ª Divisione Navale a Messina, costituita dagli incrociatori pesanti *Trieste* e *Trento* e da quattro cacciatorpediniere.[13]

Il convoglio, denominato "Beta", proveniente in parte da Napoli e in parte da Palermo, si riunì alla 3ª Divisione Navale dell'ammiraglio Bruno Brivonesi a sud dello Stretto di Messina. Nel pomeriggio dell'8 novembre, mentre le navi seguivano un percorso molto allargato verso la costa occidentale della Grecia per tenersi lontano dalla

---

[12] Soltanto nell'anno 1974 gli italiani e i tedeschi sono venuti a conoscenza di quello che era stato, con l'organizzazione crittografica Ultra, uno strumento d'informazioni gelosamente tenuto segreto (Fredrick W. Winterbotham, *Ultra Secret*). La storiografia britannica aveva giustificato i successi conseguiti in guerra, sfruttando quella fonte inesauribile di decrittazioni, ed affermando che tutto dipendeva dall'efficienza di un servizio d'informazioni, tanto bene organizzato, che nessun convoglio italiano usciva dai porti senza che i Comandi britannici ne fossero informati. Se poi si trattava di accertare movimenti navali come nel caso di grosse operazioni di rifornimento, i velivoli da ricognizione erano tempestivamente inviati sui porti e lungo le rotte, per effettuare gli avvistamenti a vista e fotografici, in modo da fornire le conferme dei preparativi del carico o la presenza delle navi italiane in mare. Da ciò derivava la necessità di effettuare i bombardamenti dei porti, o di organizzare attacchi aeronavali contro i convogli. Malta, al centro del Mediterraneo e sulla rotta dei convogli che dovevano raggiungere dall'Italia Tripoli e Bengasi, era la base ideale per realizzarli. Una politica militare giudiziosa e lungimirante da parte dei responsabili italiani, avrebbe dovuto provvedere ad eliminare fin dall'inizio della guerra quel pericoloso bubbone. Ma nulla fu fatto, e quando si tentò di preparare la conquista dell'isola nella primavera-estate del 1942 (Operazione C 3), le difficoltà apparvero quasi insormontabili, anche perché le aviazioni dell'Asse, essendo state costrette ad appoggiare l'offensiva del generale Rommel in Cirenaica, non riuscirono a conseguire la supremazia aerea. Il successo di Rommel, che dopo la conquista di Tobruk (20 giugno) fu autorizzato da Hitler ad avanzare in Egitto, a scapito della C 3 che doveva effettuarsi nell'estate, costrinse il Comando Supremo a rimandare l'operazione, poi definitivamente, per la necessità di trasferire in Africa parte dei mezzi navali italiani e tedeschi (motozattere) e le truppe paracadutiste. Cfr., Francesco Mattesini, *La guerra in Mediterraneo dopo la rinuncia all'Esigenza "C.3"*, in Academia Edu, Roma 2019.

[13] Francesco Mattesini, *Corrispondenza e Documenti tecnico-operativi di Supermarina*, Volume Secondo II Tomo, cit, Doc. n° 483-484, p. 1157-1159.

minaccia rappresentata dagli aerei di Malta, il convoglio fu avvistato da un velivolo da ricognizione Maryland del 69° Squadron della RAF, che però non riuscì ad individuare la 3ª Divisione Navale.

L'ammiraglio di divisione Bruno *Brivonesi*, che all'epoca del convoglio "Duisburg" comandava la 3ª Divisone Navale, costituita dagli incrociatori pesanti *Trieste* e *Trento* e da quattro cacciatorpediniere.

Immediatamente, calata l'oscurità, le quattro unità della Forza K, che come sappiamo erano gli incrociatori *Aurora* e *Penelope* e i cacciatorpediniere *Lance* e *Lively*, salparono senza essere state avvistate da La Valletta, e alle 01.00 dell'indomani intercettarono il convoglio "Beta". Dopo averlo avvistato otticamente, e quindi per mezzo dei binocoli, ed essersi avvicinate al convoglio con una lunga manovra durata ben diciassette minuti, senza che le vedette delle navi italiani, dotate di apparati ottici con minore luminosità, si fossero accorte di nulla, le unità britanniche, che procedevano in linea di fila, con l'incrociatore *Aurora* in testa, aprirono il fuoco da una distanza di circa 6.500 metri. Nel breve spazio di soli sette minuti, sparando celermente e con estrema precisione, le unità della Forza K, senza mai abbandonare la linea di fila (*Aurora*, *Penelope*, *Lance*, *Lively*) annientarono le sette navi mercantili del convoglio assieme ad uno dei cacciatorpediniere di scorta (*Fulmine*), e senza che la 3ª Divisione Navale, che non era stata individuata dalle navi nemiche, avesse avuto il tempo di parare la minaccia e poi di svolgere un'efficace reazione di fuoco.

Al momento in cui ebbe inizio l'attacco, le unità dell'ammiraglio Brivonesi si trovavano a pendolare, rispetto alle navi mercantili, leggermente di poppa e a circa 4.000 metri sul fianco destro del convoglio, "Beta" che seguiva rotta sud. Le quattro unità della Forza K, attaccarono il convoglio provenendo da sud-est, iniziando il tiro contro i piroscafi e i loro sei cacciatorpediniere della scorta diretta ad una distanza, come detto, di circa 6500 metri. L'ammiraglio Brivonesi, avendo la possibilità di stringere le distanze sul nemico, avrebbe dovuto dirigere anch'esso con le sue navi per sud-est, in modo da entrare in azione di mischia con i quattro cacciatorpediniere e i due incrociatori della sua 3ª Divisione Navale, ad iniziare dal momento in cui il nemico aprì il fuoco. Preferì invece allargare sulla dritta del convoglio per mettere in campo tutte le artiglierie da 203 mm del *Trieste* e del *Trento*; e questa manovra comportò di rinunciare all'impiego dei quattro cacciatorpediniere di scorta (*Granatiere*, *Bersagliere*, *Fuciliere*, *Alpino*) andati a disporsi sul lato opposto della formazione, per dare campo libero al tiro degli incrociatori, che ebbe inizio ad una distanza, ben visibile sui telemetri, di circa 10.000 metri.

Quindi, continuando nella sua rotta verso sud-ovest, col risultato di aumentare la distanza con le navi britanniche che stavano raggiungendo la testa del convoglio, la 3ª Divisione Navale effettuò un'inconcludente e lenta azione di fuoco, contro un avversario sfuggente. Questo, ruotando intorno ai piroscafi in fiamme, si sottrasse al tiro degli incrociatori italiani. L' ultima salva fu sparata dal *Trieste* alla distanza di ben 17.000 metri, quando i bersagli scomparvero alla vista dei telemetristi, celandosi dietro le cortine di fumo determinate dagli incendi che divoravano i relitti del convoglio, ai quali le navi britanniche davano il colpo di grazia con salve d'artiglieria e siluri. Occorre poi dire che il tiro italiano risultò del tutto inefficace, tanto che le unità della Forza K neppure si accorsero di essere sotto il tiro di incrociatori.

Quindi, continuando nella sua rotta verso sud-ovest, col risultato di aumentare la distanza con le navi britanniche che stavano raggiungendo la testa del convoglio, la 3ª Divisione Navale effettuò un'inconcludente e lenta azione di fuoco, contro un avversario sfuggente. Questo, ruotando intorno ai piroscafi in fiamme, si sottrasse al tiro degli incrociatori italiani. L' ultima salva fu sparata dal *Trieste* alla distanza di ben 17.000 metri, quando i bersagli scomparvero alla vista dei telemetristi, celandosi dietro le cortine di fumo determinate dagli incendi che divoravano i relitti del convoglio, ai quali le navi britanniche davano il colpo di grazia con salve d'artiglieria e siluri. Occorre poi dire che il tiro italiano risultò del tutto inefficace, tanto che le unità della Forza K neppure si accorsero di essere sotto il tiro di incrociatori.

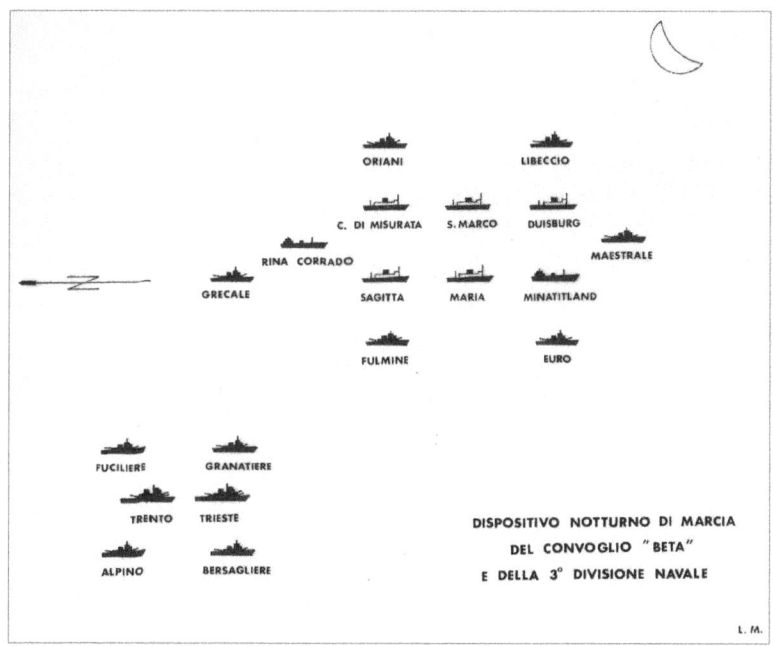

Grafico di Loretta Mattesini

A diminuire ancor più la possibilità di contrastare il nemico, contribuì il comportamento del comandante della scorta diretta del convoglio, capitano di vascello Ugo Bisciani, sul cacciatorpediniere *Maestrale*. Trovandosi al traverso a poppavia delle navi britanniche, invece di portare all'attacco i cacciatorpediniere rimasti indenni, preferì lasciare campo libero al nemico allontanandosi ad alta velocità con le sue unità verso ovest, per una profondità di 25 miglia. Ne conseguì che, invece di riunire le forze per contrastare la Forza K, le due formazioni di scorta del convoglio si allontanarono entrambe in direzioni opposte.

Si trattò di mancanze di iniziativa e di aggressività macroscopiche, nei confronti di un nemico nettamente inferiore di forze e di potenzialità, che non possono essere giustificate con il solo semplicistico e lamentoso motivo: *"mancava il radar"*; erano stati commessi errori di manovra che potevano risalire soltanto, come fu allora ammesso nelle sedi della Regia Marina, ad una disastrosa lacuna di addestramento, aggiunta alla mancanza di aggressività dei due Comandanti della scorta. Essi furono denunciati al Tribunale di Guerra, che però trovò, nei loro riguardi, ampie giustificazioni. E questo sebbene le lacune di manovra tattica fossero continuate anche dopo il combattimento.

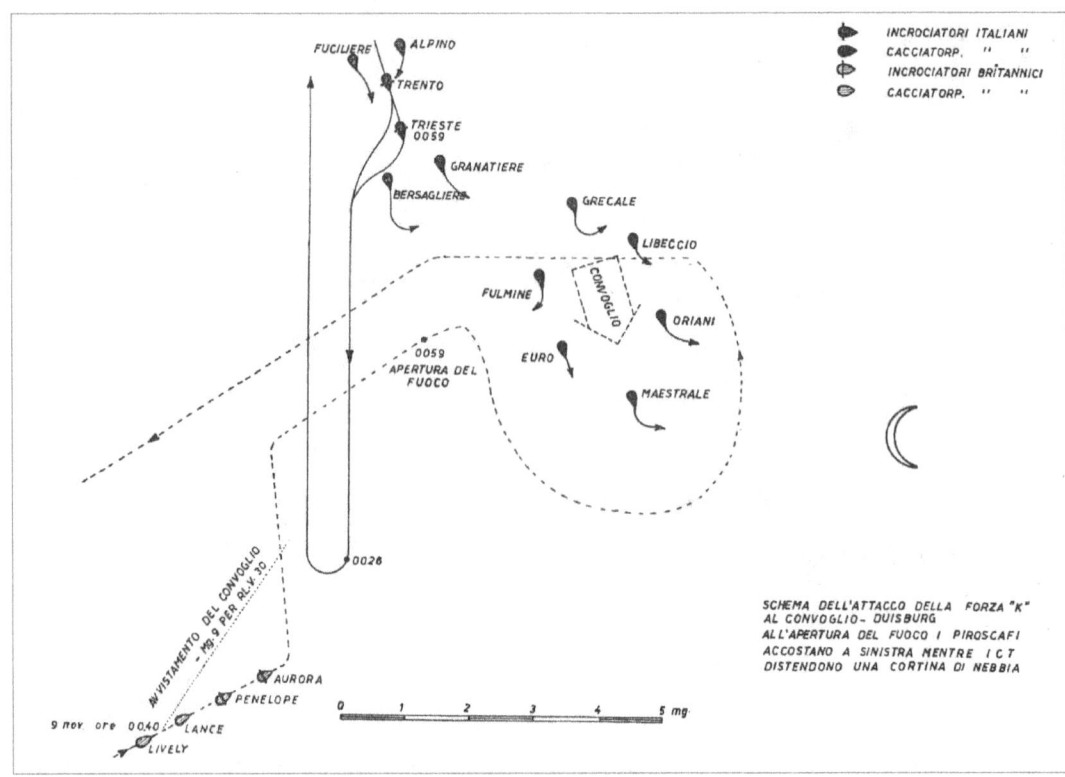

L'attacco della Forza K al convoglio "Beta" da un grafico britannico.

L'ammiraglio Brivonesi, apprezzò, giustamente, che la Forza K avrebbe diretto verso Malta dopo aver completato l'aggiramento e la distruzione delle navi mercantili del convoglio, che apparivano tutte in fiamme. Nel tentativo di riprendere il contatto, Brivonesi ordinò alle unità della 3ª Divisione Navale di effettuare una manovra ad un tempo, per poi dirigere verso nord nell'intenzione di tagliare la rotta alle unità nemiche. Ma, con i suoi incrociatori che vennero a trovarsi illuminati dalla luce degli incendi delle navi in fiamme, egli temette di essere un bersaglio troppo visibile ad eventuali attacchi di sommergibili, e a quelli provenienti da aerosiluranti.

La presenza degli aerosiluranti era stata segnalata al Comando della 3ª Divisione Navale da Supermarina in base ad intercettazioni radiogoniometriche, che spesso erano imprecise o male interpretate. L'ammiraglio Brivonesi, tenendo conto della forte distanza che lo separava da Malta, e ritenendo che quei velivoli potessero essere decollati da una portaerei, che era del tutto inesistente, preferì allontanarsi rapidamente verso nord-ovest, per portarsi all'alba sotto la protezione degli aerei da caccia della Sicilia. Ritornò, all'alba, nella zona dello scontro, soltanto dopo l'ordine perentorio giuntogli da Supermarina.

L'incrociatore *Trento* ripreso sulla scia del *Trieste* durante una missione di guerra.

Sopra e pagina precedente: la petroliera italiana *Minatitland* in fiamma fotografata al mattino del 9 novembre da due velivoli S. 79 del 10° Stormo Bombardamento della Sicilia mandati nella zona del sinistro.

Infine, mentre si svolgeva l'opera di salvataggio dei naufraghi delle navi affondate e il rimorchio alle unità di scorta rimaste danneggiate, il mattino del 9 il sommergibile britannico *Upholder* (tenente di vascello Malcolm Wanklyn) silurò il cacciatorpediniere *Maestrale*. Esso affondò alcune ore più tardi, portando le perdite del convoglio "Beta" ad un totale di sette mercantili e due unità di scorta. Invece, nessun danno subirono le quattro navi britanniche, che rientrarono a Malta, accolte trionfalmente per il loro straordinario successo.[14]

---

[14] Per la distruzione del convoglio "Beta" vedi Francesco Mattesini, *Il disastro del convoglio 'Duisburg'*, Bollettino d'Archivio dell'Ufficio Storico della Marina Militare, Parte prima, settembre 1966, p. 77-201, Parte seconda, dicembre 1966, p. 29-153. Vedi anche Francesco Mattesini, *Il disastro del 9 novembre 1941. La 3ª Divisione Navale e la fine del Convoglio "Duisburg"*, nei siti Collana SISM e Academia Edu.

Malta, Grand Harbour. L'equipaggio dell'incrociatore britannico *Aurora*, nave comando della Forza K, dopo la distruzione del convoglio italiano "Beta" ("Duisburg") la notte del 9 novembre 1941.

Tuttavia, allo stato di euforia sopravvenuto negli ambienti britannici per la vittoria riportata sul convoglio "Beta", subentro negli ambienti della Royal Navy uno stato di forte preoccupazione per le perdite che i sommergibili tedeschi, operanti nelle acque di Tobruk e all'estremità del Mediterraneo occidentale, stavano procurando al naviglio militare della Mediterranean Fleet e della Forza H.

Il 10 novembre, all'indomani del successo conseguito dalla Forza K a sud delle coste della Calabria, salpò da Gibilterra, con rotta levante, una formazione della Forza H, comprendente la corazzata *Malaya* (vice ammiraglio James Somerville), la nave portaerei *Ark Royal*, l'incrociatore leggero *Hermione*, e i cacciatorpediniere di squadra *Laforey, Lightning, Legion, Zulu* e *Isaac Sweers*, quest'ultimo di nazionalità olandese. Lo scopo dell'operazione, denominata "Perpetual", era quello di lanciare trentasette velivoli da caccia Hurricane, destinati a raggiungere Malta, per rinforzarne la difesa.

L'operazione di involo, iniziata alle ore 10.00 del 12 novembre, si svolse regolarmente all'altezza di Algeri. Una volta completato il decollo degli Hurricane, la Forza H invertì la rotta per rientrare a Gibilterra, tenuta sotto costante osservazione dai velivoli da ricognizione strategica Cant.Z.1007 bis del 51° Gruppo Bombardamento Terrestre dell'Aeronautica della Sardegna. Sulla base delle informazioni ricevute il vice ammiraglio Karl Dönitz, Comandante dei sommergibili tedeschi, dalla sua sede operativa francese di Lorient, diresse contro la formazione navale britannica l'*U 81* e l'*U 205* che, provenienti dall'Atlantico, erano appena entrati nel Mediterraneo.

Entrambi i sommergibili si trovarono sulla rotta della Forza H, ed ebbero l'occasione di attaccare. Ma, mentre l'attacco dell'*U 205* (tenente di vascello Franz-Geoge Reschke), realizzato il mattino del 13 contro la corazzata *Malaya*, non portò ad alcun esito, quello successivo dell'*U 81* (tenente di vascello Fritz Guggenberger) ebbe successo, dal momento che alle 15.41 un siluro colpì l'*Ark Royal* (capitano di vascello Loben Edward Harold Maund) sotto il ponte di comando di dritta. La portaerei, sbandando sul fianco, rimase immobilizzata per avaria all'impianto elettrico e all'apparato di propulsione di dritta. Progressivamente abbandonata dall'equipaggio, affondò alle 06.13 del 14 novembre a sole 25 miglia a levante di Gibilterra, mentre era trainata dai rimorchiatori usciti dalla base.

La perdita della nave si verificò a causa dell'allagamento della presa del fumaiolo che, non permettendo l'uscita dei gas di combustione delle caldaie, fece scoppiare un incendio sotto l'isola. Ne conseguì che, nonostante gli sforzi fatti dai rimorchiatori e l'impegno profuso dal cacciatorpediniere *Legion* (capitano di fregata Richard Frederick Jessel), nel fornire alla portaerei, a cui si era affiancato, la corrente elettrica necessaria per il funzionamento delle pompe di contenimento degli allagamenti, l'*Ark Royal* cominciò ad aumentare lo sbandamento. Infine, per conseguente cedimento delle paratie interne, l'unità si inabissò, portandosi appresso tutti i velivoli che si trovavano a bordo (gli Swordfish e i Fulmar degli Squadron 808° e 816°) che non erano potuti decollare per lo sbandamento del ponte di volo.[15]

A destra: il cacciatorpediniere *Legion* si avvicina alla portaerei *Ark Royal* in stato di affondamento per recuperarne l'equipaggio; a sinistra: il tenente di vascello Friedrich Guggenberger a La Spezia dove fu decorato dall'ammiraglio Aimone di Savoia con la Medaglia d'Oro al Valor Militare

Nonostante la grave perdita, i britannici poterono continuare a consolarsi per il successo della Forza K sul convoglio "Beta", che fu indubbiamente di grandissima portata strategica. Esso non solo incoraggiò gli inglesi ad aumentare gli sforzi per bloccare

---

[15] Francesco Mattesini, *L'Operazione "Perpetual I" e l'affondamento della portaerei ARK ROYAL*, nel sito Academia Edu.

i rifornimenti destinati alla Libia, ma nel contempo portò ad un clima di insicurezza e di maggiore preoccupazione negli italiani, in particolare nell'ammiraglio Riccardi che, con il Promemoria n° 179 del 13 novembre, dovette giustificare presso Mussolini l'inatteso disastro notturno. Inoltre, emersero in modo drammatico, le lacune tecniche e di addestramento italiane, impietosamente esposte dai rappresentanti germanici a Roma, e confermate dagli stessi ambienti della Regia Marina.[16]

In queste condizioni, in cui veramente occorreva superare uno scoglio difficile, agli italiani non restò che sperare nell'atteso ritorno in Sicilia della Luftwaffe, e nel contempo, a causa dell'urgenza di far affluire in Libia i rifornimenti, di tentare di far passare a tutti i costi un altro grosso convoglio diretto a Tripoli, con scorta ulteriormente rinforzata.

Il 13 novembre il generale Cavallero discusse a Roma con il generale Rommel la situazione venuta a crearsi in Cirenaica per il mancato arrivo del convoglio "Beta", ed insistette affinché i primi aerei tedeschi affluissero al più presto in Sicilia per battere le navi inglesi che si trovavano alla Valletta. Purtroppo i primi velivoli Ju.88 germanici, appartenenti al 606° Gruppo Combattimento (KGr.606) proveniente dalla Francia, cominciarono ad arrivare a Catania soltanto il 25 novembre, e passarono altri giorni prima che fosse possibile impiegarli contro Malta.

In questo frattempo, il 18 novembre, si verificò da parte dell'8ª Armata britannica del generale Auchinlek, l'inizio dell'operazione Crusader, il cui obiettivo iniziale era quello di spezzare l'assedio intorno alla piazzaforte di Tobruk, per poi avanzare verso la Tripolitania.[17] Per realizzare l'impresa occorreva che Malta fornisse tutto l'appoggio possibile, incrementando l'attacco ai convogli dell'Asse, e bombardando i porti

---

[16] Francesco Mattesini, *Corrispondenza e Documenti tecnico-operativi di Supermarina*, Volume Secondo II Tomo, cit, Doc. n. 456, 485, 486, 487, p. 1162-1173.

[17] L'offensiva dell'8ª Armata britannica determinò da parte italiana l'abbandono di tre progetti operativi. 1°) la posa di uno sbarramento minato difensivo nei pressi del porto di Bengasi (operazione B), affidato a tre incrociatori leggeri della 7ª Divisione Navale; 2°) il bombardamento di Tobruk dal mare (operazione Toro), da realizzare, con due incrociatori pesanti della 3ª Divisione Navale e di quattro cacciatorpediniere, nel momento stesso in cui Rommel avrebbe iniziato l'attacco alla piazzaforte britannica; 3°) affrontare la Mediterranean Fleet a nord della Cirenaica in una battaglia decisiva (operazione Orione), impegnandola, secondo il piano Supermarina, in "*un'azione di forza con tutta la nostra potenza navale*", e pertanto con la quasi totalità della Squadra Navale, comprese le cinque corazzate disponibili: *Littorio, Vittorio Veneto, Giulio Cesare, Duilio e Andrea Doria*. Delle tre operazioni, l'unica che fu messa in movimento, dopo una lunga preparazione e scegliendo il momento più favorevole dal punto di vista atmosferico e della presenza in porto della Mediterranean Fleet, fu la B. Essa entrò in vigore il mattino dell'11 ottobre, con la partenza da Taranto degli incrociatori *Duca d'Aosta, Eugenio di Savoia* e *Raimondo Montecuccoli*, accompagnati da sette cacciatorpediniere, in parte forniti anch'essi di mine. Purtroppo, quando tutto sembrava procedere per il meglio, la presenza di due corazzate della Mediterranean Fleet (*Queen Elizabeth* e *Barham*), segnalate a nordest di Alessandria da un aereo del X Fliegerkorps, convinse Supermarina a far rientrare in porto le navi, con la motivazione che il rischio a cui andavano incontro fosse eccessivo. Si trattò, come al solito, di una decisione dettata dall'eccessiva prudenza, perché nulla faceva credere che le corazzate britanniche si sarebbero spinte in una zona per loro molto pericolosa, come quella di Bengasi che era controllata dall'aviazione dell'Asse.

d'imbarco e di sbarco, in modo da falcidiare ulteriormente i rifornimenti e le armi attese dal generale Rommel per contrastare con successo l'avanzata britannica.

Ne conseguì che la situazione sulle rotte libiche, soprattutto a causa del blocco esercitato in mare dalla Forza K, raggiunse una fase drammatica, che inutilmente Supermarina cercò di superare sparpagliando in piccoli nuclei le unità mercantili dirette a Tripoli e a Bengasi, nella speranza che qualcuna potesse a passare. Vi riuscirono soltanto l'incrociatore *Luigi Cadorna* (capitano di vascello Riccardo di Ceva), con un carico di benzina, e sei piroscafi sui tredici messi in moto nel periodo tra il 19 e il 22 novembre.

Nel frattempo era organizzato un grosso convoglio di quattro motonavi, che si trovavano disponibili a Napoli. In relazione alle direttive di Mussolini trasmesse all'ammiraglio Riccardi dal generale Cavallero, l'operazione fu impostata con il "*carattere di massa*", assegnando alla scorta diretta cinque incrociatori della 3ª e dell'8ª Divisione che, secondo il programma operativo compilato da Supermarina, doveva permettere il "*forzamento di blocco*". Da parte sua Superaereo preparò un vasto schema di azioni aeree, da effettuare nei giorni critici delle operazione per la scorta alle navi, la ricognizione e l'attacco contro Malta, facendo affluire rinforzi in Sicilia.[18]

Allo scopo di permettere il concentramento nell'isola del massimo numero di velivoli, il cui trasferimento era ostacolato dal maltempo che stava anche impantanando gli aeroporti, la partenza del convoglio da Napoli ebbe inizio il 21 novembre. Purtroppo esso venne avvistato nel Tirreno da un velivolo da ricognizione britannico inviato nella zona per controllare l'esattezza delle informazioni crittografiche Ultra, e quindi nella notte sul 22 fu attaccato a sud dello Stretto di Messina da quattro aerosiluranti e dal sommergibile *Utmost*, partiti da Malta, che rispettivamente silurarono gli incrociatori *Trieste* e *Duca degli Abruzzi*.[19] Realizzatori dei due successi furono il tenente di vascello Richard Douglas Cayley, comandante dell'*Utmost*, e il sottotenente di vascello pilota Roger Kerrison, dell'830° Squadron dell'Aviazione Navale (FAA).

---

[18] Francesco Mattesini, *Corrispondenza e Documenti tecnico-operativi di Supermarina*, Volume Secondo II Tomo, cit, Doc. n. 489, 490, 491, 492, p. 1177-1183.

[19] *Ibidem*, Doc. n. 496, p. 1189-1191.

La torretta del sommergibile britannico *Utmost* che silurò l'incrociatore *Trieste*. Il primo a destra è il comandante tenente di vascello Richard Douglas Cayley.

In seguito al grave danneggiamento delle due grosse unità, e sospettando, erroneamente, la presenza in mare della Forza K, Supermarina ritenne preoccupante la situazione venuta a crearsi per la difesa del convoglio. Pertanto, nonostante fossero ancora disponibili tre grossi incrociatori (*Gorizia, Trento e Garibaldi*), l'organo operativo dell'Alto Comando navale, sempre eccessivamente prudente, decise di far sospendere la missione, dirottando i piroscafi a Taranto, ratificando con ciò la decisione già presa dal nuovo Comandante della 3ª Divisione Navale e Comandante Superiore in mare, ammiraglio Angelo Parona.[20]

In seguito al danneggiamento delle due unità, che riducevano la scorta al convoglio a tre soli incrociatori, Supermarina ritenne la situazione venuta a crearsi di natura talmente grave da convincerla a far sospendere la missione, dirottando i piroscafi a Taranto. Ne conseguì che le possibilità di far affluire i rifornimenti in Libia restarono

---

[20] Francesco Mattesini, "Le operazioni aeronavali in Mediterraneo e la crisi dei convogli libici nella 2ª e 3ª decade di novembre 1941", Parte prima, settembre 2000, *Bollettino d'Archivio dell'Ufficio Storico della Marina Militare*, p. 37-165.

Novembre 1942, al rientro a Taranto del danneggiato incrociatore *Duca degli Abruzzi*, silurato dal sommergibile britannico *Utmost*. Da sinistra l'ammiraglio di divisione Giuseppe Lombardi, Comandante dell'8ª Divisione Navale sull'*Abruzzi*, il generale d'armata Ugo Cavallero, Capo del Comando Supremo, il generale di squadra aerea Francesco Pricolo, Capo di Stato Maggiore dell'Aeronautica, l'ammiraglio di armata Arturo Riccardi, Capo di Stato Maggiore della Marina, e l'ammiraglio di squadra Angelo Iachino, Comandante della Squadra Navale.

Durante la sua visita a Taranto il generale *Cavallero* osserva, i cannoni prodieri da 381 mm della corazzata *Littorio*, chiedendo spiegazioni, presenti gli ammiragli Riccardi e Iachino e il generale Pricolo.

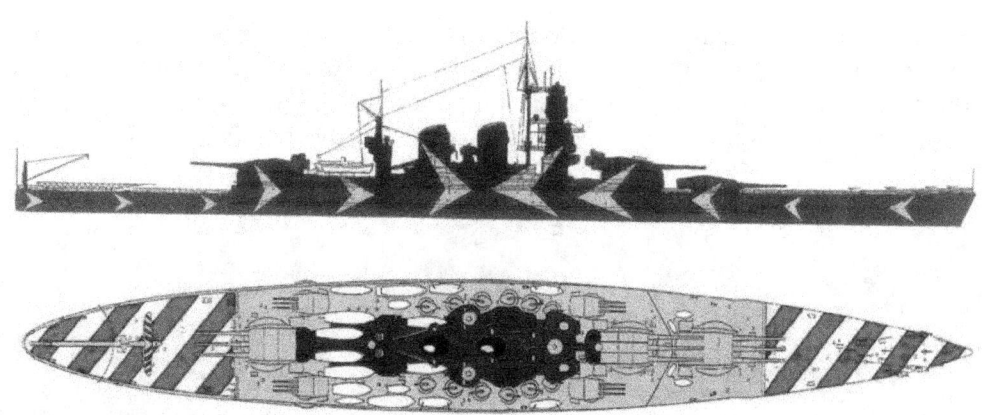

Profilo e pianta della corazzata italiana *Littorio* con la mimetizzazione a spina di pesce adottata nel 1941 e a prora e a poppa le strisce bianche e rosse di riconoscimento per gli aerei nazionali e alleati.

affidate in quei giorni a tre soli sommergibili e ad alcuni piccoli convogli in partenza dai porti della Grecia con debole scorta, uno dei quali, costituito dai due piroscafi tedeschi *Maritza* e *Procida*, salpati dal Pireo e diretti a Bengasi con due torpediniere italiane di scarta (*Lupo* e *Cassiopera*) fu segnalato dalla fonte "Ultra" e quindi rintracciato dalla ricognizione aerea di Malta e poi e affondato ad ovest di Creta dalla "Forza K", in particolare dal tiro dell'incrociatore *Penelope*.

Nell'occasione di questa nuova opera distruttiva, la Forza K operò in connessione con una puntata offensiva della Mediterranean Fleet conclusasi tragicamente, dal momento che nel pomeriggio del 25 ottobre una delle tre corazzate della formazione britannica, la *Barham*, fu colpita da tre siluri lanciati dal sommergibile tedesco *U 331* (tenente di vascello von Tiesenhausen), che attaccò "*con grande perizia ed audacia passando sotto lo schermo dei cacciatorpediniere di scorta*".[21] La *Barham* (capitano di

---

[21] S.O. Playfair e altri, *The Mediterranean and Middle East*, Volume III, *British Fortunes reach their Lowest Ebb*, Londra, H.M.S.O., 1956, p. 109. * L'*U-331*, salpato il 12 novembre da Salamina (Grecia), base della 23ª Flottiglia Sommergibili tedeschi del Mediterraneo, aveva avuto l'incarico di sbarcare a Ras Geibeisa, a est di Marsa Matruch, un gruppo di sette sabotatori del Gruppo "Lohrregiment Brandenburg", incaricati di svolgere l'operazione "Hai". La missione si concluse in modo insoddisfacente, dal momento che i sabotatori furono fatti tutti prigionieri assieme a due membri dell'equipaggio del sommergibile, che dovevano mantenere il contatto radio: Dopo aver atteso invano il ritorno di quegli uomini, l'*U-331*, che si trovava alla sua seconda missione nel Mediterraneo, si spostò in una zona di agguato assegnatagli verso Tobruch, e verso mezzogiorno del 25 novembre percepì con l'idrofono, verso nord, rumore di eliche. Dopo aver avvistato con il periscopio le tre corazzate della Mediterranean Fleet, che stavano dirigendo verso il sommergibile con rotta di collisione, il comandante von Tiesenhausen si portò all'attacco e, manovrando parte in immersione e parte a quota periscopica, riuscì a superare abilmente le unità di scorta dello schermo. Al momento della manovra d'attacco di von Tiesenhausen, che aveva riconosciuto, senza poterne stabilire il nome, le tre corazzate britanniche per unità della classe "Queen Elizabeth", i cacciatorpediniere *Jervis* e *Griffin* vennero a trovarsi, al centro dello schermo, proprio sulla rotta di avvicinamento del sommergibile. Alle ore 16.18 il *Jervis* percepì all'Asdic un'eco per 220° e alla distanza di 900 yard, corrispondenti a 862 metri, ma poi perse il contatto. Il suo operatore all'Asdic ne attribuì la causa ad un falso eco, causato dalla differenza della

vascello Geoffrey Clement Cooke) affondò, saltando in aria a sud di Creta, con la perdita di 862 uomini dell'equipaggio.²² Era la seconda grande nave della Royal Navy perduta in Mediterraneo dopo l'arrivo dei sommergibili tedeschi, che due settimane prima, come detto, avevano affondato la portaerei *Ark Royal* a levante di Gibilterra.

Sopra, colpita da tre siluri del sommergibile tedesco *U 331 la* corazzata *Barham* sta affondando inclinata sul fianco sinistro. Sotto, l'esplosione della *Barham* dopo essere stata colpita da tre siluri lanciati dal sommergibile tedesco *U 331* il 25 ottobre 1941.

temperatura del mare. Passando nel varco esistente tra il *Jervis* e il *Griffin*, il comandante dell'*U-331* venne a trovarsi in buona posizione per attaccare la seconda nave della formazione delle corazzate, e contro di essa, la *Barham*, che stava di poppa alla *Queen Elizabet* ed era seguita dalla *Valiant*, alle 16.25 lanciò, ad intervalli regolari, i quattro siluri da 533 mm. dei tubi di prora, da una distanza stimata di 375 metri.

²² Francesco Mattesini, *L'Operazione "Perpetual I" e l'affondamento della portaerei ARK ROYAL*, nel sito Academia Edu.

Salamina, il tenente di vascello Hans-Dietrich von Tiesenhausen, comandante dell'*U 331*, viene insignito della Ritterkreuz, la Croce di Cavaliere.

La cannoniera australiana *Parramatta*, mimetizzata. Fu affondata dal sommergibile tedesco *U-559* il 27 novembre 1941 a est di Tobruk.

Un altro successo fu conseguito il 27 novembre dall'*U 559* (tenente di vascello Hans Eidtmann), contro la cannoniera australiana *Parramatta* che, colpita da due siluri, saltò in aria a 20 miglia ad est di Tobruk, la piazzaforte che quello stesso giorno era stato raggiunto dall'8ª Armata britannica, spezzandone l'assedio dell'Asse che durava dall'aprile.[23]

La perdita dei piroscafi tedeschi *Maritza* e *Procida*, portò quale immediata conseguenza, all'arresto del traffico con la Libia fino al 28 novembre, quando fu fatto salpare da Brindisi un convoglio di due piroscafi, scortato da una torpediniera e con destinazione Bengasi. Quindi, tra il 29 e il 30 novembre, partirono, con debole scorta, altri tre mercantili, due dei quali diretti a Bengasi ed il terzo, la grande e moderna cisterna *Iridio Mantovani*, destinata a Tripoli. Furono anche messi in moto quattro cacciatorpediniere e un sommergibile trasportanti benzina. Infine, per proteggere tutto il vasto movimento di convogli, Supermarina dislocò tra Taranto e Bengasi la 7ª Divisione Navale dell'ammiraglio Raffaele de Courten – costituita dai tre incrociatori leggeri *Muzio Attendolo*, *Duca d'Aosta* e *Raimondo Montecuccoli* e da tre cacciatorpediniere – per il cui sostegno prese il mare la corazzata *Duilio* (ammiraglio Porzio Giovanola), accompagnata dall'incrociatore leggero *Giuseppe Garibaldi* e da sei cacciatorpediniere.

La formidabile concentrazione di forze di sostegno si era resa necessaria perché, nelle prime ore del pomeriggio del 29 novembre, la ricognizione aerea aveva segnalato una formazione navale britannica diretta verso Malta e costituita da due incrociatori (*Ajax* e *Neptune*) e due cacciatorpediniere (*Kimberley* e *Kingston*). Questa formazione della Mediterranean Fleet, denominata Forza B e al comando del contrammiraglio Bernard Rawlings, dopo essere sfuggita all'attacco di due aerosiluranti italiani S.79 della 281ª Squadriglia decollati da Rodi, arrivò alla Valletta al tramonto di quello stesso giorno 29, portando la consistenza delle unità dislocate a Malta a quattro incrociatori e altrettanti cacciatorpediniere.

Nel frattempo, ancora una volta il movimento dei convogli italiani non era sfuggito all'organizzazione crittografica Ultra. Ne conseguì, per fare aumentare le preoccupazioni dei Comandi dell'Asse, l'inizio di attacchi aerei, portati dai bombardieri

---

[23] G. Hermon Gill, *Royal Australian Navy 1939-1942*, Camberra, Australia Wasr Memorial, 1957, p. 403-404. * Gli unici successi conseguiti in Mediterraneo dai sommergibili italiani, piuttosto illeciti, furono conseguiti dal *Dandolo* (capitano di corvetta Walter Auconi) che, nel corso di una missione spinta da Cagliari fino allo Stretto di Gibilterra, fra il 3 e l'8 novembre 1941 silurò due navi di nazionalità neutrale, danneggiando la petroliera militare francese *Le Tarn* presso Algeri, e affondando il piroscafo spagnolo *Castello de Oropesa* nella rada di Melilla. Risultati alquanto migliori, anche se non pienamente soddisfacenti, conseguirono gli aerosiluranti della Regia Aeronautica, che andarono a segno in sette occasioni, sei delle quali contro navi britanniche. Furono affondati, a sud della Sardegna, mentre isolati e con falsi distintivi di nazionalità erano diretti a Malta, i piroscafi *Empire Guillemot*, *Empire Pelikan* ed *Empire Defender*, rispettivamente il 24 ottobre e il 14 e 15 novembre. Nella stessa zona, il 22 novembre, fu silurato per errore il piroscafo italiano *Honor*, che però riuscì a salvarsi. Nel Mediterraneo orientale, lungo le coste della Cirenaica e dell'Egitto, gli aerosiluranti italiani danneggiarono, il 23 novembre e il 1° dicembre, la nave da sbarco per fanteria *Glenroy*, ed il cacciatorpediniere di squadra *Jackal*, ed affondarono, il 5 dicembre, la nave ausiliaria *Chakdina*. Cfr., Francesco Mattesini, *Luci e ombre degli aerosiluranti italiani e tedeschi nel Mediterraneo Agosto 1940 – Settembre 1943*, Ristampa Edizioni, Rieti, 2019.

Blenheim del 18° Squadron della RAF di Malta che causarono l'affondamento del piroscafo *Capo Faro*, mentre le navi britanniche, salpando dal Grand Harbour la mattina del 30, manovrarono, in due formazioni, per effettuare l'intercettazione delle navi mercantili italiane.

Fortunatamente il sommergibile italiano *Trichego* (capitano di corvetta Alberto Campanella), dislocato a levante di Malta, dette l'allarme, mentre Supermarina riceveva altre allarmanti informazioni sui movimenti della Forza K dalla ricognizione aerea. Informato che il gruppo della corazzata *Duilio*, essendo salpato con ritardo da Taranto e trovandosi ostacolato dal mare mosso che lo aveva costretto a ridurre la velocità, non avrebbe potuto appoggiare tempestivamente la 7ª Divisione Navale, Supermarina, dubitando che i suoi tre incrociatori leggeri fossero in grado di misurarsi, in uno scontro notturno, con le unità nemiche, nel pomeriggio del 30 novembre ordinò alle navi delle varie formazioni di rientrare alle basi, lasciando proseguire soltanto i due mercantili che si trovavano più vicini alla loro destinazione.

L'incrociatore leggero britannico *Ajax* nave commando della Forza B del contrammiraglio Bernard Rawlings. Era armato con 8 cannoni da 8 pollici corrispondenti ai 152 mm degli incrociatori leggeri italiani.

Ma questi ultimi non furono fortunati, poiché i due letali incrociatori della Forza K, l'*Aurora* e il *Penelope*, che si erano divisi dalla Forza B, agendo in collaborazione con l'aviazione di Malta, riuscirono ad intercettare ad affondare il piroscafo *Adriatico*, a nord di Bengasi. Quindi, spostandosi verso occidente, con ampia e rapida manovra effettuata alla massima forza, il mattino del 1° dicembre poterono raggiungere, a nord di Tripoli, anche la cisterna *Mantovani* – che era stata immobilizzata in un duplice attacco aereo dalle bombe dei Blenheim del 18° e 107° Squadron della RAF di Malta – e la colarono a picco assieme all'*Alvise Da Mosto* il suo unico cacciatorpediniere di scorta. Il *Da Mosto*, comandato dal capitano di fregata Francesco dell'Anno, si comportò con grande spirito combattivo, andando coraggiosamente all'attacco delle unità britanniche, e sacrificandosi per proteggere la nave che le era stata affidata.[24]

Uno dei due incrociatori classe "Arethusa" della Forza K di Malta, il *Penelope* mentre entra nel porto della Valletta nel novembre 1941.

L'attività in mare della "Forza K", integrata da quella dei sommergibili della 10ª Flottiglia di Malta e dai velivoli concentrati negli aeroporti dell'isola - che concretarono i loro attacchi devastatori anche contro i porti dell'Italia meridionale, della Grecia occidentale e di Tripoli - portarono ad un clima di estremo sconforto negli ambienti di Supermarina e del Comando Supremo. Tuttavia, e non soltanto per tassativa direttiva del Duce, essi furono costretti ad organizzare un'operazione di portata assai più vasta di quella che era fallita alla fine di novembre, anche a causa dell'eccessiva prudenza di Supermarina, che volle evitare, a tutti i costi, un combattimento nell'oscurità.[25]

---

[24] Francesco Mattesini, *Corrispondenza e Documenti tecnico-operativi di Supermarina*, Volume Secondo II Tomo, cit, Doc. n. 496, p. 1189-1191; Francesco Mattesini, *Le operazioni aeronavali in Mediterraneo e la crisi dei convogli libici nella 2ª e 3ª decade di novembre 1941*, Parte seconda, dicembre 2000, Bollettino d'Archivio dell'Ufficio Storico della Marina Militare, p.11-124. Il saggio include anche una descrizione particolareggiata dell'affondamento della portaerei *Ark Royal* e della corazzata *Barham*,

[25] Per rendersi conto di quale effetto ebbe Malta sulla distruzione del traffico mercantile dell'Asse durante il 1941, occorre conoscere i seguenti dati ufficiali britannici. Nel corso di tale anno i sommergibili di base sull'isola affondare 26 navi mercantili per 154.000 tonnellate, su un totale di 76 navi per 306.000 tonnellate distrutte delle unità subacquea britanniche nell'intero Mediterraneo. Le navi di superficie operanti dall'isola affondarono a loro volta 20 navi mercantili per 72.000 tonnellate. Gli aerei della RAF e dell'Aviazione della Marina dislocati a Malta affondarono 30 navi mercantili per 125.000 tonnellate, su un totale di 62 navi per 174.000

L'incrociatore della 7ª Divisione Navale *Muzio Attendolo* ripreso alle 13.00 del 30 novembre da un velivolo da bombardamento italiano Cant.Z.1007 bis della 230ª Squadriglia dell'86° Gruppo del 35° Stormo, decollato da Gioia del Colle (Puglia) per scorta antiaerea e antisom alle unità navali nazionali che si trovavano al centro dello Ionio.

Il mese di novembre era stato il più tragico della guerra. Infatti, rispetto alle già alte perdite del mese di ottobre, rappresentate da 18.000 tonnellate di naviglio mercantile affondato e 12.800 danneggiato, che costituivano una percentuale del 63% di tutto quello impiegato, in novembre i convogli per l'Africa Settentrionale riportarono in mare una falcidia pari al 77% del naviglio impiegato. Si trattava della percentuale mensile di perdite più alta di tutta la guerra, rappresentata da 26.000 tonnellate di naviglio mercantile affondato e da 2.100 tonnellate danneggiato. L'arrivo a destinazione di 8.400 tonnellate di naviglio mercantile rappresentò ugualmente il più basso livello mensile di carico giunto nei porti libici, mentre le perdite dei materiali e del carburante, spediti dall'Italia e dalla Grecia, furono di 50.000 tonnellate su un totale di 80.000, con una percentuale del 62% assolutamente insostenibile.

Questa situazione fu prospettata dal Capo del Comando Supremo a Mussolini con un Appunto del 1° dicembre. L'indomani il generale Cavallero telegrafò al Comandante delle Forze Armate dell'Africa Settentrionale e Governatore della Libia, generale Ettore

---

tonnellate colate a picco dagli aerei britannici in tutto il Mediterraneo. In definitiva le forze navali ed aeree di Malta affondarono nel 1941 ben 76 navi mercantili per 351.000 tonnellate, su un totale genere di 278 navi per 628.000 tonnellate, il che significa che l'apporto dell'isola alla distribuzione del naviglio dell'Asse fu del 28%, e del 55% di quello avviato sulle rotte libiche. Queste cifre, che non tengono conto delle molte perdite inferte alle navi militari italiane dalle forze aeronavali di Malta, dimostrano, se ve ne fosse ancora bisogno, quale fosse stato il contributo fornito dall'isola britannica nell'economia generale della guerra aeronavale mediterranea nel corso del 1941.

Bastico, informandolo che, nonostante le gravi perdite subite, l'invio dei rifornimenti sarebbe stato assicurato a qualunque costo. Contemporaneamente, dovendo affrontare la situazione con la massima energia, il Mussolini inviava ai generali Cavallero e Bastico, ai Capi di Stato Maggiore della Marina e dell'Aeronautica e ai rappresentanti tedeschi in Italia, una direttiva in cui tra l'altro sollecitava: *"preparare i convogli via mare"*. Quindi, il 3 dicembre, il Duce scriveva a Hitler per chiedere maggiori aiuti tedeschi, e tra l'altro affermò: *"siamo costretti a limitare il nostro traffico con la Libia al pochissimo che può essere trasportato con mezzi eccezionali, cioè sommergibili, cacciatorpediniere e qualche incrociatore"*.[26]

Benito Mussolini assieme ad Adolf Hitler e al feldmaresciallo Grerd von Rundstedt durante la sua visita al fronte russo nell'agosto 1941.

In una riunione ad alto livello tenuta il 4 dicembre al Comando Supremo, presente da parte tedesca anche il feldmaresciallo Kesselring, il generale Cavallero, dopo aver esposto la sfavorevole situazione venuta a crearsi con la presenza a Malta degli incrociatori britannici, confermò la necessità di impiegare nel trasporto dei rifornimenti navi di superficie e sommergibili. Quindi, incaricò l'ammiraglio Riccardi *"di definire il programma dei prossimi trasporti"*, che prevedeva l'impiego di sette sommergibili, sette cacciatorpediniere, tre torpediniere e i tre incrociatori leggeri della 4ª Divisione Navale *Cadorna*, *Da Barbiano* e *Di Giussano*.[27]

L'indomani fu fatta pervenire al feldmaresciallo Kesselring un promemoria di Supermarina, che riportava la situazione del traffico marittimo con la Libia ed esponeva le possibilità esistenti per far passare i convogli, eludendo il blocco britannico. All'ufficiale tedesco fu anche consegnato dal Comando Supremo una copia del

---

[26] Francesco Mattesini, *Corrispondenza e Documenti tecnico-operativi di Supermarina*, Volume Secondo II Tomo, cit, Doc. 505, 506, 507, 508, p. 1212-1216.

[27] *Ibidem*, Doc. n. 509, p. 1217-1219.

documento *"Norme generali per la collaborazione aero-navale nel Mediterraneo"*, che doveva servire per mettere i reparti della Luftwaffe, già arrivati in Sicilia e quelli operanti in Grecia e in Libia, in condizione di apprendere i compiti che sarebbero stati concordati per assicurare alle unità navali la copertura e l'appoggio aereo.[28]

Lo stesso giorno 5 dicembre si svolse a Supermarina una riunione ad alto livello presieduta dall'ammiraglio Riccardi, e con la partecipazione del Comandante della Marina Germanica in Italia, ammiraglio di divisione Eberhard Weichold, di ufficiali superiori del Comando Supremo, di Superaereo, della Direzione Trasporti, e di rappresentanti del X Fliegerkorps. Il Capo di Stato Maggiore della Regia Marina disse che, *"data l'attuale situazione strategica nel Mediterraneo non è possibile fare dei programmi a lunga scadenza sul movimento dei convogli per l'Africa Settentrionale Italiana"*; ed affermò che bisognava *"accontentarsi, per ora, di un programma valevole per una settimana, con destinazione unica Bengasi"*. Ciò comportava *"l'impiego di navi da guerra e piroscafi veloci, con movimento regolato sulla base"* della capacita recettiva e di scarico del porto di Bengasi, e per ridurvi al minimo tempo la permanenza delle navi.

Entro i prossimi sette giorni era prevista la partenza da Patrasso del piroscafo *Bellona*, con carburante tedesco, del *Calitea* da Brindisi, con viveri e personale italo-tedesco, mentre a motonave *Veniero* sarebbe salpata da Bengasi il giorno 7, diretta isolata verso le coste della Grecia. Si stava poi preparando un convoglio costituito dal piroscafo *Iseo*, in partenza da Taranto. All'*Iseo* si sarebbe aggiunta la motonave tedesca *Ankara* proveniente da Argostoli, mentre contemporaneamente la motonave *Del Greco* sarebbe partita da Napoli per Tripoli. Il carico di queste tre navi mercantili era costituito da carri armati, viveri e munizioni, e la scorta diretta costituita da due cacciatorpediniere per il *Del Greco* e di altri tre cacciatorpediniere per i restanti due piroscafi. Il movimento del convoglio diretto a Bengasi sarebbe stato protetto, fino a poche miglia dalla destinazione, da una forza navale comprendente una corazzata, due incrociatori e sei cacciatorpediniere. Sebbene la partenza delle navi non fosse stata ancora definita, si ritenne che sarebbero arrivate a Tripoli e Bengasi al mattino del 13 o 14 dicembre.

Doveva anche svolgersi un movimento di navi da guerra, per il trasporto rapido di generi di prima necessità per il fronte africano, che comprendeva l'impiego dell'incrociatore *Cadorna*, navigante isolato, dei cacciatorpediniere *Corazziere* e *Carabiniere*, e delle torpediniere *Orsa* e *Orione*.

---

[28] *Ibidem*, Doc. n. 510.

Sbarco nel porto di Bengasi di una autoblindo tedesca Sd. Kfz. 223 da bordo di una torpediniera affiancata alla banchina. La necessità di superare ad ogni costo il blocco navale britanno sulle rotte libiche, in cui i convogli erano attaccati e distrutti dall'azione combinata di navi di superficie, sommergibili ed aerei di base a Malta, costringeva la Regia Marina ad impiegare il suo naviglio leggero per trasportare dall'Italia oltremare i rifornimenti più urgenti.

Per le unità da guerra non era richiesta scorta aerea, mentre invece doveva essere fatto il massimo sforzo per assicurare la massima protezione dei convogli, con la partecipazione anche di velivoli Ju.88 tedeschi, e da realizzare con un vasto servizio di ricognizione aerea, soprattutto nel Mediterraneo orientale, e con gli attacchi contro le basi aeronavali di Malta assegnati ai velivoli da bombardamento dell'Aeronautica della Sicilia.[29]

Alle ore 20.00 dell'indomani 6 dicembre, Supermarina fu in grado di comunicare a Superaereo, con l'Avviso 8278 in Unica Copia, le previsioni riguardanti l'invio a Bengasi del convoglio dei piroscafi *Ankara-Iseo* che doveva essere scortato, quale gruppo di appoggio, dalla corazzata *Duilio*, da due incrociatori della 7ª Divisione Navale e da otto cacciatorpediniere. La partenza da Taranto sarebbe avvenuta in un imprecisato giorno

---

[29] Archivio Stato Maggiore Aeronautica Ufficio Storico (da ora in poi ASMAUS), *GAM 8*, cartella 138.

A, e l'arrivo a Bengasi all'alba del giorno A 3, con le varie formazioni protette dall'aviazione italiana e tedesca lungo tutta la rotta.[30]

Ma passarono appena due giorni, e questo impegnativo programma aero-navale fu cambiato con un altro ancora più complesso.

L'8 dicembre, il generale Cavallero discusse con l'ammiraglio Riccardi e con il generale Rino Corso Fougier, nuovo Sottosegretario di Stato e Capo di Stato Maggiore della Regia Aeronautica, i problemi inerenti all'organizzazione dei convogli destinati a superare il blocco nemico. Si trattava di avviare in Libia tre convogli, con un totale di otto piroscafi, quattro dei quali diretti a Bengasi (*Ankara, Iseo, Capo Orso*) e gli altri cinque destinati a Tripoli (*Filzi, Del Greco, Pisani, Monginevro, Napoli*). Essi sarebbero stati scortati da un formidabile complesso di forze, comprendente ben cinque navi da battaglia (*Littorio, Vittorio Veneto, Giulio Cesare, Duilio* e *Andrea Doria*), tre divisioni con sei incrociatori e ventisei cacciatorpediniere, mentre l'aviazione italiana avrebbe contribuito ai compiti di scorta e di appoggio con circa 580 aerei e quella germanica con cinque gruppi di impiego. Infine, doveva essere realizzato un ampio sbarramento di sommergibili italiani e tedeschi, destinati a vigilare sulle provenienze da Alessandria e da La Valletta.[31]

Sentito anche il parere del Comandante in Capo della Squadra Navale, ammiraglio Angelo Iachino, che si trovava a Napoli e che fu appositamente chiamato a Roma, Supermarina diede vita all'operazione, denominata M.41 perché portava il n. 41 dell'ordine operativo diramato dall'Alto Comando navale l'8 dicembre.

Vediamo come lo stesso ammiraglio Iachino ha descritto la pianificazione dell'operazione:[32]

*Ai primi di dicembre fui nuovamente chiamato a Roma, ed esaminai attentamente il problema insieme al capo e al sottocapo di Stato Maggiore, che erano molto preoccupati dalla situazione creatasi in seguito agli ultimi affondamenti di piroscafi, e volevano in tutti i modi far arrivare in Libia i materiali e gli uomini che erano sempre più urgentemente richiesti. L'analisi delle esperienze fatte fino a quel momento portavano a queste conclusioni sintetiche:*

*a) lo spezzettamento dei convogli in tante piccole spedizioni disseminate a levante e a ponente si era dimostrato all'atto pratico inefficace di fronte alla mobilità dell'avversario, sembrava perciò preferibile ritornare al criterio del convoglio unico, che riunisse un massimo di carichi, e fosse potentemente scortato in modo da scoraggiare a priori qualunque attacco di forze navali nemiche.*

*b) l'**incorporamento** di navi da guerra nei convogli riusciva certo utile ai fini della loro difesa contro gli attacchi aerei, ma esponeva troppo le unità militari ai siluri degli aerei e dei sommergibili, data la bassa velocità dei convogli; tale disposizione era quindi accettabile solo di notte, quando queste forme di offesa erano meno pericolose;*

---

[30] *Ibidem.*

[31] Francesco Mattesini, *Corrispondenza e Documenti tecnico-operativi di Supermarina*, Volume Secondo II Tomo, cit, Doc. n. 511, p. 1224 sg.

[32] Angelo Iachino, *Le due Sirti. Guerra ai convogli in Mediterraneo*, Milano, Mondadori, 1953, p. 63-65.

*c) il tenere le forze navali a distanza dal convoglio, allo scopo di intercettare il nemico prima che arrivasse a contatto dei piroscafi, era un provvedimento utile di giorno, ma da escludersi per la notte, quando le navi nemiche guidate dai ricognitori notturni e munite di radar, eludendo la vigilanza del gruppo di sostegno, potevano piombare sul convoglio sopraffacendo la debole scorta ravvicinata;*

*d) per compensare la nostra inferiorità di mezzi tecnici* [ma soprattutto di addestramento al combattimento notturno] *era necessario assicurarsi in mare una decisa superiorità numerica, anche se si veniva così ad aumentare il rischio di perdite dolorose e non facilmente sostituibili;*

*e) il mezzo più sicuro, sperimentato fino ad allora, per far arrivare carichi di grande importanza a destinazione, era quello di imbarcarli direttamente su navi da guerra, attraversando la traversata a elevata velocità nelle ore di notte; tale sistema era però evidentemente rischioso.*

*In base ai primi quattro di questi criteri, Supermarina stava studiando una grossa spedizione di materiali in Libia con la scorta ravvicinata e la protezione lontana di **tutte** le forze navali disponibili. Una parte di queste sarebbero state incorporate nel convoglio, per la sua difesa prevalentemente notturna, mentre un'altra parte avrebbe costituito un gruppo di appoggio a distanza, destinato ad intervenire solo in caso d'incontro diurno col nemico. Con questa misura mista, si pensava logicamente il massimo rendimento delle forze impiegate, attuando i vantaggi dei due sistemi dell'incorporamento e della protezione a distanza.*

*Per il gruppo di sostegno al convoglio, Supermarina pensava di servirsi non solo degli incrociatori, ma anche di una almeno delle corazzate tipo "Duilio", mentre il gruppo di appoggio a distanza doveva essere costituito dalle due unità tipo "Littorio", che da Napoli si sarebbero dislocate a sud. Si era progettato così il più importante movimento di unità mercantili e da guerra che fosse mai stato tentato fino ad allora, un'impresa davvero rischiosa in un mare insidiato da sommergibili e da aerei, mostratisi già molto attivi; ma in questa maniera la Marina voleva provare al Comando Supremo e al Paese che essa non misurava i rischi quando si trattava di una posta suprema come quella che era in gioco in quel momento.*

Nel pianificare l'operazione M.41 Supermarina si allontanò alquanto dal suo programma preliminare, che aveva discusso con l'ammiraglio Iachino; ossia dal concetto di riunire tutte le navi mercantili da inviare in Libia in un unico convoglio, protetto da un unico gruppo navale di sostegno. La variazione, che comportò di riunire le motonavi e i piroscafi in tre convogli, era stata imposta dalle necessità di inserire nella spedizione quelle navi mercantili, già cariche di rifornimento, che essendo tornate in porto dopo il fallimento dell'operazione del 29 novembre, possedevano minore velocità rispetto a quella necessaria per essere inserite in un convoglio veloce.

Inizialmente l'operazione M.41 avrebbe dovuto cominciare il 12 dicembre. Ma il giorno precedente alla partenza delle navi mercantili dei convogli e delle varie unità navali dei gruppi della scorta diretta, di sostegno e d'appoggio, Supermarina informò telegraficamente di averla ritardata di ventiquattrore.

Nei tre convogli, la ripartizione delle otto navi mercantili e delle unità di scorta diretta, concentrate a Taranto e destinate a salpare nel corso della giornata del 12 dicembre e nella successiva notte sul 13, era la seguente:[33]

**Convoglio n. 1** (lettera L): doveva partire da Taranto alle ore 16.00 del 13 dicembre diretto a Tripoli ed era costituito dalle motonavi veloci *Vector Pisani*, *Monginevro*, *Napoli*, scortate dai cacciatorpediniere *Emanuele Pessagno* (contrammiraglio Nomis di Pollone) e *Freccia*, poi sostituito dal cacciatorpediniere *Antoniotto Usodimare* e dalla torpediniera *Pegaso*.

**Convoglio n. 2** (lettera N): doveva partire da Taranto alle 08.00 del 12 dicembre, ripartito in due sezioni dirette a Bengasi, dopo aver effettuato uno scalo intermedio a Navarino ed Argostoli. La prima sezione era costituita dal piroscafo tedesco *Ankara*, scortato dal cacciatorpediniere *Saetta* e dalla torpediniera *Procione*; la seconda sezione dai piroscafi *Iseo* e *Capo D'Orso*, scortati dai cacciatorpediniere *Strale* e *Turbine*. Entrambe le sezioni, salpando da Argostoli nel pomeriggio del giorno 13, avrebbero dovuto raggiungere Bengasi la sera del giorno 15, distanziate di due ore l'una dall'altra.

**Convoglio n. 3** (lettera A): doveva anch'esso costituirsi ad Argostoli, per poi partire per Tripoli alle 04.00 del giorno 14. Era costituito dalle nuovissime e veloci motonavi *Fabio Filzi* e *Carlo Del Greco*, le quali, scortate dai cacciatorpediniere *Nicoloso Da Recco* e *Antoniotto Usodimare*, avrebbero dovuto raggiungere la destinazione alle 16.00 del giorno 15.

Ciascuno dei tre convogli doveva essere scortato da un gruppo navale di sostegno che, per garantirne una maggiore protezione, doveva essere pronto ad intervenire immediatamente in caso di pericolo, tenendosi di giorno in vista delle navi mercantili e di notte in stretto contatto con esse.

Dovevano provvedere al sostegno del convoglio n. 1, la corazzata *Caio Duilio* (ammiraglio di squadra Carlo Bergamini) e la 8ª Divisione Navale costituita dagli incrociatori *Giuseppe Garibaldi* (ammiraglio di divisione Giuseppe Lombardi), *Raimondo Montecuccoli* e *Gorizia*, e sei cacciatorpediniere delle Squadriglie 10ª (*Maestrale*, *Vincenzo Gioberti*), 12ª (*Corazziere*, *Oriani*). e 15ª (*Carabiniere*, *Nicolò Zeno*). La partenza delle navi doveva avvenire da Taranto alle ore 17 del 13 dicembre.

---

[33] AUSMM, "Supermarina – Ordine di Operazione Generale n. 41", trasmesso l'8 dicembre 1941 con numero di protocollo 28110. Ad esso, il giorno 9, furono apportate varianti, riguardanti "Posizioni di sommergibili nazionali", "Rientro caccia scorta convoglio", "Servizio Comunicazioni aeronavali", "Correzione n. 1 e n. 2", *Scontri navali e operazioni di guerra*, cartella 46.

L'ammiraglio Angelo Iachino (a destra), Comandante della Squadra Navale, si intrattiene con l'ammiraglio Giuseppe Lombardi, Comandante dell'8ª Divisione Navale. L'immagine è del novembre 1941.

Per il sostegno del convoglio n. 2, che doveva salpare alle ore 19.00 del 13 dicembre, avrebbero provveduto la 7ª Divisione Navale, formata dagli incrociatori *Duca d'Aosta* (ammiraglio di divisione Raffaele de Courten) e *Muzio Attendolo*, la corazzata *Andrea Doria* e sei cacciatorpediniere delle seguenti squadriglie: 11ª (*Aviere, Geniere, Camicia Nera*), 14ª (*Ugolino Vivaldi, Antonio Da Noli*), e 16ª (*Nicoloso Da Recco*).

Sebbene ciascuno dei due gruppi di sostegno avesse forze sufficienti per impegnare di giorno gli incrociatori e i cacciatorpediniere britannici dislocati a Malta, per garantire l'intero schieramento contro eventuali interventi delle corazzate della Mediterranean Fleet, fu stabilito che al sostegno dell'operazione partecipasse la 9ª Divisione Navale. Costituita dalle due più moderne navi da battaglia della flotta italiana, la *Littorio* (ammiraglio di squadra Angelo Iachino) e la *Vittorio Veneto*, la 9ª Divisione doveva trasferirsi, la sera del 13 dicembre, da Napoli a Taranto, per poi andare a dislocarsi l'indomani in posizione opportuna nel centro del Mediterraneo, con la scorta di quattro cacciatorpediniere della consueta 13ª Squadriglia: *Granatiere, Bersagliere, Fuciliere* e *Alpino*.

L'incrociatore leggero *Muzio Attendolo* della 7ª Divisione Navale dell'ammiraglio Raffaele de Courten.

Fu poi predisposto nel Mediterraneo centrale un ampio schieramento di sommergibili a carattere esplorativo-offensivo, disponendo in agguato a levante di Malta il *Lazzaro Mocenigo*, *Narvalo*, *Santarosa*, *Sebastiano Veniero* e *Squalo*, e a sud di Creta l'*Ascianghi* e il *Dagabur*. Venne anche richiesta, come vedremo nel dettaglio, un'ampia collaborazione dell'arma aerea italiana e tedesca con le unità navali, che includeva la scorta ai convogli e alle formazioni navali di sostegno e di appoggio, e le ricognizioni su Alessandria e nei bacini centrale e centro-orientale del Mediterraneo.

L'ammiraglio Iachino, che come era logico era il Comandante Superiore in Mare, fissò le disposizioni per le unità della flotta nel suo ordine di operazione n. 56, emanato a Napoli il 10 dicembre, stabilendo:[34]

**Direttive di azione:**

*a) Il gruppo LITTORIO ha funzioni di sostegno per il caso d'intervento di forze nemiche provenienti da levante.*

*Se il gruppo nemico, dislocato ad Alessandria, sarà in porto sino al tramonto del giorno 13, non avrà possibilità di agire contro il convoglio estremo di levante* [convoglio n. 2 diretto a Bengasi] *prima del tramonto del giorno 14, anche se prenderà il mare nelle prime ore della notte sul 14. Esso potrà però, continuando la marcia verso ponente, trovarsi, all'alba del giorno 15, in posizione favorevole per agire contro i nostri gruppi*

---

[34] AUSMM, "Comando in Capo Squadra Navale – Ordine Generale di operazione n. 55", trasmesso il 10 dicembre 1941 con numero di protocollo 1560/SRP, *Scontri navali e operazioni di guerra*, cartella 46.

*di scorta ed eventualmente anche contro il convoglio di ponente in caso di ritardi nell'itinerario.*

*Pertanto, nel caso di avvistamenti di forze nemiche provenienti da levante nella giornata del 14, il convoglio di levante (n. 2) potrà ricevere ordini da Supermarina di rientrare a Navarino, scortato da AOSTA e ATTENDOLO. Il DORIA invece si riunirà al gruppo LITTORIO la stessa sera del 14, o, se ciò non è possibile, all'alba del giorno 15, in un punto a levante dei convogli 1 e 3, presumibilmente all'incirca nella zona compresa tra i paralleli 32°30'N e 32°50'N e i meridiani 16°06'E e 16°26'E. In questo modo le corazzate si verranno a trovare, la mattina del 15, circa 25 miglia a levante del convoglio diretto a Tripoli, e in posizione tale da proteggerlo sicuramente da attacchi del grosso nemico.*

*Anche il DUILIO riceverà ordine di riunirsi all'alba del 15 al gruppo LITTORIO il nostro gruppo corazzato [quattro navi da battaglia] dirigerà quindi verso il nemico per attaccarlo. La III e VIII Divisione resteranno con il convoglio di ponente.*

*b) Nel caso d'intervento di forze leggere provenienti da Alessandria o da Malta, ciascuno dei tre gruppi di scorta può sostenere o respingere l'attacco nemico. La limitata distanza tra i gruppi ne consente l'azione coordinata in caso di necessità.*

*Qualora il mattino del 15, fossero avvistate in mare le forze di Malta dirette verso sud, la III e VIII Divisione Dirigeranno per intercettarle, manovrando in modo da impedire a queste forze l'attacco al convoglio. In tal caso, il DUILIO rimarrà fuori dal cerchio pericoloso di 190 miglia da Malta, in posizione di eventuale appoggio; il DORIA si riunirà al più presto al DUILIO.*

Basandosi sulle istruzioni impartite dall'ordine di operazione n. 55 del Comando in Capo della Squadra Navale, l'11 dicembre 1941 l'ammiraglio Carlo Bergamini emise un proprio ordine di operazione (n. 41) per le unità del suo gruppo di sostegno, che é riportato di seguito nella sua forma originale:[35]


**COMANDO V<sup>a</sup> DIVISIONE NAVALE**
    R.N. "CAIO DUILIO"     Bordo, li 11 dicembre 1941-XX

Protocollo N. 1960/SRP      Al GARIBALDI PER DIVISIONE (a mano)
                                            PIGAFETTA PER SQUADRIGLIA (a mano)
RISERVATO PERSONALE   MAESTRALE PER SQUADRIGLIA (a mano)
URGENTISSIMO                  PESSAGNO PER CAPO SCORTA (a mano)
                                *e, per conoscenza:*
                                            SUPERMARINA (per corriere)
                                            LITTORIO PER SQUADRA (per corriere)
                                            MARINA TARANTO (a mano)
                                            AOSTA PER DIVISIONE (a mano)
                                            GORIZIA PER DIVISIONE (a mano)

---

[35] AUSMM, *Scontri navali e operazioni di guerra*, cartella 46.

*ARGOMENTO:* **Disposizioni**.

*Riferimento ordine di operazione n. 41 in data 8 dicembre 1941-XX di Supermarina et ordine n. 55 in data 10 dicembre 1941-XX di LITTORIO per Squadra dei quali si unisce copia con successive varianti* [omessi] *per i Comandi della VIII$^a$ Divisione e delle Squadriglie 10$^a$ et 15$^a$ (alt) Uscita Forza Navale da Taranto est regolata secondo disposizioni impartite con fonogramma 1956/S.R.P. in data odierna (alt)*

*Dal punto A2 15$^a$ Squadriglia scorta avanzata et 10$^a$ Squadriglia posizioni "Alfa" scorta ravvicinata laterale alt Gruppo proseguirà su direttrice marcia convoglio mantenendosi di poppa ad esso a vista sino al sorgere della luna (alt) Convoglio assumerà a partire dal tramonto formazione "F.P." (alt) Al sorgere luna Gruppo DUILIO si riunirà al convoglio dislocando le varie unità secondo grafico allegato (alt) A giorno fatto il convoglio assumerà linea di fronte con CC.TT. in posizione di scorta ravvicinata tenendo presente che l'ORIANI andrà a sostituire ARETUSA nella scorta diretta del convoglio (alt) In caso di avvistamento di forze navali 8$^a$ Divisione con 10$^a$ Squadriglia dopo che gruppo ha spiegato manovrerà indipendentemente per serrare le distanze (semialt) unità 15$^a$ Squadriglia si riuniranno in posizione prodiera rispetto al DUILIO alt Convoglio non si irradierà ma accosterà ad un tempo dalla parte opposta alla direzione del nemico all'ordine del Capo scorta (alt) Al tramonto del giorno 14 sarà assunta di nuovo la formazione di cui al grafico allegato (alt) Durante la notte in caso di attacco da parte di forze navali DUILIO e VIII$^a$ Divisione con manovra coordinata muoveranno con la massima rapidità contro il nemico attaccandolo con tutte le armi (alt) La 10$^a$ e 15$^a$ Squadriglia cc.tt. e le due unità di scorta non Capo Scorta dirigeranno anch'esse all'attacco impiegando tutti i mezzi di offesa e cercando di impedire in ogni modo che siluranti nemiche possano giungere a contatto del convoglio mentre le unità maggiori sono impegnate balisticamente col nemico (alt) In caso di attacco aereo sarà eseguita la prescritta accostata di 60° dalla parte opposta dei bengala oppure verso la luna se non vi sono bengala e se possibile sarà eseguita cortina di nebbia secondo modalità già comunicate (alt) Durante la notte i piroscafi debbono astenersi strettamente dall'usare le mitragliere se non dietro esplicito ordine del DUILIO (alt) Nelle prime ore del mattino il gruppo sarà avvicinato di poppa dal convoglio n. 3 (alt) Ogni sera sarà comunicato punto di riunione per le ore 8 del mattino successivo (alt) Per formazione dopo la riunione di cui alla lettera c) paragrafo 8 ordine di operazione n. 55 di LITTORIO per Squadra saranno dati sul momento ordini e comunicazioni da questo Comando Divisione (alt) Ordini per servizio comunicazioni saranno dati a parte (alt) CC.TT: comunichino mattino e sera rimanenza nafta et acqua (alt) Assicurate ricevuta (alt)*

*BERGAMINI*

\* \* \*

Per l'operazione M 41, non solo erano state mobilitate la quasi totalità delle forze navali italiane disponibili, ma per costituire i gruppi di sostegno erano stati apportate variazioni organiche, soprattutto all'VIII Divisione Navale che, per necessità derivanti dal danneggiamento dell'*Abruzzi*, era costituita dal *Garibaldi*, a cui si aggiunsero altri due incrociatori, il *Montecuccoli* e *Gorizia*, normalmente assegnati alla 7$^a$ e alla 3$^a$ Divisione Navale. Anche le due corazzate della 5$^a$ Divisione Navale, *Duilio* e *Doria*, erano state ripartite nei due gruppi di sostegno per favorirne la potenzialità in caso di incontro con forze navali leggere nemiche, mentre grosse difficoltà furono affrontate per reperire un adeguato numero di cacciatorpediniere di scorta. Ne conseguì che il gruppo d'appoggio, costituito dalle grandi e moderne corazzate della 9ª Divisione Navale (*Littorio* e *Vittorio Veneto*), dovette limitare la scorta a soli quattro cacciatorpediniere, invece dei sei normali.

Tutto questo finì per far slittare l'operazione di almeno tre giorni, per le ragioni che Supermarina espose l'11 dicembre nel seguente promemoria:[36]

### *SUPERMARINA*

*SEGRETO*                                         *XXX, 11 Dicembre 1941-XX*

> *Per l'operazione occorrono tutti i Ct. in servizio.*
> *Buona parte di essi era adibita al traffico spicciolo per Derna e Bengasi.*
> *Occorre radunarli.*
> *Il tempo eccezionalmente cattivo dei giorni 7, 8 e 9 ha provocato ritardi di almeno 48 ore e avarie.*
> *Con tutto ciò si conta di poter limitare il rinvio dell'operazione a sole 24 ore.*
> *Per avere a disposizione il maggior numero possibile di Ct. (e saranno appena sufficienti per le scorte necessarie), si è provveduto a dar loro la precedenza nei lavori in Arsenale, con lavoro anche notturno, nonostante l'oscuramento.*

In queste acrobazie organiche, fatte per trovare le forze sufficienti a scortare appena otto piroscafi, Supermarina e il Comando della Squadra Navale si rendevano conto che le varie Divisioni di formazione improvvisata non possedevano la coesione e l'affiatamento che sarebbero stati necessari in una complessa operazione di guerra. Occorreva poi aggiungere a queste lacune, che finivano per nuocere al rendimento della flotta, il consumo della preziosa nafta. Essa già scarseggiava, e sarebbe stata bruciata in maniera consistente nel corso di una missione realizzata con tante navi contemporaneamente in mare.

Queste grandi spedizioni, ripetute all'inizio del 1942, ed imposte dal timore di un intervento delle forze navali britanniche, avrebbero poi comportato, all'inizio della primavera, una vera crisi della disponibilità della nafta; crisi che, condizionando l'intervento della Squadra Navale per assicurare il movimento dei convogli, sarebbe continuata, tra alti e bassi, fino alla fine della guerra.

---

[36] *Loc. cit.*

Taranto. La corazzata *Andrea Doria* nel suo recinto di reti parasiluri del Mar Grande.

All'operazione M 41 partecipavano anche i sommergibili tedeschi della 23ª Flottiglia con base a Salamina, in Grecia, e in parte anche quelli della 29ª dislocati alla Spezia[37] L'ordine di operazione n. 3 per la Missione "Afrika" (parola convenzionale per il solo uso della Marina germanica) fu diramato il 12 dicembre, con numero di protocollo B. Nr. Gkdos. Chefs 445/41, al Comandante dei Sommergibili tedeschi, capitano di corvetta Victor Oehr, dal vice ammiraglio Weichold. Quest'ultimo, nel suo incarico di Comandante della Marina Tedesca in Italia, fissò il piano operativo basandosi sull'ipotesi che il nemico avrebbe contrastato i convogli per l'Africa con il grosso della Mediterranean

---

[37] Il mattino del 10 dicembre, l'ammiraglio Sansonetti telefonò all'ammiraglio Bertoldi, Ufficiale di Supermarina a Berlino, informandolo di comunicare alla Seekriegsleitung quanto segue: "*Data la necessità di concentrare tutti gli sforzi in Mediterraneo e quelle di intensificare i trasporti in Libia con Sommergibili è in corso di esame* [su sollecito del generale Cavallero] *il provvedimento di richiamare gradualmente in Mediterraneo i Sommergibili di Betasom*". L'ordine di rientro degli undici sommergibili rimasti a Bordeaux fu impartito il 14 dicembre, una settimana dopo l'entrata in guerra del Giappone contro gli Stati Uniti; ma poi, il 17 gennaio 1942 l'ordine fu revocato da Supermarina per la richiesta della SKL, che non intendeva sguarnire il fronte dell'Atlantico, nel momento stesso in cui molti sommergibili tedeschi si trovavano nel Mediterraneo. Il 12 dicembre, nel corso di un rapporto ad Hitler, l'ammiraglio Erich Raeder, Comandante in Capo della Marina germanica, aveva segnalato: "*Attualmente trentasei U-boote sono in Mediterraneo o in viaggio per il Mediterraneo: venti nella zona orientale e trenta in quella occidentale di Gibilterra. Attualmente rimangono così trentasei sommergibili, tre dei quali sono in Norvegia settentrionale e cinque nel Sud Atlantico*". Come si vede, per sostenere il fronte del Mediterraneo, più della metà dei sommergibili tedeschi si trovavano dislocati nel "Mare Nostrum" o nei pressi delle due estremità dello Stretto di Gibilterra. Cfr., Francesco Mattesini, *Betasom. La guerra negli Oceani*, 2ª Edizione, Roma, USMM, 2003. Vedi anche, Francesco Mattesini, *Operazione "Westindien". L'attacco dei sommergibili tedeschi e italiani nel Mare dei Caraibi e nella zona delle Isole Antille (Febbraio – Aprile 1942)*, nel sito Academia Edu.

Fleet, ritenuta composta di tre navi da battaglia (*Valiant, Barham* e *Queen Elizabeth*), un incrociatore pesante, tre incrociatori leggeri contraerei [classe "Dido"], due incrociatori posamine e circa 20 cacciatorpediniere.

Pertanto, dovendo contrastare questo possibile movimento navale diretto ad occidente, l'ordine operativo per Missione "Afrika", l'ammiraglio Weichold fissava per i gli U-boote i seguenti compiti:[38]

> *Impiego di tutti i propri sommergibili direttamente d'avanti ad Alessandria.*
> *Le unità dovranno essere al più presto possibile sulle posizioni di agguato.*
> *Attacco sulle forze navali nemiche all'uscita nonché al rientro. Nella zona limitata davanti ad Alessandria l'attacco per i sommergibili è libero soltanto sulle navi da guerra dall'incrociatore in su e sulle navi mercantili con più di 4000 t.s.l. in partenza.*
> *Eccezioni: cacciatorpediniere maggiori soltanto con ottima posizione di lancio. Navi mercantili entranti quando si tratta di un bersaglio particolarmente importante.*

Furono destinati a costituire lo sbarramento i sommergibili *U 97, U 371, U431, U 562, U 575* e *U 559*, a cui si sarebbero poi aggiunti, nel corso dell'operazione M.42, l'*U 331* e l'*U 652*, che salparono da Salamina il 14 dicembre.

## Direttive per le forze aeree dell'Asse nell'operazione M 41

Le principali norme dell'appoggio aereo, diramate da Superaereo, con lettera n. 1B/20627 del 10 dicembre, a tutti i Comandi di Squadra e di Aeronautica, nonché al Comando Supremo, a Supermarina, e all'OBS, prevedevano le seguenti suddivisioni di compiti:[39]

**Per le forze aeree tedesche:**

> *a) esplorazioni tra il 20° meridiano e il meridiano di Alessandria (in collaborazione con l'Aeronautica Egeo) nei giorni 12, 13, 14, 15 e 16, mattino e pomeriggio, con particolare riguardo alle provenienze da Alessandria nel settore compreso fra 50 e 150 miglia dal porto;*
> *b) ricognizione fotografica su La Valletta al mattino dei giorni 12, 13, 14 e 15;*
> *c) azioni offensive sulle basi aeree di Malta dalle ore 2230 all'alba nelle notti sui giorni 12, 13, 14, 15 e 16;*
> *d) protezione diretta ai convogli ANKARA e ISEO – CAPO D'ORSO e al Gruppo DORIA per tutta la giornata del 14, fin dove possibile in base alla disponibilità dei reparti aerei, con velivoli Ju.88 e Me.110;*
> *e) scorta caccia oltre i 3000 m. di quota ai convogli in arrivo a Bengasi il giorno 15 e crociere sul porto, oltre i 3000 m. durante le operazioni di scarico.*

---

[38] AUSMM, "Ordine d'Operazione n. 3. Impiego dei sommergibili per la missione "Afrika", *Marina Germanica in Italia*, cartella 3.

[39] AUSMM, "Superaereo, Ordine di Operazione Supermarina n. 41 – Operazioni aeree, *Scontri navali e operazioni di guerra*, cartella 46.

Per questi compiti erano a disposizione del X Fliegerkorps: i bombardieri Ju.88 dei Gruppi I. e II./LG.1; i bombardieri He.111 del II./KG.26 (compresa la Squadriglia 1./KG.28), che includeva gli aerosiluranti della squadriglia 6./KG.26; i caccia notturni Ju.88 del Gruppo I./NJG2, ad eccezione della 4ª Squadriglia rimasta in Sicilia pronta all'impiego assieme ai bombardieri Ju.88 del Gruppo Combattimento KGr.606 che, essendo a disposizione del colonnello pilota Ernst-August Roth, con l'incarico di Comandante del Fliegerführer Sizilien a Catania, avevano il compito di effettuare, al mattino, le ricognizioni fotografiche su Malta, in particolare nel porto della Valletta per controllare la situazione delle navi e partecipare agli attacchi notturni sugli obiettivi dell'isola.[40]

Per la scorta del convoglio dei piroscafi *Iseo – Capo d'Orso* in partenza da Argostoli, avrebbe provveduto nella giornata del 13 dicembre il X Fliegerkorps, e per la protezione del convoglio all'arrivo a Bengasi, e nella fase di scarico in porto, il Fliegerführer Afrika. Per questo erano a disposizione i caccia pesanti Bf.110 del Gruppo III./ZG.26, e dietro particolari disposizioni anche i Bf.109 dell'JG. 27 e del III./JG.53

**Per le forze aeree italiane:**

*a) esplorazioni nella zona compresa tra i meridiani 4° e 20° nei giorni 12, 13, 14, 15 e 16 secondo la ripartizione appresso precisata;*

*b) ricognizione fotografica su La Valletta al pomeriggio dei giorni 12, 13, 14 e 15;*

*c) azioni offensive sugli aeroporti di Malta – azioni sulla Valletta in caso di accertata presenza di Forze Navali – dal tramonto alle ore 2200 nei giorni 11, 12, 13, 14 e 15;*

*d) protezione diretta alle Forze Navali ed ai convogli mediante:*
*- scorta caccia entro limite autonomia dei velivoli,*
*- scorta antiaerosilurante oltre limiti della scorta caccia e fino a mg. 180 dagli aeroporti in partenza,*
*- scorta antisommergibile entro 160 mg. dagli aeroporti di partenza;*

*e) crociere caccia sul porto di Bengasi a quota inferiore ai 3000 m. e crociere caccia ad alta e bassa quota sul porto di Tripoli, durante le operazioni di scarico.*

Seguivano poi i compiti particolari per le Grandi Unità Aeree italiane, assegnando:

- All'Aeronautica della Sardegna: le ricognizioni nel Mediterraneo occidentale fino al 4° meridiano, con i velivoli Cant.Z.1007 bis del 51° Gruppo R.S.

- All'Aeronautica della Sicilia: le esplorazioni nel Canale di Sicilia e a sud dell'Isola; le ricognizioni fotografiche su Malta; le azioni offensive sugli aeroporti ed eventualmente, in presenza di forze navali nemiche, nel porto della Valletta; la scorta

---

[40] Il colonnello Ernst-August Roth, comandante in Russia dello stormo KG.28, trasferito a Catania mantenne il Comando del Fliegerführer Sizilien dalla sua costituzione, il 1° dicembre 1941, al suo scioglimento, alla metà di gennaio 1942, quando tutte le forze aeree in Sicilia passarono al Comando del II Fliegerkorps..

rinforzata con velivoli da caccia, fino al limite dell'autonomia, al gruppo *Littorio*; la scorta con velivoli da bombardamento, aventi compiti antiaerosiluranti e antisommergibili, al gruppo "Littorio", al gruppo "Duilio" e al convoglio "Pisani"; eventuale intervento contro forze navali nemiche dei reparti aerosiluranti.

Per rinforzare i reparti già dislocati in Sicilia furono effettuati i seguenti movimenti: una Squadriglia da bombardamento del 46° Stormo da Pisa a Sciacca; due squadriglie del 13° Gruppo Caccia (diciannove velivoli) da Caselle Torinese a Reggio Calabria; una Squadriglia del 36° Stormo Aerosiluranti (S.84) da Decimomannu (Sardegna) a Pantelleria; una sezione della 278ª Squadriglia Aerosiluranti (S.79) da Pantelleria a Castelvetrano. Furono messi a disposizione tutti gli aerei da caccia alle dipendenze del 54° Stormo con sede a Reggio Calabria: sette Re.2000, sei Cr.25, 16 Mc.200, rinforzati da sedici bombardieri S.79 del 10° Stormo, con compiti antiaerosiluranti e antisommergibili a lunga autonomia.[41]

- Alla 4ª Squadra Aerea (Puglia): la scorta con velivoli Mc.200 e G.50 del 154° Gruppo Caccia ai convogli *Capo d'Orso* e *Ankara* durante la giornata del 13 dicembre, e crociere d'interdizione contro ricognitori al largo di Taranto. Per questo compito la squadriglia caccia del 154° Gruppo dislocata a Crotone fu trasferita a Grottaglie.

- Aeronautica della Grecia: la scorta al convoglio dei piroscafi *Iseo – Capo d'Orso* nel pomeriggio del 13 dicembre, e crociere di protezione su Argostoli; scorte eventuali alle navi in caso di richiesta tramite Marimorea, nei giorni dal 13 al 16, con i velivoli da caccia della 83ª Squadriglia del 18° Gruppo Caccia con velivoli Mc.200 dislocata ad Araxos, rinforzata per l'occasione da una seconda squadriglia del medesimo reparto.

- 5ª Squadra Aerea (Libia).

Settore Centrale: le esplorazioni marittime nei giorni 14 e il 15 dicembre tra i paralleli 32° e 34° N e i meridiani 15°30' e 20° E: la protezione diretta con scorta contemporanea di almeno diciotto velivoli da caccia per ciascuno dei convogli *Ankara* e *Iseo – Capo d'Orso*, da realizzare il giorno 15, dalle prime luci dell'alba fino all'arrivo delle navi a Bengasi; crociere sul porto, per difendere lo scarico delle navi, con altri sei velivoli per turno di scorta, mentre altri dovevano tenersi pronti al decollo su allarme; eventuale intercento contro forze navali nemiche dei reparti aerosiluranti. Per questi compiti fu messo a disposizione anche l'8° Gruppo Caccia Mc.200, togliendolo

---

[41] L'Aeronautica della Sicilia era, di gran lunga, l'unità aerea italiana potenzialmente più efficiente, potendo contare sui seguenti reparti d'impiego: per il bombardamento, 29° e 33° Gruppo del 9° Stormo (velivoli Cant.Z.1007 bis) e 55° Gruppo del 37° Stormo (Br.20); per la ricognizione, ed eventualmente il bombardamento, 30° e 32° Gruppo del 10° Stormo (S.79); per il bombardamento a tuffo, 101° Gruppo (Ju. 87); per la caccia diurna, 7°, 16° Gruppo del 54° Stormo (Cr.42, Mc.200, Re.2000) e 23° Gruppo Autonomo (Cr.42); per la caccia notturna, 171° Gruppo Autonomo (Cr.42); per la Ricognizione Marittima, 83° e 85° Gruppo (Cant.Z.501, Cant.Z.506); per l'Osservazione dell'Esercito, impiegato anche nella ricerca antisom, 76° Gruppo (Ro. 37, Ca. 311). Vi erano poi la 252ª Squadriglia da bombardamento (S.79), le squadriglie di aerosiluranti, 259ª e 282ª (S.84) e 278ª (S.79), la 173ª Squadriglia R.S. (Cr.25), impiegata nelle scorte navali a lungo raggio, e la 612ª Squadriglia Soccorso (Cant. Z. 506).

temporaneamente alle operazioni di sostegno del fronte terrestre in Cirenaica, trattenendolo a Bengasi. Inoltre, l'Aeronautica dell'Egeo inviò a Benina e a Bengasi sei S.79 della 281ª Squadriglia Aerosiluranti.

Settore Ovest: le esplorazioni marittime nei giorni 14 e il 15 dicembre tra il parallelo 35° N e il meridiano 15°30' E: la protezione diretta con scorta contemporanea di almeno dodici velivoli da caccia per ciascuno dei convogli "Pisani" e "del Greco" da realizzare il giorno 15, dalle prime luci dell'alba fino all'arrivo delle navi a Tripoli (dopo la riunione dei due convogli i turni di scorta dovevano comprendere almeno diciotto velivoli); scorta caccia con almeno sei velivoli alle forze navali in rotta di rientro alle basi, durante la giornata del 15 dicembre; crociere sul porto, per difendere lo scarico delle navi, con altri sei velivoli per turno di scorta, mentre altri dovevano tenersi pronti al decollo su allarme; eventuale intercento contro forze navali nemiche dei reparti aerosiluranti. Per questi compiti furono messi a disposizione del Settore Ovest il 150° Gruppo Caccia (G.50), proveniente da Grottaglie, via Pantelleria, e il 23° Gruppo Caccia (Cr.42), temporaneamente trasferito dalla Sicilia a Misurata, mentre, per rinforzare i reparti da ricognizione fu disposto il trasferimento da Pisa a Castel Benito di una squadriglia di bombardieri S.79 del 46° Stormo, con scalo a Castelvetrano.

- Ricognizione Marittima: le ricognizioni nel Golfo di Taranto, nello Ionio e nel Mediterraneo centrale tra i giorni 12 e 15 dicembre; scorte antisommergibili alle Forze Navali e ai convogli, entro il raggio di autonomia degli idrovolanti; vigilanza antisommergibile nelle zone libiche di arrivo dei convogli, in concorso con velivoli dell'Osservazione Aerea del Regio Esercito.

Anche l'Aeronautica dell'Egeo fu mobilitata per svolgere un ampio servizio di ricognizione strategica nel settore di mare assegnato dagli accordi con il X Fliegerkorps tra la costa africana e l'Isola di Creta, tanto che nei giorni 12 e 13 dicembre impegnò, in quel particolare servizio, ben ventitré velivoli Cant.Z.1007 bis del 47° Stormo Bombardamento Terrestre, che però avvistarono soltanto alcuni piroscafi. Per l'attacco fu tenuto pronto il 95° Gruppo del 35° Stormo Bombardamento Terrestre con velivoli Cant.Z.1007 bis.[42]

## *Il giallo della Battaglia di Capo Bon.*

Prima di mettere in movimento la grande operazione M.41, con il quale si intendeva inviare a Tripoli e Bengasi tre convogli di rifornimento, scortati da quasi tutta la Flotta italiana, su intervento di Superaereo appoggiato dal Comando Supremo, era richiesto alla Regia Marina di portare urgentemente un carico di benzina avio a Tripoli, per permettere agli aerei italiani operanti in quella zona (Settore Ovest della 5ª Squadra

---

[42] ASMAUS, *Diario Storico dell'Aeronautica Egeo 1941.* * Secondo quanto riportato dal Diario, il 13 dicembre erano a disposizione dell'Aeronautica dell'Egeo 29 bombardieri Cant.Z.1007 bis del 47° Stormo, 14 bombardieri Cant.Z.1007 bis del 95° Gruppo, 8 bombardieri S. 84 del 41° Gruppo, 8 aerosiluranti S.79 della 281ª Squadriglia di cui 3 inviati a Benina (Cirenaica), 47 caccia (Cr. 32, Cr.42 e G.50) del 161° Gruppo, e 2 idrovolanti di soccorso Cant. Z.506.

Aerea), di poter assicurare la protezione dei convogli, poiché le loro scorte di carburante erano scese ad appena 25 tonnellate. Supermarina decise di impiegare allo scopo gli incrociatori della 4ª Divisione Navale *Alberico Da Barbiano* (capitano di vascello Giorgio Rodocanacchi) e *Alberto Di Giussano* (capitano di vascello Giovanni Marabotto), al comando dell'ammiraglio Antonino Toscano sul *Da Barbiano*, che si trovavano a Taranto.[43] Le due unità, già destinate a portare rifornimenti urgenti a Tripoli, imbarcato un carico di nafta e munizioni a Brindisi, si trasferirono a Palermo per imbarcare 22 tonnellate di benzina avio, che fu stivata in ogni parte della nave, soprattutto a poppa dietro ai cannoni da 152 mm degli incrociatori, per poi salpare per Tripoli. Ciò avvenne la sera del 9 dicembre. Le due navi diressero inizialmente verso occidente per aggirare da nord le isole Egadi, dove però nella notte furono avvistate da un velivolo da ricognizione Wellington VIII del 221° Squadron della RAF, con sigla AM9W, fornito di radar di scoperta navale ASV II, decollato dall'aeroporto maltese di Luqa.[44]

L'incrociatore leggero *Alberico da Barbiano*, nave ammiraglia della 4ª Divisione Navale.

---

[43] Unità molto rapide potendo raggiungere una velocità sostenibile di 37 nodi, ossia 69 Km/h ora (alle prove avevano raggiunto i 42 nodi corrispondenti a 78 km/h), i quattro incrociatori della classe "Di Giussano", costruiti tra il 1928 e il 1930, avevano un dislocamento di poco superiore alle 5.000 tonnellate e l'armamento costituito da otto cannoni Ansaldo da 152/53, sei OTO da 100/47, otto binati Breda da 37/54, otto binati Breda da 13/2 e quattro tubi lanciasiluri da 533 mm. Tuttavia, nonostante queste ottime caratteristiche, per aver agevolato la velocità per adeguare la caratteristiche delle unità a quelle francesi, che erano considerati i nostri antagonisti in una eventuale guerra, i "Di Giussano" erano caratterizzati da scarsa autonomia e soprattutto da estrema vulnerabilità poiché la protezione dello scafo, dai 20 ai 24 mm, era scarsamente idonea a resistere ad una offesa di siluri, ed anche d'artiglieria.

[44] Francesco Mattesini, *Lo scontro di Capo Bon (13 dicembre 1941)*, in Bollettino d'Archivio dell'Ufficio Storico della Marina Militare, settembre 1991, p. 51-145.

Considerata ormai fallita la sorpresa, che era la premessa indispensabile per la riuscita della sua missione, l'ammiraglio Antonino Toscano, volendo evitare di spingersi ancora più a sud perché temeva di essere attaccato con luce lunare dagli aerei di Malta ormai allertati, invertì la rotta dirigendo verso l'Isola di Marettimo indeciso sul da farsi, per poi rientrare a Palermo su ordine di Supermarina, che successivamente mostrò di non condividere l'iniziativa rinunciataria presa dal Comandante della 4ª Divisione Navale.

L'*Alberto di Giussano* l'altro incrociatori leggere della 4ª Di visione Navale.

Quello che Supermarina non conosceva era che, dopo l'avvistamento dei due incrociatori italiani da parte del Wellington AM9W del 221° Squadron, il Comandante della Marina a Malta, vice ammiraglio Wilbraham Tennyson Randle Ford, aveva inviato in volo, con decollo da Hal Far, sette aerosiluranti Swordfish dell'830° Squadron e cinque aerosiluranti Albacore dell'828° Squadron dell'Aviazione Navale (Fleet Air Arm – FAA). Nel frattempo, sempre allo scopo di intercettare i due incrociatori dell'ammiraglio Toscano, alle 18.30 del 9 dicembre erano partite da,lla Valletta cinque unità della Forze B e K, gli incrociatori *Neptune Aurora, Penelope* e i cacciatorpediniere *Jaguar* e *Kandahar*.[45]

Nelle prime ore del 10 dicembre gli aerei britannici si spinsero oltre Trapani, e nonostante possedessero il radar di scoperta navale ASV II non riuscirono a rintracciare

---

[45] Malta War Diary, 9 e 10 dicembre 1941. Malta War Diary, 9 e 10 dicembre 1941. Malta War Diary, 9 e 10 dicembre 1941. Malta War Diary, 9 e 10 dicembre 1941.

gli incrociatori italiani, che avrebbero dovuto attaccare. I comandanti del *Da Barbiano* e del *Di Giussano* capitano di vascello Rodocanacchi e Marabotto, avendo invece percepito, alle 03.30, la presenza dei velivoli nemici, ritennero, erroneamente, di aver sventato un attacco aerosilurante, con l'ausilio della manovra e nascondendosi con cortine di nebbia artificiale, per poi rientrare a Palermo alle 08.20 di quello stesso giorno.

Il rientro alla base degli incrociatori italiani della 4ª Divisione Navale costrinse le unita navali britanniche salpate da Malta ad effettuarono un viaggio di intercettazione a vuoto, e rientrarono alla Valletta il mattino dell'indomani, 10 dicembre. Il *Da Barbiano* e il *Di Giussano*, se avessero continuato la navigazione con rotta sud, nella notte sul 10 o al limite l'indomani dello stesso giorno, sarebbero andati incontro al nemico, nelle condizioni più sfavorevoli per affrontare un combattimento, a causa del loro pericolosissimo carico di combustibili e munizioni e per l'inferiorità numerica e potenziale.

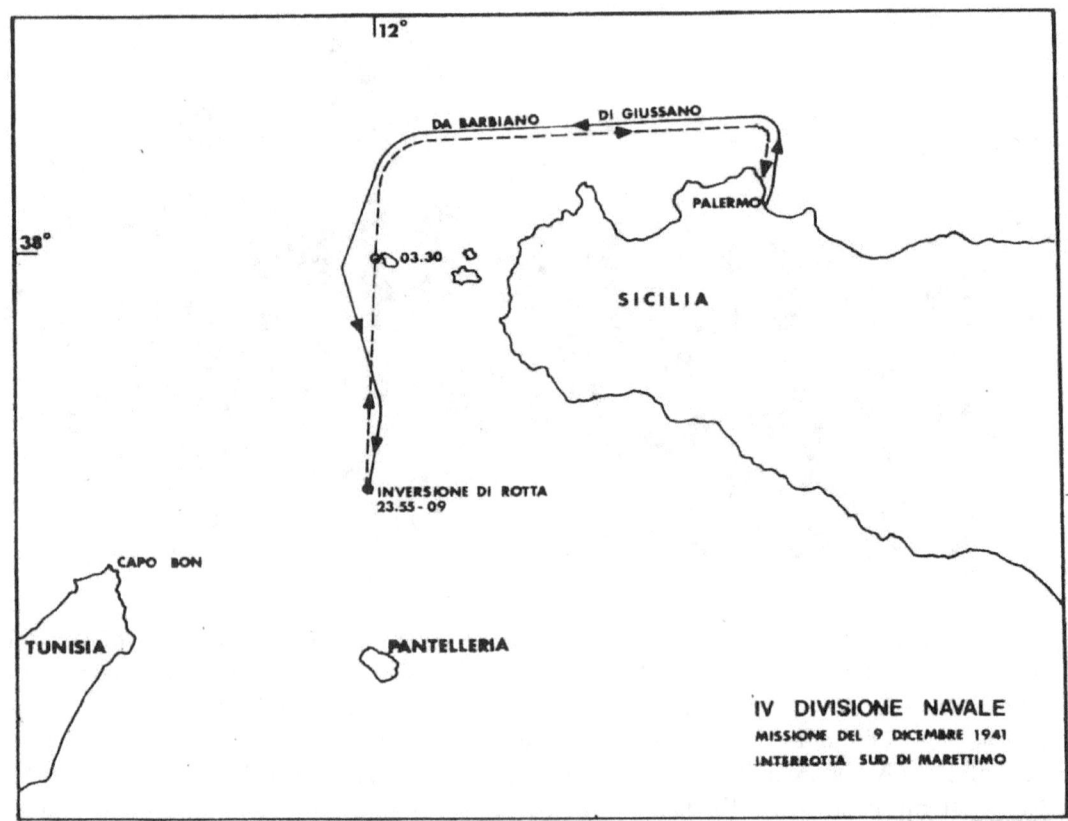

La rotta seguita della 4ª Divisione Navale, la cui deviazione di rotta e rientro a Palermo le evitò di dover soccombere sotto un attacco concentrato di aerosiluranti e di navi di superficie partite per intercettarla da Malta al calar della notte del 9 dicembre 1941.

La ritirata dell'ammiraglio Toscano, che pure aveva fatto storcere la bocca negli ambienti navali italiani e generato anche discussioni antipatiche nei riguardi dell'ufficiale, servì invece ad evitare i pericolosissimi attacchi degli aerosiluranti e delle navi di superficie britanniche, e fortunatamente, almeno per il momento, ad evitare un'altra tragedia navale simile a quella di Matapan e del convoglio "Duisburg".

Dopo quell'esperienza negativa, Supermarina decise di apportare una variante al piano operativo aggregando alla 4ª Divisione Navale l'incrociatore *Giovanni dalle Bande Nere*, fatto venire da La Spezia, e le torpediniere *Cigno* e *Climene* partire da *Trapani* per assumere la scorta dei tre incrociatori,

L'impiego del *Bande Nere* si era reso necessario per l'urgenza del dover trasportare in Libia una maggiore quantità di rifornimenti, in particolare munizioni e un maggiore quantità di benzina avio, quest'ultima particolarmente necessaria, lo ripetiamo, per far volare gli aerei destinati a proteggere i convogli dell'operazione M.41, il cui impiego era previsto con inizio all'alba il 13 dicembre. Affinché il sostegno a quelle preziose navi fosse stato il più efficiente possibile, nella giornata del 10 il Capo di Stato Maggiore della Regia Aeronautica, generale di Squadra Aerea Rino Corso Fougier, che aveva sollecitato il trasporto della benzina diretta a Tripoli nella maggiore quantità possibile, per assicurare agli incrociatori la maggiore scorta aerea nell'ultima parte della navigazione, inviò al Comandante della 5ª Squadra Aerea, generale Vittorio Marchesi, l'ordine di concentrare sull'aeroporto di Misurata, a disposizione del Settore Aeronautico Ovest, il 3° e il 23° Gruppo Caccia, il primo equipaggiato con velivoli biplani Cr.42, il secondo ad ala fissa Mc.200.[46]

Purtroppo, come se tutto volesse congiurare contro il trasporto del carburante a Tripoli, quello stesso pomeriggio Marina Palermo fece sapere a Supermarina che l'incrociatore *Giovanni dalle Bande Nere*, appena arrivato da La Spezia da dove era salpato alle 17.15 del 10, non poteva partecipare alla missione perché immobilizzato da un'infiltrazione d'acqua nel condensatore principale di prora.[47]

Un analogo inconveniente si verificò sulla torpediniera *Climene* che, all'arrivo a Palermo, nel corso della notte lamentò una forte perdita al surriscaldatore della caldaia n. 1. E poiché non fu possibile completare in tempo i lavori di riparazione, che pure erano stati accelerati su esplicita richiesta di Supermarina, anche la *Climene*, al pari del *Bande Nere,* non si trovò in condizioni di partecipare alla missione; ragion per cui, forzatamente, la scorta agli incrociatori si ridusse al solo *Cigno* (capitano di corvetta Nicola Riccardi).

L'indisponibilità del *Climene* e del *Bande Nere* ebbe una duplice conseguenza negativa, perché non permise alla 4ª Divisione di poter disporre di una più consistente protezione di vigilanza, e nello stesso tempo costrinse gli altri due incrociatori *Da Barbiano* e *Di Giussano*, ad imbarcare una maggiore quantità di benzina. Inoltre, quest'ultima non era contenuta nelle consuete lattine, facili da stivare in navi da guerra, ma in fusti che, oltre a possedere limitata tenuta stagna, non potevano essere portati al coperto, nei locali interni, ragion per cui fu necessario sistemarli sul ponte di coperta, all'estrema poppa degli incrociatori. Queste difficoltà furono fatte presenti la sera dell'11 dicembre dallo stesso Capo di Stato Maggiore della Marina, ammiraglio Arturo Riccardi, con l'Avviso n. 8456, consegnato a mano al Comando Supremo e portato a conoscenza di Superaereo e della Divisione Superiore Trasporti di Superesercito.

---

[46] ASMAUS, Superaereo – Messaggi 1B/20611 e 1B/20618, *GAM 8*, cartella 140.

[47] L'incrociatore *Giovanni delle Bande Nere*, si trovava alla Spezia a disposizione dell'ammiraglio di squadra Vittorio Tur, Comandante della Forza Navale da Sbarco, che si teneva pronta, all'ordine che non arrivò, di iniziare l'operazione C.2, lo sbarco e la conquista della Corsica. L'ammiraglio Sansonetti, dovette spiegare all'ammiraglio Tur il motivo dell'impiego del *Bande Nere*, riferendo che sarebbe stato restituito al più presto. Cfr, AUSMM, *Promemoria Ammiraglio Sansonetti 1941*.

La torpediniera *Cigno* l'unica piccola unità che, dopo la forzata rinucia della *Climene*, fu possibile assegnare alla scorta degli incrociatori *Da Barbiano* e *Di Giussano*.

L'ordine operativo per la nuova missione dei tre incrociatori, sempre al comando dell'ammiraglio Toscano, fu compilato dall'ammiraglio Emilio Ferreri e diramato da Supermarina al Comando della 4ª Divisione Navale con il messaggio in partenza in cifra n. 88642. Trasmesso con il codice della macchina cifrante C.38 e per conoscenza a tutti i Comandi Navali interessati all'operazione, l'ordine stabiliva: partenza da Palermo (punto febbraio) alle 18.00 del 12 dicembre alla velocità di 22 nodi ed arrivo a Tripoli (punto traiettoria) alle 15.00 del 13. Con lo stesso ordine di operazione Marina Messina doveva mandare in mare tre Mas per protezione ed allarme sulle provenienze nemiche da Malta, mentre a Marina Tripoli era chiesto di inviare una torpediniera incontro agli incrociatori e disporre per la loro protezione aerea. Il gruppo incrociatori doveva ripartire da Tripoli al tramonto del giorno 14 per rientrare in Italia.

La forzata rinuncia all'impiego dell'incrociatore *Bande Nere*, che ebbe l'ordine di completare urgentemente i lavori di riparazione per essere pronto a salpare isolato a ventiquattrore di distanza dalle altre due unità della 4ª Divisione, costrinse Supermarina ad apportare altre varianti alle istruzioni impartite con l'ordine di operazione 88642 dell'11 dicembre, che però nelle linee generali rimasero immutate, stabilendo che i due incrociatori sarebbero partiti "*da Palermo sera del dodici diretti Tripoli previsto arrivo ore 150013*".[48]

---

[48] ASMAUS, "Operazione Speciale dal 7 al 14 dicembre 1941", *GAM 8*, cartella 138.
ASMAUS, "Operazione Speciale dal 7 al 14 dicembre 1941", *GAM 8*, cartella 138.

In definitiva, sperando questa volta di eludere gli avvistamenti del nemico, Supermarina aveva impartito alla 4ª Divisione Navale l'ordine di effettuare, dopo la partenza da Palermo, un ampio giro a nord delle Isole Egadi, per poi passare a circa 40 miglia ad ovest di quell'arcipelago. Questa manovra fu ritenuta necessaria per evitare alle navi di transitare a sud dell'Isola Marettimo, nella quale si era verificato durante la precedente uscita l'avvistamento aereo del nemico. Evitando quella zona, in cui l'esperienza aveva dimostrato vi fosse una vigilanza molto intensa, gli incrociatori dell'ammiraglio Toscano dovevano procedere alla velocità di 22 nodi, che era pertanto superiore a quella di 18-22 nodi fissata per la precedente fallita operazione.

Con rotta diretta sud (180°) gli incrociatori dovevano raggiungere le acque di Capo Bon esattamente alle 02.00 del 13 dicembre. Da questo massiccio promontorio all'estremità settentrionale della costa della Tunisia, dovevano passare alle 03.00 al largo della località di Kelibia, ossia quaranta minuti dopo il passaggio da Capo Bon, per poi proseguire verso le Isole di Kerkennah, davanti alla località tunisina di Sfax, da raggiungere alle 08.00 del 13. Di questo programma Supermarina mise al corrente il Comando della Marina Germanica in Italia, alle 23.05 del 12 dicembre, quando le navi erano già salpate da cinque ore.[49]

Mentre i preparativi per la sistemazione del pericolosissimo carico di benzina e di munizioni sugli incrociatori erano in atto a Palermo, alle 10.30 del 12 dicembre si svolse a bordo del *Da Barbiano* una riunione di carattere tecnico a cui parteciparono, con l'ammiraglio Toscano, i comandanti del *De Barbiano* e *Di Giussano*, e quello della torpediniera *Cigno*, nonché i direttori di macchina e gli ufficiali addetti alle trasmissioni sulle tre navi.

Secondo quanto riferì nella sua relazione il tenente di vascello Giovanni Demini, ufficiale di rotta e alle comunicazioni sul *Di Giussano*, l'ammiraglio Toscano fece un'esposizione sulle modalità per la navigazione. Si accese poi una *"discussione sulla possibilità di sparare in ritirata con le torri poppiere"*, in quanto a poppa degli incrociatori era stato concentrato il carico di benzina in fusti, che avrebbero potuto esplodere in conseguenza del cono di vampa dei cannoni da 152 mm, in particolare di quelli più vicini alla torre 4, l'ultima della nave.[50]

Queste informazioni collimano perfettamente con quanto nella sua relazione scrisse il tenente di vascello Giovanni Bacich, che essendo presente come ufficiale di rotta e alle comunicazioni del *Di Giussano*, ha riportato che l'ammiraglio Toscano, raccomandò ai direttori di macchina: *"di curare la stabilità delle navi"*; espose quali erano le *"modalità della navigazione"*; discusse *"sulla possibilità di sparare in ritirata con le torri poppiere"*; si escluse la *"possibilità di poter ricercare uno scontro nelle condizioni di carico della nave"*, ed anche *"di poter sparare verso poppa a causa del cono di vampa che, secondo alcuni convenuti, avrebbe fatto esplodere i fusti di benzina, caricati in coperta a poppa*. Infine fu deciso che l'idrovolante Ro.43, sulla catapulta a prora degli incrociatori, dovesse essere scarico benzina nel corso della navigazione notturna, per poi essere rifornito all'alba, quando si sarebbe verificato il decollo degli aerei per ricognizione, prima quello del *Di Giussano* e poi quello del *Da Barbiano*.[51]

---

[49] AUSMM, *Supermarina – Telegrammi Copia Unica,* Avviso n. 1500 del 12 dicembre, registro n. 26.

[50] AUSMM, *Scontri navali e operazioni di guerra,* cartella 45.

[51] *Ibidem.*

Con la direttiva "*è assolutamente necessario passare*", trasmessa telefonicamente all'ammiraglio Toscano dal Sottocapo di Stato Maggiore della Regia Marina, ammiraglio Sansonetti, gli incrociatori *Da Barbiano* e *Di Giussano* lasciarono Palermo nel tardo pomeriggio del 12 dicembre, preceduti dalla torpediniera *Cigno*, ed avendo a bordo oltre al carico di viveri, munizioni e combustibili, anche centotrentacinque militari del CREM (*Corpo* Reali *Equipaggi di Marina)* destinati a Tripoli.[52]

La 4ª Divisione Navale, appena fuori del porto, diresse per aggirare le Isole Egadi per poi puntare su Capo Bon, seguendo le rotte prestabilite, in una formazione costituita in linea di fila, in cui la torpediniera *Cigno* occupava una posizione avanzata di vigilanza, a 2.000 metri di prora al *De Barbiano*, che era seguito dal *Di Giussano*.

Della partenza della 4ª Divisione Navale Supermarina fu messa al corrente, con comunicazione telefonica delle 19.10, dal Comandante di Marina Palermo, ammiraglio Eugenio Genta, che a domanda dell'ammiraglio Carlo Pinna rispose che l'ammiraglio Toscano era "*partito alle 18.10 e che tutto si era svolto regolarmente*".[53]

Dopo aver incontrato le torpediniere *Calliope* e *Cantore*, inviate da Marilibia ad unirsi alla 4ª Divisione Navale, per scortarla nell'ultimo tratto della navigazione, il *Da Barbiano*, il *Di Giussano* e la torpediniera *Cigno* avrebbero dovuto arrivare a Tripoli alle 15.00 del 13, con la protezione dei velivoli da caccia del Settore Ovest della 5ª Squadra Aerea, al comando del generale Raul Da Barberino. Questo Comando Superiore aveva anche disposto di fare effettuare con velivoli da bombardamento voli di ricognizione a rastrello, nella zona situata a sud del parallelo 35° nord e tra i meridiani 13° e 15°30' est. Sbarcato il carico, gli incrociatori sarebbero ripartiti per l'Italia al tramonto del 14 dicembre, dopo aver imbarcato a Tripoli, su richiesta pervenuta a Supermarina dal Supercomando Africa Settentrionale (messaggio n. 27231), quattrocento prigionieri britannici,[54] di cui l'organizzazione crittografica britannica Ultra venne a conoscenza diramando la notizia alle 16.05 e riferendo: "*Tripoli a Roma 27231: Decifrate di Persona, 200 prigionieri saranno imbarcati su ciascuno degli incrociatori del Gruppo Da Barbiano*".[55]

Per assicurare, nella rotta di andata, alle navi dell'ammiraglio Toscano il massimo del sostegno e della vigilanza, Marina Messina, in conformità degli ordini ricevuti da Roma, dispose per la notte del 13 dicembre l'impiego di sei Mas della 2ª Flottiglia. Di essi i *Mas-531* e *488*, che si trovavano di base a Trapani, furono inviati ad operare nel

---

[52] AUSMM, Cartella *Promemoria Ammiraglio Sansonetti 1941.*
[53] AUSMM, *Supermarina – Comunicazioni telefoniche*", n. 14395, registro n. 22. * L'orario di uscita delle navi da Palermo non corrisponde a quelli dichiarati dai comandante della torpediniera *Cigno* (Riccardi) e dell'incrociatore *Di Giussano* (Marabotto) che sostennero che le unità erano uscite da Palermo rispettivamente dalle ore 17.24 alle 17.45 la *Cigno* e alle 17.30 il *Di Giussano*. Invece, secondo il tenente di vascello Giovanni Bacich, ufficiale di rotta e alle comunicazioni in Plancia Comando del *Di Giussano*, il comandante Marabotto alle 17.10 ricevette e gli passo l'ordine di operazione, che conteneva un anticipo della partenza, per cui alle 17.15 fu ordinato il posto di manovra e furono aperti gli ascolti di navigazione. Uscendo da Palermo fu costituita le linea di fila, *Cigno, Da Barbiano, Di Giussano*, e si procedette alla velocità di 23 nodi, "*con lievi varianti delle rotte indicate nell'ordine di operazione. Zigzagamento fin oltre le isole Egadi, si passa molto al largo di queste. Poi rotta 218° verso Capo Bon. Atterraggio a Capo Bon alle ore 03.05 circa a 6-8 miglia avendo il faro per 175°*".
[54] ASMAUS, *Diario Storico del Comando Settore Ovest della 5ª Squadra Aerea 1941.*
[55] National Archives, *DEFE 3/835.*

Canale di Sicilia, a nord della rotta seguita dagli incrociatori dell'ammiraglio Toscano, mentre invece i *Mas-544, 549, 563* e *564* salparono da Pantelleria alle 19.50 del 12, al comando del tenente di vascello Roberto Baffigo, per portarsi sulla congiungente isole di Pantelleria e Lampione, essendo questa la zona più pericolosa per le provenienze navali da Malta.

Per comprendere quali siano stati gli ordini verbali impartiti da Supermarina all'ammiraglio Toscano dopo il fallimento della prima missione del 9 dicembre, il Sottocapo di Stato Maggiore della Marina, telefonandogli il mattino dell'indomani, gli ordinò: "*In una prossima occasione prendi una decisione e poi informane Supermarina. Questo per impedire che un disservizio R.T. faccia perdere del tempo prezioso. E' assolutamente necessario passare*" [il neretto è nostro].[56]

***

Fin dal mattino dell'11 dicembre, in conformità con le richieste di ricognizione espresse da Supermarina, il generale Fougier aveva ordinato al generale Renato Mazzucco, Comandante dell'Aeronautica della Sicilia, di effettuare per la giornata del 12 un ampio servizio di ricognizione nel Mediterraneo centrale, e di effettuare il bombardamento notturno degli aeroporti di Malta,m nelle ore notturne in cui si svolgeva la navigazione della 4ª Divisione Navale, allo scopo di impedire o almeno disturbare il decollo degli aerei britannici. Ciò doveva avvenire in collaborazione con i bombardieri tedeschi del Gruppo KGr.606, già presenti in Sicilia, a Catania. Al generale Ottorino Vespignani, Comandante dell'Aeronautica della Sardegna, fu invece richiesto di vigilare a sudovest dell'isola ed anche a ponente della Corsica.[57]

Quest'ultima zona di esplorazione può essere attribuita al fatto che nella notte il Servizio Informazioni Estere di Maristat aveva radiogoniometrato la presenza di un'unità britannica, ritenuta di superficie, in contatto con l'Ammiraglio di Gibilterra (Comandante della Zona del Nord Atlantico) e con il Comando della Forza H, "*nel tratto compreso fra 100 miglia Ponente di San Antiaco e zona Sud di Minorca*", ma senza poterne fare un rilevamento preciso ed un qualsiasi apprezzamento sullo scopo della trasmissione.[58]

In quel momento le sole unità di superficie britanniche che si erano spinti da Gibilterra verso ovest, e proseguivano nella loro rotta verso Malta erano quattro cacciatorpediniere della 4ª Flottiglia, di cui parleremo dettagliatamente.

Alle 15.20 del 12 dicembre il Comando dell'Aeronautica della Sicilia informò Supermarina che le missioni di ricognizione svolte nei dintorni di Malta con quattro velivoli S.79 del 10° Stormo Bombardieri, non avevano porto a nessun avvistamento di navi nemiche. Tale notizia, aggiungendosi a quella che indicava una situazione di piena tranquillità nelle acque tra Marsala e Capo Bon e lungo la costa della Tunisia accertata da altri cinque S.79 del 10° Stormo Bombardieri, fornì la certezza che quel pomeriggio

---

[56] AUSMM, *Promemoria Ammiraglio Sansonetti 1941*.
[57] ASMAUS, Superaereo – Messaggi 1B/20671 e 1B/19124, *SA 1*, cartella n. 10.
[58] ASMAUS, Maristat, Reparto Informazioni Ufficio I.E.,"Rapporto sulla situazione navale alle ore 1000 del 12 dicembre 1941", *GAM 17*, cartella n. 275. ASMAUS, Maristat, Reparto Informazioni Ufficio I.E.,"Rapporto sulla situazione navale alle ore 1000 del 12 dicembre 1941", *GAM 17*, cartella n. 275.

nessuna unità britannica era in mare nel Mediterraneo centrale. Ciò era anche confermato dal fatto che due veloci caccia Mc.202 del 54° Stormo, inviati a sorvolare La Valletta, avevano chiaramente individuato nel porto maltese i quattro incrociatori britannici delle Forze B e K, che erano: *Ajax, Neptune, Aurora* e *Penelope* e quattro cacciatorpediniere. Uno di questi incrociatori (l'*Ajax*), appariva in riparazione nel porto della Valletta, come in effetti era.

Esito ben diverso ebbero invece le ricognizioni strategiche disposte dal Comandante dell'Aeronautica della Sardegna, generale Vespignani, che adeguandosi alle istruzioni ricevute da Superaereo, assegno alla 212ª Squadriglia del 51° Gruppo Bombardamento, specializzata nelle ricognizioni marittime, un programma di volo assegnato nel pomeriggio a tre velivoli Cant.Z.1007 bis, stabilendo: "*In caso di avvistamenti di forze navali che non comprendono portaerei il ricognitore non dovrà proseguire il percorso mantenendo il contatto fino al limite massimo dell'autonomia e segnalando ogni mezz'ora i dati dei movimenti nemici*".[59]

Sulla base di quell'ordine di operazione, tra le 13.30 e le 13.50 decollarono dall'aeroporto cagliaritano di Decimomannu i tre Cant.Z.1007 bis. Il primo di questi velivoli, con capo equipaggio il sottotenente pilota Gaetano Bellinazzo, avvistò alle 15.40 il neutrale piroscafo francese *Bouidmel* e alle 16.20 un sommergibile con rotta levante.

Il secondo trimotore, che aveva per primo pilota il sottotenente Aldo Nascimbene e per ufficiale osservatore il guardiamarina Pizzarelli, prima di individuare il piroscafo francese *Reinais*, volando alla quota di 500 metri avvistò quattro cacciatorpediniere britannici a 60 miglia ad est di Algeri, ed immediatamente trasmise: "*Ore 15.00 avvistati 4 cc.tt. inglesi ad un fumaiolo in lat. 37°30' long 04°30' rotta 90 velocità 20*". Mantenendo il contatto, un'ora dopo il velivolo della R.8 aggiunse: "*Sono in vista del nemico – nessun cambiamento degli elementi dell'avvistamento precedentemente segnalato*".[60]

Tra le due segnalazioni trasmesse dall'aereo del sottotenente Nascimbene se ne inserì una terza da parte del terzo Cant.Z.1007 bis, che aveva per primo pilota il sottotenente Armando Biondi e quale ufficiale osservatore il tenente di vascello Gorini. Dopo aver avvistato i piroscafi francesi *Rabelais*, *Saint Marte* e *Rounais*, alle ore 16.00 l'aereo confermò la presenza dei quattro cacciatorpediniere britannici, con rotta 90° e velocità 20 nodi [in realtà marciavano a 30 nodi], che erano poi i dati di navigazioni trasmessi dal Cant.Z.1007 del sottotenente Bellinazzo. Il ricognitore, che fu anche inquadrato dal tiro contraereo delle unità nemiche, effettuò riprese fotografiche della formazione navale, la quale navigava su due colonne.

Come accennato, i quattro cacciatorpediniere avvistati dai ricognitori italiani appartenevano alla 4ª Flottiglia, ed erano il *Sikh*, *Maori*, *Legion* e l'*Isaac Sweers* (quest'ultimo olandese), comandati rispettivamente dai capitani di fregata Graham Henry Stokes (che aveva il comando della squadriglia), Rafe Edwards Courage, Richard Frederick Jessel e Jacques Hoursmuller. Essi erano partiti alle ore 05.30 dell'11 dicembre da Gibilterra per andare, dopo scalo a Malta, a rinforzare urgentemente la Mediterranean Fleet di Alessandria, che difettava alquanto di naviglio leggero, essendo partiti per

---

[59] ASMAUS, *Diario Storico del Comando Aeronautica della Sardegna 1941*, fono n, 0010599 delle ore 10.5 0 del 12 dicembre, ordine di operazione n. 393.

[60] *Ibidem*.

l'Oceano Indiano sei cacciatorpediniere, in seguito all'entrata in guerra del Giappone del 7 dicembre 1941.

Questa mancanza di siluranti impediva alle due corazzate della Mediterranean Fleet, *Queen Elizabeth* e *Valiant*, di uscire da Alessandria per il sostegno alle divisioni d'incrociatori che erano impegnate per attaccare i convogli italiani dell'operazione M.41 per la Libia, di cui l'Ultra aveva fornito tutti dettagli di navigazione. Inoltre, non permetteva alle due navi da battaglia di dare appoggio a un importante convoglio (operazione M.E.9), che da Alessandria, salpando il 15 dicembre, doveva raggiungere Malta, per trasportarvi 5.000 tonnellate di nafta, imbarcate sulla nave ausiliaria *Breconshire*, necessarie per le operazioni delle Forze B e K, che nelle loro scorrerie nel Mediterraneo centrale contro i convogli dell'Asse avevano prosciugato i depositi dell'isola.

Pertanto, secondo la relazione del capitano di fregata Stokes, i suoi ordini di navigazione, ricevuti dal Comandante della Forza H, vice ammiraglio James Somerville, prescrivevano, lasciato il porto di Gibilterra e percorrendo il Mediterraneo occidentale, di simulare inizialmente una ricerca antisom, e appena superata l'altezza di Algeri, in long. 03°30'E, procedere per Malta alla massima velocità, allo scopo di portarsi il più rapidamente fuori dalla minaccia degli aerei italiani della Sardegna. Quindi Stokes doveva procedere per la destinazione senza effettuare cambiamenti di rotta, sebbene i comandi britannici, tramite Ultra, fossero a conoscenza della missione a Tripoli delle navi italiane; missione che si riteneva fosse stata assegnata a tre incrociatori, non essendo a conoscenza della forzata rinuncia del *Bande Nere*.

Il *Sikh* che al comando del capitano di fregata Rafe Edwards Courage guidava la 4ª Flottiglia Cacciatorpediniere partita da Gibilterra e diretta ad Alessandria, con scalo a Malta.

L'interesse primario di Stokes era che i suoi cacciatorpediniere raggiungessero Malta senza perdere tempo nella navigazione, e gli ordini ricevuti da Somerville prescrivevano di non farsi impegnare: "*Proceed at high speed practising evasion*".⁶¹ Una volta arrivati a Malta e riforniti, i quattro cacciatorpediniere della 4ª Flottiglia il 14 dicembre avrebbero partecipato con le Forze B e K ad una puntata nello Ionio contro i convogli italiani dell'operazione M.41, e successivamente sarebbero partiti per Alesandria per rinforzare la Mediterranean Fleet, e partecipare alla scorta del convoglio per Malta.⁶²

Raggiunto nelle prime ore del pomeriggio del 12 dicembre il punto prescritto 03°30'E, la velocità dei cacciatorpediniere fu portata dal comandante Stokes a 30 nodi; e ciò avvenne prima ancora dell'avvistamento dei ricognitori italiani, e non dopo come si era sempre creduto prima della nostra scoperta, con lo scopo di intercettare gli incrociatori dell'ammiraglio Toscano.⁶³

Il *Maori* che, come il cacciatorpediniere *Sikh* apparteneva alla classe "Tribal", armati con otto cannoni da 120/50 mm in torrette binate, dodici mitragliere, di cui quattro da 40 mm in un complesso pom-pom a centro nave, e quattro tubi lanciasiluri da 533 mm, anch'essi a centro nave.

La segnalazione dei quattro cacciatorpediniere britannici, che secondo gli ufficiali osservatori di Marina imbarcati sui due ricognitori procedevano verso est alla velocità di 20 nodi, arrivò perfettamente a conoscenza di Supermarina e dell'ammiraglio Toscano, non ancora partito da Palermo, ma entrambi, ritenendo che il passaggio degli incrociatori italiani a Capo Bon si sarebbe svolto con qualche ora di vantaggio sulle unità nemiche, non si preoccuparono troppo dell'eventualità di dover incontrare quelle siluranti. Pertanto l'operazione proseguì senza apportare varianti precauzionali, come quella di un aumento

---

⁶¹ *The Somerville Papers*, Edito da Michael Simpson, Scolar Press for the Navy Record Society, Chester e Cambridge, 1996, p. 343.

⁶² National Archives, "National Archives, Action of Cape Bon against Italian Naval Forces on the night 12TE – 13TE December 1941", Relazione del capitano di fregata Stokes, *ADM 1/12325*.

⁶³ *Ibidem*. Francesco Mattesini, *Il giallo di Capo Bon. I retroscena inediti di un cumulo d'errori*, nel sito Academia Edu, Roma 1° Dicembre 2019.

della velocità, che avrebbe permesso ai due incrociatori della 4ª Divisione Navale di sottrarsi facilmente all'insidia fatale. E questa precauzione mancata fu soprattutto da addebitare al fatto che i calcoli sulla velocità mantenuta dai cacciatorpediniere nemici, trasmessa dai ricognitori in 20 nodi, erano stati errati. Tuttavia ciò non avrebbe ugualmente avuto alcuna conseguenza se non si fosse verificato un ritardo, incomprensibile, di circa un ora della 4ª Divisione Navale a Capo Bon.

Ritardo che si sarebbe potuto verificare per un allungamento del percorso di rotta, prendendo molto al largo l'aggiramento delle Isole Egadi, per tenersi lontano dalla zona in cui la divisione era stata avvistata il 9 dicembre dal ricognitore Wellington VIII del 221° Squadron; oppure al non aver rispettato la velocità di spostamento fissata da Supermarina in 22 nodi, ma che poi l'ammiraglio Toscano aveva portato nel suo ordine di operazione a 23 nodi.

Fu questa del ritardo una delle cause, secondo noi la principale, del disastro di Capo Bon; eventualità che Supermarina e l'ammiraglio Toscano, come detto, non avevano messo sul conto delle ipotesi. Il Ritardo verso Capo Bon si accumulò per la 4ª Divisione Navale nel lungo giro effettuato uintorno alle Isole Egadi, per tenersi il più lontano possibile dalla zona di vigilanza degli aerei britannici di base a Malta. Questo ritardo, che non fu segnalato dall'ammiraglio Toscano per gli ovvi motivi del mantenimento di un rigoroso silenzio radio, risultò sviante per Supermarina perché portò a fargli ritenere che gli incrociatori stessero procedendo secondo la tabella di marcia fissata dall'ordine di operazione, Per cui, non essendovi alcun elemento per cambiare l'errato convincimento che da quelle unità nemiche non vi fosse da attendersi una minaccia nel corso della notte, non vi erano motivi a fargli trasmettere all'ammiraglio Toscano un ordine di aumento di velocità.

L'errore, se vi fu, fu esclusivamente del Comandante della 4ª Divisione Navale, che nel suo ordine di operazione, diramato ai comandanti delle sue tre navi, effettuò alcune varianti di navigazione e di velocità, che non erano nelle intenzioni di Supermarina, che poi lamentò di non essere stata neppure informata. Infatti, sulle norme di navigazione fissate dall'ammiraglio Toscano, abbiamo la testimonianza del tenente di vascello Giovanni Bacich, che ricordiamo era ufficiale di rotta e alle comunicazioni in Plancia Comando del *Di Giussano*. Egli ha sostenuto che il comandante Marabotto, comandante del *Di Giussano*, alle 17.10 ricevette e gli passo l'ordine di operazione, che conteneva un anticipo della partenza, per cui alle 17.15 fu ordinato il posto di manovra e furono aperti gli ascolti di navigazione.

Uscendo da Palermo fu costituita con le tre unità le linea di fila, *Cigno, Da Barbiano, Di Giussano*, e si procedette alla velocità di 23 nodi, *"con lievi varianti delle rotte indicate nell'ordine di operazione. Zigzagamento fin oltre le isole Egadi, si passa molto al largo di queste. Poi rotta 218° verso Capo Bon. Atterraggio a Capo Bon alle ore 03.05 circa a 6-8 miglia avendo il faro per 175°"*. Quindi la 4ª Divisione, effettuando lievi varianti alla rotta e con navigazione con zigzagamento passò molto al largo delle Isole Egadi (è da presumere oltre le 40 miglia fissate da Supermarina), però procedendo a 23 nodi invece delle 22 ordinate, per poi passare a 24 nodi a 4 miglia a nord di Capo Bon. E' durante questo tratto di navigazione, Palermo – Capo Bon, che si verificò il non comprensibile ritardo di un ora. Ricordiamo che le navi di Toscano doveva essere a Capo Bon alle 02.00 del 13 dicembre, ed invece vi arrivavano alle 03.00, e ciò gli fu fatale.

Ma ad intorpidire ancor più le acque in serata Supermarina, essendo stata informata dal Comando della Marina Germanica, trasmise la seguente segnalazione a Marina Messina: "*SUPERMARINA 88071 – Possibile incontro con piroscafi in uscita da Malta (alt) Nessun piroscafo nazionale aut francese su vostra rotta – 214512*".[64]

Come è riportato nella relazione dell'aspirante sottotenente commissario Antonio Di Francesco, che si trovava al posto di combattimento Ufficiali alla cifra, in plancia comando del *Da Barbiano*, la segnalazione di Supermarina, non essendo stata trasmessa direttamente all'ammiraglio Toscano, arrivò verso le 22.00 al *Da Barbiano* ritrasmessa dal Centro Radio di Marina Messina, cifrata con il codice S.M. 16/S e compilato con precedenza assoluta PAPA (Precedenza Assoluta sulle Precedenze Assolute) e senza richiesta di dare il ricevuto. Il significato di quella trasmissione, che solo n parte e a stento venne decifrata fu interpretata in plancia comando del *Da Barbiano* con la possibilità di poter trovare sulla rotta della 4ª Divisione piroscafi usciti da Malta, evidentemente diretti verso il Canale di Sicilia, ma senza poter stabilire correttamente se effettivamente si trattava di piroscafi britannici, oppure nazionali o francesi.[65]

Il messaggio di Supermarina, trasmesso da Marina Messina al *Da Barbiano* verso le 23.00, fu intercettato anche dal *Di Giussano;* ma, come risulta dalla relazione del tenente di vascello Giovanni Demini che, essendo ufficiale di rotta e alle comunicazioni, si trovava sulla plancia comando dell'incrociatore, risultò "*indecifrabile pur essendo cifrato con la SM 16/S- Serie A*". Il *Da Barbiano* poco dopo le 24.00 chiese per ultra corte al *Di Giussano* di ripetergli il messaggio, che gli era stato trasmesso da Comando 4ª Divisione per conoscenza, che non si riusciva a comprendere, ricevendo in risposta "*messaggio indecifrabile*". Alle 01.30 il *Da Barbiano* comunicò ancora al *Di Giussano*, "*Massima importanza decifrare messaggio*". Ma sebbene il tenente di vascello Denini collaborasse al tentativo di decifrazione con il sottotenente di vascello Vecchietti e il capitano commissario Gibaldi, alle 02.00, dopo che era stato comunicato dal *De Barbiano* **"*Posto di combattimento*"**, fu costretto a sospendere il tentativo e confermare alla nave ammiraglia "*Messaggio indecifrabile*".[66]

Dal segnale "*Posto di combattimento*" si comprende la errata interpretazione con cui il Comando della 4ª Divisione Navale aveva interpretato la comunicazione di Supermarina, ossia che le navi eventualmente incontrate lungo la rotta, essendo nemiche, potevano essere attaccate. Ciò è chiaramente esposto nel rapporto del capitano di corvetta Riccardi, comandante della torpediniera *Cigno*, che testualmente fece riferimento a "*quel convoglio che si poteva attaccare*";[67] ma soprattutto è importante la testimonianza sottotenente commissario Di Francesco, il quale sostenne di aver sentito verso le 01.00 del 13 dicembre, il comandante del *Da Barbiano* "*chiamare il comandante [Aldo] Cavallini, 1° Direttore del Tiro ed avvertirlo che la plancia ammiraglio segnalava un nostro incontro con piroscafi (unita?) nemici provenienti da Malta durante le ore notturne, all'altezza di Capo Bon. S'informava quindi con che proiettili fossero caricati*

---

[64] AUSMM, *Supermarina - Cifra in partenza*.

[65] AUSMM, Fascicolo "Cartella deposizioni superstiti", Archivio 37, *Archivio Militare*, cartella D.6.

[66] AUSMM, *Scontri navali e operazioni di guerra, cartella n. 45*. AUSMM, *Scontri navali e operazioni di guerra, cartella n. 45*.

[67] AUSMM, "Rapporto di missione eseguita dal CIGNO da Palermo a Capo Bon, Prot. 215/SRP del 16 dicembre 1941", *Scontri navali e operazioni di guerra*, cartella n. 45.

*in torre, ed in seguito dava opportune disposizioni in modo che la benzina portata a poppa fosse gettata in mare appena il convoglio fosse stato avvistato, in modo di poter sparare con le torri di poppa*".[68]

L'interpretazione era invece completamente errata, poiché Supermarina, conoscendo la situazione del carico pericoloso a bordo degli incrociatori, non aveva riportato nella sua segnalazione l'ordine di attaccare i piroscafi eventualmente avvistati.

Alle 02.45 del 12 dicembre, mentre in linea di fila, con la *Cigno* ancora disposta in posizione di scorta avanzata prodiera ad un distanza di 2.000 metri dal *Da Barbiano* le unità italiane si avvicinavano a Capo Bon, fu percepita dalla torpediniera la presenza di un aereo. Si trattava di un bimotore da ricognizione notturna Wellington VIII del 221° Squadron del Comando Costiero (Coastal Command), che disponeva di un radar di scoperta navale ASV II con le antenne sul dorso, e di cui una sezione di tre velivoli, al comando del capitano Tony Spooner, fin dal settembre era stata trasferita dall'Inghilterra a Malta e inserita a Luqa nel 69° Squadron da Ricognizione della RAF.

Vickers Wellington VIII del 221° Squadron del Bomber Command di base a Limavady, in Cornovaglia. Motto del reparto "From Sea to Sea". Una sezione di tre velivoli, forniti del radar di scoperta navale ASV II e al comando del capitano pilota Tony Spooner, fu inviata a Malta nel settembre 1941 e aggregata a Luqa al 69° Squadron da ricognizione. Era conosciuto, per motivi sconosciuti, come "Goofington".

---

[68] AUSMM, Fascicolo "Cartella deposizioni superstiti", Archivio 37, *Archivio Militare*, cartella D.6.

Wellington VIII del 221° Squadron nel 1941. Da *ww2Aircraft.net*.

Il velivolo decollato da Luqa con pilota e capo equipaggio il sergente maggiore William Denis Reason, era stato inviato alla ricerca degli incrociatori italiani, con la raccomandazione di cercare di trovarli, in modo da permettere l'attacco notturno degli aerosiluranti Albacore e Swordfish dell'828° e 830° Squadron della FAA, con decollo da Hal Far. All'ora riportata dalla *Circe*, il sergente maggiore Reason, che non conosceva la presenza in mare dei quattro cacciatorpediniere del comandante Stokes e neppure le informazioni trasmesse dall'Ultra, riuscì a trovare dopo lunga ricerca le unità nemiche, che si trovavano più indietro [e quindi in ritardo] da dove era stato previsto, e le sorvolò più volte, comunicando i dati di posizione.[69]

Sull'episodio della scoperta aerea nemica, nel rapporto della torpediniera *Cigno* il capitano di corvetta Riccardi annotò:[70]

*Alle 02.45 del 13 dicembre: sul cielo della torpediniera passa ripetutamente un aereo. Quando l'avvistamento è confermato mando al DA BARBIANO per Donath il segnale aereo sul nostro cielo. Sono le 02.56 e le Unità si trovano a miglia 3,5 con prora 180° sul faro di Capo Bon.*

Purtroppo, lo scambio di segnalazioni a luce bianca tra il *Cigno* e il *Da Barbiano*, le cui vedette avevano a loro volta individuato distintamente il Wellington del 221° Squadron che sorvolava le navi italiane, ebbe per queste ultime un effetto funesto, poiché, come vedremo, il lampeggiare dei Donath fu notato dalle vedette dei cacciatorpediniere britannici della 4ª Squadriglia, che si stavano rapidamente avvicinando a Capo Bon da ponente.[71]

---

[69] Tony Spooner, *Supreme Gallantry. Malta's Role in the Allied Victory 1939 – 1945*, London, John Murray, 1996, p. 98.

[70] AUSMM, "Rapporto di missione eseguita dal CIGNO da Palermo a Capo Bon", *Scontri navali e operazioni di guerra*, cartella n.45.

[71] Il 68° Squadron era il reparto da ricognizione della RAF di Malta. Oltre ai tre aggregati velivoli Wellington VIII del 221° Squadron del Coastal Command, dotati di radar ASV II, e quindi impiegati nelle missioni notturne, esso disponeva di velivoli diurni Maryland (poi anche Glenn Martin), e monomotori Hurricane per foto ricognizione.

Il cacciatorpediniere britannico *Lance*, apparteneva alla classe "Laforey", poco più grosso e moderno della classe "Tribal" era armato con sei cannoni da 120 mm in torrette binate e ad alta elevazione (55°), da otto mitragliatrici, delle quali quattro da 40 mm in impianto pom-pom, e da otto tubi lanciasiluri da 533 mm. A differenza di quanto avevano segnalato i ricognitori italiani della Sardegna era l'unico dei quattro ad avere un solo fumaiolo.

Si è sempre ritenuto, erroneamente, che i cacciatorpediniere britannici, avendo ricevuto da Malta una segnalazione Ultra che le unità italiane, dirette a Tripoli, sarebbero arrivate a Capo Bon alle ore 02.00 (01.00 britannica) del 13 dicembre che essi avessero aumentato la velocità almeno a 28 nodi, con lo scopo "ipotetico" di intercettare gli incrociatori italiani. Ma ciò, lo ripetiamo, non era esatto, e ne vedremo più avanti il motivo.

Dal rapporto del tenente di vascello Bruno Salvini, imbarcato sul *Di Giussano*, risulta che Capo Bon fu avvistato dall'incrociatore alle 01.30 del 13 dicembre, e che subito dopo, trovandosi a circa 4 miglia da quel promontorio, la velocità della 4ª Divisione fu aumentata a 24 nodi. Quando poi la torpediniera *Cigno*, vedendo passare insistentemente un velivolo avvistato per la prima volta alle 02.45, segnalò alle 02.56 con il lampeggiatore Donath al *Da Barbiano* "*Aereo sul vostro cielo*" (avvistato poco dopo anche dalle vedette del *Da Barbiano*), le navi italiane si trovavano ancora, con prora 180°, a 3,5 miglia a nord del faro di Capo Bon.[72]

In quel momento, secondo quanto risulta nella relazione del capitano di vascello Giovanni Marabotto, comandante del *Di Giussano*, le condizioni meteorologiche nella zona erano le seguenti: "*Nubi basse che non lasciano trasparire la luce lunare. Visibilità all'orizzonte a tratti buona e a tratti mediocre. Notevole fosforescenza delle onde mosse dall'elica. Vento leggero da Maestrale. Mare quasi calmo*".[73]

---

[72] AUSMM, Marina Messina 46647, Primo rapporto telegrafico della torpediniera *Cigno*; R. Torp. *Cigno*, Rapporto sulla missione eseguita da Palermo a Capo Bon e Trapani, *Naviglio Militare*.

[73] AUSMM, *Scontri navali e operazioni di guerra*, cartella n. 45.

Nel frattempo, il capitano di fregata Stokes avvicinandosi da ovest a Capo Bon con i suoi quattro cacciatorpediniere in linea di fila (*Sikh, Legion, Maori, Isaac Sweers*) alla velocità di 30 nodi, aveva l'obbiettivo di passare, in acque territoriali francesi, a un miglio e mezzo di stanza tra la costa e gli sbarramenti minati italiani, e proseguire fino a Kelibia, per poi puntare ad est su Malta, Alle 03.02 del 13 dicembre, con condizioni atmosferiche che vedevano la luna all'ultimo quarto, coperta dalle nuvole e la notte chiara, Stokes avvistò di prora verso oriente dei lampi di luce: era la torpediniera *Cigno* che segnalava con il lampeggiatore Donath al *Da Barbiano* la presenza in cielo di un aereo. Alle 03.12 Stokes individuò due sagome che ritenne essere navi di medio tonnellaggio che dirigevano a sud. Considerò che potesse trattarsi della forza dei tre incrociatori italiani che gli erano stati segnalati come "*probabili*" in quella zona, per poi vederli sparire dietro il promontorio di Capo Bon.

Sebbene i suoi "*ordini fossero quelli di non impegnarsi*", Stokes decise di controllare bene se vi fosse una possibilità di attacco favorevole. "*Superato Capo Bon, alla distanza prescritta entro un miglio e mezzo dalla costa*", ebbe "*la prima visione chiara del nemico*", riconoscendo le sagome per incrociatori. Ma poi, preso un contatto con l'apparato radar tipo 283 R/FF, e controllando con il binocolo, si accorse che gli incrociatori italiani "*avevano invertito la rotta di 16 punti*" (160°), e che tornando a nord gli stavano venendo incontro.

In questa favorevole situazione, per non lasciarsi sfuggire, "*se possibile*", un'occasione favorevole non prevista, Stokes, segnalando ai suoi cacciatorpediniere "*Nemico in vista*", ridusse la velocità a 20 nodi, per rendere meno visibile una vistosa onda di prora che potesse farlo individuare al nemico, e si mantenne tra gli incrociatori e la costa, in modo da "*avere la possibilità di passare non avvistato*" alle vedette delle navi italiane. A questo punto il capitano di fregata Stokes, sul *Sikh*, "*con i segnali di avvertimento alle navi a poppa … fece un lungo segnale d'allarme a luce rossa lampeggiante*" al *Legion*, che lo stava seguendo nella formazione in linea di fila con a poppa gli altri due cacciatorpediniere *Maori* e *Isaac Sweers*, dano subito dopo il segnale di attacco. E un minuto dopo, alle 03.23, il *Sikh* e il *Legion*, defilando lungo il fianco sinistro degli incrociatori italiani, lanciarono i siluri da corta distanza, stimata in circa 900 – 1.000 metri. Subito dopo aprirono il fuoco con i pezzi binati da 120 mm sulle due navi dell'ammiraglio Toscano, conseguendo, secondo il comandante della 4ª Flottiglia, un "*successo altre le mie più grandi aspettative*".[74]

---

[74] National Archives, "Action of Cape Bon against Italian Naval Forces on the night 12TE – 13TE December 1941", Relazione del capitano di fregata Stokes, *ADM 1/12325*.

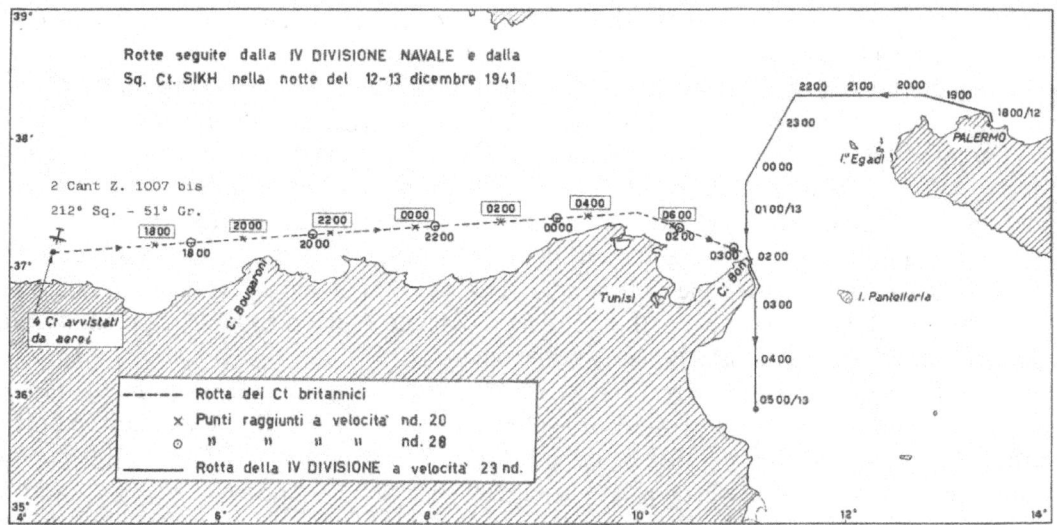

Cartina dell'Ufficio Storico della Marina Militare. I punti raggiunti alle velocità di 20 e 28 nodi dei cacciatorpediniere britannici non sono esatti, poiché essi da Algeri a Capo Bon marciarono alla velocità di 30 nodi, come é scritto nella relazione del comandante del *Sikh*, e come ordinatogli dal vice ammireaglio Somerville.

In effetti, l'attacco dei quattro cacciatorpediniere del capitano di fregata Stokes, avvenuto per semplice causa fortuita, era iniziato e si svolse rapido e micidiale con effetti devastanti contro i due incrociatori della 4ª Divisione Navale.

Come vedremo, due dei quattro siluri lanciati dal *Sikh* colpirono il *Da Barbiano*, ed uno dei primi due siluri scagliati dal *Legion* raggiunse il *Di Giussano*. Quest'ultimo, non essendosi ancora messo sulla scia della nave ammiraglia e trovandosi nell'accostata a sinistra per contromarcia a maggiore distanza dalle unità nemiche, che erano in parte coperte dal *Da Barbiano*, prima di essere colpito ebbe tuttavia il tempo di sparare con le torri prodiere, tre salve da 152 mm, che dirette probabilmente sul *Legion* (che stava sparando con i cannoni da 120 mm sul *Da Barbiano* con le mitragliere Oerlikon sul *Di Giussano*), finirono tutte lunghe sulla costa. Il comandante *Stokes*, ha scritto che la seconda nave (il *Di Giussano*) "*sparò una salva dell'armamento principale finita in riva al mare di Capo Bon, prima che venisse messa a tacere da tre salve ben dirette del SICK e da un siluro a mezza nave del LEGION per poi scomparire in una nuvola di fumo*".

Anche il comandante del *Legion*, capitano di fregata Richard Frederick Jessel, scrisse che fu sparata una sola salva, finita lunga, probabilmente diretta sulla sua nave. Alle 03.25 lanciò i suoi ultimi sei siluri sul *Di Giussano*, e Jessel ritenne, erroneamente, di averne messo uno a segno sull'incrociatore.[75]

Avendo notato che i siluri del *Sikh* avevano colpito l'incrociatore di testa (*Da Barbiano*), alle 03.26 il cacciatorpediniere *Maori* del capitano di fregata Rafe Edward Courage, impegnò quella medesima nave, che era in fiamme, con le artiglierie, colpendola visibilmente sul ponte di comando, per poi lanciare due siluri, uno dei quali andò a segno sull'incrociatore.

---

[75] National Archives, "Action of Cape Bon against Italian Naval Forces on the night 12TE – 13TE December 1941", Relazione del capitano di fregata Stokes, *ADM 1/12325*.

Il cacciatorpediniere olandese *Isaac Sweers* del capitano di fregata Jaques Houtsmuller, che essendo l'ultimo della fila guidata dal *Sikh* venne a trovarsi in una zona dove non poté lanciare i siluri, osservò però i colpi a segno degli altri cacciatorpediniere e il loro fuoco d'artiglieria sulle unità nemiche. Riuscì a sparare alcuni colpi su una nave in fiamme, che era il *Di Giussano*, osservandone poi le esplosioni con lampi molto grandi, e poi defilando velocemente verso sud, vide di prora, alla distanza di 2.000 yards, un cacciatorpediniere che si avvicinava, e che il comandante Houtsmuller ritenne fosse il *Legion*. Ma poi osservando meglio con il binocolo si accorse trattarsi di una torpediniere italiana della classe "Partenope", che era il *Cigno*, contro il quale aprì il fuoco d'artiglierie e mitragliere, e lanciò anche un siluro che, non essendo esploso sulla nave presa di mira, Houtsmuller ritenne le fosse passato sotto lo scafo.[76]

Da parte sua il *Cigno*, trovandosi arretrato rispetto agli incrociatori, in quella fase confusa della battaglia vide defilare velocemente controbordo i cacciatorpediniere britannici, e contro di essi aprì il fuoco con i suoi tre canmnoni da 100 mm, e lanciò un siluro contro il *Legion*, senza però riuscire a colpirlo. Lo stesso *Cigno*, secondo la relazione del comandante del *Sikh*, era stato individuato durante *"un giro del radar"* dal cacciatorpediniere, che si trovò vicino alla torpediniera, ritenuta della classe "Spica", ma ha scritto Stokes *"essa passò così rapidamente e talmente vicino e con un rittimo talmente elevato di velocità che l'armamento principale non poté essere messo in punteria"*.[77]

Il cacciatorpediniere olandese *Isaac Sweers* nel 1942.

Lo stesso accadde per il *Maori* del capitano di fregata Courage che nel dirigere con rotta sud, avendo visto e poi superato una torpediniera sul suo lato dritto, aprì il fuoco con i cannoni da 120 mm a distanza ravvicinata, *"che non ebbe molto successo a causa del raggio molto corto"*.[78]

Occorre dire che la *Cigno* fu fortunata, poiché i comandanti dei cacciatorpediniere britannici pensarono soltanto ad allontanarsi verso sud il più rapidamente possibile, mentre invece se si fossero trattenuti nella zona dello scontro, occupandosi anche della torpediniera, per essa non si sarebbe stato campo.

---

[76] *Ibidem*, relazione del cacciatorpediniere *Isaac Sweers*, ADM 1/12325.
[77] *Ibidem*, relazione del cacciatorpediniere *Sikh*, ADM 1/12325.
[78] *Ibidem*, relazione del cacciatorpediniere *Maori*, ADM 1/12325.

Nel frattempo, dopo aver lanciato i suoi siluri, il cacciatorpediniere *Legion* del capitano di fregata Jessel aumentando la velocità aveva diretto verso sud-ovest, per poi segnalare alle altre unità "*E-boat*", ossia la presenza di un Mas o di un motosilurante verso terra. Quindi aprì il fuoco a dritta con ogni tipo di arma, mitragliere Oerlikon, pom-pom e cannoni da 120 mm, e quella piccola unità, assolutamente inesistente, "*fu vista disintegrarsi e affondare*".[79]

In definitiva i comandanti dei quattro cacciatorpediniere ritennero di aver affondato sicuramente due incrociatori e un cacciatorpediniere, e probabilmente un altro cacciatorpediniere oppure Mas.

Vediamo ora come fu vissuto l'attacco dei cacciatorpediniere britannici da parte italiana.

Alle 03.00 la ttorpediniera *Circe*, che guidava la marcia seguita dai due incrociatori, accostò, come previsto, per 157° per costeggiare il massiccio promontorio di Capo Bon. La distanza dalla costa scese a circa 2 miglia, ed il *Da Barbiano* segnalò per ultra corte alle altre due navi della formazione: "*Fate attenzione ai piroscafi nemici*".[80] Si riferiva alla segnalazione di Supermarina ricevuta da Marina Messina sul probabile incontro con piroscafi usciti da Malta, la quale, nonostante le difficoltà di interpretazione sorte sulle navi italiane, era stata ritenuta ben compresa dal Comando della Divisione, mentre invece non lo era assolutamente.

Appena oltrepassato il settore di vigilanza di Capo Bon, entrando nel settore oscurato del faro che fino a quel momento aveva illuminato le navi a tratti, il *Da Barbiano* prese un po d'acqua sulla dritta, per poi invertire la rotta sulla sinistra. Il *Di Giussano*, che non aveva ricevuto il segnale di inversione di rotta trasmessa per R.D.S. della nave ammiraglia, ne imitò la manovra per contromarcia al termine della quale, avendo manovrato per 180°, invece che i 160° del *Da Barbiano* rimase spostato verso il largo, sulla dritta del *De Barbiano*, che lo precedeva. Manovrando per 160° il *Da Barbiano* non ritornò a nord, che era la rotta più logica se voleva ritirarsi, ma puntò in direzione della costa di Capo Bon, dove si trovavano occultati i cacciatorpedinierde britannici. E mentre il *Da Barbiano* manovrava per rimettersi in rotta sulla scia del *Da Barbiano* fu udito il grido "*ombre indistinte a sinistra*". Poi scoppiò "*l'inferno*".[81]

La torpediniera *Cigno*, continuando a mantenersi a una distanza di 2.000 metri di prora all'incrociatore *Da Barbiano*, non si accorse della sua manovra di inversione rotta, anche perché non percepì il segnale di dirigere per 160° trasmesso per R.D.S. della nave ammiraglia; pertanto, il *Cigno* proseguì nella sua rotta sud fino alle ore 03.25 quando anch'essa, aumentando la velocità, tornò indietro, rimanendo però nettamente arretrata rispetto ai due incrociatori della formazione.

Il vero motivo per il quale il *Da Barbiano* effettuò quella improvvisa manovra di inversione di rotta per contrommarcia non era stato mai chiarito, essendo scomparsi quella notte quasi tutti coloro che avrebbero potuto dircelo sia l'ammiraglio Toscano sia i membri del suo stato maggiore e il comandante dell'incrociatore. In mancanza di elementi

---

[79] *Ibidem*, relazione del cacciatorpediniere *Legion*, *ADM 1/12325*.

[80] *Ibidem*. * In realtà la *Circe* ricevette gli ordini trasmessi per r.d.s. non essendo la torpediniera fornita di u.c. Cfr., AUSMM, *Comando in Capo Squadra Navale*, "Relazione sul combattimento della 4ª Divisione Navale nella notte sul 13 dicembre u.s., *Comandi Navali Complessi*, cartella 6.

[81] AUSMM, *Scontri navali e operazioni di guerra*, cartella n. 45.

probanti vennero fatte soltanto ipotesi, che però presentavano tutte alcuni lati oscuri e non sempre ponderate con la dovuta logica. Riteniamo che la più convincente, e anche quella più tempestiva, sia stata la deposizione del tenente di vascello Bruno Salvini, del *Da Barbiano*, resa in Tunisia, dove era approdato dopo l'affondamento della sua nave, a personale della Commissione Italiana di Armistizio con la Francia (CIAF). Egli riferì, come spiaghiamo di seguito, che l'ammiraglio Toscano stava manovrando per il combattimento, e per questo motivo nella contromarcia a sinistra aveva assunto la rotta 337°, che lo portava verso la costa, e non i 360° che era la metà (180°) di quella percorsa fino a quel momento con rotta sud, e l'ideale se effettivamente avesse voluto tornare a Palermo con rotta nord dirigendo verso le isole Egadi:[82]

*Alle ore 03.09 in seguito a segnalazioni verbali ricevute direttamente dal Comandante Rodocanacchi, dalla plancia Ammiraglio* [ammiraglio Toscano], *veniva invertita la rotta, rilevamento 337. Macchine alla massima forza – Artiglierie seguire indici elettrici – Complessi attenzione. Dalla controplancia le vedette segnalano: avvistamento unità navali sulla sinistra. Dalla feritoia laterale sinistra della torretta corazzata , avvistati su un Beta di circa 60 gradi, due unità navali che giudicai di un tonnellaggio di circa 2000* [tonnellate]. *La velocità di dette unità apprezzata dai baffi di prora era di circa 28-30 miglia".* Dopo alcuni momenti di indecisione, arrivò *"l'ordine dalla plancia Ammiraglio di aprire il fuoco. Distanza al traverso di detta unità 300 metri* [circa 900 metri per il comandante Stokes]. *Il comandante in seconda capitano di fregata* [Alfredo] *Ghiselli, che seguiva la manovra dell'unità nemiche annuncia "Ha lanciato".* Per evitare i siluri *"Ordine immediato del Comandante Rodocanacchi: "Tutta barra a sinistra". Il Comandante Ghiselli annuncia per la seconda volta "Ha lanciato".*

Le artiglierie prodiere da 152 mm dell'incrociatore *Alberico da Barbiano*. L'immagine è del 26 luglio 1940.

---

[82] *Ibidem.*

A questo punto non vi fu il tempo di contromanovrare convenientemente. Subito dopo il *Da Barbiano*, nello spazio di trenta secondi, fu colpito da due siluri lanciati dal cacciatorpediniere *Sikh* e da tiro di artiglieria e armi leggere e immobilizzato e in fiamme. Fu tentata un'ultima resistenza da parte di una mitragliera da 20 mm, che però dopo aver sparato due caricatori fu ridotta al silenzio dal fuoco nemico.

Il *Da Barbiano* fu colpito da un totale di tre siluri (due del *Sikh* e uno del *Maori*), che esplosero sul fianco sinistro dello scafo, rispettivamente a prora all'altezza della torre n. 1, al centro nave, e a poppa all'altezza della sala convegno ufficiali. L'incrociatore fu anche bersagliato dal fuoco d'artiglieria e delle mitragliere, in particolare dal *Legion*. I proiettili dell'unità britannica ridussero al silenzio una mitragliera da 20 mm, che aveva aperto il fuoco sparando circa due caricatori, mettendone fuoci combattimento tutti i serventi, assieme a quelli degli altri complessi di armi automatiche e le vedette schierate sullo stesso lato sinistro raggiunto dai siluri.

Il cacciatorpediniere *Sikh* che guidò l'attacco agli incrociatori italiani colpendo con due siluri il *Da Barbiano*. Nell'immagine a Malta, nel Grand Harbour, durante la scorta a un convoglio il 19 gennaio 1942.

L'unità con le macchine completamente immobilizzate, assunse subito uno sbandamento pauroso, in seguito al quale alle 03.35, capovolgendosi, affondò rapidamente in una fornace di nafta e benzina in fiamme, sgorganti a fiotti dai depositi squarciati e dai fusti situati a poppa, a un miglio e mezzo ad est del Faro di Capo Bon. Erano passati appena quattro o cinque minuti dallo scoppio del primo siluro che aveva colpito l'incrociatore. In questa situazione infernale elevato risultò il numero di perdite di vite umane, molte delle quali mentre si dibattevano in in mare cosparso di benzina e nafta in fiamme, che continuò a bruciare per alcune ore.

Quanto al *Di Giussano*, subito dopo l'inversione di rotta stava manovrando per rimettersi il linea di fila sulla scia della nave ammiraglia quando, alle 03.25, le stazioni di vedetta situate in contro plancia e nella plancia mitragliere segnalarono un avvistamento a 20 gradi a sinistra in direzione dell'incrociatore *Da Barbiano*; *"masse scure identificate prima per piroscafi e poi per tre e quattro cacciatorpediniere, con rotta all'incirca di controbordo.* Il comandante Marabotto *"ordinò al primo Direttore del Tiro di passare in punteria sul bersaglio e all'ufficiale T di tenersi promnto al lancio sul lato sinistro"*. Poi *"il Da Barbiano segnalò velocità 30"* che fu subito trasmessa alle macchine, ma subito dopo fu avvistata di prora a sinistra un'enorme vampata avvolgere il medesimo *Da Barbiano*. Il capitano di vascello Marabotto ordinò *"al Primo Direttore del Tiro di iniziare il tiro"*, che cominciò prima che il nemico sparasse sul *Di Giussano*. Alla seconda salva da 152 mm sembro che una nave fosse stata colpita, e la fiammata notevole intravista sull'obiettivo fu *"salutata con gioia dal personale di plancia"*. E possibile che invece si trattasse del bagliore di una salva da 120 mm in partenza dal cacciatorpediniere preso di mira.

Subito dopo aver sparato la terza salva con i pezzi da 152 mm prodieri (i comandanti del *Sikh* e del *Legion* ritennero che l'incrociatore ne avesse sparata soltanto una finita sulla costa), il *Di Giussano* manovrò per evitare uno di due siluri lanciati dal *Legion*, che arrivavano da poppavia al traverso. Dal rapporto del capitano di corvetta, Morisani, comandante in seconda del *Di Giussano*, risulta che egli vide un'ombra profilarsi sulla sinistra dell'incrociatore, che stava accostando alla massima forza, contro la quale fu aperto il fuoco con le mitragliere da 20 mm. Subito dopo, alle 03.27, si verificò *"una violenta esplosione al centro sinistra"*, in corrispondenza delle caldaie 3 e 4 e presso il deposito munizioni centrale.[83]

Raggiunto anche da due granate da 120 mm al centro batteria sinistra e presso la segreteria comando, nonché da raffiche di mitragliera in controplancia, sotto la plancia e sulla tuga centrale, il *Di Giussano* rimase privo di energia elettrica e, cominciando a sbandare sul fianco sinistro, diminuì l'andatura per poi fermarsi con la sala macchine in fiamme, rimanendo immobilizzato.

Rimasto senza energia elettrica per poter usare ancora le artiglierie e per diminuire lo sbandamento, e non potendo usare i turafalle, in quanto lo squarcio del siluro sullo scafo interessava quasi tutto il centro della nave, dal compartimento macchine di sinistra fino all'altezza dell'alloggio ammiraglio, l'incrociatore appariva ormai condannato. In effetti quell'unico colpo di siluro, in una nave che aveva una protezione di corazza modestissima, risultò mortale, e al comandante Marabotto, che aveva ricevuto dal Direttore di Macchina la notizia che la situazione era *"disperata"*, di fronte all'aumento dello sbandamento assunto dal *Di Giussano* e il pericolo che l'incendio in sala macchine, aumentando di proporzione, si propagasse alla benzina in fusti stivata a poppa, non restò che dare l'ordine di abbandonare la nave.

Alle 04.22 del 13 dicembre, con le fiamme che ormai si stavano propagando in coperta, l'incrociatore, con lo scafo che si spezzo in due tronconi, affondò di poppa a miglia 2,5 a levante di Capo Bon.[84]

La torpediniera *Cigno*, che stava risalendo verso nord a grande velocità, per raggiungere e sopravanzare gli incrociatori, allo scopo di riprendere il suo posto in testa alla formazione, vide chiaramente i bagliori del duello d'artiglieria e gli scoppi dei siluri sugli incrociatori italiani. Successivamente individuò una unità velocissima avanzare di controbordo, che in primo tempo ritenne uno degli incrociatori nazionali. Diminuita la

---

[83] AUSMM, *Scontri navali e operazioni di guerra*, cartella n. 45.
[84] *Ibidem.*

distanza e riconosciuta per il profilo che si andava delinenado la sagoma di un cacciatorpediniere a due fumaioli, di cui distinse la sigla H 64.[85]

La torpediniera *Cigno* quando si sviluppò l'attacco delle siluranti britanniche, in seguito alla rapida inversione di rotta per 180° effettuata dagli incrociatori, si era venuta a trovare in posizione arretrata di circa 2.000 metri, e risalendo verso nord per raggiungerli impegnò il nemico con i cannoni e con il siluro.

---

[85] La sigla H 64 apparteneva al cacciatorpediniere britannico *Duchess*, che però era affondato il 12 dicembre 1939 nel Mare del Nord in seguito ad una collisione con la corazzata *Barham*, avvenuta presso Mull of Kintyre (Scozia). Può darsi che la stessa sigla sia stata data, per motivi di riconoscimento, all'*Isaac Sweers* dopo che l'unità olandese era entrata a far parte della Marina britannica.

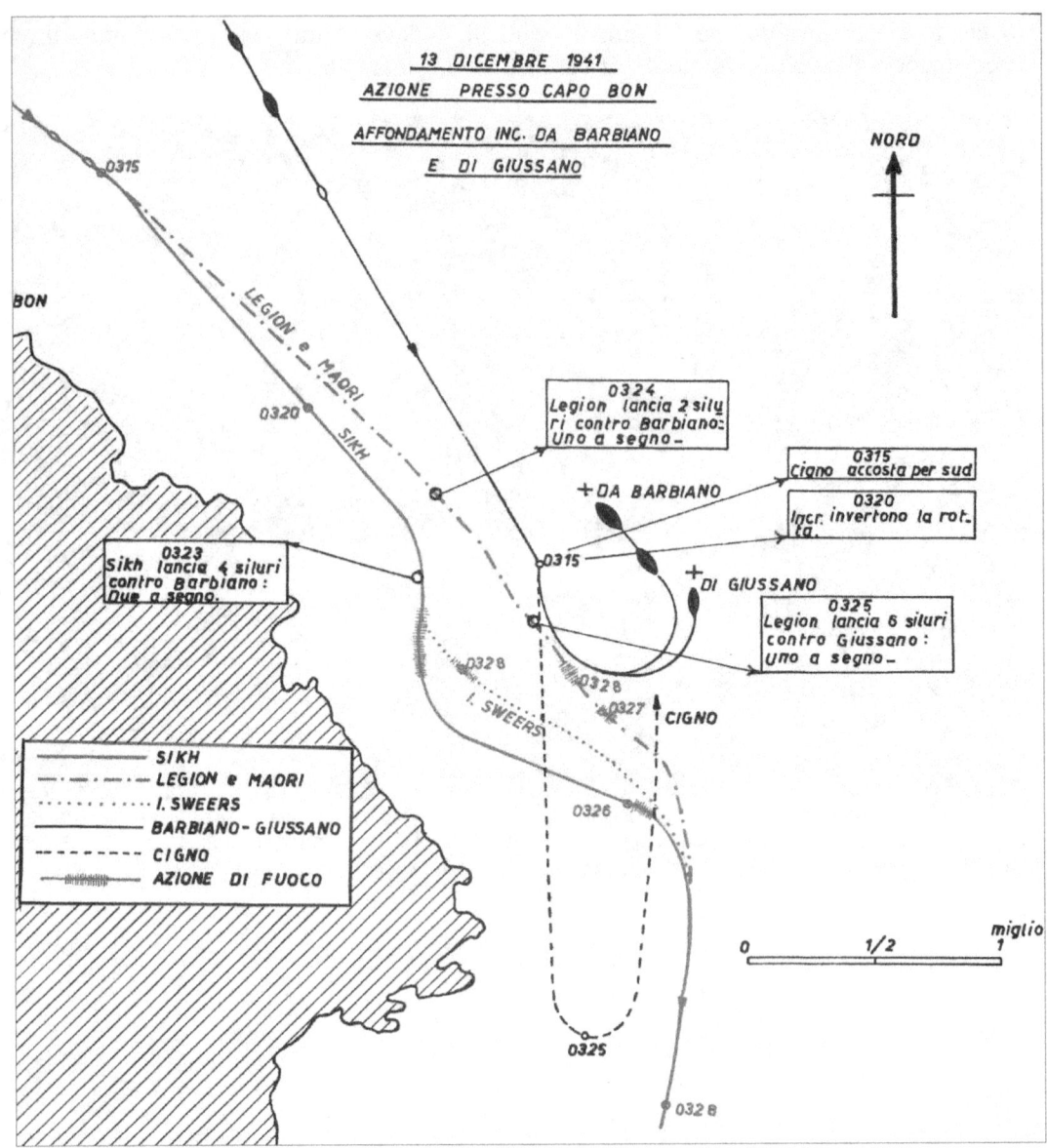

Lo scontro di Capo Bon. Le manovre dei cacciatorpediniere britannicie e delle unità italiane, attaccate completamente di sorpresa, e senza l'ausilio del radar come elemento di scoperta. Ricostruzione compilata nel dopoguerra dall'Ufficio Storico della Marina Militare sulla scorta della documentazione grafica fornita dalla Sezione Storica dell'Ammiragliato britannico.

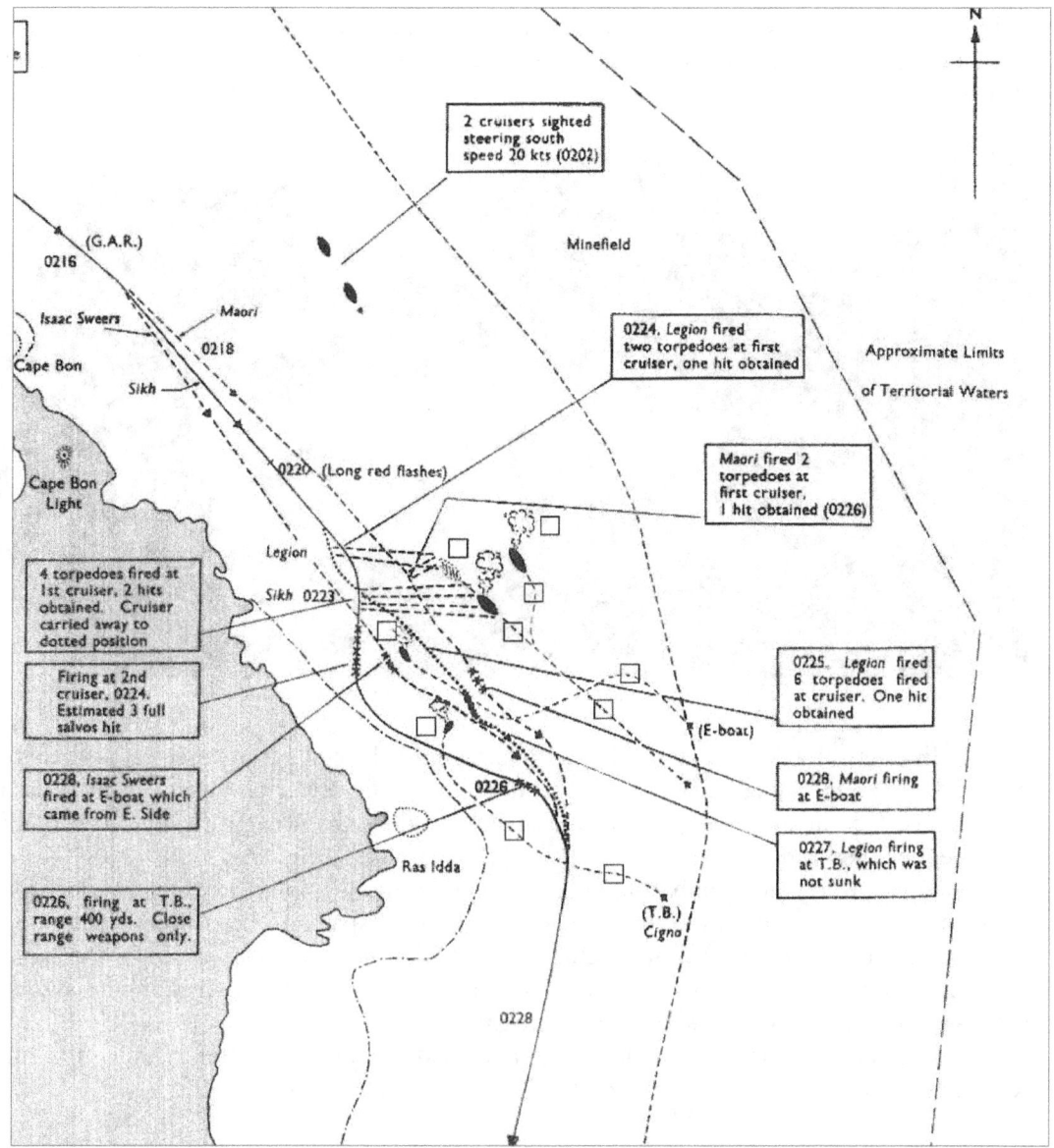

Lo Scontro di Capo Bon. La ricostruzione della Historical Section Admiralty. A differenza della carta italiana, gli orari sono quelli britannici, un'ora indietro.

Il capitano di corvetta Riccardi accostò sull'unità nemica, che era indubbiamente l'olandese *Isaac Sweers*, contro la quale lanciò un siluro e scambiò colpi d'artiglieria e di mitragliere.[86]

Occorre dire che, nonostante la torpediniera *Cigno* e i cacciatorpediniere britannici nella mischia risultata molto confusa abbiano ritenuto di aver individuato nella zona dello scontro unità sottili, motosiluranti o Mas, la realtà era ben diversa, poiché dei sei Mas italiani i più vicini si trovavano molto più a sud-est, dislocati sulla congiungente tra

---

[86] AUSMM, *Scontri navali e operazioni di guerra*, cartella n. 45.

le isole di Pantelleria e Linosa, mentre cinque motosilurani tedesche della 3ª Flottiglia, mandate in agguato presso Malta, a iniziare dalle 02.00, come da ordine ricevuto, stavano rientrando alla base.

La motosilurante tedesca S. 31 una delle unità della 3ª Flottiglia in un porto italiano.

In effetti, l'azione si svolse in modo talmente veloce che trascorsero appena sette minuti dal momento in cui la 4ª Squadriglia Cacciatorpediniere britannica aveva doppiato Capo Bon e il momento in cui, concluso l'attacco, le sue unità avevano assunto la rotta di disimpegno verso sud-est.

Dopo il rapido combattimento, che determinò l'immediato arresto dei due incrociatori italiani in un tratto di superficie del mare cosparsa di benzina in fiamme, le unità britanniche diressero ad alta velocità per Malta, dove arrivarono, calorosamente accolti, poco prima di mezzogiorno del 13 dicembre, mentre il *Cigno* raggiunta la zona del disastro, si apprestò a recuperare i naufraghi.

Nel corso del breve combattimento la torpediniera *Cigno*, come risulta dalla sua relazione, aveva sparato *"24 colpi da 100/47 e 240 colpi da 20/65"*.

13 dicembre 1941. L'arrivo trionfale a Malta del cacciatorpediniere *Legion* e *Isaac Sweers* dopo il successo britannico di Capo Bon, in cui nella notte erano stati silurati e affondati in fiamme gli incrociatori leggeri italiani *Da Barbiano* e *Di Giussano*.

In totale, come risulta dalla relazione di Supermarina del 7 gennaio 1942, le perdite ammontarono a 920 uomini, ossia al 60% del personale che si trovava a bordo degli incrociatori, inclusi: del *De Barbiano*, l'ammiraglio Comandante, con il Capo di Stato Maggiore, il Sottocapo di Stato Maggiore, il Comandante e il Comandante in seconda; del *Di Giussano*, il Direttore di Macchina. Furono complessivamente salvate 645 persone delle quali: del *Da Barbiano*, 17 ufficiali, 24 sottufficiali e 121 tra sottocapi e comuni.[87] L'ammiraglio Toscano e il capitano di vascello Rodocanacchi, Comandante del *Da Barbiano*, e il tenente del Genio Navale Franco Storelli, anch'esso imbarcato sul *Da Barbiano*, ricevettero la Medaglia d'Oro al Valor Militare alla memoria.[88]

\*\*\*

Nel dopoguerra l'idea che nell'affondamento degli incrociatori *Da Barbiano* e del *Di Giussano* vi fosse stato uno spionaggio o un tradimento, trovando ampio credito in giornalisti e storici male informati, servì per alimentare sul tragico episodio di Capo Bon della notte del 13 dicembre 1941 ipotesi assolutamente errate. Il responsabile del disastro era unicamente da ricercare nell'abilità degli operatori crittografici dell'organizzazione Ultra, che decifrando rapidamente e correttamente, grazie alla macchina elettromeccanica Bombe, gli ordini operativi trasmessi via radio a Marilibia, usando il codice della macchine cifranti di Supermarina, permisero al Comando Aereo di Malta di predisporre le operazioni di ricerca aerea contro gli incrociatori italiani.

Ed uno di quegli aerei, un Wellington VIII del 221° Squadron, decollato da Luqa con pilota e capo equipaggio il sergente maggiore William Denis Reason, segnalando gli incrociatori, determinò le cause che portarono all'azione notturna. Tuttavia, la segnalazione dell'aereo non ebbe alcun peso sull'azione dei cacciatorpediniere del comandante Stokes, poiché a quell'ora essi si trovavano già a contatto visivo con le unità dell'ammiraglio Toscano, e non risulta neppure che la sua segnalazione fosse stata intercettata dai cacciatorpediniere, poiché nel suo rapporto Stokes non né fa alcun cenno.

Ma il suo determinante contributo il velivolo della RAF lo dette con la sua sola presenza sul cielo di Capo Bon, perché indusse la torpediniera *Cigno*, come era suo dovere, a segnalarlo col trasmettitore a luce bianca al *Da Barbiano*, mettendo il comandante del *Sikh* sulla giusta strada. La velocità di 30 nodi, mantenuta dai cacciatorpediniere della 4ª Flottiglia da presso Algeri (long. 03°30'E) a Capo Bon, per uscire dal raggio di azione degli aerei italiani della Sardegna, fu la carta vincente di quelle misure, assieme al contributo di errori commessi da parte italiana.

Inoltre il segnale d'avvistamento trasmesso dal ricognitore Wellington alle 03.01, arrivato a Malta intorno alle 03.15 e ritrasmesso più tardi, aveva significato per l'aviazione navale britannica (FAA) di conoscere la posizione delle navi italiane. Pertanto una formazione di sette aerosiluranti Swordfish dell'830° Squadron e di tre Albacore

---

[87] Secondo altre cifre più recenti i naufraghi tratti in salvo sarebbero stati 687, dei quali 250 del *Da Barbiano* e 437 del *Di Giussano*, su un totale di 1504 uomini imbarcati sulle due navi (784 sul *Da Barbiano* e 720 sul *Di Giussano*). I superstiti furono portati a Trapani, e i feriti ricoverati nei locali ospedali.

[88] Per saperne di più sul salvataggio dei naufraghi del *Da Barbiano* e *Di Giussano*, vedi: Francesco Mattesini, *Lo scontro di Capo Bon*, Bollettino d'Archivio dell'Ufficio Storico della Marina Militare, Settembre 1991, p. 135-136; e *Il giallo di Capo Bon. I retroscena inediti di un cumulo d'errori*, nel sito Academia Edu, Roma 1° Dicembre 2019.

dell'828° Squadron, già decollata da Hal Far per ricercare gli incrociatori dell'ammiraglio Toscano in una zona di mare tra Capo Bon e 30 miglia a sud di Pantelleria, arrivò nella zona quando gli incrociatori erano già affondati. E di quei velivoli, che effettivamente avrebbero potuto attaccare nell'oscurita il *Da Barbiano* e il *Di Giussano*, uno solo, alle 04.27, diresse contro la superstite torpediniera *Cigno*, impegnata nel salvataggio dei naufraghi, ma senza colpirla con il suo siluro.[89]

Aerosilurante Albacore dell'828° Squadron in rifornimento nell'aeroporto maltese di Hal Far.

L'inversione repentina di rotta del *Da Barbiane*, per attaccare le navi di un presunto convoglio nemico segnalato da Supermaruina in uscita da Malta, mentre invece si trattava dei cacciatorpediniere della 4ª Flottiglia che si tenevano sotto la costa di Capo Bon in attesa di sapere come comportarsi, si verificò proprio nel punto peggiore del Canale di Capo Bon, di 3 miglia tra la costa e lo sbarramento minato italiano S.11; e il risultato dello scontro fu agevolato per le unità britanniche proprio dal fatto che, con tale manovra di controbordo a sinistra, le navi italiane si avvicinarono al nemico a velocità più che doppia di quella che sarebbe stata necessaria ai cacciatorpediniere del comandante Stokes per raggiungere gli incrociatori. Inoltre, se l'ammiraglio Toscano avesse proseguito la rotta verso sud, il possibile incontro con i cacciatorpediniere britannici della 4ª Flottiglia si sarebbe potuto verificare lontano da Capo Bon, a sud di Kelibia, in un punto di mare più largo che avrebbe consentito, anche per la lontananza della costa, una maggiore visibilità per le vedette italiane e altresi permesso alla 4ª Divisione Navale una più ampia possibilità di manovra tra la costa e lo sbarramento minato S.11.

---

[89] Tony Spooner, *Supreme Gallantry. Malta's Role in the Allied Victory 1939 – 1945*, London, John Murray, 1996, p. 98.

L'ammiraglio di divisione Antonino Toscano. A destra con il grado di Capitano di vascello.

Non deve poi essere dimenticato che la velocità delle navi britanniche, da sfruttare in un eventuale inseguimento, era al momento inferiore a quella delle unità italiane, poiché per ridurre la visibilità dell'onda di prova ai suoi cacciatorpediniere, e portandosi sotto costa alla scopo di non farsi avvistare dalla vedette nemiche, il comandante Stokes aveva ordinato alle sue unità di ridurla a 20 nodi, mentre le navi italiane marciavano a 24 nodi. Motivo per il cui, se improvvisamente continuando con rotta sud, gli incrociatori italiani avessero continuato, se non aumentato, la loro maggiore velocità è da presumere che i cacciatorpediniere britannici sarebbero rimasti indietro, anche in considerazione dell'ordine di non impegnarsi. Servivano ad Alessandria, per poter scortare le corazzate e gli incrociatori della Mediterranean Fleet, e dovevano arrivarvi senza un graffio.

Infine, occorre spiegare che era molto più difficile colpire un bersaglio con lancio effettuato contro unità in allontanamento a maggiore velocità di quella del nemico, perché la velocità dei siluri britannici era a quell'epoca all'incirca uguale a quella che potevano raggiungere alla massima forza gli incrociatori italiani. Conseguentemente un attacco portato dai cacciatorpediniere da poppa, difficilmente avrebbe consentito di colpire i bersagli, i quali aumentando di velocità al primo allarme (e l'allarme vi era stato), avevano la possibilità di schivare i siluri e di portarsi fuori dalla loro traiettoria prima della fine della loro autonomia.

Alla luce delle conoscenze attuali delle relazioni dei comandanti dei cacciatorpediniere britannici, non risulta che l'avvistamento delle navi italiane da parte delle siluranti del comandante Stokes, sia stato effettuato con l'ausilio del radar; d'altro conto le apparecchiature del tempo avevano una portata di scoperta navale che si aggirava sulle 6 miglia. L'avvistamento iniziale delle unità dell'ammiraglio Toscano si verificò otticamente, alla distanza di circa 3 miglia.

Il cacciatorpediniere *Maori* seguito dall'*Isaac Sweers* all'arrivo nel Grand Harbour di Malta. Sulla destra due incrociatori delle Forze B e K.

L'avvicinamento ai bersagli, per un certo tempo non più in vista dietro Capo Bon, fu invece agevolato dai segnali con il lampeggiatore scambiati con il *Da Barbiano* dalla torpediniera *Cigno*, che avvertì la nave ammiraglia della presenza dell'aereo di Malta che aveva sorvolato la Divisione Infine, dalle relazioni risulta che il *Sikh* e il *Legion* usarono nel corso dell'azione il loro appartato radar tipo 283 R/FF come ausilio all'avvistamento ottico e per il controllo del tiro, e fu grazie al radar del *Sikh* che il comandante Stoker si accorse che gli incrociatori italiani avevano invertito la rotta e dirigevano verso i suoi cacciatorpediniere, che a questo punto, trovandosi in una condizione straordinariamente favorevole, attaccarono.[90]

\*\*\*

Sull'inversione di rotta della 4ª Divisione Navale, alle ore 03.20 del 13 dicembre 1941, sono stati espressi giudizi contrastanti, ma in gran parte polemici nei riguardi dell'ammiraglio Toscano. Storici e addetti ai lavori si sono chiesti perché, sapendo che le sue navi erano state sorvolate dal "Wellington VIII di Malta fin dalle 02.45, Toscano, temendo un attacco aereo notturno, abbia atteso ben trentacinque minuti per decidere di invertire la rotta. In questo frattempo non vi era da parte sua una qualche intenzione di depistare la sorveglianza del velivolo britannico, dal momento che le sue tre navi continuarono a

---

[90] National Archives, "National Archives, Action of Cape Bon against Italian Naval Forces on the night 12TE – 13TE December 1941", Relazione del capitano di fregata Stokes, *ADM 1/12325*.

Da sinistra, i quattro comandanti, capitani di fregata, dei cacciatorpediniere vittoriosi a Capo Bon all'arrivo alla Valletta. Jaques Houtsmiller (*Isaac Sweers*), Rafe Edward Courage (*Maori*), Graham Henry Stokes (*Sikh*), Comandante della 4ª Squadriglia, e Richard Frederick Jessel (*Legion*).

dirigere verso sud con rotta diretta.[91] Era da considerare a bordo del *Da Barbiano*, che i cacciatorpediniere britannici avvistati nel pomeriggio dai ricognitori della Sardegna, potevano essere nei pressi di Capo Bon alle ore 03.00, soltanto se se avessero aumentato la velocità da 20 a 30 nodi. Pertanto tornare indietro, con il ritardo accumulato di un'ora, significava per gli incrociatori italiani di andare incontro a quelle siluranti. Capo Bon era stato scapolato dalla 4ª Divisione Navale da circa venticinque minuti, ed era naturale che ne occorressero altrettanti per tornare indietro. Pertanto è da ritenere che l'eventualità di invertire la rotta non fu neppure considerata dall'ammiraglio Toscano e dagli ufficiali del suo stato maggiore. Gli ufficiali superstiti non ne hann parlato.

Soltanto Supermarina, sulla base delle informazioni sul nemico in suo possesso, aveva la competenza di un interruzione della missione, poiché quell'organo operativo dello Stato Maggiore della Regia Marina, era l'unico in quel momento in grado di giudicare se esisteva una minaccia convincente per poter ordinare alle navi il rientro dalla missione. In particolare dopo l'impegno preso con il Comando Supremo che non avrebbe tollerato un nuovo ritardo nel trasporto della benzina avio, da cui dipendeva la realizzazione dell'operazione M.41, su semplici indizi di un avvistamento aereo a cui poteva seguire una minaccia nemica; ipotesi che Roma aveva comunque preso in seria considerazione, prevedendo un intervento dell'aviazione di Malta, come in effetti avvenne, ma anche della formazione navale, che invece restò in porto alla Valletta per risparmiare la nafta, consumata in una serie di scorrerie nel Mediterraneo centrale.

---

[91] Aldo Cocchia, *La difesa del traffico con l'Africa Settentrionale*, USMM, cit., p. 168-169.

E poiché alle 03.00 la 4ª Divisione Navale sarebbe dovuto passare da Capo Bon *"da un'ora non si ritenne il caso di interrompere la missione che era urgentissima.* Ma quello che Supermareina non sapeva, per il vigente silenzio radio, era che la 4ª Divisione Navale si trovava in ritardo di un'ora sulla tabella di marcia.

Quindi, una volta sostenuto fortemente che nella seconda missione una eventuale inversione di rotta, effettuata di propria iniziativa dall'ammiraglio Toscano non sarebbe stata tollerata da Supermarina, la cui contrarietà per la precedente fallita operazione era stata personalmente espressa al Comandante della 4ª Divisione dal Sottocapo di Stato Maggiore, è ovvio che nell'ordine dato alle unità di tornare verso nord aveva influito la convinzione che l'ordine impartito da Supermarina, ma erroneamente compreso a dprdo degli incrociatori, spingesse ad attaccare un convoglio eventualmente incontrato, partito da Malta. Quando sembrò che il presunto convoglio fosse in vista, la manovra del *Da Barbiano* dato alle navi di tornare per contromarcia a sinistra verso nord per attaccarlo, fu talmente improvvisa, vera manovra di emergenza, da non concedere al *Di Giussano* e alla *Circe* il tempo necessario per mantenere la formazione normale di marcia più favorevole, con la torpediniera in testa, quale nave avanzata di vigilanza.

A questo punto la testimonianza del sottotenente commissario di De Francesco che abbiamo riportato, è molto importante, forse fondamentale per far comprendere il clima di eccitazione bellica esistente sul *Da Barbiano* e sul *Di Giussano* al momento dell'improvvisa deviazione di rotta, che come è scritto nella relazione del comandante Stokes, girando di 16 punti (160°) stava avvicinando le navi italiane ai suoi cacciatorpediniere. Inoltre, dall'ultima affermazione del Di Francesco si deduce che il capitano di vascello Rodocanacchi si apprestasse ad attaccare i segnalati piroscafi nemici, sparando, se necessario, anche con le torri di poppa dell'incrociatore, dopo essersi liberato del carico di benzina.

Da sinistra, il capitano di vascello Giorgio Rodocanacchi, comandante dell'incrociatore *Da Barbiano*, e il tenente di vascello Franco Storelli, entrambi decorati con la Medaglia d'Oro al Valor Militare alla memoria, Storelli, ufficiale di macchina, per essersi prodigato fino alla morte per tenere in funzione l'apparato motore del *Da Barbiano*.

Osservando che una simile iniziativa offensiva era assolutamente contraria allo spirito della missione, che imponeva di portare a Tripoli ogni goccia di carburante destinato agli aerei della 5ª Squadra. Non sappiamo se l'ordine di approntare le artiglierie era partito direttamente dalla plancia ammiraglio, come è ritenibile, oppure fosse stata una semplice iniziativa del comandante del *Da Barbiano*. Ricordando che lo stesso comandante della torpediniera *Cigno* fece chiaramente riferimento, nel suo rapporto, a *"quei piroscafi che si potevano attaccare"*, si rafforzò la convinzione nel supporre che la comunicazione di Supermarina, pur essendo arrivata in maniera scarsamente decifrabile, fu anche interpretata erroneamente come un chiaro ordine di attacco, a cui tutti è da supporre anelavano.

È anche probabile che il Comando della 4ª Divisione Navale si fosse reso conto della presenza non di piroscafi ma dei cacciatorpediniere britannici che si avvicinavano dai quartieri poppieri, con il *Sikh* che trasmetteva con segnali rossi alle altre unità che lo seguivano gli ordini di combattimento, e quindi dell'esistenza di una minaccia che andava affrontata senza indugio e con la massima determinazione. Sia che si trattasse di attaccare i lenti e poco armati piroscafi, che poteva essere anche scortati, sia di fronteggiare l'insidia di veloci unità siluranti, la manovra d'inversione per controbordo era pienamente motivata. Perché consentiva agli incrociatori, come era stato discusso a Palermo, di portare in punteria i cannoni delle torri principali da 152 mm prodiere, di disporre di una maggiore possibilità di manovra nel fronteggiare il nemico, e nello stesso tempo permetteva di non presentare alle artiglierie avversarie la poppa in cui erano accatastati i pericolosissimi fusti di benzina, che potevano incendiarsi se le unità avessero risposto al fuoco nemico con i 152 mm delle torri prodiere.

A questo punto ci appare convincente quanto scritto dal figlio del comandante della 4ª Divisione Navale, Alfino Toscano, il quale afferma in un suo libro che sul *Da Barbiano* fu evidentemente percepita una minaccia incombente proveniente dai quartieri poppieri, verso la costa. Pertanto, egli sostiene, occorreva anzitutto *"mettere la nave nelle migliori condizioni di offesa, e cioè presentare la parte prodiera al nemico*; e nel farlo, adottando la tanto contestata rotta nord-est che indubbiamente portò gli incrociatori ad un rapido avvicinamento ai cacciatorpediniere nemici, non vi fu, con quella manovra di emergenza, *"il tempo materiale per dare avviso alle altre navi che seguivano l'ammiraglia"*.[92]

L'ammiraglio Franco Gay ha scritto che *"Sul DA BARBIANO l'avvistamento del nemico avvenne quasi subito l'accostata, ad opera del 3° Direttore del Tiro, sulla controplancia"*, e che le sagome delle siluranti nemiche, intravviste sotto costa e sotto il cono di luce del faro di Capo Bon, furono subito dopo *"avvistate dall'Ammiraglio e dal suo Capo di S.M., Capitano di vascello Giordano in plancia ammiraglio"*.[93]

Aggiunge Alfino Toscano, che il tempestivo ordine subito impartito al *Di Giussano* di aumentare l'andatura (*"Vela 30"*), e di portare in punteria le artiglierie prodiere pronte a far fuoco, difficilmente potevano essere dati *"con la tempestività con*

---

[92] Alfino Toscano, *La IV Divisione ed il suo Ammiraglio. La trappola sanguinosa di Capo Bon (13-12-1941*; Edigraf, Catania 1985, p. 68-70.

[93] Franco Gay, *Incrociatori leggeri classe "Di Giussano"*, cit.

*cui furono impartiti*" se gli uomini del Comando della 4ª Divisione Navale non fossero "*già stati sull'avviso*".[94]

Il tenente di vascello Enzo Nicolini, che era proprio il Terzo Direttore del Tiro sul *Da Barbiano*, ha sostenuto di essere rimasto molto perplessi sul fatto che pur essendo pronti a far fuoco con le torri prodiere 1 e 2, l'incrociatore non cominciò a sparare; probabilmente perché "*nella confusa situazione cinematica determinatasi nel corso dell'inversione*" di rotta, il comandante Rodocanacchi ebbe forse dubbi "*sulla posizione*" della torpediniera "*CIGNO rispetto al piano di tiro*".[95]

E invece possibile, secondo noi, che il comandante del *Da Barbiano*, pensando di aver di fronte un bersaglio facile e lento, come quello rappresentato da piroscafi, abbia volutamente atteso ad aprire il fuoco, per avere la possibilità di colpire con precisione bersagli bene individuati fin dalle prime salve. Fu soltanto dopo che apparvero nel cielo i bengala lanciati dai britannici per illuminare i bersagli e fu contemporaneamente notato che le sagome inizialmente ritenute piroscafi erano in realtà quelle di cacciatorpediniere, che fu compreso il pericolo. Ma era ormai troppo tardi. Gli incrociatori erano andati in bocca al nemico, che non si aspettava un simile regalo. E la reazione dell'incrociatore nave ammiraglia della 4ª Divisione Navale fu insignificante. Infatti, secondo un altro superstite del *De Barbiano*, soltanto il pezzo "*da centro sito al centro tra la plancia siluri*" [cannone da 100 mm contraereo], avrebbe "*subito sparato ... nel tentativo di abbattere il primo e secondo bengala lanciato dagli inglesi*".[96]

Marinai italiani a bordo di una unità navale trasmettono un messaggio dalla sala radio.

---

[94] Alfino Toscano, *Documenti raccolti e missive della IV Divisione Navale*, Catania 1989, p.30-31.
[95] *Ibidem*, lettera di Enzo Nicolini, p. 173-174.
[96] Aldo Cocchia, *La difesa del traffico con l'Africa Settentrionale*, cit., p. 168.

L'inversione di rotta per 160 gradi, effettuata repentinamente dal *Da Barbiano*, seguita dall'ordine trasmesso alle unità dipendenti di passare da 24 nodi a una velocità del tutto inusitata di 30 nodi e con le artiglierie prodiere e i lanciasiluri puntati verso la costa pronti ad agire, sono elementi probanti che il Comando della 4ª Divisione Navale manovrò all'ultimo istante per fronteggiare una improvvisa emergenza, determinata dalla convinzione della presenza di un presunto convoglio salpato da Malta, segnalato da Supermarina oppure per un insidia letale.[97]

Quest'ultima si presentò appena un minuto e mezzo dopo l'inizio dell'accostata, quando i primi siluri dei cacciatorpediniere *Sikh* e *Legion*, chiaramente individuati soltanto all'ultimo istante, raggiunsero il *Da Barbiano* e il *Di Giussano* con esiti devastanti.

E' assolutamente vero, come ha scritto l'ammiraglio Cocchia, che con tale manovra di controbordo gli incrociatori italiani provocarono *"un rapido avvicinamento con il reparto avversario"*.[98] Ma dobbiamo ribadire che, nelle condizioni contingenti in cui si vennero a trovare le unità dell'ammiraglio Toscano, con la presenza verso terra di un presunto convoglio britannico salpato da Malta che non avrebbe dovuto sfuggire alla distruzione, una volta effettuata quella era anche l'unica manovra possibile per poter fronteggiare adeguatamente, nello stretto non minato, l'emergenza che si presentava da nord-ovest.

Invece, occorre doverosamente dire, per una corretta esposizione dei fatti, che la causa principale del disastro di Capo Bon rientrava nel ritardo di un'ora accumulato dalla 4ª Divisione Navale per raggiungere quel promontorio della Tunisia. Ciò avvenne senza che Supermarina né fosse stata messa al corrente per il vigente silenzio radio, e il ritardo era dovuto, come sappiamo, al lungo giro effettuato dalle navi intorno alle Isole Egadi. Per stabilire la tabella di marcia fissata dall'ordine di operazione di Supermarina, tale ritardo doveva essere annullato dalla 4ª Divisione Navale abbastanza facilmente, o al limite ampiamente ridotto prima di raggiungere la sponda africana, con un semplice aumento della velocità di un paio di nodi, come rilevato nel 1948 dalla Commissione d'Inchiesta Speciale (C.I.S.) della Marina, presieduta dall'ammiraglio Emilio Brenta (nel 1941 Capo Reparto Operazioni di Supermarina).

Il perché ciò non sia stato fatto costituisce forse il vero giallo di Capo Bon, perché è facilmente arguibile che, senza quel deprecabile contrattempo, a suo tempo rilevato dalla C.I.S., i cacciatorpediniere del capitano di fregata Stokes, pur mantenendo la loro velocità di 30 nodi non avrebbero mai potuto raggiungere le navi italiane. E ciò a dispetto delle pur precise informazioni crittografiche Ultra ricevute a Malta dall'Ammiragliato britannico. Dal rapporto del comandante del *Sikh*, risulta che gli era stata segnalata da Malta la presenza di tre incrociatori italiani diretti a sud ma senza alcun ordine di ricercarli e attaccarli.[99]

E questa è una novità in assoluto, perché si è sempre ritenuto il contrario, ossia che alla 4ª Flottiglia Cacciatorpediniere fosse stato ordinato di raggiungere gli incrociatori italiani e attaccarli. Tuttavia, come avvistò le navi nemiche sulla sua stessa rotta, il

---

[97] Francesco Mattesini, *Lo scontro di Capo Bon*, Bollettino d'Archivio dell'Ufficio Storico della Marina Militare, Settembre 1991, p. 135-136.

[98] Aldo Cocchia, *La difesa del traffico con l'Africa Settentrionale*, cit., p. 168.

[99] National Archives, "Action of Cape Bon against Italian Naval Forces on the night 12TE – 13TE December 1941", Relazione del capitano di fregata Stokes, *ADM 1/12325*.

comandante Stokes, trovandosi a distanza ravvicinata del nemico, non si lasciò sfuggire l'occasione di attaccare, proprio come avrebbe voluto fare l'ammiraglio Toscano con il presunto convoglio, sebbene anche i suoi ordini scritti non lo prevedessero. E' da ritenere, per le dichiarazioni dei superstiti, che la segnalazione di un convoglio (inesistente) partito da Malta, ma senza specificarne la rotta, fu interpretata, lo ripetiamo, da Toscano e dagli altri comandanti della sua formazione come un ordine di attacco, che aveva contagiato tutti.

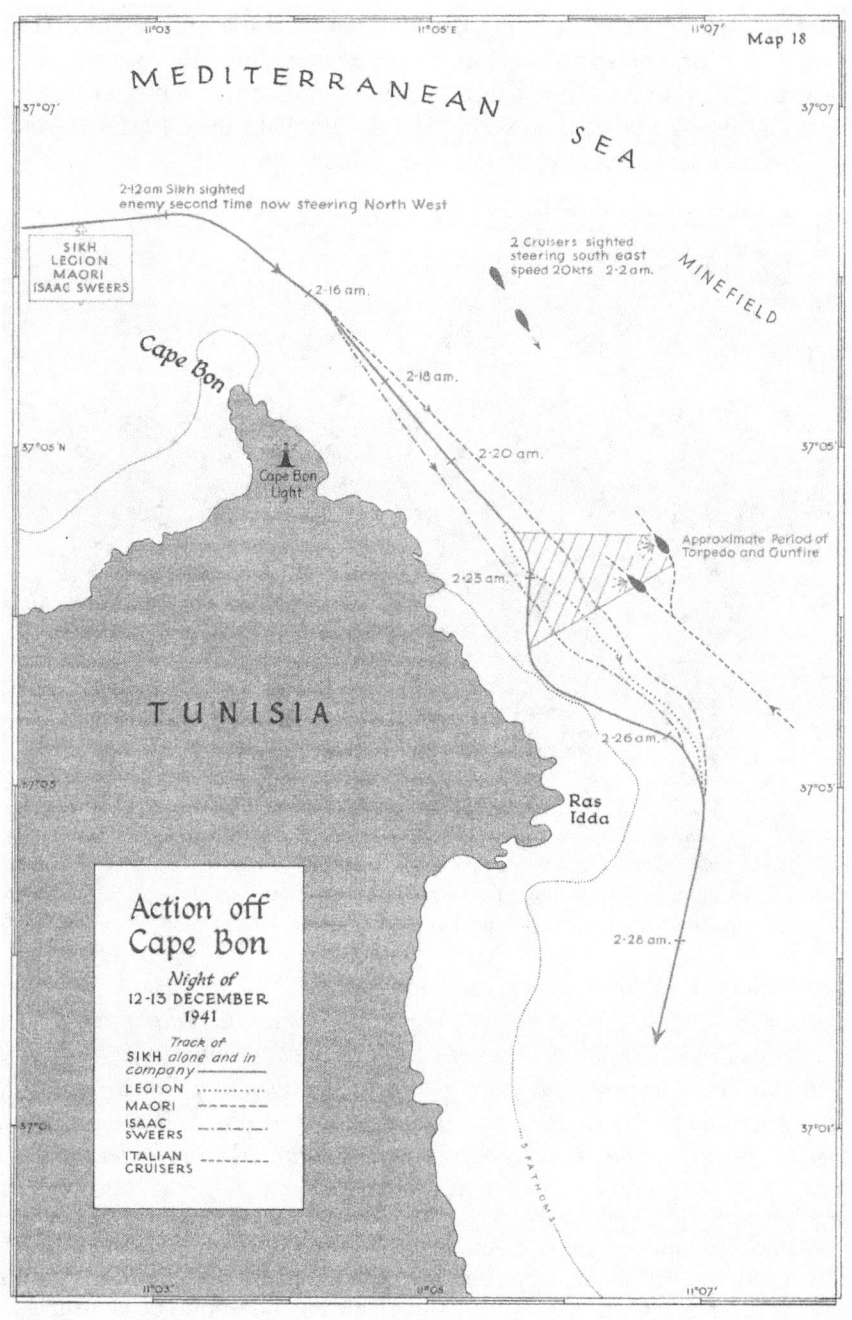

Riepilogando, il comandante della 4ª Squadriglia Cacciatorpediniere fu anche fortunato, perché, sulle informazioni trasmessegli a Malta dal Comando del vice ammiraglio Ford, sapeva di non poter raggiungere i tre incrociatori italiani, peraltro molto pericolosi, anche se avesse voluto, e doveva limitarsi, come detto, a mantenere la rotta e l'alta velocità di 30 nodi iniziata subito dopo aver superato la zona di Algeri, per raggiungere Malta nel tempo ordinatogli. Il motivo, senza che Stokes fosse stato informato, era, e lo ripetiamo, che le sue unità dovevano prendere parte, nella giornata del 14 dicembre, ad una punta della Forze B e K contro i convogli italiani dell'operazione M.41 segnalati dall'organizzazione Ultra, e successivamente alla scorta di un convoglio in partenza da Alessandria (operazione M.E. 9), comprendente la nave ausiliaria *Breconshire* che doveva portare a Malta 5.000 tonnellate di nafta per le unità navali, movimento che, come vedremo, ebbe inizio il 15 dicembre.

Il Comandante la Marina di Malta, vice ammiraglio Wilbraham Tennyson Randle Ford, l'8 gennaio 1942, promosso al grado superiore, con gli ufficiali del suo stato maggiore.

L'ammiraglio Iachino scrisse nel dopoguerra:[100]

*La Marina rimase tutta dolorosamente impressionata dal tragico avvenimento, e anche il Comando Supremo comprese che non era conveniente arrischiare importanti e insostituibili unità da guerra, sia pure per portare carichi preziosi di carburante. Il disgraziato esperimento finì così, e non fu più ripreso per tutta la durata delala guerra.*[101] *Ma quel triste episodio ebbe anche il deplorevole effetto sul morale dei nostri equipaggi,*

---

[100] Angelo Iachino, *Le due Sirti*, cit., p. 67.
[101] La partenza dell'incrociatore *Bande Nere* da Palermo per Tripoli fu infatti sospesa quello stesso 13 dicembre. Continuò invece, saltuariamente, il trasporto della benzina mediante impiego di cacciatorpediniere e torpediniere.

*in quanto l'affondamento di due incrociatori ad opera di quattro cacciatorpediniere, che ne erano usciti senza danni, venne a confermare quanto già si sospettava dello stato di netta inferiorità in cui si trovavano le nostre navi nel combattimento notturno, e contribuì notevolmente a creare nella nostra gente uno stato d'animo di apprensione ogni qualvolta si doveva uscire per operazioni di notte.*

Nel tragico episodio di Capo Bon, la Regia Marina, scrisse lo storico britannico Donald Macintyre, aveva nuovamente fornito *"una lampante dimostrazione della sua inefficiente preparazione al combattimento notturno"*[102], mentre invece la Royal Navy aveva ancora una volta dimostrato di possedere elevato *"addestramento e attrezzature"* particolarmente adatte per quel tipo di attività bellica.[103]. Nel frattempo, durante la giornata del 12 dicembre Supermarina aveva messo in movimento l'operazione M.41, destinata a portare a Tripoli a Bengasi otto piroscafi, raggruppati in tre convogli.

## L'inizio dell'operazione M.41 e l'attività delle forze aeree di Malta

L'inizio dell'operazione M.41 che, come ha sottolineato l'ammiraglio Aldo Cocchia *"era piuttosto macchinosa"*, non fu però fortunato, perché, come vedremo, essa fu annullata l'indomani alla partenza delle navi da Taranto in seguito al siluramento della corazzata *Vittorio Veneto* e all'affondamento delle motonavi *Finzi* e *Del Greco*, determinati rispettivamente a sud dello Stretto di Messina e nel Golfo di Taranto, dai sommergibili britannici *Urge* e *Upright*. A queste perdite si aggiunsero poi i danni di una rovinosa collisione notturna, avvenuta in uno dei convogli diretto ad Argostoli, tra altri due navi mercantili, il *Capo Ordo* e l'*Iseo*, che rimasero per alcuni mesi inutilizzate.

Ad aumentare le perdite sulle rotte libiche contribuì anche l'affondamento del grande sommergibile oceanico *Ammiraglio Caracciolo* (capitano di corvetta Alfredo Musetto), avvenuta nelle prime ore dell'11 dicembre. L'unità subacquea, che il giorno precedente aveva trasportato a Bardia un carico di benzina e di rifornimenti urgenti, nel tornare verso l'Italia con una trentina di militari prelevati in quel porto della Cirenaica, compresi ventidue ufficiali britannici prigionieri, fu localizzato, al largo della costa, dal piccolo cacciatorpediniere di scorta britannico *Farndale*. Questi, dopo aver schivato due siluri lanciati dal sommergibile, effettuò due attacchi con bombe di profondità, costringendo il *Caracciolo*, danneggiato, dapprima a scendere a 130 metri di profondità, e poi a venire in superficie. Quindi lo affondò con le artiglierie mentre a tutta forza il sommergibile tentava di allontanarsi. Successivamente, il cacciatorpediniere recuperò cinquanta persone. Decedettero quasi tutti i militari e il 20% degli uomini dell'equipaggio, compreso il comandante Musotto.[104]

---

[102] Donald Macintyre, *La battaglia del Mediterraneo*, Firenze, Sansoni, 1965, p. 149; AUSMM, "Sommergibile CARACCIOLO", *Naviglio Militare*.

[103] I.S.O. Playfair e altri, *The Mediterranean and Middle East,* Volume III (September 1941 to the September 1942), *British Fortunes reach their Lowest Ebb*, Londra, Her Majesty's Stationery Office, 1960, p. 110.

[104] Aldo Cocchia, *La difesa del traffico con l'Africa Settentrionale. Dal 1° ottobre 1941 al 30 settembre 1942*, Volume II, USMM, 1962, p.180 sg.

Il sommergibile italiano *Ammiraglio Caracciolo* che l'11 dicembre 1941 fu affondato al largo della costa della Cirenaica dal cacciatorpediniere di scorta britannico *Farndale*.

Prima di continuare a parlare dei convogli della M 41, accorre ribadire che i sintomi di quella grande operazione erano venuti a conoscenza dell'organizzazione crittografica britannica Ultra fin dall'inizio della preparazione, ed era stato constatato che la rada di Argostoli costituiva uno dei punti più importanti di riunione delle navi destinate a raggiungere Bengasi.

Pertanto, il Comando della RAF di Malta – mentre riservava l'attività dei bombardieri medi Wellington del 40° e 104° Squadron alle incursioni notturne contro i porti italiani, con obiettivo principale Tripoli – organizzò attacchi aerei diurni contro quella località della Grecia occidentale; e ciò avvenne impiegando contro Argostoli i velivoli bimotori leggeri da bombardamento Blenheim degli Squadron 18° e 107° del 2° Gruppo del Comando Costiero (Coastal Command), distaccati sull'isola nei mesi di settembre e ottobre 1941. Il 107° Squadron aveva inserito nel suo organico i velivoli gli equipaggi di un provato 105° Squadron, che già si trovava a Malta dall'estate, e che negli attacchi antinave a volo radente aveva riportato perdite gravissime.[105]

---

[105] Michael J.F. Bowyer, *2 Group RAF A Complete History, 1936, 1945*, Londra, Faber ad Faber Limited, 1974, p. 216.

Un Vickers Wellington di un distaccamento del 38° Squadron della RAF che, provenienti da Shallufa (Egitto) operarono da Malta in azioni notturne contro i porti italiani tra l'agosto e l'ottobre 1941.

Dovendo attaccare bersagli navali che erano fortemente protetti da unità di superficie della Regia Marina e continuamente sorvolate da velivoli di scorta, in particolare, in quel periodo, dei reparti da caccia della Regia Aeronautica, si verificava che in media un equipaggio al giorno non faceva ritorno dalle missioni. Il solo 107° Squadrone perse in quattro mesi, fino al gennaio 1942 quando fu ritirato da Malta per essere riportato in Gran Bretagna, ben ventiquattro Blenheim; ma si accreditò anche l'affondamento di altrettante navi, che appare indubbiamente numero esagerato, anche se le perdite dell'Asse per attacchi aerei furono particolarmente elevate. Ciò non deve far sorprendere troppo perché, in guerra, le esagerazioni nel dichiarare i successi sono comuni negli equipaggi di tutte le aviazioni.

Tuttavia tra il giugno e l'ottobre furono affondate dai Blenheim, dagli Albacore e dagli Swordfish ben ventidue navi per 178.577 tsl; e se in novembre e in dicembre le perdite inflitte al traffico dell'Asse furono minori, ciò doveva essere in gran parte accreditato al cattivo tempo che imperversava nel Mediterraneo. Il maltempo spesso impediva di rintracciare i bersagli, mentre i danni provocati dai frequenti nubifragi non permettevano di muovere i velivoli nelle piste di decentramento degli aeroporti allagati e il decollo dalle piste impantanate. A tutto questo si aggiungevano, quando potevano decollare dagli aeroporti della Sicilia anch'essi soggetti alle sfavorevoli condizioni atmosferiche, i bombardamenti realizzati dall'Aeronautica italiana, che si
svolgevano soprattutto nelle ore notturne con obiettivo principale il porto della Valletta, nel tentativo di farvi sloggiare le unità navali britanniche che vi si trovavano, o procurare loro dei danni, ma che nel frattempo erano diretti anche contro gli aeroporti, quello di Luqa in particolare.

Ha scritto al riguardo, nell'immediato dopoguerra, il maresciallo dell'aria Sir Hugh Lloyd, che nel periodo preso in considerazione era, con il grado di vice maresciallo dell'aria, il Comandante della RAF a Malta:[106]

---

[106] Hugh Lloyd, *Briefed to attack*, Londra, Hodder & Staughton, 1950, p. 123.

*Perché il tempo man mano peggiorava sempre, qualche nave riuscì a sfuggire per Tripoli, nonostante il duro lavoro svolto dai Blenheim, dietro le isole della costa balcanica, e dagli Swordfish e Albacore all'uscita dello Stretto di Messina e vicino al porto di Tripoli. Quando era possibile fotografare i porti dopo le ondate di maltempo, ci sentivamo allegri come scolaretti se nulla era giunto in Africa, o abbattuti nella stessa maniera se una o due navi erano passate.*

*Anche i Wellington stavano svolgendo un assiduo lavoro contro i porti italiani. Quanto piovve!...*[107] *Lo spostamento di un aeroplano non fu più sicuro, mezz'ora di ritardo bastava a mandare a monte un'azione aeromarittima. Ogni notte gli aeroplani si impantanavano sia nel lasciare i decentramenti che nel ritornarvi. Ci voleva una fatica improba per ovviare a questi contrattempi e rifare una pista di raccordo; anche nei decentramenti setto otto aeroplani impantanati furono all'ordine del giorno. I pochi uomini che avevamo non potevano contemporaneamente fare la manutenzione dei loro apparecchi, aggiustare le strade, e mettersi a trascinare tonnellate di aeroplani attaccati ad una corda come battellieri del Volga ...*

*I Wellington dovevano essere portati sugli aeroporti nel tardo pomeriggio, per attendervi l'oscurità prima di decollare ... erano carichi di bombe. Era uno spettacolo terrificante. Una sola bomba fortunata che fosse caduta in mezzo ad essi li avrebbe incendiati tutti facendone esplodere le bombe.*

*Al ritorno i Wellington dovevano rimanere sull'aeroporto, finché con l'alba non ci fosse stata sufficiente luce per portarli via; questo era ancora un'altro sforzo richiesto ai piloti, che non potevano andare a dormire subito dopo la missione. Mentre i Wellington si allontanavano i Blenheim venivano avanti; alla sera il traffico si invertiva...*

*In autunno e nei primi giorni invernali ci fu anche un forte traffico supplementare di velivoli dei rinforzi [per il Medio Oriente], con una media di sessanta Wellington per mese. Il ritorno dei nostri Wellington dalle missioni doveva pertanto essere coordinato con l'arrivo di quelli, che alternativamente arrivavano a gruppi compatti a causa dei ritardi per il maltempo. Come regola generale si facevano atterrare i Wellington dei rinforzi prima di quelli delle missioni; e li si riforniva e mandava via [con equipaggio di riserva] prima che atterrassero gli altri ... Il rifornimento era sempre una corsa pazza contro il tempo, perché all'alba i Wellington si dovevano trovare a levante della Cirenaica dove la caccia tedesca incrociava.*

---

[107] Vi erano al momento a Malta due Squadron di bombardieri medi Wellington, il 104° arrivato sull'isola a metà ottobre con quindici velivoli, e il 40° giunto il 30 ottobre con altri sedici velivoli. Nel corso della prima metà di dicembre essi bombardarono Napoli, nei giorni 5 e 6, Tripoli il 9, e poi Taranto il giorno 15.

Bombardieri italiano Br.20 pronto al decollo su un aeroporto della Sicilia per un'incursione notturna su obiettivi di Malta.

Fortunatamente per i britannici i bombardamenti notturni italiani sugli aeroporti di Malta, effettuati da modeste aliquote di velivoli isolati che volavano ad altissima quota per sottrarsi al nutrito fuoco della difesa contraerea, e armati con bombe esplosive di scarso potere distruttivo, non portarono ai danni temuti. Invece, le perdite britanniche non potevano mancare vista la straordinaria forma di attacco effettuata dai Blenheim del Coastal Command, sperimentata lungo le coste della Norvegia e del Canale della Manica, e poi, a iniziare dal maggio 1941 anche da Malta, con il 21° Squadron, contro i convogli nel Mediterraneo centrale. Si trattava di operare sull'acqua a quota molto bassa, attaccando all'altezza delle alberature delle navi, ed eseguendo manovre cosi dette "*scivolate*" per evitare di inclinare troppo le ali, per non esporre il velivolo al fuoco nemico. Per questo genere di attacco erano normalmente impiegate quattro bombe GP MK IV o SAP/HE da 113 chili.[108]

Perdite particolarmente severe riportò il 18° Squadron che, attaccando in due occasioni Augusta, l'8 e il 9 dicembre, perse tre velivoli. La prima azione contro Argostoli si verificò il giorno 11, quando tre Blenheim del medesimo 18° Squadron attaccarono una nave mercantile. Al ritorno uno dei velivoli, con capo equipaggio il sottotenente E.G. Edmunds fu abbattuto da due biplani italiani Cr.42 del 23° Gruppo Caccia, che stavano scortando alcuni velivoli da trasporto S.82 diretti a Tripoli. I piloti dei due Cr.42 erano il maresciallo Germano Gasperoni e il sergente Leonzio Bicego.

Ma non fu questa, quel giorno 11, l'unica vittoria del 23° Gruppo, perché altri tre Cr.42, partiti su allarme da Pantelleria per intercettare cinque bombardieri Wellington diretti da Gibilterra in Medio Oriente, con scalo a Malta, conseguirono due successi, perdendo però un velivolo con il suo pilota, maresciallo Diego Fiorentini. I due Wellington, con matricola R 1246 e R 1250, furono abbattuti dai sergenti pilota Luigi Sacchi e Giuseppe Saracino. Un altro velivolo britannico, un Hudson del 233° Squadron, con capo equipaggio il sergente pilota K.C. Brown andò perduto quel giorno per cause

---

[108] Jon Lake, *Le Squadriglie di Blenheim nella seconda guerra mondiale*, Madrid, Oserei Aviation, Edizioni del Prado, 2000, p. 57 sg.

sconosciute, mentre percorreva la rotta Gibilterra Malta. Da parte italiana furono accreditati ai piloti del 23° Gruppo due abbattimenti sicuri, nei riguardi di un aereo abbattuto a sud-ovest di Pantelleria e di un Wellington che, colpito dalle raffiche dei caccia, precipitò presso la costa orientale della Tunisia.

Durante la notte tra l'11 e il 12 dicembre diciannove Wellington (tredici del 40° Squadron e sei del 104°), decollati da Luqa, bombardarono il porto di Patrasso ove si trovava il piroscafo passeggeri italiano *Galilea*, che riportò qualche danno. Alcune distruzioni furono causate ai fabbricati, e si verificò la morte di dieci marinai, il ferimento di altri tre marinai e di trentasei civili.

Il 12 dicembre, mentre i caccia Hurricane del 126° Squadron effettuavano un attacco con bombe sull'aeroporto di Comiso, sei Blenheim del 18° Squadron attaccarono Argostoli nel pomeriggio, ma due di essi non rientrarono alla base, essendo stati abbattuti dalla difesa contraerea della rada. Gli italiani recuperarono in mare due cadaveri di aviatori britannici.

Anche il successivo attacco su Argostoli, che si svolse il 13 dicembre ancora una volta con obiettivo le navi mercantili italiane che si trovavano nella rada, fu pagato caro dalla RAF di Malta, che fino ad allora, nelle ultime due settimane, mostrando determinazione e grande spirito di sacrificio – doti da sempre riconosciute negli equipaggi britannici – dovette lamentare la perdita di ben quattordici bombardieri.

Parteciparono all'incursione due formazioni, la prima con cinque Blenheim del 18° Squadron, la seconda con altri sei Blenheim del 107° Squadron, questi ultimi comandati dal tenente pilota Ivor Broom. I bombardieri furono però intercettati da tre velivoli da caccia italiani Mc.200 della 85ª Squadriglia del 18° Gruppo Caccia, decollati su allarme. Le due formazioni britanniche, infatti, erano state avvistate a nord-est di Malta, e persero tre Blenheim, quello del sergente pilota J.B. Drury, del 18° Squadron, il cui equipaggio fu recuperato, e altri due del 107° Squadron con piloti i sergenti E. Crosley e A.J. Lee.

Bombardieri Blenheim del 107° Squadron del Coastal Command della RAF, specializzati negli attacchi a volo radente ccontri unità navali. Nell'autunno del 1941 erano distaccati a Malta.

Da parte italiana fu ritenuto fossero stati abbattuti due aerei britannici della prima ondata, che fu attaccata alle 10.20 dal velivolo pilotato dal tenente Guglielmo Manmajer, e due della seconda, arrivati sull'obiettivo alle 11.30 a bassa quota, ed attaccati da tre Mc.200 pilotati dal tenente Pilatone e dai sergenti Corsi e Lambertini. Furono poi recuperati due aviatori, che furono fatti prigionieri, e tre cadaveri.[109]

Nel pomeriggio, sempre nella zona di Argostoli, si verificò un incidente tra due Ju.88C tedeschi del 1° Gruppo Caccia Notturna (I./NJG.2), che stavano scortando un convoglio, e un Mc.200 italiano del 18° Gruppo Caccia. Questo, per errato riconoscimento, attaccò uno degli Ju.88, che rispose al fuoco. Ne seguì un breve scambio di colpi di mitragliera ma, fortunatamente, senza danni per entrambi i velivoli.[110]

Quella stessa sera il Capo di Stato Maggiore della Regia Aeronautica inviò al Comando dell'Aeronautica della Grecia il seguente telegramma:[111]

*1B/20803 SUPERAEREO PUNTO Per 18° Gruppo /./ Dallo stile del successo odierno riconosco magnifici piloti 18° Gruppo /./ Mi compiaccio vivamente/:/ Fougier.*

---

[109] ASMAUS, Superaereo - Comunicazione telefonica delle ore 19.10 del 13 dicembre 1941, *OG 7*, b. 111; Comunicazione telefonica delle ore 01.10 del 14 dicembre 1941, *GAM 8*, b. 140; *Diario Storico del 18° Gruppo Caccia Terrestre 1941*, Volume n. 625.

[110] Gli Ju.88 C ("Kannonen") da caccia notturna del I./NJG.2, di base a Catania e ad Atene, non possedevano gli adattamenti per la picchiata ma erano invece dotati di serbatoi supplementari e di un forte armamento di cannoncini e mitragliere, concentrato nella parte estrema anteriore della fusoliera. All'epoca non avevano ancora il radar. Il KGr. 606, come tutti gli altri gruppi da combattimento che finivano con lo O6, possedeva molti ufficiali che provenivano dai quadri della Marina germanica, alle dipendenze della quale aveva operato per un certo tempo. Il Gruppo era stato recentemente riequipaggiato con gli Ju.88, al posto dei vecchi He.111, e si trovava ancora in fase di addestramento alla nuova forma di attacco in picchiata con il nuovo velivolo; in particolare si esercitava a Catania – con aggregato uno specialista dei voli in picchiata, il capitano Brandt comandante della Squadriglia di Allenamento e Scuola – al sistema di attacco detto del "Gleitfulug", consistente in un'azione partente da bassa quota ed eseguita in leggera picchiata per acquistare la maggiore velocità possibile, che nell'ultima fase, quella dello sgancio delle bombe, si risolveva in un passaggio a volo quasi radente sul bersaglio. Per essendo concepita differentemente questa forma di attacco ricordava molto quella sviluppata dai Blenheim IV del 2° Gruppo del Coastal Command della RAF distaccati a Malta, ed impiegati con profitto negli attacchi ai convogli dell'Asse. Nell'Aeronautica italiana, nulla di questo esisteva, perché le dottrine d'impiego dei bombardieri non prevedevano l'attacco a volo radente, considerato troppo dispendioso, ma soltanto lo sgancio delle bombe ad alta quota, spesso da 6.000-7.000 metri. Da quell'altezza era molto difficile riuscire a colpire un bersaglio navale, specialmente se era in navigazione, e questo spiega, almeno in parte, la mancanza di successi.

[111] ASMAUS, Superaereo - Messaggio 1B/20803, *GAM 8*, cartella 140.

Squadriglia di caccia italiani Mc.200 in volo sul mare.

Ma per i britannici le perdite non erano finite, perché quando nel corso della notte otto Wellington del 40° Squadron, con decollo da Luqa, furono inviati a bombardare il porto di Bengasi, il velivolo X9993 del tenente pilota G.H. Easton non rientrò alla base. Infine, sempre nel corso di quella notte tra il 13 e il 14 dicembre un altro Wellington (matricola N 2780), partito da Gibilterra e che era atteso a Malta, fu abbattuto a sud dell'isola da un caccia tedesco Ju.88C della 4ª Squadriglia del 1° Gruppo del 2° Stormo Caccia Notturna (I./NJG 2), con capo equipaggio il tenente pilota Peter Laufs.[112]

Purtroppo accadde anche uno spiacevole incidente, derivato dal clima di allarme che si era generato nella zona di Argostoli per le ripetute incursioni degli aerei britannici. Alle 12.40 del giorno 15 dicembre un velivolo da caccia Mc.200 della 85ª Squadriglia del 18° Gruppo Caccia, pilotato dal sergente Domenico Balduzzo, attaccò, per errato riconoscimento, un aereo tedesco da trasporto Ju.52, che colpito precipitò in mare.[113]

---

[112] Brian Cull e Nicola Malizia, *Malta the Hurricane years 1940-1941*, Londra, Grub Street, 1987, p, 347; Michael J.F. Bowyer, *2 Group RAF A Complete History, 1936, 1945*, cit., p. 216.

[113] ASMAUS, *Diario Storico del 18° Gruppo Caccia Terrestre 1941*, Volume n. 625.

Velivolo tedesco Ju.88C della 3ª Squadriglia del 1° Gruppo del 2° Stormo Caccia notturna (I./NJG.2) sull'aeroporto di Derna.

Nel corso della notte tra il 15 e il 16 dicembre, in conformità con il rientro a Taranto delle navi impegnate nella fallita operazione M.41 il Comando della RAF di Malta, essendo anche a conoscenza, tramite l'Ultra, che una nuova missione si stava preparando per portare un convoglio a Tripoli, inviò a battere quel porto della Puglia ventuno "Wellington" del 40° e 104° Squadron, decollati da Luqa. L'esito dell'attacco non fu quello sperato, perché servì soltanto a generare un certo allarme, ma nulla di più, come poi avrebbe testimoniato l'ammiraglio Iachino.

E comunque interessarne seguire la preparazione di quell'attacco, secondo la ricostruzione fatta dal vice maresciallo dell'aria Lloyd, per rendersi conto con quale determinazione il Comando della RAF impiegasse i suoi Squadron anche nelle condizioni atmosferiche più avverse, nel tentativo di raggiungere lo scopo di interrompere, a qualunque costo, il traffico dell'Asse con la Libia, in quel particolare momento dell'offensiva dell'8ª Armata britannica in Cirenaica:[114]

*Alla metà di dicembre, a seguito di segnalazioni di un convoglio in preparazione a Taranto, ventuno Wellington partirono da Luqa per attaccare le navi mercantili, sottocarico vicino ai moli. Nel pomeriggio ci era stata pioggia con nubi basse a 250 metri e faceva freddo. Mister Smith, capo dell'ufficio meteorologico, mi comunicò che le condizioni atmosferiche nell'isola non sarebbero cambiate verosimilmente per dodici ore, ma che a Taranto si sarebbero trovate nubi alte oltre 900 metri con molta probabilità di pioggia. L'occasione era però unica, e dovevamo quindi affrontare il rischio, anche in*

---

[114] Hugh Lloyd, *Briefed to attack*, cit.

*condizioni nettamente sfavorevoli. Non nascondo che, mentre i Wellington stavano faticosamente percorrendo la rotta da e per Taranto con quel tempo tremendo, mi terrorizzava il pensiero che le nubi scendendo ancora si chiudessero su Malta, nel qual caso non avremo certo rivisto*
*più alcuno di quei valorosi equipaggi. Il tempo incontrato su Taranto fu esattamente come nelle previsioni, benché il bombardamento da quella quota e con la pioggia abbia importato il pericolo aggiuntivo di incappare nei palloni e cavi di ancoraggio; un Wellington ritornò con circa venti metri di cavi dei palloni appesi alle carenature del motore destro.*

All'attività offensiva degli aerei di Malta dettero il loro particolare contributo, nell'opera di ricognizione diurna, i Maryland del 69° Squadron, e durante la notte i Wellington dello Special Duties Flight (SDF) equipaggiati con il radar di scoperta navale ASV. A questo speciale reparto, del 221° Squadron, comandato dal capitano pilota Tony Spooner, che in seguito alle perdite riportate fin dall'arrivo a Malta dei primi tre Wellington, nel settembre del 1941, era ridotto ad operare con mezza dozzina di velivoli, erano stati dati agli equipaggi i seguenti compiti, che essi assolsero, come ben sapevano gli italiani e come vedremo più avanti, in modo straordinariamente efficace:[115]

*1. Cooperare con le reali forze navali di base a Malta;*
*2. Cooperare con gli Albacore della Fleet Air Arma;*
*3. Effettuare attacchi notturni di bombardamento, e ricognizioni notturne, lungo le rotte conosciute percorse dalle navi nemiche;*
*4: Effettuare pattugliamenti lungo le rotte per localizzare le navi nemiche.*

Per realizzare tutti questi obiettivi, negli aeroporti di Luqa, Hal Far e Takali erano disponibili, al momento dell'operazione M.41 e poi della successiva M.42, i seguenti reparti:

**Reparti della RAF**, al comando del vice maresciallo dell'Aria Hugh P. Lloyd:

- per il bombardamento notturno il 40° e 104° Squadron, con Wellington IC e IIC, al comando dei tenenti colonnelli pilota L.J. Stickley e P.R. Beare;
- per il bombardamento diurno antinave il 18°, 105° e 107° Squadron con Blenheim IV al comando dei tenenti colonnelli pilota P.H.A Simmons, E.S. Barnes e A.H. Smythe;
- per la ricognizione diurna il 69° Squadron, con velivoli Maryland, Blenheim, Beufort e fotoricognitori Hurricane e Spitfire, al comando del tenente colonnello pilota J.N. Dowland;
- per la ricognizione notturna il 221° Squadron (Special Flight) dell'S.D.F., con velivoli Wellington VIII, al comando del capitano pilota T. Spooner;

---

[115] Ken Delve, *Vickers -Armstrongs Wellington*, Ramssbury, The Crowood Pres Ltd, 1998, p. 72.

- per la caccia diurna il 185°, 242° e 249° Squadron, ed elementi degli Squadron 126° e 605°, con velivoli Hurricane IIA, IIB e IIC, al comando dei maggiori pilota S.A.D Pike, G.W. Wells, E.B. Mortiner Rose, S.C. Norris e S.E. Andrews;
- per la caccia notturna, la 1435ª Flight (ex M.N.F.U.), con velivoli Hurricane, al comando del maggiore pilota G. Powell-Sheddon e un distaccamento del 252° Squadron, con velivoli Beaufighter, al comando del capitano pilota D.A. Smith.

Per la guida della caccia la difesa di Malta si avvaleva di impianti radar tipo CO e COL a Dingli, Madalena e Ta Silch.

**Reparti della FAA**, al comando del viceammiraglio Wilbraham T.R. Ford:

- per gli attacchi notturni, con siluri e bombe, e per la posa delle mine, gli Albacore e gli Swordfish degli Squadron 828° e 830°, al comando dei capitani di corvetta D.E. Languore e F.E.H. Hopkins.

## *L'affondamento dell'incrociatore britannico GALATEA e delle motonavi italiane FILZI e DEL GRECO*

Vediamo ora come si svolsero le perdite e i danni riportati dalle navi mercantili dei convogli partiti da Taranto per l'operazione M.41. Eventi dolorosi, che costrinsero ad apportare sostanziali varianti a tutto il piano operativo, che già, come abbiamo detto, aveva comportato notevoli difficoltà nel reperimento dei mezzi, allo scopo di mettere insieme un gran numero di unità leggere necessarie alle scorte antisommergibili e antiaeree dei convogli e dei gruppi navali di scorta, di sostegno e di appoggio. Ne era derivato il trasferimento a Taranto Messina ed Argostoli di tutte le siluranti che si trovavano dislocate nella basi dell'Italia meridionale e della Sicilia; e ciò aveva comportato di affrettare al massimo le possibilità di navigazione delle unità che si trovavano ai lavori, allo scopo di fornire alle navi maggiori quel minimo di scorta che era ritenuto indispensabile per il giorno 12 dicembre, che era la data d'inizio dell'operazione M.41.

In molti casi cacciatorpediniere e torpediniere, che erano molto logorate dall'intenso impiego che comportava la scorta dei convogli, non soltanto nel materiale ma anche nel personale, ultimarono i lavori di approntamento poche ore prima di partire per la missione; e lo stesso accadde per l'arrivo alle basi di schieramento di quelle ritardate dal tempo particolarmente avverso di quei giorni. Ma all'atto pratico si trattò di inserire nelle scorte, che risultarono alquanto esigue, unità eterogenee e generalmente mal affiatate fra loro.

Entro la giornata del giorno 13 l'imponente meccanismo dell'operazione M.41 si mise in movimento con la prevista partenza da Taranto delle navi mercantili dei convogli, meno la motonave *Napoli*, che non prese il mare per un'avaria al timone. Seguì, alle 19.10, la partenza del gruppo di sostegno (gruppo "Doria") dell'ammiraglio Bergamini che, dopo aver superato le ostruzioni del Mar Grande, assunse la rotta 150° alla velocità di 18 nodi, poi portata a 20 nodi, con le unità maggiori disposte in linea di fila (nell'ordine *Aosta*, *Doria* e *Attendolo*), protette su ogni lato dai sei cacciatorpediniere di scorta. Prese poi il mare, da Napoli, il gruppo di appoggio (gruppo *"Littorio"* dell'ammiraglio Iachino, con le corazzate della 9ª Divisione Navale *Littorio* e *Vittorio Veneto*, scortate dai loro quattro cacciatorpediniere della 13ª Squadriglia.

In uno schema del Capo Ufficio Piani di Guerra di Supermarina, ammiraglio di divisione Giuseppe Fioravanzo, e poi negli accordi di massima stabiliti tra gli ammiragli di squadra Iachino e Bergamini, era stato previsto di fronteggiare un eventuale attacco di unità della Mediterranean Fleet con il gruppo delle corazzate *Littorio* e *Vittorio Veneto* rinforzato con le corazzate *Doria* e *Duilio*, lasciando per la scorta al convoglio gli incrociatori della 3ª e 8ª Divisione Navale. Le quattro corazzate sarebbero andate incontro alle navi nemiche la mattina del 14 per "*affondarle*".

Poiché il gruppo *Littorio – Vittorio Veneto* non doveva occuparsi delle provenienze da ponente, contro le unità della Forza K, se fossero state avvistate in mare, dovevano essere impegnati, il mattino del 14, dagli incrociatori della 3ª e 8ª Divisione Navale. Mentre queste navi avrebbero diretto incontro al nemico, la corazzata *Duilio*, e possibilmente il gemello *Doria*, sarebbero rimaste fuori del cerchio pericoloso di Malta (190 miglia) "*per eventuale appoggio*".[116]

Dopo tutto questo bel programma d'intenti, la possibilità di mostrare i muscoli decadde ancora una volta, di fronte al timore di dover affrontare in mare forze superiori, che erano assolutamente inesistenti.

Accadde, infatti, che nel pomeriggio del 13 dicembre cominciarono ad arrivare a Supermarina notizie preoccupanti sulla presenza in mare della Mediterranean Fleet, e vi fu il sospetto che lo fossero anche la forze navali di Malta; ragion per cui, l'operazione che sembrava procedere regolarmente, fu sospesa alle ore 20.00, ordinando all'ammiraglio Bergamini di far rientrare a Taranto i convogli, con le unità di scorta e i loro gruppi navali di sostegno, compresa la motonave tedesca *Ankara* che era la più avanzata sulla rotta per Bengasi. L'ammiraglio Iachino, con messaggio trasmesso alle 20.07 da Supermarina, fu informato che la missione era rimandata, ed ebbe l'ordine di proseguire per Taranto passando per lo Stretto di Messina con la luce del giorno, in modo da evitare il rischio che le due grandi corazzate della 9ª Divisione Navale, transitando in quella zona di passaggio obbligato, fossero attaccate di notte dagli aerosiluranti di Malta.

All'annullamento dell'operazione M.41, al sera del 13 dicembre, contribuì in maniera determinante, il timore che il nemico intendesse contrastare il movimento dei convogli, già in rotta per la Libia, con le corazzate della *Mediterranean Fleet*, sebbene esse non fossero state avvistate in mare dalla ricognizione aerea dell'Asse. Ciò avvenne per un'errata interpretazione del Servizio Informazioni Estere di Maristat il quale, per mezzo della radiogoniometria e per inesatte decrittazioni, ritenne che quelle navi da battaglia avessero lasciato la base di Alessandria, dove erano state avvistate dai ricognitori, e stessero dirigendo verso il Mediterraneo centrale, evidentemente per operare in concomitanza con la Forza K di Malta che risultava essere in mare.

Nonostante sia stato ritenuto elemento assai efficienze, il Servizio Intercettazioni Estere di Maristat disponeva in realtà di risorse assai modeste. Le sue valutazioni, integrate dalle notizie che giungevano a Roma dal B-Dienst, l'efficiente Servizio Informazioni della Kriegsmarine a Berlino, erano basate sulla decrittazione, più o meno corretta, dei messaggi radio britannici trasmessi in codice e sulla interpretazione di

---

[116] AUSMM, "Accordi di massima con l'ammiraglio Iachino", *Scontri navali e operazioni di guerra*, cartella 46.

movimenti navali del nemico fissati con la radiogoniometria. Ne conseguiva che spesso le notizie diramate ai Comandi Navali erano più dannose che utili.

La notizia che fece fallire l'operazione M.41, si ebbe nel pomeriggio del 13 dicembre, alle ore 18.00, quando fu diramato il rapporto sulla situazione n. 335. In questo rapporto, il Servizio Informazioni Segrete della Regia Marina (SIS), informava che, dall'intercettazione di due telegrammi trasmessi con precedenza assoluta nel pomeriggio da Alessandria alla 1ª Squadra da Battaglia e al vice ammiraglio di Malta, si riteneva che le corazzate della Mediterranean Fleet dirigessero verso il Mediterraneo centrale, e che anche la Forza K di Malta fosse in mare. La notizia sembrava confermata dal fatto che anche il vice ammiraglio di Malta aveva diramato due telegrammi, con chiamata delle navi in mare, uno diretto ad Alessandria e l'altro all'incrociatore *Aurora*.

In realtà i movimenti navali britannici esistenti nel Mediterraneo orientale erano di entità ben più modesta di quanto erroneamente interpretato dal SIS. Si trattò, infatti, dell'uscita da Alessandria della 15ª Divisione del contrammiraglio Philip Vian, costituita dai tre incrociatori leggeri *Naiad*, *Galatea* ed *Euryalus*, e dai nove cacciatorpediniere della 14ª Flottiglia *Jervis*, *Kimberley*, *Kingston*, *Napier*, *Nizam*, *Kipling*, *Griffin*, *Havock* e *Hotspur*. Questa forza navale salpò nelle prime ore del mattino del 13 dicembre, per andare ad intercettare il convoglio italiano. Contemporaneamente, dalla Valletta, si apprestarono a prendere il mare le Forza B e K, per collaborare, nella notte tra il 14 e il 15, con la 15ª Divisione nell'operazione denominata ME.9.[117]

14 dicembre 1941, Operazione britannica ME.9. L'incrociatore *Euryalus*, della 15ª Divisione, in navigazione lungo le coste della Cirenaica seguito dal *Galatea*.

---

[117] *The Cunningham Papers*, p. 548.

Dettagli pittorici dell'incrociatore leggero britannico *Euryalus* della classe "Dido", dal formidabile armamento contraereo di 10 cannoni da 133 mm ripartiti in cinque impianti binati, tre a prora e due a poppa. Nel corso del conflitto su alcune unità della classe "Dido" una delle torri prodiere, quella più elevata, fu sostituita da un complesso quadrinato di armamento contraereo da 40 mm.

Non presero il mare le due corazzate britanniche *Queen Elizabeth* e *Valiant*, per il solito motivo della mancanza di cacciatorpediniere di scorta, dovendo andare ad operare in una zona pericolosa, tra l'isola di Creta e le costa della Marmarica, in cui stazionavano gli U-boote germanici. Infine fu predisposto un forte concentramento di sommergibili a sud dello Stretto di Messina, nel Golfo di Taranto e lungo le rotte dell'Asse del Mare Ionio che portavano ai porti della Grecia occidentale.

Gli incrociatori britannici armati soltanto con cannoni da 133 e da 152 mm *"erano pronti a sostenere il combattimento"*, ha scritto il comandante Donald Macintyre, *"anche in condizioni di grande inferiorità"*.[118] In realtà, l'uscita in mare dei due complessi navali britannici, serviva soprattutto per scoraggiare gli italiani dal proseguire nella loro missione. E per ingannarli l'ammiraglio Cunningham escogitò un espediente, ordinando *"che ad Alessandria fosse osservato il più rigoroso silenzio radio, facendo uscire* [da Haifa] *il posamine veloce ABDIEL con l'ordine di effettuare delle trasmissioni radiotelegrafiche per dare l'impressione che fossero in mare anche le unità maggiori della flotta britannica. L'espediente ebbe successo"*; perché, come abbiamo visto, inganno le valutazioni de Servizio Informazioni Estere di Maristat, facendogli realmente credere che le navi da battaglia della Mediterranean Fleet fossero uscite da Alessandria.[119]

---

[118] Gli incrociatori *Naiad* e *Euryalus* erano armati ciascuno con dieci cannoni da 133 mm, ripartiti in dieci torri, tre a prora e due a poppa; il *Galatea* con sei cannoni da 152 mm, ripartiti in tre torri, due a prora e uno a poppa. Il medesimo armamento avevano i due incrociatori della Forza K di Malta, *Aurora* e *Penelope*, mentre il *Neptune* e l'*Ajax*, della Forza B, anch'essi dislocati a Malta, disponevano di otto pezzi da 152 mm, ripartiti in quattro torri, due a prora e due a poppa. Era questo l'intero potenziale di incrociatori che restava alla Mediterranean Fleet.

[119] Donald Macintyre, *La battaglia del Mediterraneo*, cit., p. 150.

Il posamine veloce *Abdiel*, armato con sei cannoni da 120 mm e in grado di raggiungere una velocità massima di 40 nodi. Affondò su una mina tedesca all'interno del porto di Taranto il 9 settembre 1943.

L'indomani, l'ammiraglio Cunningham ricevé dai velivoli da ricognizione, che vigilavano sul Golfo di Taranto, la notizia che il gruppo navale italiano dirigeva con rotta nord, e che anche il convoglio stava tornando alla base. Pertanto, verso la mezzanotte, il Comandante della Mediterranean Fleet ordinò al contrammiraglio Vian, che aveva la sua insegna sul *Naiad*, di tornare con le sue navi a Alessandria, e annullò gli ordini impartiti alle Forze B e K nell'operazione ME.9.

Fu soltanto al mattino dell'indomani 14 dicembre che la ricognizione aerea fornì i primi veri rilevamenti della presenza in mare delle forze britanniche. Nel corso della mattinata il X Fliegerkorps impiegò nel servizio di ricognizione, tra la Cirenaica e la foce del Nilo, cinque velivoli He.111 del II./KG.26 (maggiore W. Beiling) e sei Ju.88 del II./LG.1 (maggiore pilota Gerhard Kollewe). Alle 09.55 uno degli Ju.88 avvistò la 15ª Divisione incrociatori, e la segnalò composta da tre incrociatori e nove cacciatorpediniere, con rotta 340°, quindi per nord-nord-ovest. Tuttavia l'equipaggio del velivolo ebbe il sospetto, e lo segnalò, che due dei tre incrociatori potessero essere navi da battaglia.

Poco dopo questa notizia sembrò confermata dal fatto che, alle 10.05, anche uno dei tredici velivoli Cant.Z.1007 bis del 47° Stormo Bombardamento Terrestre dell'Aeronautica italiano dell'Egeo, che svolgevano quel giorno servizio di ricognizione a sud-ovest di Rodi, segnalò tre navi da battaglia e nove cacciatorpediniere in lat. 33°10'N, long. 26°07'E, con rotta 315° e velocità 22 nodi.[120]

---

[120] Il 14 dicembre il servizio da ricognizione dell'Aeronautica dell'Egeo fu attuato impiegando al mattino sette Cant.Z.1007 bis del 47° Stormo B.T. e un S. 84 del 41° Gruppo B.T., e nel pomeriggio altri sei Cant.Z.1007 bis, uno dei quali per tenere il contatto (radiofaro) con le navi britanniche.

Un velivolo tedesco He.111 della 4ª Squadriglia del 2° Gruppo Bombardamento (4./KG.26) in volo sul mare.

Successivi avvistamenti, da parte dei velivoli del 47° Stormo e del II./LG.1, che nel pomeriggio impiegò per le ricognizioni altri sei Ju.88, non servirono a chiarire la situazione. I velivoli italiani e tedeschi continuarono a tenere per tutto il giorno il contatto con la 15ª Divisione Incrociatori del contrammiraglio Vian ma, sebbene fornissero notizie meno preoccupanti, dal momento che segnalarono la rotta delle navi nemiche diretta ad oriente, continuarono a far ritenere in mare la presenza di almeno una corazzata.

A parte questo fu svolto un buon servizio di ricognizione, e in due occasioni i Cant. Z.1007 bis dovettero anche fronteggiare gli attacchi dei velivoli da caccia britannici, in prossimità della costa africana. Anche uno degli Ju.88 fu attaccato dalla caccia, e fu costretto ad allontanarsi perdendo il contatto, che fu però subito dopo ristabilito da un altro velivolo Ju.88 del II./LG.1.

Meno convincenti risultarono invece i tentativi di attacco portati contro gli incrociatori britannici, ad iniziare da quello condotto da tre S.79 italiani della 281ª Squadriglia Aerosiluranti, decollati da Gadurra. Gli aerei, che avevano per capi equipaggi il capitano Giuseppe Cimicchi e i tenenti Luigi Rovelli e Giuseppe Cipelletti, a iniziare dalle 11.30, e per tre volte consecutive, tentarono di attaccare quella che ritennero essere una formazione comprendente una presunta nave da battaglia e due incrociatori; ma lo sgancio dei siluri non fu effettuato a *"causa della contromanovra dei cacciatorpediniere di scorta e per l'emissione di cortine fumogene"*.

I tre S.79 rientrarono pertanto alla base con i siluri a bordo; ma le fotografie, scattate nel corso dell'azione, convinsero il Comando dell'Aeronautica dell'Egeo che l'attacco alle navi era stato ugualmente portato con *"decisione"*.[121]

Junker Ju.88 della 4ª Squadriglia del II./LG.1 dislocato in Grecia.

Ju.88 del II./LG.1 nella colorazione desertica adattata dai velivoli del 1° Stormo Sperimentale di base in Grecia, ma che all'occorrenza agivano anche dal Nord Africa.

---

[121] Francesco Mattesini, *Luci e ombre degli aerosiluranti italiani e tedeschi nel Mediterraneo Agosto 1940 – Settembre 1943*, Ristampa Edizioni, Rieti, 2019, p. 156.

14 Dicembre 1941. Sopra, tre cacciatorpediniere della 14ª Flottiglia della della Mediterranean Fleet manovrano in linea di fila. Dietro il capo flottiglia *Jervis* vi sono il *Kimberley* e il *Kingston*. Sotto il *Kimberley* ripreso dal *Jervis*.

Per attaccare la stessa formazione navale, alle 15.50 decollarono dagli aeroporti di Rodi diciotto bombardieri, dei quali dieci Cant. Z. 1007 del 95° Gruppo, cinque Cant.Z.1007 bis del 47° Stormo e tre S. 84 del 41° Gruppo. Ma anche questa azione non ebbe successo, perché le unità britanniche non furono avvistate a causa delle pessime condizioni atmosferiche, determinanti una copertura del cielo di 10/10 alle quote tra i 400 e i 5.000 metri.[122]

Da parte del X Fliegerkorps, decollarono nelle prime ore del pomeriggio dodici He.111 del II./KG.26 (maggiore pilota W.Beyling), che furono diretti alla ricerca del nemico con l'incarico di effettuare un attacco combinato con bombe e siluri. Seguirono quindici Ju.88 del I./LG.1 (capitano pilota Joachim Helbig), ma soltanto cinque di essi riuscirono a rintracciare le navi britanniche, ed attaccarono in picchiata sganciando bombe dirompenti. La reazione contraerea fu considerata molto violenta, e il velivolo del sottotenente Gerhard Brenner, uno dei piloti del Gruppo insignito della Ritterkreuz (la croce di cavaliere), rientrò ad Eleusis (Atene) dopo aver fatto scalo a Bengasi, essendo stato danneggiato al motore destro. Brenner dichiarò di aver effettuato l'attacco da una quota di 800 metri e di aver colpito in pieno, con una bomba da 500 chili ed una da 250 chili, l'unità più grande della formazione. Inoltre sostenne che anche una terza bomba, da 500 chili, era caduta presso la murata di quella nave.[123]

In realtà, nel corso degli attacchi aerei, le unità britanniche non riportarono danni.

Bombardiere Ju.88 del I./LG.1 in un aeroporto del Nord Africa.

---

[122] ASMAUS, *Diario Storico Aeronautica Egeo 1941*.
[123] AUSMM, "Bollettini del X Fliegerkorps", *Aviazione della Marina*, cartella 16.

14 dicembre 1941. Gli incrociatori britannici della 15ª Divisione *Galatea* e *Euryalus* sparano contro aerei nemici.

Tuttavia, nel rientrare in porto la sera del 14 dicembre, le unità della 15ª Divisione, che erano state raggiunte, salpati da Malta, dai quattro cacciatorpediniere che avevano affondato a Capo Bon gli incrociatori italiani *Da Barbiano* e *Di Giussano*, incapparono nello sbarramento di sommergibili tedeschi disposti nelle acque di Alessandria per appoggiare l'operazione M. 41.

Poco prima della mezzanotte, mentre, navigando ad alta velocità, le unità britanniche erano sul punto di entrare nel canale dragato di accesso al porto di Alessandria, il *Galatea*, l'ultimo incrociatore della fila, venne attaccato dal sommergibile tedesco *U-557* (tenente di vascello Ottokar Paulshen). Colpito alle ore 23.59 da due siluri esplosi in rapida successione a mezza nave, l'incrociatore affondò un soli tre minuti, in lat. 31°12'N, long. 29°15'E, a 45 miglia ad ovest di Alessandria, con forti perdite di vite umane. Fra i caduti, che comprendevano 469 uomini, inclusi 22 ufficiali, vi era anche il comandante, capitano di vascello Edward William Boyd Sim. Mentre gli incrociatori *Naiad* ed *Euryalus* proseguivano verso Alessandria, i cacciatorpediniere *Griffin* e *Hotspur*, rimasti sul luogo del sinistro, riuscirono a salvare 154 uomini dell'equipaggio del *Galatea*.

L'incrociatore britannico *Galatea* nel 1941. Fu silurato ed affondato il 14 dicembre dal sommergibile tedesco *U-557*.

La torretta dell'U 557 e il comandante del sommergibile, tenente di vascello Ottokar Arnold Paulsen.

Questa perdita, ha scritto Donald Macintyre, *"avvenuta dopo quelle della BARHAM e dell'ARK ROYAL indicò che l'eclisse del potere marittimo britannico in Mediterraneo andava profilandosi"*.[124]

Ma, per tragica fatalità, anche l'*U-557*, con i suoi 43 uomini d'equipaggio, non rientrò alla sua base della 23ª Flottiglia di Salamina. Alle 21.44 del 16 dicembre, dopo aver trasmesso alle 18.06 un breve segnale radio in cui affermava che si trovava a diciotto ore dall'entrata in porto, il sommergibile, arrivato a 16 miglia a ovest di Phalasama (Creta), fu avvistato, attaccato e affondato dalla torpediniera italiana *Orione* (tenente di vascello M. Gambetta), partita dal porto di Suda senza conoscere la presenza nella zona del sommergibile alleato. Nel corso delle indagini su questo increscioso incidente, fu accertato che la notizia della posizione dell'*U-557* era stata segnalata dal Comando tedesco a quello italiano troppo tardi, prima delle ore 22.00 o poco dopo, quando l'*Orione* aveva completato il suo attacco, in lat. 35°31'N, long. 23°19'E.[125]

---

[124] Donald Macintyre, *La battaglia del Mediterraneo*, Firenze, Sansoni, 1965, p.

[125] Francesco Mattesini, *La prima battaglia navale della Sirte*, Parte prima, *Genesi e fallimento dell'operazione M. 41 e pianificazione dell'operazione M. 42*, Bollettino d'Archivio dell'Ufficio Storico della Marina Militare, Marzo 2004, p. 123.

Torpediniera *Orione*, che per mancata segnalazione del passaggio del sommergibile tedesco *U-577* lo attaccò con le bombe di profondità, affondandolo.

In precedenza, la sera del 13 dicembre, un altro sommergibile dello sbarramento tedesco, l'*U 431* (tenente di vascello Wilhelm Dommes) aveva silurato ad ovest di Alessandria la petroliera britannica *Myriel* (3.560 tsl.), danneggiandola gravemente.

Occorreva dire che la decisione di Supermarina di richiamare in porto le navi senza aver potuto accertare, tramite i velivoli da ricognizione, l'effettiva presenza in mare di corazzate britanniche, è da considerarsi errata, poiché gli incrociatori leggeri inglesi non potevano costituire un grosso pericolo per i convogli italiani, che erano fortemente scortati da navi da battaglia. Avendo evidentemente perduto il controllo dei nervi, Supermarina protestò con i colleghi dell'Aeronautica che, ingiustamente, furono accusati di aver fallito con i ricognitori il compito di avvistare e segnalare, in mare, navi da battaglia nemiche, assolutamente inesistenti.

La giustificazione a suo tempo data nella Storia ufficiale della Marina dall'ammiraglio Cocchia sulla ritirata delle navi italiane non ci appare soddisfacente. La riportiamo peraltro, di seguito, perché il lettore possa meditare:[126]

*In effetti le informazioni pervenute a Supermarina non erano esatte; le corazzate di Cunningham, ormai ridotte a due, non si erano mosse da Alessandria e, in quanto alle unità avvistate* [segnalate]*, si trattava soltanto di quattro incrociatori leggeri* [in realtà tre] *usciti dalla base egiziana al comando dell'amm. Vian, probabilmente col compito di*

---

[126] Aldo Cocchia, *La difesa del traffico con l'Africa Settentrionale. Dal 1° ottobre 1941 al 30 settembre 1942*, Volume II, USMM, p.189-190.

*ricercare e attaccare, in concomitanza con la "Forza K" di Malta, navi mercantili italiane dirette in Libia.*

*Ma forse supermarina fu indotto a sospendere la M.41 non soltanto per l'avvistamento* [sic] *della forza navale britannica, ma anche per considerazioni organiche, per la insufficienza delle unità di scorta di cui disponevano le unità maggiori, per qualche difficoltà che l'aviazione incontrava nell'assicurare le previste ricognizioni aeree, perché, infine, l'operazione si presentava piuttosto farraginosa.* [sic]

In seguito alle disposizioni impartite da Supermarina le motonavi *Monginevro*, *Pisani* e *Ankara* tornarono a Taranto assieme alle unità della scorta diretta e al gruppo di sostegno dell'ammiraglio Bergamini, comprendente la corazzata *Duilio* e gli incrociatori della 7ª Divisione Navale *Aosta* e *Attendolo* e sei cacciatorpediniere. Ma nel frattempo il destino dell'operazione M.41 era già stato segnato da un disastro che si era abbattuto sul convoglio n. 3, quello costituito dalle motonavi *Fabio Filzi* e *Carlo Del Greco*, scortate dai cacciatorpediniere della classe "Navigatori" *Nicoloso da Da Recco* e *Antoniotto Usodimare*.

Le motonavi *Filzi* e il *Dal Greco* erano state concentrate a Messina, rispettivamente provenienti da Trapani e da Napoli, e dovevano andare ad Argostoli, per poi raggiungere Bengasi, dove avrebbero dovuto sbarcare il carico, costituito da 95 carri armati italiani (52 M.13/40 del il 12° Battaglione della Divisione corazzata Littorio) e 43 carri tedeschi (11 Panzer II e 34 Panzer III della 3ª e 7ª Compagnia del 5° Reggimento Panzer dell'Afrika Korps), urgentemente attesi in Libia per fronteggiare l'offensiva britannica. Ma Supermarina, apportando una variante al piano di operazione, ordinò che le due preziose motonavi raggiungessero Taranto, in base al concetto che quel porto era ritenuto il più favorevole per l'accentramento di tutte le unità mercantili e di scorta.

Il convoglio lasciò Messina alle ore 10.20 del 12 dicembre, e transitando nella zona in cui era più probabile fossero in agguato sommergibili britannici, la scorta fu rinforzata dalla torpediniera *Giuseppe Dezza*. Quindi le cinque navi, con le motonavi in linea di fronte e i cacciatorpediniere che zigzagavano in posizione di scorta laterale, il *Da Recco* sulla sinistra del *Filzi* e l'*Usodimare* sulla destra del *Del Greco*, proseguirono alla velocità di 16 nodi per Taranto, nel cui Golfo erano già in atto estese misure difensive antisommergibili, con tredici mezzi di superficie (inclusi cinque Mas) ed aerei, che riguardavano tutta l'area tra Messina e Santa Maria di Leuca.

Motonavi del tipo *Filzi* in navigazione in convoglio precedute da un cacciatorpediniere del tipo "Navigatori" nell'autunno 1941. E' possibile che si tratti del *Finzi* e *Del Greco*, scortati dai cacciatorpediniere *Da Recco* e *Usodimare*.

Trovandosi il convoglio a transitare a 15 miglia dal faro di Capo San Vito, ed apprestandosi ad imboccare la rotta di sicurezza per Taranto, i due cacciatorpediniere cessarono lo zigzagamento. Quindi, alle 02.13 del 13 dicembre (poco dopo che si era concluso il disastro di Capo Bon), l'ufficiale capo scorta, capitano di vascello Stanislao Esposito, sul *Da Recco*, ordinò alle navi di assumere la linea di fila. Ma proprio allora, con le motonavi che avevano appena iniziato la manovra del cambio di formazione, una salva di siluri proveniente dalla sinistra colpì con grande precisione prima il *Filzi* e poi il *Del Greco*.

L'unità subacquea attaccante, come vedremo, era l'*Upright* che, assieme alle unità gemelle *Umbeatum* e *Utmost*, il 9 dicembre aveva ricevuto l'ordine, impartito dal capitano di vascello George Walter Gillow Simpson Comandante della 10ª Flottiglia Sommergibili di Malta, di costituire uno sbarramento nel Golfo di Taranto, a iniziare dal giorno 12. Nello stesso tempo altri due sommergibili della medesima flottiglia, l'*Urge* e l'*Unique*, avevano costituito una seconda linea di agguato a sud dello Stretto di Messina, perché gli inglesi, grazie all'Ultra, si aspettavano che le corazzate italiane del tipo "Littorio" si sarebbero trasferite da Napoli a Taranto.

Ma poiché anche le navi del convoglio italiano in partenza da Taranto erano attese, i britannici, facendo le cose in grande, il 12 dicembre fecero salpare dal porto della Valletta tutti i sommergibili della 10ª Flottiglia rimasti disponibili. Ciò significò di mandando in mare, con destinazione lo Ionio, il *P 31* (poi *Uproar*), il *P 34*, l'*Upholder*, e polacco *Sokol*, e portare il numero dei sommergibili in mare della flottiglia a ben nove, che praticamente era il massimo del suo organico. Tuttavia, i sommergibili del nuovo schieramento, che fu mantenuto fino al mattino del 16 dicembre, non poterono intervenire, per il semplice motivo che gli italiani avevano sospeso l'operazione M.41, richiamando in porto tutte le navi.[127]

Ritornando al Golfo di Taranto, L'*Unbeaten* (tenente di vascello Edward Arthur Woodward), nella giornata del 13 dicembre era stato sottoposto a caccia antisom da unità italiane, e costretto a lasciare la posizione assegnatagli all'estremità orientale dello sbarramento.

L'*Utmost* (capitano di corvetta Richard Douglas Cayley), il più a occidente nella linea dei agguato, alle 01.10 avvistò alla distanza di 6 miglia il convoglio italiano che poi attaccò alle 01.32, in lat, 39°47'N, long. 17°22'E, lanciando quattro siluri contro un piroscafo di 5.000 tonnellate, che ritenne di aver colpito mortalmente, mentre in realtà l'attacco del sommergibile fallì.

---

[127] Historical Section Admiralty, *Submarines*, Volume II, *Operations in the Mediterranean*, Londra, 1955, p. 67. Il volume, inizialmente Riservato, è stato poi declassificato.
* Durante il mese di dicembre la 10ª Flottiglia Sommergibili di Malta operò con le sue unità a levante delle coste della Sicilia, e all'entrata del Golfo di Corinto. La 1ª Flottiglia Sommergibili di Alessandria operò a est di questa linea di demarcazione, a sud e a levante delle coste della Morea e tra il Canale di Cerigo e Creta. La 8ª Squadriglia Sommergibili di Alessandria operò nel Tirreno e lungo le coste della Sardegna. Se particolarmente redditizia era stata l'attività dei sommergibili di Malta, successi conseguirono, nel periodo preso in considerazione, anche quelli di Alessandria. Di essi, il *Truant* (capitano di corvetta Hugh Alfred Vernon Haggard) alle ore 17.00 dell'11 dicembre silurò ed affondò la torpediniera italiana *Alcione*, diretta dal Pireo a Suda. Il *Talisman* (capitano di corvetta Michael Willmoth), che operava a sud delle coste della Grecia, alle 19.52 del 14 attaccò con i siluri e con il cannone, in lat. 34°05'N, long. 25°39'E, il sommergibile italiano *Dagabur* (capitano di corvetta Alberto Torri), che da parte sua alle 19.55, stando in superficie in quella zona, situata a sud di Capo Matapan, aveva lanciato due siluri contro una supposta unità di medio tonnellaggio, ritenendo, erroneamente, di averla colpita, avendo sentito due esplosioni. Si trattava evidentemente di detonazioni di proiettili sparati dal sommergibile britannico, che tranciarono al *Dagabur* l'aereo radiotelegrafico. Lo stesso *Talisman* la sera del precedente giorno aveva attaccato in superficie, la torpediniera italiana *Orione*, scambiando con essa colpi di cannone, e poi, alle 16.22 dell'11, aveva affondato la motonave italiana *Calitea* (4.013 tsl), a 90 miglia a sud di Capo Matapan. Infine, il 15 dicembre, il *Torbay* (capitano di corvetta Anthony Cecil Capel Miers) affondò presso Capo Mithene e vicino a Patrasso altre due navi italiane, la grossa motonave *Sebastiano Venir* (6.318 tsl) e il motoveliero *Maria* (42 tsl).

Al periscopio il comandante del sommergibile *Utmost* tenente di vascello Richard Douglas Cayley.

Poco dopo, alle 01.50, lo stesso convoglio fu individuato all'asdic dall'*Upright*, che occupava la posizione centrale dello sbarramento. Il sommergibile si venne a trovare proprio sulla rotta delle navi mercantili che avvistò alle 02.03, e dopo sette minuti, alle 02.10, stando in affioramento in lat. 40°10'N, long. 17°60'E, effettuò l'attacco con una salva di quattro siluri, contro quelle che gli apparvero come due grosse navi, di tipo non identificato, scortate da cacciatorpediniere. Il comandante dell'*Upright*, tenente di vascello John Somerton Wraith, ritenne di averle colpite con tutti i siluri lanciati e, avendo sentito altre esplosioni, di averle affondate. In effetti, i quattro siluri giunsero a segno con particolare precisione, due per ogni motonave del convoglio, senza che le loro scie in avvicinamento fossero state avvistate dalle vedette delle navi italiane. Il *Fabio Filzi* (6.836 tsl) affondò in sette minuti, dopo essersi capovolto probabilmente a causa dello spostamento del carico di carri armati che trasportava; il *Carlo del Greco* (6.837 tsl), nonostante un tentativo di rimorchio effettuato dal cacciatorpediniere *Da Recco*, lo seguì nell'abisso dopo poco più di un'ora dal siluramento.[128]

---

[128] *Ibidem*, p. 67 sg.; USMM, *Navi mercantili perdute*, 3ª edizione (cap. Vasc. Gian Paolo Pagano), Roma, 1997, p. 103 e p. 177. * Per le posizioni e gli orari d'attacco dei sommergibili britannici, vedi Jürgen Rohwer, *Al Submarines attacks of World War Two, European Theatre of Operations, 1939 – 1945*, Londra, Books, 1997, p. 149.

Le moderne motonavi gemelle *Fabio Finzi* (sopra) e *Carlo del Greco*, che il 13 dicembre 1941 furono entrambe affondate in convoglio a sud di Taranto dal sommergibile britannico *Upright* della 10ª Flottiglia di Malta.

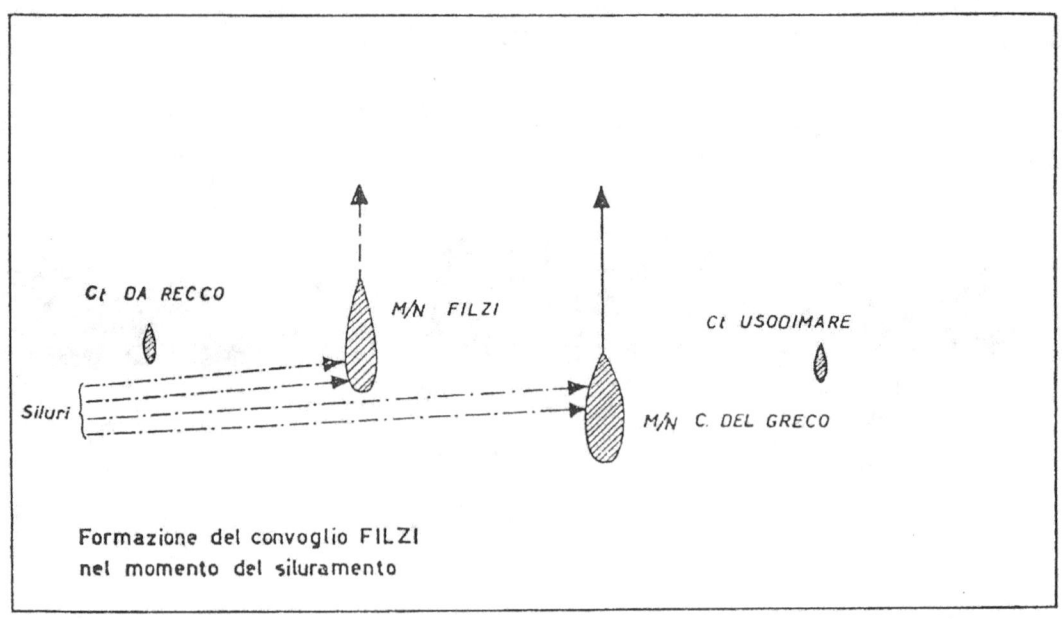

L'attacco del sommergibile britannico *Upright* e il siluramento e affondamento delle motonavi italiane *Fabio Filzi* e *Carlo del Greco*.

Sebbene il sommergibile non fosse stato avvistato, il *Da Recco*, anche per motivi precauzionali, manovrò nella direzione dell'attacco e scarico in mare bombe di profondità. Successivamente si dedicò a recuperare i naufraghi, assieme ad altre unità provenienti da Taranto. Parteciparono alla pietosa opera di salvataggio una torpediniera, due dragamine, tre rimorchiatori e quattro unità di uso locale, ed il recupero riguardò 432 uomini sui 649 imbarcati nelle due motonavi, per cui i morti e dispersi furono 217, mentre, lo ricordiamo con le navi affondarono, tra l'altro, ben novantacinque carri armati.

Ma la disgraziata operazione M.41 era destinata a portare nuovi danni. Alle 15.30 di quel 13 dicembre la seconda sezione del convoglio n. 2, costituita dai piroscafi *Iseo* e *Capo Orso* e scortata dai cacciatorpediniere *Turbine* e *Strale*, aveva preso il mare da Argostoli diretta a Bengasi. Ma nell'inversione di rotta, effettuata per rientrare in porto in seguito all'ordine impartito da Supermarina, intorno alle 22.50, le due navi mercantili, che procedevano in linea di fronte, entrarono in collisione, per un'errata manovra dell'*Iseo* che andò ad investire il *Capo Orso*. Entrambi riportarono danni abbastanza gravi, ma ugualmente riuscirono a rientrare ad Argostoli con i propri mezzi. Erano però altre due preziose navi da carico che, dovendo riparare i danni, venivano a mancare per l'urgente rifornimento della Libia.

A Roma ce n'era abbastanza per essere più che preoccupati, quando un'altra mazzata si abbatté sulla disgraziata operazione M.41. Ed anch'essa fu determinata dalla sospensione dell'operazione M.41 e dai cambiamenti di rotta per il rientro delle navi alle basi ordinati da Supermarina.

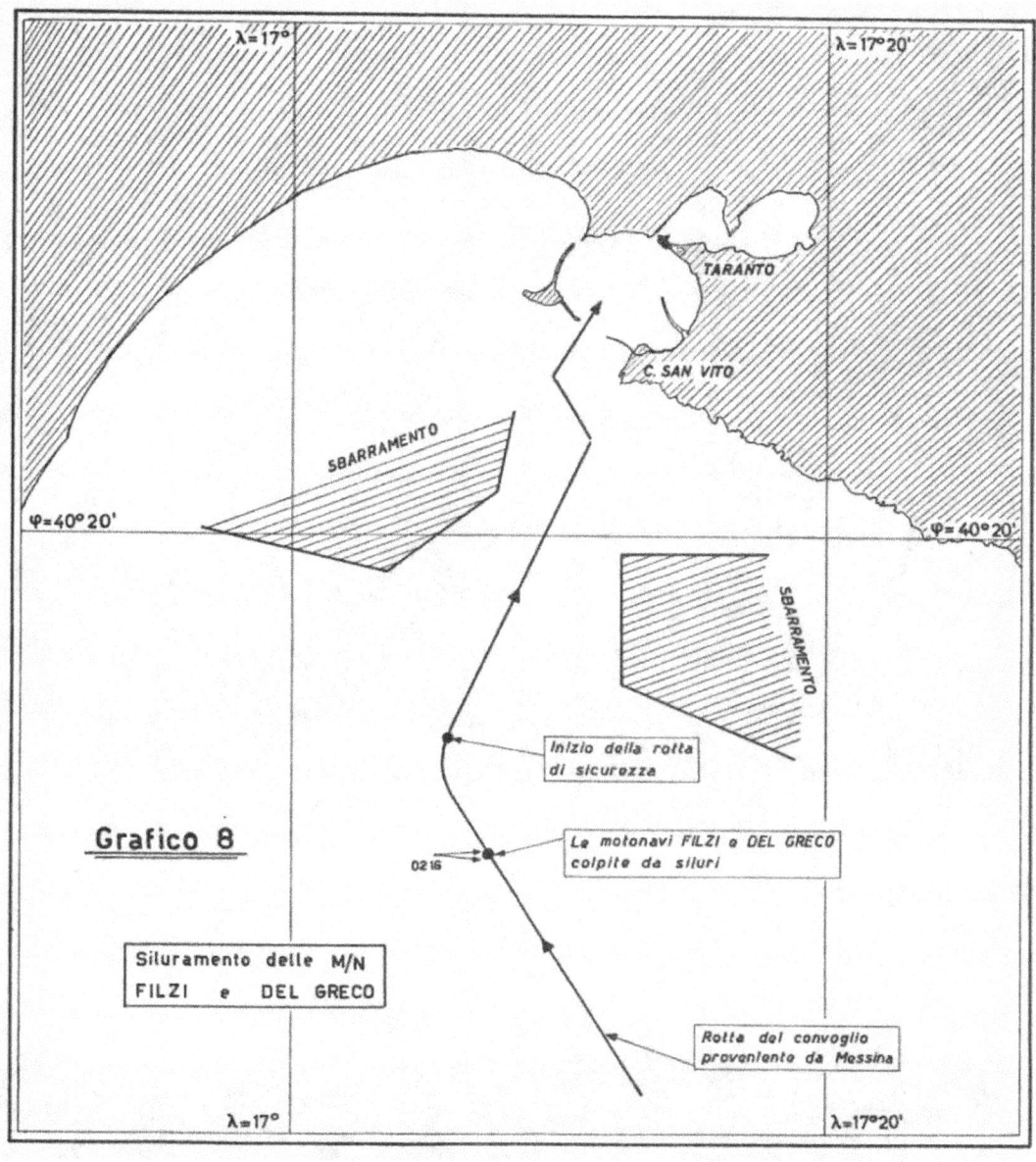

L'attacco del sommergibile britannico *Upright* secondo una ricostruzione dell'Ufficio Storico della Marina Militare.

Sommergibili britannici presso una nave appoggio. L'*Upright* e il secondo da sinistra.

L'*Upright* in navigazione.

## Il siluramento della corazzata Vittorio Veneto

Alle 17.52 del 13 dicembre, dopo preparativi fatti in tutta sicurezza che comportarono, per ingannare eventuali agenti britannici e anche in vista del Natale ormai prossimo, un limitato numero di licenze e di permessi tra il personale della 9ª Divisione Navale, le corazzate *Littorio* (ammiraglio di squadra Angelo Iachino) e *Vittorio Veneto* salparono da Napoli dirette a Taranto, scortate dai quattro cacciatorpediniere della 13ª Squadriglia *Granatiere*, *Bersagliere*, *Fuciliere* e *Alpino*. Precedute in linea di fila dalle siluranti, le due grandi navi da battaglia seguirono la rotta di sicurezza fino al passaggio della Bocca piccola, tra l'Isola di Capri e Punta Campanella. Quindi, superato il passaggio, con le vedette che esercitavano la massima attenzione perché in quel punto erano generalmente in agguato i sommergibili britannici, le corazzate, agevolate dal tempo ottimo e il mare calmo verso sud, diressero nell'oscurità per lo Stretto di Messina alla velocità di 18 nodi, e con i cacciatorpediniere che avevano assunto la posizione di scorta ravvicinata davanti alla *Littorio*.

Alle 23.00, con un ordine che dopo quello impartito ai convogli risultò anch'esso nefasto, Supermarina trasmise che la missione era stata rimandata, e ordinò al Comandante della Squadra Navale di trasferirsi con le sue unità a Taranto, regolando la navigazione in modo di passare lo Stretto di Messina dopo l'alba perché, in seguito all'esperienza del 22 novembre, che aveva portato al siluramento degli incrociatori *Trieste* e *Abruzzi*, si volle evitare una navigazione notturna in quelle acque pericolose, che si prestavano all'agguato dei sommergibili e agli attacchi degli aerosiluranti. Conseguentemente, l'ammiraglio Iachino ordinò alla 9ª Divisione Navale di ridurre la velocità a 15 nodi, e diresse, con varie rotte, per effettuare una spezzata a nord dell'isola Stromboli, per poi imboccare lo Stretto, all'altezza di San Ranieri (Messina), alle ore 07.40 dell'indomani, 14 dicembre.

In questa ripresa aerea di una esercitazione la corazzata *Littorio* in accostata seguita dalla gemella *Vittorio Veneto*.

Con le prime luci del giorno, alle 05.55, apprestandosi ad imboccare le rotte di sicurezza settentrionali dello Stretto, la velocità fu nuovamente riportata a 18 nodi, e alle 07.40, mentre le corazzate transitavano dinnanzi a Messina, le torpediniere *Clio* e *Centauro* si ricongiunsero alla formazione, con il compito di rinforzare la scorta antisom, alla quale provvedevano anche alcuni idrovolanti Cant.Z.501 dell'Aviazione Ausiliaria della Marina. Alle 07.50 si aggiunsero poi alla scorta, per proteggere le corazzate da possibili attacchi aerei, quattro velivoli MC.200 del 54° Stormo Caccia Terrestre dell'Aeronautica della Sicilia, seguiti da alcuni caccia bimotori Cr.25 della 173ª Squadriglia, a cui si aggiunsero venticinque minuti dopo due idrovolanti Cant.Z.501 per la protezione antisom.[129]

Alle 08.15, avendo ormai superato la parte più ristretta della via d'acqua, per salvaguardarsi maggiormente dall'insidia dei sommergibili nell'attraversare le acque dello Stretto di Messina, ritenute più pericolose per quel tipo di minaccia, la velocità delle unità fu ancora aumentata a 20 nodi. Nello stesso tempo ebbe inizio la navigazione con zigzagamento, sulla direttrice di marcia 200°, corrispondente alla rotta di sicurezza di uscita dallo Stretto.

Per quasi due ore non fu individuato qualcosa di anormale. Poi alle 08.50, nell'apprestarsi ad assumere la nuova rotta 132°, l'ammiraglio Iachino ordinò alle navi di cessare lo zigzagamento. Le conseguenze di questa manovra, sebbene corretta, ebbero effetti disastrosi. Dieci minuti più tardi, esattamente alle 09.00, entrambe le corazzate avvistarono sulla sinistra scie di siluri che dirigevano verso i loro scafi.[130]

Il pericolo si presentava improvviso e del tutto inatteso, poiché il sommergibile attaccante, l'*Urge* (tenente di vascello Edward Philip Tomkinson), che assieme all'*Unique* si trovava in agguato proprio a sud dello Stretto di Messina, non era stato individuato né dalle vedette delle navi di scorta, né dagli equipaggi degli aerei che vigilavano sul cielo delle navi. Vi erano in quel momento di scorta due idrovolanti e otto aerei da caccia, cinque dei quali si mantenevano a bassa quota. L'avvistamento delle navi italiane avvenne alle 08.40 e l'attacco dell'*Urge* si verificò dopo otto minuti, in lat. 37°53'N, long, 15°20'E.

Il comandante Tomkinson, che aveva lanciato quattro siluri di prora contro una formazione riconosciuta al periscopio costituita da due navi da battaglia e quattro cacciatorpediniere, commettendo errore sul riconoscimento, ritenne di aver colpito una corazzata della classe "Cavour", la seconda della formazione, con due e forse tre siluri[131] In realtà si trattava di un bersaglio ben più importante, anche se arrivò a segno un solo siluro.

Quando furono avvistati i siluri in avvicinamento, la *Littorio* (capitano di vascello Vittorio Bacigalupi), in testa alla formazione, e la *Vittorio Veneto*, che seguiva la nave ammiraglia nella linea di fila, tentarono di manovrare prontamente a dritta per evitare di essere colpiti. Vi riuscì la nave dell'ammiraglio Iachino, che ancora prima di iniziare l'accostata vide un siluro passargli di poppa; ma non il *Vittorio Veneto* (capitano di corvetta Giuseppe Sparzani) che, per la seconda volta in meno di nove mesi, fu raggiunta da un altro siluro, esploso al momento dell'inizio dell'accostata sul fianco sinistro, quasi

---

[129] Nella giornata del 14 dicembre l'Aeronautica della Sicilia scortò la 9ª Divisione Navale, dalle 07.45 alle 17.35, con 48 Mc.200 del 54° Stormo C.T., 9 Re. 2000 della 377ª Squadriglia C.T., 6 Cr. 25 della 173ª Squadriglia C.T., e 2 S.79 del 10° Stormo B.T., questi ultimi con compiti antisiluranti. Per prolungare la scorta, i 6 Cr. 25, 8 Mc.200, e i 2 S.79 atterrarono a Crotone alle ultime luci del giorno. Cfr., ASMAUS, *Diario Storico Aeronautica Sicilia 1941*.

[130] AUSMM, "Comando in Capo Forze Navali, Rapporto di missione dei giorni 13-14 dicembre 1941-XX", *Scontri navali e operazioni di guerra*, cartella 46.

[131] Historical Section Admiralty, *Submarines*, Volume II, *Operations in the Mediterranean*, cit., p. 67.

al centro dello scafo, in corrispondenza del deposito n. 3 da 381, che si allagò completamente. L'esplosione determinò lo sbandamento della corazzata sulla sinistra, e né conseguì il rallentamento per breve tempo della velocità, anche se macchine e caldaie rimasero tutte in funzione.

Poiché il comandante Sparzani segnalò al Comando Squadra di non essere ancora in grado di valutare il danno subito dalla sua nave, l'ammiraglio Iachino, temendo che la riduzione di velocità potesse significare che la *Vittorio Veneto* era stata colpito in modo grave, gli ordinò di raggiungere Messina, assegnandogli quale scorta, per la protezione della corazzata, il cacciatorpediniere *Fuciliere* e le torpediniere *Clio* e *Centauro*.

Il sommergibile britannico *Urge*, che il 14 dicembre 1941 colpì con un siluro la corazzata *Vittorio Veneto*.

Mentre la *Littorio*, scortata dagli altri tre cacciatorpediniere della 13ª Squadriglia (*Granatiere*, *Bersagliere* e *Alpino*), con accostata per 132° riprendeva lo zigzaganmento per portarsi il più rapidamente possibile lontano dalla zona pericolosa, le tre unità di scorta si avvicinarono al *Vittorio Veneto*, che aveva considerevolmente ridotto la velocità per controllare i danni, allo scopo di prestargli soccorso. Ma non ve ne era bisogno, perché l'esplosione del siluro era stato bene assorbito dalle controcarene di protezione dello scafo della corazzata (tipo Pugliese), e le infiltrazioni d'acqua in tre gallerie assi e in diversi locali furono subito contenute, mettendo in funzione tutti i mezzi di esaurimento. Fu poi constatato che, attraverso la falla, erano state imbarcate circa 3.000 tonnellate d'acqua, e si verificò un appoppamento, che poi risultò costante per tutta la restante navigazione della *Vittorio Veneto*, intorno ai 2 metri e 30 centimetri. Lo sbandamento trasversale fu contenuto a un solo grado a sinistra, allagando, con 300 tonnellate d'acqua, quattro celle di bilanciamenti. Purtroppo si dovettero lamentare ben quaranta morti tra il personale destinato ai depositi cariche e ai proietti della torre n. 3.[132]

14 dicembre 1941. La nave da battaglia *Vittorio Veneto*, dopo essere stata colpita da un siluro del sommergibile britannico *Upright*. Notare a poppa sulla catapulta dell'unità, che procede a velocità sostenuta, uno dei due velivoli da ricognizione Ro.43 rimasto inclinato dall'esplosione del siluro.

Il comandante Sparzani segnalò all'ammiraglio Iachino che il danno era inferiore a quello inizialmente temuto e che pertanto non occorreva andare a Messina.
Aggiunse, alle 09.18, di aver avvistato un periscopio e manovrato per schivare un siluro, e cinque minuti più tardi segnalò di aver ripreso la rotta per Taranto e che intendeva raggiungere la *Littorio* navigando alla velocità di nodi 23 ½. Pertanto, la *Vittorio Veneto* poté proseguire la navigazione a velocità sostenuta, e intorno alle 13.00 riuscì a riportarsi in formazione dietro la *Littorio*, dopo che la scorta alle due corazzate era stata rinforzata con quattro cacciatorpediniere della 10ª e 12ª Squadriglia salpati da Taranto. Due di questi cacciatorpediniere, il *Maestrale* e il *Gioberti*, furono trattenuti dall'ammiraglio Iachino per la scorta alla *Littorio*, e gli altri due, il *Corazziere* e l'*Alfredo Oriani*, inviati a proteggere la *Vittorio Veneto*, che alle 10.05 aveva segnalato di aver schivato altri due siluri, visti passare ad una distanza di circa 80-100 metri.[133]

Gli allarmi, sulla presenza di sommergibili, si moltiplicarono anche da parte dei cacciatorpediniere e degli idrovolanti di scorta, mentre in realtà quella minaccia fu limitata alla presenza del solo *Unique* (tenente di vascello Anthony Foster Collett), che pur avendo avvistato al periscopio la *Littorio* alle 09.21, in posizione lat. 37°45'N, long. 15°43'E, alla distanza di 7 miglia, pur aumentando la velocità non riuscì a raggiunse la posizione d'attacco.

---

[132] AUSMM, "Comando in Capo Squadra Navale, Siluramento della R.N. VITTORIO VENETO", *Scontri navali e operazioni di guerra*, cartella 46.
[133] *Ibidem*.

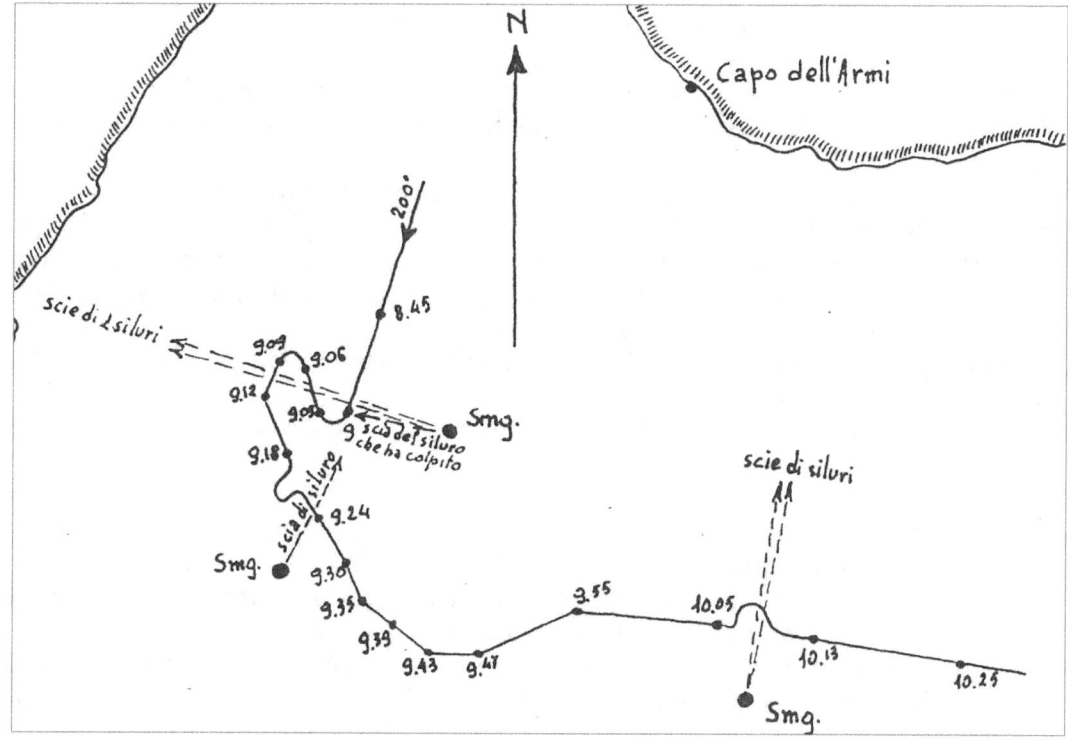

Rotte seguite dalla 9ª Divisione Navale al momento del siluramento della corazzata *Vittorio Veneto* alle ore 0845 del 14 dicembre 1941 a sud dello Stretto di Messina. Poiché il sommergibile *Urge* effettuò un solo lancio di quattro minuti (nella cartina ore 09.24), le scie di siluri di attacco di un altro sommergibile (l'*Unique* che però non raggiunse la distanza di lancio) erano inesistenti.

Accadde poi che in una occasione si verificasse, da parte di un velivolo Cant.Z.501, anche un allarme su inesistenti aerosiluranti, che costrinse la *Littorio* a richiedere al Comando dell'Aeronautica della Sicilia una rafforzata scorta di aerei da caccia. I frequenti allarmi erano causati, soprattutto, dal clima di nervosismo che si era inserito nel personale degli aerei Cant.Z.501 dell'Aviazione Ausiliaria della Marina e nelle unità di scorta.

Dopo il ricongiungimento, le due corazzate della 9ª Divisione Navale avevano ridotto la velocità a 20 nodi, per poi arrivare a Taranto, alle 22.55, senza subire altri attacchi. L'ultima parte della navigazione si svolse con la scorta aerea rinforzata con i velivoli da caccia Mc.200 della 4ª Squadra Aerea e con il servizio antisom, svolto dai Cant.Z.506 in luogo dei più adatti Cant.Z.501, trattenuti a Taranto per il cattivo tempo.[134]

Nello stesso tempo, sebbene gli otto cacciatorpediniere e le due torpediniere costituissero per le corazzate una scorta navale più che sufficiente, essa fu ancora

---

[134] Al riguardo il Capo del Servizio Aereo della Squadra Navale scrisse: "*Occorre far presente a Marina Taranto che, allorché si tratta di scortare gruppi Navali importanti, bisogna che gli aerei siano decisi ad affrontare anche tempo avverso, tenendo presente l'importanza della loro missione e gli inconvenienti che possono derivare dal loro mancato intervento*". Cfr., AUSMM, Comando in Capo Squadra Navale, Ufficio del Capo Servizio Aereo – "Rapporto relativo alle operazioni Supermarina N. 41 e Supermarina N. 42", *Scontri navali e operazioni di guerra*, cartella 46.

incrementata, verso le 17.00, con altri sei cacciatorpediniere (*Vivaldi, Da Noli, Carabiniere, Aviere, Geniere* e *Camicia Nera*) usciti da Taranto per ordine di Supermarina, che non voleva far correre altri rischi alle sue preziose navi da battaglia.[135] Subito dopo, alle 17.14, la *Littorio* ordinò alle torpediniere *Clio* e *Centauro* di lasciare la formazione e di rientrare alla base.

Infine, quando fu segnalata in chiaro l'errata presenza di "*Aerosiluranti*", l'ammiraglio Iachino temette che la scorta aerea non potesse intervenire in tempo per contrastare un improvviso attacco proveniente a bassa quota dalla parte del sole. Allora, per anticipare l'eventuale avvistamento di quei pericolosi velivoli, fece catapultare dalla *Littorio* i due idrovolanti Ro.43 che furono inviati a vigilare verso occidente, in direzione di Malta, ad una distanza di oltre 30.000 metri dalle corazzate. Nulla fu avvistato e i due idrovolanti andarono poi ad ammarare a Taranto.[136]

Sulla minaccia rappresentata dai sommergibili nemici l'ammiraglio Iachino scrisse nel suo rapporto di missione:[137]

*Si può sicuramente affermare che i sommergibili che hanno attaccato la formazione erano almeno due, molto probabilmente tre. Questa forma di attacco di più sommergibili a breve distanza tra loro in una zona ristretta di mare, riesce particolarmente pericolosa specialmente se una unità viene colpita.*

*Il notevole schieramento di sommergibili nella imboccatura Sud dello Stretto potrebbe far ritenere che il nemico avesse almeno un'idea dei probabili movimenti delle nostre forze.*

Sospetto, quest'ultimo, che oggi appare completamente condivisibile, e non per spionaggio come all'epoca si riteneva, perché le informazioni arrivavano ai britannici tramite la loro organizzazione crittografica Ultra.

Il siluramento della *Vittorio Veneto* rappresentò per Supermarina il caso limite delle preoccupazioni, tanto da arrivare a, con un suo promemoria del 15 dicembre, ad affermare che, a causa della insufficienza delle forze rimaste per affrontare la Mediterranean Fleet, ormai la rotta della Libia era completamente preclusa, e che ogni speranza per riaprirla era riposta nell'arrivo della Luftwaffe. Il testo dello scioccante documento, che molto deve far riflettere per comprendere lo stato di pessimismo ormai

---

[135] Alle 10.50 Supermarina telefonò al Comando della 5ª Divisione Navale, a Taranto, ordinando all'ammiraglio Bergamini: "*Fate subito uscire 6 CC.TT. e mandateli incontro al Gruppo Littorio che alle 10.00 circa era 20 miglia a sud di Capo Spartivento e precede per Taranto mantenendosi a 20 miglia dalla costa*". Poco dopo, l'ammiraglio Bergamini informò di aver inviato i cacciatorpediniere *Aviere, Geniere, Camicia Nera* (11ª Squadriglia) e *Vivaldi, Da Noli* e *Corazziere* (14ª Squadriglia). Alle 11.25 il Fliegerführer Sizilien fece sapere a Supermarina di avere inviato i suoi aerei da caccia a scortare le navi. Anche Superaereo, a cui Supermarina aveva raccomandato di rinforzare la protezione alla 9ª Divisionen Navale in rotta per Taranto, rispose di avervi provveduto, e che al momento vi erano sulle navi ben undici aerei da caccia. Infine fu ordinato a Marina Taranto di far uscire dal bacino l'incrociatore *Eugenio di Savoia*, per farvi entrare, al suo posto, il *Vittorio Veneto*. Cfr., AUSMM, *Supermarina – Registro Comunicazioni Telefoniche*.

[136] AUSMM, "Comando in Capo Forze Navali, Rapporto di missione dei giorni 13-14 dicembre 1941-XX", *Scontri navali e operazioni di guerra*, cartella 46.

[137] *Ibidem*.

profondamente radicato nell'organo operativo dell'Alto Comando Navale, era il seguente:[138]

## *SUPERMARINA*

SEGRETO  XXX, 15 Dicembre 1941-XX

*PROMEMORIA N. 183*

*TRAFFICO CON LA LIBIA*

*1. – L'incidente del VITTORIO VENETO ha radicalmente modificato la relatività della nostra Squadra Navale rispetto a quella britannica di Alessandria, riducendone temporaneamente la potenzialità di circa il 30%.*

*Inoltre il numero degli incrociatori di buone capacità tattiche, attualmente disponibili, è ridotta a sei (GORIZIA – TRENTO – GARIBALDI – tre tipi AOSTA).*

*In queste condizioni è possibile affrontare la Squadra nemica dislocata ad Alessandria soltanto se essa conta non più di due navi da battaglia, come si sta cercando di accertare.*

*2. – D'altra parte l'alta concentrazione di mezzi aerei e insidiosi nemici nel bacino centrale del Mediterraneo ha raggiunto, come l'esperienza dimostra, un tale grado di efficienza da rendere gravemente rischioso ogni tentativo di traversata con navi di superficie.*

*3. – Per forzare il passaggio con la protezione di tutta la Squadra Navale, a scopo di contrastare attacchi della Squadra di Alessandria, bisognerebbe avere una sufficiente probabilità di giungere con tutte le nostre unità in piena efficienza nella probabile zona d'incontro.*

*Gli episodi del FILZI – DEL GRECO e del VITTORIO VENETO (per citare soltanto i più recenti) provano che tale grado di probabilità non esiste, mentre la Squadra nemica ha viceversa molto minori preoccupazioni per transitare nelle acque tra Creta e la Cirenaica.*

*In questa situazione, che durerà finche la Luftflotte non avrà ristabilito un certo equilibrio nella zona di Malta e nella zona di Creta, la nostra Flotta si trova in condizioni di netta inferiorità, perché deve affrontare senza difesa veramente efficace i rischi dell'insidia subacquea e dell'offesa aerea prima e dopo un eventuale combattimento navale.*

*4. – Allo stato delle cose e fino a quando non sarà ripreso il dominio aereo della Sicilia e di Creta, non è più possibile continuare, salvo eccezionali occasioni, il traffico con la Libia altrimenti che con sommergibili, cacciatorpediniere e trasporti aerei. Altrimenti corriamo il rischio di perdere la Flotta, senza che l'aiuto alla Libia riesca efficace.*

---

[138] Francesco Mattesini, *Corrispondenza e Direttive tecnico-operative di Supermarina*, Volume Secondo II Tomo, cit., Documento n. 518, p. 1242.

Comunque, questa triste valutazione sarebbe stata superata per l'intervento di Benito Mussolini e del Comando Supremo, che praticamente imposero allo sfiduciato ammiraglio Riccardi di fare ogni sforzo affinché i rifornimenti arrivassero in Libia con la maggiore possibile sollecitudine.

Secondo quanto riferì il Sottosegretario di Stato e Capo di Stato Maggiore della Marina al generale Cavallero, egli intendeva ritentare la via per Tripoli, ma la convenienza di fare un nuovo convoglio, oppure di escogitare qualche altro sistema, dipendeva dall'importanza del carico che si voleva far arrivare in Libia, e pertanto occorreva decidere se era necessario farlo impiegando tutte le forze navali disponibili. Nel colloquio che si svolse tra i due alti ufficiali il mattino del 13 dicembre al Comando Supremo (Stamage), Cavallero fece intervenire, dopo averlo convocato, il tenente colonnello del genio Luigi Calzavera, Capo dell'Ufficio Trasporti e Carburanti dello Stamage, raccomandandogli di completare il carico di benzina avio, che già si trovava a bordo delle motonavi *Pisani* e *Monginevro*. Su proposta di Calzavera, il generale Cavallero decise di organizzare il trasporto della benzina anche con motovelieri, i cui equipaggi fossero ben pagati.

Il cacciatorpediniere *Carabiniere* seguito di prora a sinistra dall'incrociatore pesante *Gorizia*, nave ammiraglia della 3ª Divisione Navale.

Quindi, alle 09.10, accompagnato dall'ammiraglio Riccardi, il Capo del Comando Supremo si recò da Palazzo Vidoni nel vicino Palazzo Venezia, per conferire con Mussolini, in modo da esporgli la situazione. Venne deciso *"che il convoglio parta come stabilito e con la forza navale che era stata stabilita"*. Ma i dubbi, come abbiamo visto nel promemoria di Supermarina, continuarono a restare anche dopo la tassativa disposizione del Duce.

Rientrato a Palazzo Vidoni, nelle prime ore del pomeriggio Cavallero rispose al Ministro degli Esteri Galeazzo Ciano, che gli chiese al telefono notizie sulla perdita delle motonavi *Finzi* e *Del Greco*. Quindi accolse nel suo studio il feldmaresciallo Kesselring, che era accompagnato dal generale Fougier, e nuovamente fu affrontato quella che era ormai divenuta da giorni la questione che più preoccupava nei territori oltremare, ossia la benzina avio. Kesselring, che era "*del parere di mandare*" in Libia "*i convogli circondati da forze navali*", in modo da dargli maggiore protezione e quindi più sicurezza, chiese che la benzina avio fosse inviata urgentemente a Suda allo scopo di proteggere il convoglio con gli aerei del X Fliegerkorps, i cui depositi erano piuttosto a secco. Il consumo del carburante era stimato in 150 tonnellate al giorno.

Da parte del generale Cavallero fu proposto che la benzina fosse inviata a Suda con l'incrociatore *Cadorna* e per mezzo di sommergibili. Il maresciallo Kesselring propose allora che il *Cadorna* fosse inviato a Bengasi, ma l'ammiraglio Riccardi fece "*presente che con mare cattivo*" l'incrociatore non poteva "*entrare in porto*". L'ultima volta, disse, "*ha corso il rischio di finire sugli scogli*". E' però probabile che la sua opposizione derivasse dalla triste notizia arrivata nel corso della notte, sulla perdita a Capo Bon, proprio per il trasporto della benzina avio, degli incrociatori *Da Barbiano* e *Di Giussano*.[139]

Fu allora deciso, su proposta di Cavallero accolta da Riccardi, di mandare a Bengasi un cacciatorpediniere con 70 tonnellate di benzina avio, che si sarebbe aggiunta al carico di carburante trasportato dalla motonave *Ankara*, la cui navigazione si sarebbe inizialmente svolta assieme alle motonavi dirette a Tripoli.[140] Dopo aver pensato di imbarcare la benzina avio su uno dei due cacciatorpediniere che dovevano scortare l'*Ankara*, vista l'urgenza di fare arrivare il carico fu ripiegato sull'*Antonio Pigafetta* (capitano di vascello Mirti della Valle), che salpò da Taranto alle 08.00 del 15 dicembre, con 47 tonnellate di benzina avio ripartita in 297 fusti. Il cacciatorpediniere, navigando ad alta velocità, arrivò a destinazione alle 11.30 del 16. Una volta messo a terra il carico, il *Pigafetta* ripartì la sera di quello stesso giorno per la Baia di Suda, che raggiunse poco dopo la mezzanotte del 17, per sbarcarvi duecento prigionieri britannici.

## *Le considerazioni dopo il fallimento dell'operazione "M.41"*

Pochissimi storici e addetti ai lavori, prima del mio saggio per il Bollettino d'Archivio dell'Ufficio Storico della Marina Militare, si erano soffermati sul fatto che la M.41 era stata un vero disastro.[141] Noi aggiungiamo che il disastro aveva pochissimi precedenti sulle rotte dei convogli, anche perché nell'operazione si erano inserite la perdita a Capo Bon degli incrociatori *Da Barbiano* e *Di Giussano*, la cui missione di trasporto benzina avio era parallela e strettamente collegata proprio alla M.41. Quattro delle otto preziose navi mercantili erano andate perdute o si trovavano inutilizzabili, e non vi era al momento la possibilità di sostituirle, impiegandone altre, dal momento che sarebbero stati necessari giorni e giorni per imbarcarne il carico.

---

[139] Stato Maggiore Esercito Ufficio Storico (da ora in poi SMEUS), *Diario Storico del Comando Supremo*, Vol, V, Tomo I, *Diario*, (a cura di Antonello bigini e Fernando Frattolillo), Roma, 1995, p. 770-773.

[140] *Ibidem*, p. 773.

[141] Francesco Mattesini, *La prima battaglia navale della Sirte*: Parte prima, *Genesi e fallimento dell'operazione M. 41 e pianificazione dell'operazione M. 42*; Parte seconda, *Lo svolgimento dell'operazione M. 42 e le perdite navali* britanniche *sugli sbarramenti di Tripoli*. Bollettino d'Archivio dell'Ufficio Storico della Marina Militare, Marzo e Giugno 2004.

Fu quindi in atmosfera molto pesante e di depressione che l'ammiraglio Iachino arrivò a Taranto con le sue corazzate, delle quali la *Vittorio Veneto* necessitava di entrare subito in bacino, per riparazioni che si prolungarono fino alla primavera avanzata del 1942. Sul clima che trovò nella grande base Pugliese l'ex Comandante della Squadra Navale scrisse:[142]

*Si aveva l'impressione che nessuna unità da guerra o mercantile potesse uscire da un porto nazionale senza essere immediatamente avvistata dal nemico, e sottoposta ad insistenti attacchi dall'aria e dal mare. Si era perciò diffusa negli equipaggi delle navi di Taranto, che avevano vissuto da vicino la triste vicenda, una sensazione quasi di impotenza di fronte al susseguirsi di tanti colpi sfortunati, e tutti furono ben lieti di veder arrivare le due corazzate da Napoli, con il Comando Squadra, la cui lontananza era stata in quel periodo particolarmente sentita.*

*Furono quindi molto utili i miei contatti con gli ammiragli e i comandanti sottordini; ma ancora più utile fu il personale intervento del capo di Stato Maggiore della Marina, amm. Riccardi. [Esso] arrivò appositamente da Roma la mattina del 16... dopo un forte attacco aereo a Taranto ... che pur non avendo avuto effetto sulle navi e sugli impianti portuali, e scarsi effetti in città ... aumentò la depressione morale della popolazione e degli equipaggi ...*

L'ammiraglio Arturo Riccardi, Capo di Stato Maggiore della Regia Marina, a Taranto in visita alla Squadra Navale dopo la sfortunata conclusione dell'Operazione M.41. Alla sua sinistra l'ammiraglio Iachino.

*Il discorso che il capo di Stato Maggiore fece sul LITTORIO agli ammiragli, ai comandanti, e a una rappresentanza degli ufficiali e degli equipaggi di tutte le unità presenti a Taranto, la mattina del 16, fu come al solito molto brillante ed efficace. Egli*

---

[142] Angelo Iachino, *Le due Sirti*, cit., p. 87 sg.

*galvanizzò gli animi di tutti con la visione della Libia in pericolo, e dei fratelli dell'Esercito in ansiosa attesa dell'arrivo dei rifornimenti ... Annunciò che l'operazione M.41 era stata rinviata ma di poco, e che andava ripresa senza ritardo, anzi che i piroscafi sarebbero ripartiti la sera stessa ... Bisognava approfittare del momento favorevole, dati il tempo buono e le notti illuni. Terminò dicendo con la massima energia che tutta la Marina era impegnata con il suo onore nella riuscita di questo passaggio di forza del convoglio, contro qualunque forma di attacco del nemico. Il convoglio doveva arrivare in Libia ad ogni costo.*

Durante la sua visita a Taranto, l'ammiraglio Riccardi legge un encomio a ufficiali sottufficiali e marinai della Squadra Navale. A sinistra sull'attenti l'ammiraglio Iachino.

Le parole dell'ammiraglio Riccardi, commentò Iachino, furono ascoltate attentamente e fiduciosamente, sebbene non mancasse in taluni l'apparire di qualche scetticismo.[143] In quel momento, tutto era già stato pianificato per realizzare la nuova operazione, denominata M 42, che doveva trasportare in Libia gli importanti carichi militari attesi dal generale Rommel, e che erano sempre più necessari ed urgenti per arginare l'offensiva terrestre britannica in Cirenaica. E per compiere quest'impresa era necessario che il morale della Regia Marina fosse alto, mentre invece esso era molto basso e sfiduciato. Ciò risulta inequivocabilmente da quanto quello stesso giorno 16 dicembre un Ufficiale Superiore, del quale non conosciamo il nome, ma che era certamente

---

[143] *Ibidem.*

informatore del Ministero degli Interni, avendo percepito lo stato di crisi esistente negli ambienti navali, scrisse testualmente in una relazione:[144]

*1° - L'Inghilterra è troppo forte per mare – non c'è nulla da fare.*
*2° - Noi non abbiamo neppure un Ammiraglio che possa paragonarsi a quelli nemici; perciò le, azioni inglesi hanno sempre un messo logico, una preparazione ed uno svolgimento tecnico ragionevole, per noi si può dire esattamente il contrario.*
*3° - L'aviazione non ci ha mai aiutato, ansi ...*
*4° - A parte il combattimento, l'incontro col nemico, la fatica materiale sui caccia e sui sommergibili è troppa. Tutti sono stanchi fisicamente oltre che spiritualmente.*
*5° - Negli incontri è risultato che gli inglesi hanno una precisione di tiro molto maggiore della nostra, essi inquadrano il bersaglio alla prima salva. Ciò è terrificante per chi capisce che cosa vuol dire ed anche per chi ne subisce solo gli effetti materiale.*
*6° - Noi siamo Jellati.* [sic]
*7° - La propaganda nemica arriva sulle nostre grandi navi a mezzo della Radio.*
*Questo dicono gli Ufficiali chi più chi meno apertamente, ... Salta subito agli occhi che la nostra Marina è entrata nel conflitto con queste due grandi debolezze: impreparazione spirituale e impreparazione materiale. Il morale degli equipaggi è in rapporto, è un riflesso di quello degli ufficiali, Solo dei colpi fortunati di grande effetto avrebbero e forse potrebbero ancora, galvanizzare le energie e gli spiriti e trasformare la situazione.*

Ma per realizzare un cambiamento di rotta sarebbe stato necessario disporre di guide capaci, mentre invece la situazione in questo campo era tutt'altro che brillante, dal momento che lo stesso Capo della Marina, ammiraglio Riccardi, era *"dipinto dai suoi ex compagni"* come: *Una mediocrità rispettabile, poco coraggioso in guerra, buona cultura ottimo a tavolino.*[145]

Scoramento e giudizi durissimi sul fallimento dell'operazione M.41 venivano poi dall'ambiente del Quirinale e dagli stessi Ministri del Governo Mussolini.
Scrisse nel suo Diario il generale Paolo Puntone, Aiutante di Campo del Re Vittorio Emanuele III, in data 13 e 14 dicembre 1941:[146]

*13 DICEMBRE - La sfortuna continua a perseguitare la Marina. La nota operazione per la scorta al convoglio delle otto navi non si è potuta effettuare perché durante il periodo preparatorio, due delle otto motonavi prescelte sono state silurate in porto.* [sic] *Inoltre due nostri incrociatori leggeri, il "Giussano" e il "Barbiano" che trasportavano nafta* [sic] *in Tripolitania raggiunti da forze navali di superficie britanniche, sono stati affondati ...*
*14 DICEMBRE – Altro colpo, è stata silurata la "Vittorio Veneto". Saranno necessari due mesi in bacino.*

---

[144] Archivio Centrale dello Stato (ACS), "Ministero dell'Interno Direzione Generale Pubblica Sicurezza 1927-1944", *Regia Marina Italiana*, b. 213.
[145] *Ibidem.*
[146] Paolo Puntoni, *Parla Vittorio Emanuele III,* Bologna, Il Mulino, 1993, p. 79

Anche il Ministro dell'Educazione nazionale, Giuseppe Bottai, portò il suo contributo al clima di quei giorni, annotando nel suo Diario:[147]

*13 DICEMBRE – A Palazzo Chigi, da Galeazzo [Ciano]. Lo trovo turbato per il nuovo grande scacco della Marina al largo di Capo Bon. Domando dell'umore del Duce. "Indifferente" mi risponde a sottolineare una insensibilità più che un'impavida serenità nel cimento.*

Ma colui che più di tutti mostro di avere il dente avvelenato fu proprio Galeazzo Ciano, Ministro degli Affare Esteri, il quale scrisse nel suo Diario:[148]

*13 DICEMBRE - I soliti guai navali. Stanotte abbiamo perduto due incrociatori da 5.000 tonnellate, il DA BARBIANO e il GIUSSANO, e due grossi piroscafi – DEL GRECO e FILZI – carichi di carri armati per la Libia. E ciò prima ancora che il grande convoglio, che sarà scortato dalle navi da battaglia, abbia preso il mare. Quanto avviene nella Marina è inesplicabile, a meno che non vi sia ciò che dice Somigli [ammiraglio Comandante di Marina Napoli] e cioè che i nostri Stati Maggiori sono in preda ad uno stato di **inferiority complex** che ne paralizza ogni attività. Sta di fatto che le perdite della Marina sono ogni giorno più gravi e che ormai bisogna domandarsi se per caso non durerà più la guerra della Marina ...*
*14 DICEMBRE – Cavallero giustifica gli insuccessi navali con una impudenza senza pari: si è fatto difensore dell'Amm. Riccardi e stamani ho colto un'occhiata che non dimenticherò. E' strano che questo generale piemontese abbia una mentalità da deputato napoletano.*

In verità, quello stesso giorno 14 dicembre, il generale Cavallero non mostrò di essere particolarmente contento di come stessero andando le operazioni, sia in Libia sia nel Mediterraneo, tanto che, per far passare i rifornimenti, era convinto di dover accordarsi con i francesi per avere via libera per il passaggio di armi e mezzi attraverso la Tunisia. La possibilità di accordarsi con i francesi era stata sempre respinta con sdegno dagli italiani, nonostante alcune favorevoli pressioni provenienti da Hitler. Ma ora, nel momento della disperazione, la possibilità di accordarsi con il Governo di Vichy stava per essere sollecitata da Roma. Ciò appare evidente per quanto Cavallero annotò nel suo Diario, riferendo del colloquio tenuto con il generale Enno von Rintelen, ufficiale, dell'OKW, Addetto al Comando Supremo delle Forze Armate italiane:[149]

*Occorre assolutamente avere la via di Biserta. Possiamo rinunciare alla Cirenaica ma non alla Tripolitania perché perdendo questa perderemo la guerra, non solo noi ma anche i tedeschi. Aggiungo che ci occorre sapere che cosa chiedono i francesi per contropartita al transito da Biserta. Quali sacrifici vogliono da noi?*
*Siamo in una situazione per cui se non si dà alimento alla lotta si perde la Libia e ciò significa la perdita del Mediterraneo. Inoltre faccio presente che subiamo*

---

[147] Giuseppe Bottai, *Diario 1935 – 1944*, Milano, Rizzoli, 1982, p. 292.
[148] Galeazzo Ciano, *Diario 1937 – 1943*, Milano, Rizzoli, 1980, p. 566.
[149] Ugo Cavallero, *Diario 1940 – 1943* (a cura di Giuseppe Bucciante), Roma, Ciarrapico, 1984, p. 281.

*l'affondamento di troppe navi. La perdita del "Filzi" e del "Del Greco", che erano nuove e veloci è grave.*

Subito dopo il colloquio con il generale von Rintelen, il generale Cavallero impartì ordini all'ammiraglio Riccardi, e dopo aver parlato con il capitano di vascello Massimo Girosi, Capo dell'Ufficio Marina del Comando Supremo ed ex primo comandante della corazzata *Littorio*, si recò a Palazzo Venezia per conferire con il Duce. Il testo dei colloqui è il seguente:[150]

*Telefono all'ammiraglio Riccardi: Rifornimento Libia. Considerare possano avvenire solo per via aerea e subacquea. Quindi:*
*1°) rientro immediato dei sommergibili dall'Atlantico;*
*2°) Trasformazione dei sommergibili che abbiamo per renderli idonei al trasporto.*
*Il Comandante Girosi mi dice che la Marina è in crisi grave e bisogna rimontare la corrente riattivando il mordente per combattere i mezzi nemici. Occorre trovare un antidoto contro gli aerosiluranti e finora non si è fatto niente. Bisogna pensare al personale che è ormai logoro e bisogna tener presente che i nostri sommergibili sono inferiori a quelli nemici.*
*Mi reco a conferire con il Duce. Argomenti vari tra cui: limite* [del fronte libico] *Agedabia, Bengasi* [da tenere anche subendo assedio] *ultimo ratio (tenendo presente che se dobbiamo rifornirla a mezzo sottomarini dobbiamo rinunciare ai rifornimenti a Bardia); ordine di rientro di tutti i sommergibili dall'Atlantico; scissione della carica di capo di stato maggiore della Marina da quella di sottosegretario alla Marina.*

---

[150] *Ibidem*, p. 281 sg.

Il Re d'Italia e d'Albania e Imperatore d'Etiopia, Vittorio Emanuele III di Savoia in visita alla corazzata *Littorio*. Da sinistra il generale Paolo Puntoni, Aiutante di campo di Sua Maestà, l'ammiraglio Angelo Iachino, il Sovrano e il comandante della Littorio, capitano di vascello Vittorio Bacigalupi.

Taranto, dicembre 1941. Visita di un gerarca fascista alla corazzata Littorio, presenti alla sua destra gli ammiragli Iachino e Bergamini e, secondo da sinistra, il capitano di vascello Bacigalupi.

Questo era il dramma morale, di sfiducia e di scoramento che si aveva in Italia (e non soltanto negli ambienti della Marina), quando fu pianificato il nuovo sforzo per portare i rifornimenti al fronte della Libia, operazione denominata M.42 che non doveva assolutamente fallire.

## *La pianificazione dell'operazione M. 42*

Concordata tra Supermarina e il Comando Squadra, tramite comunicazioni telegrafiche, con telescrivente e telefoniche, l'operazione M.42 comportò di riunire le quattro motonavi rimaste disponibili a Taranto (*Monginevro, Pisani, Napoli* e *Ankara*), con il carico a bordo, in un unico convoglio, che doveva procedere riunito per gran parte della navigazione, ad una velocità di 13 nodi. Alla sua protezione fu nuovamente destinata la quasi totalità della flotta, con quattro corazzate, cinque incrociatori e ventuno cacciatorpediniere. In sostituzione della danneggiata *Vittorio Veneto* nel gruppo di appoggio (Gruppo "Littorio") dell'ammiraglio Iachino subentrarono le corazzate rimodernate *Andrea Doria* e *Giulio Cesare*, che si aggiunsero alla nave ammiraglia *Littorio*.

Questa volta, Supermarina cercò di eliminare, al massimo, le lacune riscontrate nella costituzione delle varie Divisioni organiche della Squadra Navale, facendo in modo che le unità inserite nei vari gruppi di scorta corrispondessero a quelle dei reparti di appartenenza.

Il 14 dicembre, erano stati approfondite, in tre riunioni tenute al Comando Supremo e a cui parteciparono i rappresentanti di Supermarina, di Superaereo e dell'OBS, le modalità dei collegamenti e delle comunicazioni operative. Nella prima riunione, presieduta dall'ammiraglio Riccardi, furono esposti i dettagli che dovevano essere seguiti nelle trasmissioni radiotelegrafiche,[151] mentre nella seconda riunione, presieduta dall'ammiraglio Giuseppe Fioravanzo, Capo Ufficio Piani di Guerra di Supermarina, e a cui partecipò anche il feldmaresciallo Kesselring, le discussioni affrontarono problemi ancora più tecnici.[152]

Nella terza riunione, presieduta dall'ammiraglio Sansonetti e con la partecipazione di ufficiali di Supermarina, del Comando Marina Germanica, di Superaereo e dell'OBS, le discussioni entrarono nel campo operativo. Dopo aver precisato che i danni subiti dalla *Vittorio Veneto*, che aveva incassato bene il siluro, prevedevano lavori della durata di quarantacinque giorni, trattando il problema delle forze contrapposte, il Sottocapo di Stato Maggiore della Regia Marina si mostrò preoccupato per la mancanza di quella corazzata. Al contrario, l'ammiraglio Fioravanzo, evidentemente meno pessimista di Sansonetti per la possibilità di dover affrontare il nemico con buone probabilità di successo, si disse *"propenso alla battaglia"*.

Poiché le forze da mettere in campo erano pur sempre di elevata potenzialità, e superiori a quelle che poteva schierare la Mediterranean Fleet, in un'altra riunione tenuta l'indomani 15 dicembre a Supermarina, l'ammiraglio Sansonetti assicurò che il convoglio poteva partire, perché la scorta assegnatagli era sufficiente, mentre il gruppo "Littorio", che doveva fornire il sostegno, era *"in grado di difendere il convoglio da eventuali forze provenienti da Alessandria"*.[153]

Gli ordini dell'operazione M.42, questa volta molto più semplici e chiari di quelli della M.41, furono trasmessi da Supermarina per telegrafo segreto (telearmonica) al

---

[151] Francesco Mattesini, *Corrispondenza e Direttive tecnico-operative di Supermarina*, Volume Secondo II Tomo, *Giugno 1941-Dicembre 1941*, cit., Documento n. 516, p. 1236-1238.

[152] *Ibidem*, Documento n. 517, p. 1239-1241.

[153] ASMAUS, "Superaereo – Riunioni Giornaliere a Supermarina, Verbali 1942", *GAM 15*, b. 249.

Comando in Capo della Squadra Navale, che poi li codificò nell'ordine generale d'operazione n. 56, datato 15 dicembre 1941. Tuttavia, per cercare di passare ad ogni costo, spezzando il blocco britannico, non solo si era reso necessario di ridurre alla metà il numero delle navi da carico, ma nuovamente si metteva in movimento quasi tutta la flotta italiana, esponendola a riportare altri gravi danni, senza parlare dell'enorme dispendio di nafta.

Ha commentato, al proposito, l'ammiraglio Iachino:[154]

*Era evidente la sproporzione tra lo sforzo e il risultato che si cercava di ottenere; tuttavia la questione trascendeva la sua importanza materiale, e diventava più che altro una questione morale, in quanto si trattava di dimostrare al Paese che la Marina poteva ancora proteggere le comunicazioni marittime con l'Africa settentrionale.*

Le disposizioni per i due convogli ("Ankara" e "Pisani"), per il gruppo d'appoggio e per quello di sostegno (gruppo "Duilio"), fissate nell'ordine di operazione n. 56 dall'ammiraglio Iachino che, come era logico, fungeva da Comandante Superiore in Mare, erano le seguenti:[155]

*I due convogli partano da Taranto riuniti alle ore 140016 (passaggio dell'ultimo piroscafo dalle ostruzioni) con seguente itinerario:*

*Punto A – lat. 3654 long. 1820 ore 073017*
*Punto B – lat. 3431 long. 1820 ore 183017*

*Alle ore 180017 convoglio ANKARA con due CC.TT. di scorta diretta dirige per Bengasi: previsto arrivo 080018.*

*Convoglio PISANI alle ore 063018 transita punto C lat. 3238 long. 1600 previsto arrivo Tripoli ore 170018.*

*Gruppo DUILIO parta da Taranto ore 150016 (passaggio della 1ª unità dalle ostruzioni) velocità 18. Riunione con i due convogli ore 180016. Scorta fino alle 080018.*

*Gruppo di appoggio parta da Taranto ore 200016 (passaggio della 1ª unità dalle ostruzioni) velocità nodi 20 in modo da trovarsi ore 073017 sul punto in lat. 3654 long. 1900. Da tale punto prenderà rotta Sud-Est che manterrà sino ore 120017. Da detta ora, salvo necessità operative, il gruppo di appoggio proseguirà con direttrice Sud facendo ampi zigzagamenti intorno a tale direttrice e mantenendosi a levante dei convogli. Al mattino del giorno 18 si troverà verso il parallelo 33° ed il meridiano 18° per eventuale azione di appoggio. Rientrerà con rotte simili a quelle del gruppo DUILIO.*

*Il gruppo DUILIO alle ore 080018 lasci il convoglio PISANI ed a velocità di nodi 20 diriga per levante fino alle ore 090018. A tale ore la 7ª Divisione diriga verso ponente sino alle ore 100018 con rotta esterna al cerchio pericoloso da Malta, mentre il DUILIO incrocerà a levante da questo restando a circa 20 miglia di distanza. Alle ore 100018, salvo eventuali necessità operative, la 7ª Divisione ed il DUILIO dirigano per riunirsi verso ore 160018 nella zona compresa fra i paralleli*
*3320 e 3340 e i meridiani 1740 e 1800. A riunione effettuata il gruppo diriga per rientrare a Taranto, a velocità nodi 20, con rotte a passare a distanza da Malta non inferiore a miglia 190. Ora prevista di arrivo a Taranto circa 14.0019.*

*Qualora il mattino del 18 fossero avvistate in mare le forze di Malta dirette verso Sud, la 7ª Divisione dirigerà per intercettarle, manovrando in modo da impedire a queste*

---

[154] Angelo Iachino, *Le due Sirti*, cit., p. 90.
[155] AUSMM, Comando in Capo della Squadra Navale, "Ordine generale di Operazione N. 56", *Scontri navali e operazioni di guerra*, cartella 46.

*forze l'attacco del convoglio. In tal caso il DUILIO rimarrà fuori del cerchio pericoloso (190 miglia da Malta), in posizione di eventuale appoggio.*

Tra le altre disposizioni fissate dall'Ordine Generale di Operazione n. 56, erano impartite le norme per mantenere i collegamenti radio con Supermarina e con il *Littorio*, soprattutto riguardo ad ogni importante variazione dalla rotta prestabilita da arte dei gruppi di scorta e dei convogli; e, per non farsi individuare dai velivoli nemici, fu ordinato ai piroscafi di evitare, tassativamente, l'apertura del fuoco con le mitragliere durante la notte, a meno che non ne avessero ricevuto l'ordine dal comandante del gruppo di sostegno o da quello del gruppo di scorta. Durante il giorno il gruppo di sostegno doveva mantenersi, rispetto ai piroscafi, a distanza di sicura visibilità, mentre di notte doveva restringere le distanze fino a costituire con il convoglio una formazione compatta, preceduta da alcuni cacciatorpediniere disposti in posizione di scorta avanzata.

Riguardo alle comunicazioni, erano stabilite le seguenti onde: m. 151,90 per le corazzate; m. 141,90 per gli incrociatori, inclusa la corazzata *Duilio* quando si trovava in formazione con le unità della 7ª Divisione. Il *Littorio* avrebbe esercitato l'ascolto continuo su entrambe le onde. Le navi del convoglio dovevano usare l'onda di m. 107.33, che era anche l'onda di ascolto dei vari Capi gruppo delle varie unità di scorta.

Successivamente alla diramazione dell'Ordine Generale di Operazione n. 56, l'ammiraglio Iachino, con il messaggio Urgentissimo n. 42098 del 15 dicembre, apportava le seguenti istruzioni per l'uscita dal porto e la iniziale navigazione del suo gruppo d'appoggio:[156]

*LITTORIO PER SQUADRA n. 42098 (alt) Riferimento mio ordine generale n. 56 (alt) X Squadriglia CC.TT: est assegnata alla 3ª Divisione et 13ª et 12ª Squadriglia CC.TT. sono assegnate alla Divisione corazzate (alt) BERSAGLIERE – FUCILIERE – ALPINO escano dalle ostruzioni ore 103016 et dal punto A con 2 eseguano a velocità nodi 18 un rastrello di 4 miglia per parte sulla rotta del convoglio fino a miglia 30 a Sud del punto A con 2 (alt) Rientrino appena convoglio est passato da punto A con 2 et si ormeggino at pontile Chiapparo rifornendosi al completo (alt) 3ª Divisione con 10ª Squadriglia parta da Taranto ore 191516 (ora passaggio della Nave Ammiraglio attraverso le istruzioni) (semialt) 12ª et 13ª Squadriglia CC.TT. escano di prora a LITTORIO che attraverserà le ostruzioni alle ore 200016 seguito da DORIA et CESARE (alt) 3ª Divisione et Divisione corazzate*
*navigheranno intervallate di miglia 10 (alt) Dal punto A con 2 sia presa sen'altro rotta diretta per il punto lat. 36°54' – long. 19°00' (alt) Per l'uscita dei convogli per disposizioni di Marina Taranto saranno nel Golfo due Unità cacciasommergibili et torpediniere per caccia antisommergibile (alt) Si prega Marina Taranto dare gli ordini per l'invio dei rimorchiatori, apertura dei recinti e della porta delle ostruzioni et accensione dei segnalamenti marittimi - 001016*

Infine, l'indomani 16 dicembre, il Comandante in Capo della Squadra Navale diramò con messaggio delle ore 10.00, trasmesso parte a mano e parte in cifra, nuove informazioni di navigazione, che furono portate a conoscenza di tutte le unità del suo

---

[156] *Ibidem.*

gruppo di appoggio, del gruppo di sostegno e di quelle della scorta del convoglio. Con esse era stabilito che il gruppo "Littorio" si sarebbe trovato il mattino del giorno 18 verso il parallelo 32°40'N e il meridiano 16°40'E, a circa 30 miglia a levante del convoglio, per poi effettuare la riunione con il gruppo "Duilio" in una zona che sarebbe stata segnalata.[157]

In caso di incontro con il nemico, il potenziale offensivo della Mediterranean Fleet era stimato in tre navi da battaglia, dal momento che i Comandi dell'Asse non erano ancora al corrente dell'affondamento della *Barham*, avendo il comandante del sommergibile tedesco *U 331* riferito di aver colato a picco un incrociatore.

Altre misure di carattere difensive riguardarono il rafforzamento degli sbarramenti minati al largo della Tripolitania, e per contrastare l'"attività dei sommergibili britannici che si mantenevano in agguato nel Golfo di Taranto, fu predisposto in quella zona, con tutti i mezzi disponibili, un largo rastrellamento, che doveva portare alla ricerca e alla caccia delle unità subacquee.

Infine, i tre sommergibili italiani *Santorre Santarosa*, *Topazio*, *Squalo*, furono dislocati in agguato a levante di Malta, mentre altri tre sommergibili, *Ascianghi*, *Dagabur* e *Galatea*, furono inviati nel Mediterraneo orientale, lungo la direttrice isola Gaudo – Alessandria. La dislocazione dei sei sommergibili era atta a realizzare il compito esplorativo ed offensivo sulle provenienze navali nemiche, da Malta e da Alessandria.[158] Vi erano poi gli otto U-boote tedeschi *U 97*, *U 331*, *U 371*, *U 431*, *U 562*, *U 575*, *U 559* e *U 662*, che si mantenevano in agguato preventivo a ponente di Alessandria, pronti a segnalare a attaccare e menomare le forze navali britanniche in uscita da quella base.

L'*U-331* che il 25 novembre aveva affondato la corazzata britannica *Barham*, la cui perdita lasciò la Mediterranean Fleet con due sole navi da battaglia, la *Queen Elizabeth* e la *Valiant*.

---

[157] AUSMM, *Scontri navali e operazioni di guerra*, cartella 46.
[158] USMM, *I sommergibili in Mediterraneo*, Tomo I, *Dal 10 giugno 1940 al 31 dicembre 1941*, (Compilatore Cap. di Vasc. Marcello Bertini), Roma, 1967, p. 215-216.

## *La pianificazione dell'appoggio aereo all'Operazione "M.42"*

Ma da parte italiana si era anche rimasti particolarmente irritati dal fatto che gli aerei tedeschi, che avevano ricevuto l'ordine di partecipare all'operazione M.41 non avevano fornito sul nemico, nei giorni 12 e 13 dicembre, le notizie che da loro si attendevano, per controllare i movimenti della Mediterranean Fleet. Ne seguì, da parte del Capo di Stato Maggiore dell'Aeronautica una dura lettera di spiegazioni, che riportiamo di seguito nella sua forma integrale:[159]

La corazzata britannica *Queen Elizabeth* (classe "Warspite"), nave ammiraglia della Mediterranean Fleet.

**STATO MAGGIORE R. AERONAUTICA**
**SUPERAEREO**

*Ufficio B*                     *Posta Militare, 3300, li 16 Dicembre 1941 Anno XX*
*Prot. N. 1B/20935*

        OGGETTO: *Operazione Supermarina N. 41 (motto "Tifone")*

ALL'UFFICIO DEL GENERALE DELL'A.A. TEDESCA
    *Presso lo Stato Maggiore R. Aeronautica*
                                                       *S E D E*

---

[159] AUSMM, *Scontri navali e operazioni di guerra*, b. 46.

*Come noto, e come ordinato dal Comandante Supremo Sud con foglio 5148/41 in data 10 corrente, inviato per conoscenza a Superaereo, le forze aeree tedesche hanno avuto ordine di partecipare all'azione armero - navale all'oggetto.*[160]

*Per i giorni 12 e 13 corrente non sono pervenute a Superaereo, o ad altri Comandi italiani, notizie delle esplorazioni e delle azioni offensive effettuate dall'Aviazione Germanica al riguardo.*

*Erano di particolare interesse per la condotta dell'operazione Supermarina n. 41, le esplorazioni sul Mediterraneo Orientale, predisposte per controllare eventuali movimenti della flotta di Alessandria.*

*Mancando completamente notizie al riguardo, ed in seguito ad intercettazioni r.t. che facevano supporre la presenza della flotta di Alessandria in mare, Supermarina, alle h 2100 di ieri, 13 corrente, ha disposto il rientro dei convogli e delle nostre FF.NN. già in mare.*

*Si prega codesto Ufficio di voler cortesemente comunicare per quali disguidi non sono pervenute notizie dell'attività aerea tedesca in una operazione di vitale importanza per la Libia, al fine di consentire adeguati provvedimenti atti a migliorare le comunicazioni e la cooperazione tra i vari Comandi germanici e italiani.*

IL CAPO DI STATO
MAGGIORE
F/to

*Fougier*

A questa lettera, che praticamente inseriva le forze aeree tedesche del X Fliegerkorps nella responsabilità del fallimento dell'operazione M. 41, fu risposto in modo altrettanto irritato, con il seguente breve appunto:[161]

**General der Deutschen Luftwaffe beim**
**Oberkommando der kgl. ital. Luftwaffe**

*Ic nr. Prot. 484/41*                              *Rom lì 18/12/41*

*Rif.: Superaereo 1B-120935.*

---

[160] AUSMM, *Scontri navali e operazioni di guerra*, b. 46. * Superaereo si riferiva al documento "*Ordine di operazione per la protezione dell'azione della Marina italiana (motto "Tifone"*, emesso in sette copie con numero di protocollo Segreto 5148 del 10 dicembre 1941, a firma del feldmaresciallo Kesselring. In Esso era specificato: "*Le aeronautiche tedesca e italiana a partire dall'11/12 appoggeranno questa azione con ricognizioni, come pure azioni di scorta con formazioni da caccia e da bombardamento, Dall'effetto di questo impiego influirà in modo decisivo la riuscita di questa operazione*". Più specificatamente le istruzioni per il X Fliegerkorps, che avevano generato le lagnanze del generale Fougier, prevedevano: "*Ricognizione: Il X C.A.T. a partire dall'alba dell'11/12/41 deve eseguire ricognizioni nella zona da 20° Est fino a 24° Est e da 39° Nord fino alla costa africana. Centro di gravità a sud del 37° Nord. Si deve accertare: ordine di marcia, entità, direzione e posizione delle forze navali e aeree nemiche*".

[161] AUSMM, *Scontri navali e operazioni di guerra*, b. 46.

*Il foglio in riferimento viene inoltrato a O.B.S. per il suo disbrigo, poiché il X C.A.T. è subordinato a detto O.B.S. e qui non si hanno le basi necessarie per rispondere alle domande esposte nello scritto a cui ci si riferisce.*

D'ordine

(firma illeggibile)<br>
*Maggiore*

L'armamento contraereo a centro nave, lato destro, della corazzata *Littorio* in navigazione, che comprende cannoni OTO da 100 mm in casamatta, e mitragliere pesanti Breda in impianti binati da 37 e 20 mm.

Lo schema della nuova operazione M.42, per quanto riguardava l'appoggio aereo, non fu molto dissimile da quello programmato per la M.41. Per i giorni 16, 17 e 18 dicembre furono mobilitate le unità aeree italiane e tedesche dislocate in Sardegna, Sicilia, Puglia, Grecia, Egeo e Libia. Il loro compito era quello di coprire il Mediterraneo centrale, sia con azioni preventive contro le basi aeree e navali di Malta e contro la presenza in mare della Forza K, sia per assicurare un efficiente servizio di ricognizione fino al meridiano di Alessandria. Doveva essere anche svolta una continua opera di interdizione contro aerei in partenza da Malta, soprattutto nelle ore delle prime luci dell'alba e delle ultime luci del tramonto, e contro movimenti navali del nemico nel Mediterraneo centrale e orientale, da effettuare da parte italiana con l'impiego degli aerosiluranti anche fuori del limite di autonomia della caccia di scorta; e doveva essere realizzata una massiccia copertura aerea rinforzata ai convogli nazionali e ai loro gruppi navali di scorta, con velivoli da caccia e con velivoli aventi compiti antisommergibili, inclusi di idrovolanti della Ricognizione Marittima, rispettivamente entro un raggio d'azione di 160 e 180 miglia dagli aeroporti di partenza.

In questo vasto programma di attività aerea, particolarmente importante era quello che riguardava il bombardamento degli obiettivi di Malta, da realizzare con gli aerei dell'Aeronautica della Sicilia a iniziare dalla notte sul 15 dicembre e fino alla notte sul 18.[162] Tale attività includeva, a iniziare dal tramonto del sole e fino alle ore 22.00 di ogni giorno, il bombardamento degli aeroporti, ed eventualmente del porto della Valletta nel caso vi fosse stata segnalata, tramite la ricognizione aerea a vista e fotografica, la presenza di forze navali.[163] A iniziare dalle ore 23.30 il compito di battere gli obiettivi di Malta era

---

[162] Nella tarda serata del 14 dicembre il Comando dell'Aeronautica della Sicilia programmò un attacco contro gli aeroporti di Malta e contro le unità navali britanniche presenti nel porto della Valletta, con la partecipazione di nove velivoli da bombardamento, quattro Br. 20 del 37° Stormo B.T. e quattro Cant.Z.1007 bis dell 9° Stormo B.T. Ma l'operazione fu un velo fallimento dal momento che quattro Br.20 rientrarono per diversi motivi, e un Cant.Z.1007 bis per sopraggiunta avaria alla radio. Dal momento che un altro Cant.Z.1007 bis, con capo equipaggio il tenente pilota Ignazio Guizzi, avendo perso l'orientamento, finì per ammarare nei pressi di Sousse (Tunisia), ne conseguì che soltanto tre velivoli poterono concludere l'azioni di bombardamento programmata. L'unico Br. 20 sganciò le bombe contro Luqa, mentre gli altri due Cant.Z.1007 bis bombardarono da circa 6.500 metri di quota la zona di French Creek, che però trovarono sgombra di navi. Andò meglio la sera del giorno seguente, dal momento che raggiunsero gli obiettivi prestabiliti gli otto velivoli decollati dalla Sicilia. Di essi, quattro Cant.Z.1007 bis del 9° Stormo B.T. presero di mira la zona il portuale della Valletta, mentre gli altri quattro Br. 20 del 37° Stormo B.T. sganciarono le bombe sugli aeroporti di Hal Far e Luqa e sulla pista di volo di Gudia. Furono gli ultimi bombardamenti italiani su Malta dell'anno 1941, dal momento che nella seconda metà di dicembre fu necessario allontanare i velivoli dagli aeroporti della Sicilia assegnati ai reparti tedeschi, che poi, per quattro mesi e mezzo, si sarebbero occupati, quasi esclusivamente, degli attacchi sugli obiettivi dell'isola britannica.

[163] Il 14 dicembre il generale di Squadra Aerea Renato Mazzucco fu sostituito nel Comando dell'Aeronautica Sicilia dal generale di Divisione Aerea Silvio Scaroni, pilota da caccia della prima guerra mondiale accreditato di 24 successi, secondo, tra gli aviatori italiani, soltanto al maggiore Francesco Baracca con 34 abbattimenti. La sostituzione del generale Mazzucco fu certamente causata dalla necessità di creare attriti con i tedeschi, dal momento che nel periodo di permanenza del X Fliegerkorps in Sicilia (gennaio-maggio 1941) egli, volendo essere messo a conoscenza di tutto e prendere decisioni che non gli competevano, aveva sollevato parecchi problemi con gli ufficiali del Comando di quella grande unità aerea germanica, in particolare con il Capo di Stato Maggiore tenente colonnello Martin Harlinghausen. Problemi, in particolare determinati dall'incomprensione, ma anche da uno stato di inferiorità e di gelosia nei confronti di un alleato che possedeva un materiale di volo di prim'ordine e forte determinazione nell'impiegarlo. Cfr., Francesco Mattesini, *L'attività aerea italo - tedesca nel Mediterraneo. Il contributo del "X Fliegerkorps"*, Stato Maggiore dell'Aeronautica Ufficio Storico, Roma, 1995, 2ª edizione 2003 (riveduta e considerevolmente ampliata).

compito del Fliegerführer Sizilien, che poi avrebbe effettuato nel corso della mattinata l'attacco ai medesimi obiettivi, con bombardieri scortati da caccia.

Pertanto, con il nuovo ordine di operazione del feldmaresciallo Kesselring, parola d'ordine *"Leonidas"*, che integrava le disposizioni già date con il *"Taifun"* del 10 dicembre, fu disposto che gli Ju.88 da caccia notturna del I./NJG. 2 dislocati in Grecia si trasferissero in Sicilia il giorno 15, per rinforzare la 4ª Squadriglia di quel reparto che già vi si trovava. Per la protezione dei convogli, oltre al compito delle scorte, da realizzare nella giornata del 17, durante l'operazione dovevano essere costituite contro le provenienze aeree da Malta crociere di sbarramento anche con gli Ju.88 A-4 da bombardamento del KGr.606, forniti a prora di cannoncino da 20 mm.

Infine, per assicurare alle navi una maggiore protezione antisom, furono trasferiti dalla Grecia in Sicilia, a Siracusa, nove idrovolanti della 2ª Squadriglia del 125° Gruppo da Ricognizione della Kriegsmarine, comandata dal capitano di fregata Herman Kaiser.

Riguardo al X Fliegerkorps, per realizzare le ricognizioni e l'attacco, fu prolungato l'approntamento, a Creta e in Grecia, dei bombardieri dei gruppi Ju.88 del I. e II./LG.1 e degli He.111 del II./KG.26., inclusa la squadriglia 1/KG.28, che dovevano operare secondo quanto stabilito nel precedente ordine *"Taifun"*. Le medesime modalità valevano anche i reparti da caccia dislocati in Cirenaica, per la protezione all'arrivo dei convogli.

Per evitare i motivi di attrito con Superaereo che avevano caratterizzato l'operazione M.41, il felmaresciallo Kesselring fissò le missioni da ricognizione da svolgere nel Mediterraneo orientale a iniziare dal 16 dicembre, assegnando al X Fliegerkorps i seguenti compiti:[164]

*A datare dal 16/12 (giorno X) il X Corpo Aereo eseguirà ricognizioni nella zona tra il 20° e il 24° meridiano. E' compito di osservare un'eventuale uscita di forze inglesi da Alessandria. E' importante che non vengano tralasciate zone di mare inosservate, e le ricognizioni si debbano effettuare possibilmente di mattina.*

*Ad Est del 24° meridiano fino alla congiungente Rodi – foce della Rosetta la ricognizione sarà effettuata dai reparti dell'Egeo. Nel caso che, in base ad informazioni, si venisse a sapere che vi sono forze inglesi nella zona ad Est del 24° meridiano fino alla congiungente lato Est di Creta – Alessandria, anche il X Corpo*
*Aereo effettuerà ricognizioni in tale zona. Accordi dettagliati da prendere fra il X Corpo ed il Comando Egeo)...* [165]

*E' importante che le notizie che si hanno delle ricognizioni siano trasmesse tempestivamente, sia quelle isolate sia quelle riguardanti tutta una zona di mare. Agli*

---

[164] ASMAUS, "Ordine riguardante la scorta di un convoglio della R. Marina Italiana in Africa del Nord (parola d'ordine "Leonidas")", *GAM 8*, b. 140.

[165] Gli accordi per le ricognizioni nel Mediterraneo orientale, da svolgere nella zona di mare tra i meridiani 20° - 30°20', il 35° parallelo e la costa Africana erano stati presi l'11 dicembre tra il Comandante del X Fliegerkorps, generale Hans Ferdinand Geisler, giunto in aereo a Rodi, e il Comandante dell'Aeronautica dell'Egeo, generale Ulisse Longo. Allo scopo di *"intensificare in modo tale da garantire il più assoluto controllo di tutto il traffico navale anche in condizioni di tempo e di visibilità sfavorevoli"*, fu convenuto che il X Fliegerkorps esplorasse la zona ad occidente del 24° meridiano e che l'Aeronautica dell'Egeo esplorasse quella ad oriente di tale meridiano, come è riportato nella cartina.

*equipaggi si raccomanda di badare bene ai vari tipi delle navi da guerra nemiche riconosciute. Qualora il riconoscimento risulti incerto, alla comunicazione radio va aggiunta la parola "probabile". L'aviazione italiana manda il 15/12/41 un Ufficiale di collegamento a Catania il quale assicura la rapida ritrasmissione di tutte le notizie ad "Admirale Messina" e" Comando Aviazione Sicilia".*

Il mattino del 16 dicembre, l'Ufficiale di Collegamento di Supermarina presso il Fliegerführer Sizilien, capitano di fregata Virgilio Rusca, porto a conoscenza dell'organo operativo dell'Alto Comando navale le previsioni operative germaniche per l'indomani, precisando che sarebbero stati impiegati sei velivoli Ju.88 da ricognizione, che si sarebbero spinti da Catania verso Bengasi e Tolemaide, sulle coste della Cirenaica, mentre altri tre Ju.88 si sarebbero trovati pronti ad intervenire in mezz'ora contro obiettivi navali. Per quanto riguardava le scorte navali, che prevedevano l'impiego continuo sul convoglio di tre Ju.88. Successivamente fu precisato che le ricognizioni ad oriente della Sicilia sarebbero state svolte in continuazione da cinque Ju.88, in modo da assicurare per tutta la giornata la massima sorveglianza. Infine sarebbe stato assicurato il servizio di ricognizione sull'isola di Malta, e il bombardamento delle basi aeronavali con alcuni Ju.88.[166]

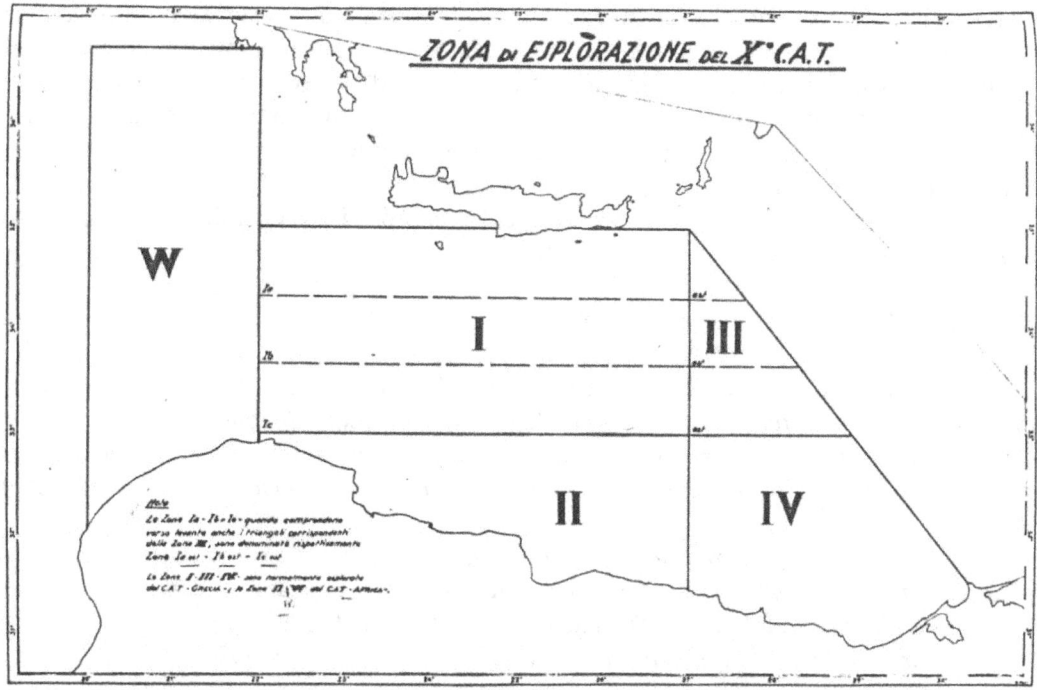

Per attuare questo programma, il giorno 16 dicembre sei bombardieri Ju.88 del II./LG.1 (maggiore Gerhard Kollewe) furono trasferiti dalla Grecia in Sicilia; e sempre in quest'isola arrivo in giornata il 3° Gruppo del 53° Stormo Caccia (III./JG.53) del capitano pilota Wolf-Dietrich Wilcke che, proveniente dalla Cirenaica ove era stato mandato il 6

---

[166] AUSMM. "Supermarina - Avviso n. 9637", *Scontri navali e operazioni di guerra*, cartella 46.

dicembre, si riuniva agli altri due Gruppi del 53° Stormo Caccia, I. e II./JG.53, per iniziare al più presto le operazioni contro Malta, in appoggio ai reparti da bombardamento che dovevano essere impiegati in azioni diurne.

Grande importanza rivestiva anche la scorta di caccia che la 5ª Squadra Aerea avrebbe dovuto assicurare ai convogli in avvicinamento a Tripoli e a Bengasi, a iniziare dalle prime luci del giorno 18 dicembre e fino all'arrivo in porto. Era previsto, per proteggere la sola motonave tedesca *Ankara*, diretta a Bengasi, una scorta continua di diciotto velivoli del Settore Centrale, dodici dei quali dovevano mantenersi al disotto della quota dei 1.000 metri per intervenire contro eventuali aerosiluranti, ed altri sei distribuiti ad altezze varianti tra i 1.000 e i 3.000 metri, per essere pronti ad intervenire anche contro i bombardieri. Altrettanti velivoli da caccia del Settore Ovest, da impiegare con le medesime modalità, dovevano proteggere l'arrivo a Tripoli del convoglio "Pisani", mentre altri sei caccia, anch'essi ripartiti in due pattuglie a bassa e alta quota, avrebbero scortato per tutto il giorno 18 il gruppo di appoggio. La protezione con la caccia doveva poi continuare anche nei giorni successivi all'arrivo in porto dei piroscafi, mantenendo in volo almeno sei velivoli, distribuiti in due pattuglie, anch'esse scalate di quota.

Si faceva comunque presente che la consistenza dei velivoli impiegati nelle scorte – che erano stati rinforzati mettendo a disposizione del Settore Centrale l'8° Gruppo Caccia e del Settore Ovest il 150° Gruppo Caccia, in sosta a Tripoli, e il 23° Gruppo Caccia, temporaneamente trasferito a Misurata, avrebbe potuto variare, "*a seconda della disponibilità di benzina*". In effetti, la 5ª Squadra Aerea aveva una quantità di carburante veramente insufficiente per realizzare il programma di scorte previsto; anche perché doveva effettuare le missioni di ricognizioni e di vigilanza antisom, nonché provvedere a trovare il carburante necessario per l'eventuale impiego degli aerei offensivi, in particolare gli aerosiluranti.

Il compito di questi ultimi velivoli, dal punto di vista generale, era fissato come segue:[167]

*REPARTI SILURANTI*

*I Comandi G.U.A.* [Grande Unità Aerea] *potranno disporre di tutti i velivoli aerosiluranti comunque presenti sugli aeroporti di loro giurisdizione.*
*Tali velivoli dovranno essere in allarme dal mattino del giorno 16 a tutto il giorno 19 per intervenire su avvistamento delle ricognizioni aeree e su richiesta delle FF.NN. in mare.*
*Per rendere più aderente alle possibili esigenze dell'operazione in oggetto la dislocazione dei Reparti aerosiluranti sono stati disposti i seguenti movimenti:*
*una Squadriglia del 36° Stormo dalla Sardegna a Pantelleria;*
*parte della 279ª Squadriglia da Pantelleria a Castelvetrano*
*tre velivoli siluranti da Rodi a Bengasi.*

---

[167] AUSMM, "Superaereo, Ordine d'0perazione Supermarina n. 42- Operazioni aeree", *Scontri navali e operazioni di guerra*, cartella 46.

Circa le *"Prescrizioni particolari"*, riguardanti le modalità di avvistamento di forze navali nemiche e il mantenimento del contatto da parte del velivolo che aveva fatto la scoperta, il documento di Superaereo specificava: [168]

*In caso di avvistamento di FF.NN. che non comprendano navi portaerei, dovrà essere mantenuto il contatto con il nemico da parte del velivolo che ha effettuato l'avvistamento.*

*Il contatto sarà continuato da velivoli dello stesso Comando di G.U. o Comando Marittimo. Tali Comandi, pertanto, a ricezione del segnale di scoperta disporranno per le successive partenze dei velivoli, necessarie per l'intera giornata. I dati del nemico dovranno essere segnalati da velivoli da ricognizione ogni mezz'ora.*

In totale si resero disponibili per tutti questi compiti, concordati tra Superaereo e l'OBS, 552 aerei italiani (82 bombardieri, 30 aerosiluranti, 6 ricognitori strategici e 434 caccia) e circa 200 tedeschi; questi ultimi, alle dipendenze del X e II Fliegerkorps e distribuiti tra la Grecia, Creta e la Sicilia, in massima parte con caratteristiche offensive.[169]

## *Le fasi iniziali dell'operazione M 42*

L'operazione M.42 ebbe inizio nelle prime ore del pomeriggio del 16 dicembre – poco dopo la fine del discorso tenuto sulla *Littorio* dal Capo di Stato Maggiore della Regia Marina.

Prime ad uscire da Taranto furono le motonavi italiane *Vector Pisani*, *Monginevro* e *Napoli*, e la tedesca *Ankara*. Le prime tre motonavi, che costituivano il convoglio L, erano dirette a Tripoli, con una scorta diretta costituita dei sei cacciatorpediniere della classe "Navigatori" *Ugolino Vivaldi* (contrammiraglio Nomis di Pollone), *Antonio Da Noli*, *Nicoloso Da Recco*, *Lanzerotto Malocello*, *Emanuele Pessagno* e *Nicolò Zeno*, e dalla torpediniera *Pegaso*; l'ultima motonave, l'*Ankara*, che costituiva il convoglio N, era destinata a raggiungere Bengasi scortata dal cacciatorpediniere *Saetta* e dalla torpediniera *Pegaso*. Le motonavi trasportavano materiale vario, carburante in fusti, nafta in tanche, munizioni e automezzi.[170]

Per proteggere il convoglio delle navi mercantili, che dovevano procedere raggruppate fino al largo di Misurata, per poi dividersi e raggiungere le rispettive destinazioni, le unità della scorta indiretta e quella del gruppo di appoggio salparono da Taranto la sera del 16, organizzate in due robusti nuclei navali.[171]

---

[168] *Ibidem*.

[169] Il 17 dicembre erano disponibili sugli aeroporti della Sicilia i seguenti velivoli tedeschi: a Catania 18 Bf. 109, 6 Bf. 110 e 45 Ju.88; a Comiso 6 Bf. 109. Altri 41 Bf. 109 si trovavano in puglia, sull'aeroporto di Bari.

[170] Il carico delle quattro motonavi consisteva in: per le FF.AA. italiane, 6.869 tonnellate di materiale vario, 2.738 tonnellate di munizioni, 859 tonnellate di nafta in tanche e 103 tonnellate di olio in fusti; per le FF.AA. tedesche, 3.540 tonnellate di materiali vari, 761 tonnellate di carburanti in fusti e 312 automezzi. Ancora una volta, come spesso accadeva per la difficoltà di reperire in tempo il carico da trasportare oltremare, le navi partivano con una quantità di rifornimenti molto al disotto di quelli che potevano imbarcare.

[171] *Ibidem*.

La motonave *Vettor Pisani* quando, riparata da danni di guerra, si chiamava *Sidarma*.

La motonave *Monginevro* al varo a Riva Trigoso (La Spezia) nel 1941.

Il primo nucleo (Gruppo "Doria"), con il compito di fornire il sostegno al convoglio, era costituito dalla corazzata della 5ª Divisione Navale *Andrea Doria* (ammiraglio di squadra Carlo Bergamini), dai tre incrociatori leggeri della 7ª Divisione Navale *Duca d'Aosta* (ammiraglio Raffaele de Courten), *Muzio Attendolo* e *Raimondo*

*Montecuccoli* e dai tre cacciatorpediniere della 11ª Squadriglia classe "Soldati" *Aviere, Ascari* e *Camicia Nera*. Tutte queste unità salparono alle ore 15.00, navigando a bassa velocità attraverso le ostruzioni, perché vi era il timore che la notte precedente gli aerei britannici avessero lanciato mine magnetiche sulle rotte di sicurezza, in prossimità del porto. Quindi, alle 16.40, arrivate alla profondità di 40 metri, le unità del gruppo di sostegno aumentarono la velocità a 20 nodi, e con navigazione di zigzagamento si riunirono con il convoglio alle ore 18.00.[172]

Il secondo nucleo (Gruppo "Littorio"), che doveva fornire l'appoggio strategico contro provenienze da Alessandria del grosso della Mediterranean Fleet, disponeva delle tre le corazzate *Littorio* (ammiraglio di squadra Angelo Iachino), *Andrea Doria* e *Giulio Cesare*, scortate dai sette cacciatorpediniere delle Squadriglie 13ª *Granatiere, Bersagliere, Fuciliere, Alpino* e 12ª *Corazziere, Carabiniere* e *Usodimare*, e dei due incrociatori pesanti della 3ª Divisione Navale, *Gorizia* (ammiraglio Angelo Parona) e *Trento*, scortati dai cacciatorpediniere della 10ª Squadriglia *Maestrale, Oriani* e *Gioberti*. La 3ª Divisione Navale salpò alle ore 19.00, e fu seguita, intorno alle 19.45, dal gruppo delle corazzate, che superate le ostruzioni assunse rotta 156° alla velocità di 20 nodi.[173]

Le ultime istruzioni per l'ammiraglio Iachino gli pervennero per telefono, alle ore 18.10, dal Sottocapo di Stato Maggiore della Regia Marina, ammiraglio Luigi Sandonetti, che riferì anche sulla situazione, desunta dagli avvistamenti della ricognizione aerea dell'Aeronautica dell'Egeo e dalle notizie raccolte dal Servizio Informazioni di Maristat:[174]

*1°) – Come avrai visto gli avvistamenti delle ore 15 a levante provengono da due aerei diversi che segnalano tre gruppi: 1 sotto costa, 2 al largo (uno con tre navi da battaglia ecc. l'altro con 1 nave da battaglia 2 o 3 incrociatori, alcuni cacciatorpediniere).*

*Ritengo che, come l'altro giorno, la situazione esatta sia: un gruppo sotto costa di incrociatori e cacciatorpediniere. con alcuni piroscafi e un solo gruppo al largo con una nave da battaglia, qualche incrociatore, alcuni cacciatorpediniere.*

*In ogni modo anche se i gruppi andassero a 20 nodi alle 8 di domani mattina sarebbero ancora a 140 miglia da te e avremo tutto il tempo per esaminare la situazione in base agli avvistamenti.*

*Intanto faccio chiedere al Comando Egeo di far anche stasera al rientro di tutta la ricognizione un esame particolareggiato come ha fatto l'altra sera.*

*2°) – A Malta la ricognizione fotografica delle ore 09.40 ha dato 2 incrociatori tipo "Arethusa", navi minori in numero imprecisato e 5 o 6 piroscafi.*

*Durante la giornata di ieri il nostro servizio informazioni e dalla decifrazione di telegrammi risultava fosse in mare un convoglio di 4 piroscafi forse scortati da un incrociatore (l'AURORA risultava in mare) diretto a levante.*

---

[172] AUSMM, "Comando 5ª Divisione Navale, Rapporto di missione; *Scontri navali e operazioni di guerra*, b. 46.

[173] AUSMM, "Comando in Capo della Squadra Navale, Rapporto di missione – Operazione M 42- - 16 – 17 – 18 – 19 Dicembre 1941-XX", *Scontri navali e operazioni di guerra*, cartella n. 46

[174] AUSMM, "Comunicazione telefonica del giorno 16 dicembre 1941- XX ore 18,10 fra Ammiraglio Iachino e Ammiraglio Sansonetti", *Promemoria Ammiraglio Sansonetti*, n. 48.

*In definitiva questa sera a Malta dovrebbe essere pronto a muovere un gruppo formato da: " incrociatori e alcuni cacciatorpediniere.*

*3°) – Sei libero di fare tutti i dirottamenti che vuoi e che ci comunicherai.*

*Hai prescritto al Gruppo BERGAMINI di muoversi dalle 8 alle 10 del giorno 18 in prossimità del convoglio: questa consegna dovrà rimanere inalterata salvo nostri contrordini.*

*Il Gruppo LITTORIO alle ore 8h del giorno 18 si troverà a 30 miglia a levante del convoglio.*

*4°) – Se domani avremo notizie precise che il nemico sta tornando indietro si potrebbe anche considerare l'eventualità di farti rientrare.*

*Rimarrebbe però sempre il problema del Gruppo BERGAMINI che ha solamente 3 cacciatorpediniere.*

*5°) – Mi dici che hai sostituito BOCCELLA che si sente poco bene con BASLINI e GALLEANI con DI GROPPELLO, [Comandanti di cacciatorpediniere] e che hai preso vari Ufficiali dalla VITTORIO [VENETO] e li hai messi sui piroscafi e dove mancavano su altre navi. Hai informato il Personale.*

*6°) – Al ritorno desideri che tutta la Squadra sia possibilmente riunita. Soltanto se gli attacchi aerei si intensificassero esamineremo l'opportunità di mandare qualche nave a Messina.*

*7°) – La composizioni dei Gruppi è la seguente:*

*BERGAMINI: 4 piroscafi su due colonne; a 1000 metri di poppa 4 unità su due colonne [DORIA, AOSTA, ATTENDOLO e MONTECUCCOLI]; cacciatorpediniere. tutti intorno. [vedi cartina pagina seguente]*

*SOSTEGNO: avanti la 3ª Divisione con 4 cacciatorpediniere.; indietro 3 navi da battaglia in linea di fila con i cacciatorpediniere in scorta ravvicinata in ore notturne.*

L'incrociatore leggero Emanuele Filiberto Duca d'Aosta, nave ammiraglia della 7ª Divisione Navale dell'ammiraglio Raffaele de Courten.

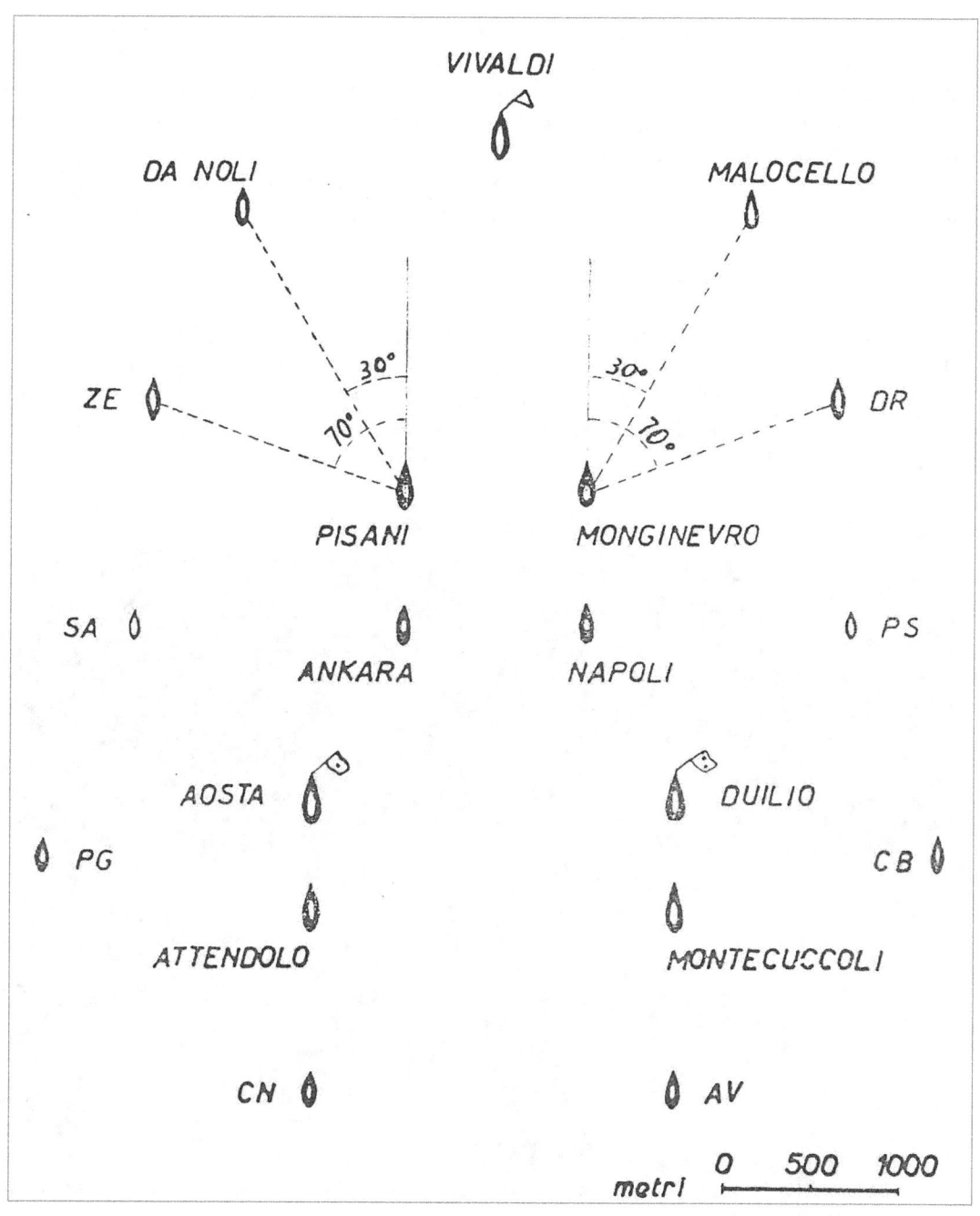

OPERAZIONE "M.42" (17-18-10 DICEMBRE 1941
Formazione del Convoglio italiano e del Gruppo di sostegno incoporato.

Come si vede le istruzioni di Supermarina erano particolarmente precise e dettagliate, dalle quali non si doveva deviare, anche perché erano collegate con l'attività di scorta dell'Aviazione e quindi serviva in continuazione conoscere la esatta posizioni dei vari gruppi navali, ai cui Comandanti rimanevano pertanto scarsissime possibilità di iniziativa. Si trattava, in definitiva, di un sistema di Comando fortemente centralizzato, che l'ammiraglio Iachino non digeriva, ritenendo troppo invadente l'intervento continuo di Supermarina, ma che era anche l'unico sistema che poteva permettere di funzionare nel vasto e complesso campo della collaborazione aeronavale delle forze dell'Asse. Non dimentichiamo, infatti, che anche gli aerei tedeschi partecipavano attivamente alla scorta delle navi, e dovevano essere evitate segnalazioni provenienti da queste ultime, che avrebbero costretto a rompere frequentemente il silenzio radio.

* * *

Durante la rotta di allontanamento, sulla *Littorio* furono sentiti rumori di aerei diretti verso Taranto, e subito dopo, per contrastare quella che era una semplice missione di ricognizione fotografica di un Hurricane del Unit 2 PR, per accertare la presenza nel porto delle navi italiane, fu vista per breve tempo entrare in azione la difesa contraerea della base.

16-17 dicembre 1941. La corazzata *Andrea Doria* segue a forte velocità la nave ammiraglia *Littorio*, in navigazione in linea di fila.

La missione di ricognizione fu realizzata dalla RAF di Malta per controllare gli eventuali danni causati dal bombardamento notturno realizzato dai ventuno Wellington del 40° e 104° Squadron decollati da Luqa, che abbiamo già descritto, ed anche per controllare il movimento delle navi italiane nel porto.[175] Ed in effetti, i voli di ricognizione di quel giorno, oltre a confermare le informazioni Ultra che davano in partenza la flotta italiana, servirono al Comando della RAF di Malta per rendersi conto che anche le corazzate si preparava a salpare in forze. La testimonianza del vice maresciallo dell'aria Lloyd, che è anche molto dura nei riguardi dell'efficienza e delle qualità combattive della flotta italiana, è a questo riguardo assai importante:[176]

*Come di consueto dopo ogni attacco, eseguimmo il giorno dopo alcune fotografie del porto; esse ci rivelarono un'attività maggiore del normale. La rimozione delle reti di protezione antisiluro intorno alle navi da battaglia poteva avere solo il significato che la flotta italiana stava per prendere il mare, di scorta al convoglio diretto in Africa. Io personalmente attribuivo poco valore alla flotta come unità combattente, essendo stata ricoverata al riparo delle sue reti e difese portuali fin dal principio della guerra, e priva di ogni esperienza marinara, tranne due o tre affrettate corse fatte in mare aperto. M'ero formato l'opinione che la flotta considerata come Unità, se si eccettuano i reparti navali isolati che erano coraggiosissimi, fosse monarchica e quindi non avesse voglia di fa la guerra all'Inghilterra.*

Ma il fatto stesso che le navi da battaglia italiane venissero assegnate alla scorta dei convogli, poneva nello stesso tempo in Lloyd una grande preoccupazione per la sorte che poteva derivarne ai suoi aerei attaccanti, che egli espresse aggiungendo:[177]

*Ma la flotta considerata come piattaforma galleggiante di cannoni antiaerei per tenere lontano una misera pattuglia di Blenheim, che avrebbero dovuto sganciare a zero le bombe sulle navi mercantili, era tutt'altro affare; la prospettiva mi riempiva di spavento. Sarebbe stato lo stesso che sparare alle galline dopo averle fatte volare sulla siepe.*

### L'inizio dell'operazione britannica "ME.9" per portare a Malta la nave ausiliaria Breconshire e le informazioni ricavate dalle intercettazioni Ultra

Parallelamente alla pianificazione della M.42, anche i britannici furono costretti a mettere in atto una loro importante ed urgente operazione navale, consistente nell'invio alla Valletta del grosso piroscafo requisito *Breconshire* (capitano di vascello Colin Alexander Hutchison), veterano della rotta di Malta, trasformato in nave ausiliaria e destinata a portare la nafta necessaria per le missioni della Forza K, le cui navigazioni ad alta velocità stavano prosciugando le scorte dell'isola.[178] Quest'operazione avrebbe

---

[175] Il bombardamento notturno di Taranto non causò danni alle navi, come sperava il Comando della RAF di Malta, ma furono demoliti soltanto alcuni edifici, e si ebbero tre morti e quindici feriti. La difesa contraerea del porto ritenne di aver abbattuto due aerei sicuramente e ben quattro probabili, mentre un altro velivolo nemico fu considerato abbattuto, sempre durante la stessa notte, nelle acque a nordest di Crotone.

[176] Hugh Lloyd, *Briefed to attack*, cit.

[177] *Ibidem*.

[178] Il 5 dicembre 1941, con l'Operazione M.F. 1, la nave ausiliaria *Breconshire* (arrivata a Malta il 28 settembre da Clyde con l'operazione Halberd) era salpata dalla *Valletta* scortata da un incrociatore e quattro cacciatorpediniere della Forza K. Quindi era stata prelevata all'altezza di

dovuto iniziare il 14 dicembre in connessione con gli ordini impartiti per l'operazione ME.9.

Alla scorta diretta della *Breconshire* avrebbero dovuto provvedere l'incrociatore contraereo rimodernato *Carlisle* – armato soltanto con otto cannoni da 102 mm ripartiti in quattro torri binate – e quattro cacciatorpediniere, e alla scorta indiretta la 15ª Divisione del contrammiraglio Vian. Successivamente sarebbero intervenute da Malta le Forze B e K che, raggiunta la nave ausiliaria, capace di sviluppare una velocità massima di 16 nodi, l'avrebbero condotta a Malta, mentre le unità del contrammiraglio Vian sarebbero rientrate ad Alessandria al calare della notte del 16. Ma il movimento era stato poi rinviato, per la necessità di rifornire gli incrociatori della 15ª Divisione che si trovavano in mare per intercettare i convogli italiani dell'operazione M.41.

Nel pianificare questo nuovo movimento verso occidente, denominato operazione MD.1, il Comandante in Capo della Mediterranean Fleet dovette ancora rinunciare, sempre per mancanza di cacciatorpediniere, ad inviare in mare le sue due uniche corazzate *Queen Elizabeth* e *Valiant*. Nondimeno, poiché al pari degli italiani, anche i britannici erano costretti ad impiegare tutte le unità disponibili per la scorta anche di una sola nave destinata ad attraversare il Mediterraneo centrale, per proteggere la *Breconshire* e le sue 5.000 tonnellate di nafta, l'ammiraglio Cunningham fu costretto a raccogliere tutto quello che era rimasto disponibile tra le sue forze leggere, che non era molto.[179]

Pertanto il gruppo da assegnare alla scorta della nave ausiliaria *Breconshire* fu costituito soltanto dai due superstiti incrociatori leggeri della 15ª Divisione del contrammiraglio Vian, il *Naiad* e l'*Euryalus*, dal piccolo incrociatore contraereo *Carlisle*, e da otto cacciatorpediniere della 14ª Flottiglia (*Jervis, Kimberley, Kingston, Kipling, Havock, Hasty, Decoy* e l'australiano *Nizan*) a cui il mattino del 17 dicembre dovevano aggiungersi al largo di Bengasi (lat. 34°10'N, long. 21°10'E), provenienti da Malta, i due incrociatori leggeri della Forza K, *Aurora* e *Penelope*, e sei cacciatorpediniere. Di questi ultimi quattro (*Sikh, Maori, Legion* e l'olandese *Isaac Sweers*), destinati a rinforzare la Mediterranean Fleet, appartenevano alla 4ª Squadriglia del capitano di fregata Graham Henry Stokes, che il 13 dicembre aveva affondato a Capo Bon i due incrociatori italiani della 4ª Divisione Navale, *Da Barbiano* e *Di Giussano*; gli altri due cacciatorpediniere erano i soliti *Lance* e *Lively*.

Inizialmente era stato previsto di far salpare dalla Valletta, per raggiungere la *Breconshire*, anche l'incrociatore leggero *Neptune* e i cacciatorpediniere *Kandahar* e *Jaguar*. Ma le tre navi furono trattenuto in porto fino alle ore 15.00 del 17 dicembre, quando, come vedremo, presero il mare con altra destinazione ben più aggressiva.

Una grossa lacuna per le forze navali britanniche era rappresentata dalla mancanza di efficiente appoggio aereo da impiegare per la scorta delle navi nel Mediterraneo centro orientale. Dal giugno del 1941 non vi erano portaerei ad Alessandria, e con il nemico che controllava ancora parte della Cirenaica, le uniche piste disponibile per impiegare i velivoli da caccia, a iniziare dal 15 dicembre, erano quelle di El Gazala, a 20 miglia ad ovest di Tobruk, e degli aeroporti di Malta. Ma poiché il raggio d'azione dei velivoli da caccia era intorno alle 100 miglia, ne conseguiva che esisteva, tra El Gazala e Malta, una zona di 200 miglia in cui le navi non potevano essere protette dall'aria.

---

Bengasi da un incrociatore e due cacciatorpediniere della Mediterranean Fleet, che poi la scortarono ad Alessandria, raggiunta il 7 dicembre.

[179] Historical Section Admiraly, *Mediterranean*, vol. II., Londra, 1957, p. 219.

Per la ricognizione vi era il 201° Gruppo di cooperazione aeronavale della RAF che, avendo le sue basi avanzate a ponente di Sidi el Barrani a circa 180 miglia ad ovest di Alessandria, fu incaricato di operare in appoggio alle navi durante le ore diurne del 16 dicembre. Il 201° Gruppo disponeva anche di caccia a lungo raggio Beaufighter, degli Squadron 252° e 272°, incaricati di scortare le navi britanniche fino al limite dell'autonomia, decollando dalle basi egiziane. I velivoli da ricognizione Maryland del 69° Squadron della RAF, dislocati a Malta, dovevano vigilare nel Mediterraneo centrale durante la giornata del 17 dicembre.[180]

I movimenti navali britannici dell'Operazione MD.1 ebbero inizio nella tarda serata del 15 dicembre, alle ore 22.00, con la partenza da Alessandria della *Breconshire* e delle sue unità di scorta. Il mare era fortemente agitato e la visibilità restò molto ridotta durante le prime dodici ore di navigazione. Quindi la navigazione proseguì durante la notte con le navi che effettuavano lo zigzagamento, poi sospeso per ordine del contrammiraglio Vian, a causa delle condizioni del mare sempre molto grosso. Un contrattempo fu causato dalla *Breconshire*, che accostò verso sud senza segnalarlo, per riparare danni dovuti al maltempo e riprese la sua posizione alle 09.00 del 16. Si ebbero anche contatti con presunti sommergibili, e in due occasioni, nel pomeriggio del 16, il cacciatorpediniere *Jervis* (capitano di vascello Philip John Mack) scaricò in mare bombe di profondità, ed un allarme fu generato nel corso della successiva notte anche dal *Decoy* (tenente di vascello John Melvill Alliston).[181]

A iniziare dal mattino del 16, la presenza del convoglio e della Forza K, che si ricongiunsero regolarmente alle 09.00 del 17 in lat. 33°45'N, long. 21°30'E, corrispondente a 85 miglia a nord-ovest di Apollonia (Cirenaica), non sfuggì ai ricognitori dell'Asse, sebbene i caccia di El Gazala, che vigilavano in numero sufficiente per tenere a bada i pericolosi ospiti, facessero di tutto per cercare di impedirlo.

Il primo avvistamento si verificò alle 14.50 del 16 dicembre, ad opera del velivolo n. 6 della Ricognizione Strategica dell'Egeo. Si trattava di uno degli otto Cant.Z.1007 bis del 47° Stormo Bombardamento Terrestre, impiegati quel giorno nelle missioni di ricognizione tra la costa dell'Africa e l'Isola di Creta, il quale segnalò in lat. 32°30'N, long. 26°10'E, corrispondente a 54 miglia per 20° da Sidi el Barrani, la formazione britannica che procedeva con rotta 270° e velocità imprecisata nella seguente composizione: una nave da battaglia, due incrociatori e otto cacciatorpediniere. Il numero delle navi e la ripartizione degli incrociatori e dei cacciatorpediniere era esatto, ma la *Breconshire* che, navigava al centro della formazione, fu scambiata per le sue dimensioni per una corazzata.

---

[180] *Ibidem*.

[181] G.G. Connell, *Mediterranean maelstrom. HMS Jervis and the 14th Flotilla*, Londra, William Kimber, 1987, p. 140-141.

Il cacciatorpediniere britannico *Jervis*, unità comando della 14ª Flottigliain in navigazione nel Mediterraneo orientale durante una giornata grigia dell'inverno 1941-1942.

Successivamente, alle 15.05, un altro Cant.Z.1007 bis, il n. 5 della Ricognizione Strategica dell'Egeo, lanciava un segnale ancora più inquietante, poiché trasmetteva la presenza di tre corazzate, tre incrociatori e quattro cacciatorpediniere che, trovandosi in lat. 32°40'N, long. 26°14'E, a nord di Sidi el Barrani, procedevano anch'esse con rotta 270° alla velocità di 20 nodi. Poi, un altro velivolo da bombardamento Cant.Z.1007 bis del 47° Stormo, il n. 3, rettificava la segnalazione del n. 5, trasmettendo che la formazione navale britannica, da lui avvistata in lat. 31°50'N, long. 25°50'E, era costituita da tre incrociatori da 10.000 tonnellate, e sette cacciatorpediniere. Rispetto alle due precedenti segnalazioni, la formazione navale nemica seguiva una rotta spostata verso nord (285°) alla velocità di 20 nodi.

Sebbene fossero disponibili in Egeo otto aerosiluranti S.79 e ben 51 velivoli da bombardamento (43 Cant.Z.1007 bis e 8 S.84), le sfavorevoli condizioni atmosferiche impedirono il loro intervento.[182]

---

[182] ASMAUS, *Diario Storico Aeronautica Egeo 1941*; AUSMM, "Comando in Capo Squadra Navale – Elenco dei telegrammi ricevuti per R.T.", *Scontri navali e operazioni di guerra*, cartella 46.

Un velivolo Cant.Z.1007 bis, il miglior bombardiere italiano che per la sua velocità veniva impiegato anche per la ricognizione strategica sul mare.

Le segnalazioni d'avvistamento dei velivoli italiani dell'Aeronautica dell'Egeo giunsero tempestivamente a Supermarina, il quale ritenne che le unità britanniche fossero uscite da Alessandria con l'evidente scopo di attaccare il convoglio italiano nel Mediterraneo centrale. Ritrasmessa nel pomeriggio all'ammiraglio Iachino, che si trovava ancora a Taranto, questa errata ipotesi non fermò l'operazione M. 42, perché era urgente fare arrivare in Libia i rifornimenti, e perché la composizione della Squadra Navale italiana appariva molto superiore a quello messo in campo dal nemico, anche se esso avesse disposto di una corazzata.

Pertanto, il convoglio delle quattro motonavi e il suo gruppo di sostegno continuarono a mantenere la rotta che avevano assunto alla partenza da Taranto. Lo stesso fecero le tre corazzate della 9ª Divisione Navale, che, dopo aver lasciato il porto la sera del 16, navigavano in linea di fila ed erano precedute in formazione, a 10 miglia dalla *Littorio*, dagli incrociatori pesanti della 3ª Divisione Navale *Gorizia* e *Trento*. La rotta assunta alle ore 21.00 era 156°, come previsto dall'ordine di operazione, e la velocità di 20 nodi. Successivamente, la torpediniera *Lince*, che era fornita di uno dei primi ecogoniometri tedeschi ceduti dalla Kriegsmarine alla Regia Marina e si trovava a 50 miglia al largo di Crotone, ebbe un contatto subacqueo con un sommergibile. Ne segnalò la presenza, e successivamente lo attaccò con le bombe di profondità e, ottimisticamente, trasmise di averlo affondato.

La torpediniera italiana *Lince*.

Nel frattempo però, volendo evitare il sommergibile, che si trovava a 10 miglia a sinistra della rotta tenuta dal convoglio, la rotta di quest'ultimo fu variata per 147°. Quindi, nonostante l'oscurità della notte senza luna portasse le navi a manovrare con particolare attenzione, la formazione cominciò lo zigzagamento, poi cessato alle 01.26 del 17, quando, essendo stato ritenuto che non vi fosse più pericolo, la rotta fu nuovamente cambiata per 160°.

Il sommergibile *avvistato* dalla torpediniera *Lince* era certamente il britannico *Unbeaten* del capitano di corvetta Edward Arthur Woodward. In attesa di un segnalato nuovo convoglio italiano diretto in Libia, l'*Unbeaten* aveva ricevuto l'ordine di mantenere l'agguato in quella zona dello Ionio assieme all'*Urge* e all'*Upright*. Quest'ultimo, che si trovava posizionato presso Capo Colonne, dovendo rientrare a Malta, quello stesso 17 dicembre fu sostituito dal *P 31*. Avendo percepito con l'Asdic le unità italiane, l'*Unbeaten*, alle 22.30 del 16, lanciò il segnale di scoperta, che fu intercettato e decrittato dal gruppo crittografico di Maristat imbarcato sul *Littorio*.[183]

---

[183] Historical Section Admiralty, *Submarines*, Volume II, *Operations in the Mediterranean*, cit., p. 68.

Il sommergibile britannico *Unrivalled*.

Nel frattempo, l'ipotesi della presenza in mare di una corazzata britannica, segnalata dal ricognitore dell'Egeo, sembrò convalidata dalle inesatte interpretazioni del Servizio Informazione Estere di Maristat, che ancora una volta non furono di valido aiuto, anzi quasi sempre servivano a causare confusione. Infatti, già il mattino del 15 dicembre, e quindi quasi trentasei ore prima dell'inizio dell'operazione M.42, l'Ufficio Intercettazioni Estere del Reparto Informazioni di Maristat, tenendo conto delle rivelazioni radiogoniometriche, quasi sempre imprecise, comunicò con il Bollettino n. 338, che il Comando della 1ª Squadra da Battaglia della Mediterranean Fleet risultava ancora in mare nel Mediterraneo orientale, avendo ricevuto alle ore 20.00 del 14 "*un telegramma operativo da Alessandria*"; e pure in mare appariva si trovassero, presso le coste della Marmarica, anche tre o quattro incrociatori.

Tutta questa situazione si riferiva in realtà al rientro in porto della 15ª Divisione Incrociatori del contrammiraglio Vian, che erano uscite da Alessandria per intercettare, arditamente, i convogli della fallita operazione M.41. L'unico fatto
positivo delle intercettazioni di quel giorno informò che aerei di scorta ad un convoglio erano stati inviati a Tobruk all'alba del 15. Il convoglio in questione era, naturalmente, quello costituito dal *Breconshire* e dalla sua scorta, che si apprestavano a lasciare Alessandria per portare a Malta la nafta imbarcata sulla nave ausiliaria.
A contribuire a generale lo stato di allarme seguì alle 22.28 del 16 dicembre, quando le navi italiane avevano lasciato il porto di Taranto, l'inoltro al Comando della 9ª

Divisione Navale del seguente messaggio:[184]

*45637 Maristat (alt) Notiziario 97 (alt) Traffico r.t. conferma presenza Mediterraneo Orientale Unità 1ª Squadra Battaglia et altre Unità già segnalate (alt) (120) Ricognizione aerofotografia conferma presenza Malta due incrociatori tipo ARETHUSA ed altre Unità imprecisate – 180316.*

L'indomani, nel bollettino n. 342 del Servizio Informazioni Segrete (SIS) diramato alle 10.00 del 17 dicembre, era detto: *Dal traffico radiotelegrafico risultano sempre in mare il Comandante la 1ª Squadra da Battaglia"*. Le informazioni, erano completamente errate, poiché, come abbiamo detto, le corazzate britanniche si trovavano in porto ad Alessandria, come avrebbe poi confermato una ricognizione fotografica svolta il mattino del 17 da un velivolo Cant.Z.1007 bis del 47° Stormo Bombardamento Terrestre dell'Egeo.

Evidentemente, le intercettazioni radiotelegrafiche riguardavano trasmissioni fittizie. Come spesso facevano i britannici. Infatti, al sopraggiungere dell'oscurità del 16 dicembre, l'ammiraglio Vian aveva inviato verso oriente l'incrociatore contraereo *Carlisle*, considerato troppo lento per mantenersi in formazione, e due cacciatorpediniere, tra cui il *Kingston* che lamentava difetti alle macchine, con l'ordine di trasmettere in chiaro, alla mezzanotte, numerosi segnali radio che dovevano servire per confondere il nemico. Questo scopo era riuscito perfettamente. Effettuata la trasmissione le tre navi tornarono ad Alessandria, mentre la 15ª Divisione Incrociatori proseguiva per Malta.

L'incrociatore contraereo britannico *Carlisle*.

---

[184] L'informazione precedente di Maristat, ricevuta sul *Littorio* alle 14.20 del 16 dicembre, riferiva: "*Da ricognizione aerea risulta stamani* [a Malta] *tre incrociatori quattro aut cinque cacciatorpediniere. Da traffico r.t. AURORA aut Gruppo in mare (alt) Risultano mare in zona Marmarica una nave da battaglia tre incrociatori et CC.TT. et Incrociatore AJAX et CC.TT. Probabilmente scorta convoglio Haifa-Tobruk (alt) 115816*. La presenza in mare delle navi britanniche era giusta, perché si riferivano a quelle della 15ª Divisione Incrociatori che scortavano la nave ausiliaria *Breconshire* diretta a Malta, e non a Tobruk. Invece, non vi erano in mare le corazzate del 1° Squadrone da Battaglia, e l'incrociatore *Ajax*, la nave ammiraglia della Forza B, che si trovava in arsenale a Malta.

Anche i britannici conoscevano che gli italiani stavano attuando un grosso spiegamento di forze nel Mediterraneo centrale, grazie alla loro efficiente organizzazione crittografica Ultra, le cui informazioni erano a quell'epoca di una continuità e di una precisione impressionante.

Il 16 dicembre l'Ultra portò i Comandi del Mediterraneo a conoscenza che gli italiani avrebbero fatto un altro grosso tentativo per rinforzare le loro posizioni nel Nord Africa. L'indomani la stessa fonte poté dare l'esatta composizione del convoglio salpato da Taranto, con i nominativi delle quattro navi mercantili che lo componevano, la consistenza delle unità presenti nei gruppi di appoggio, ed infine specificò che la motonave tedesca *Ankara* avrebbe raggiunto Bengasi alle ore 08.00 del 18 e gli altri tre piroscafi italiani sarebbero arrivati a Tripoli alle 17.00 dello stesso giorno.

Ricordiamo che, mentre la diramazione degli ordini operativi fra Supermarina e i Comandi Navali e di Dipartimento Navale dislocati nel territorio metropolitano vennero impartiti per telefono segreto (telearmonica), quelli destinati oltremare dovettero essere inviati con telegramma cifrato, usando la Macchina Cifrante tedesca Enigma o svedese C.38, e quindi il sistema di trasmissione che permetteva all'organizzazione crittografica britannica Ultra di conoscere in tempi relativamente brevi i piani degli italiani.

Accadde pertanto che i britannici seppero in anticipo, prima dell'inizio dei movimenti navali riguardanti i convogli e i gruppi di scorta, perché, tra l'altro, intercettarono e decifrarono il seguente fondamentale messaggio 50770, trasmesso da Supermarina alle ore 21.15 della sera del 15 dicembre, e diretto a Marina Tripoli e a Marina Bengasi e per conoscenza al Comando in Capo della Squadra Navale:[185]

*MACCHINA CIFRANTE*

*SUPERMARINA 50770 – Decifrate da solo – Destinatari Marina Tripoli – Marina Bengasi et per conoscenza LITTORIO per Squadra (alt) Riferimento ordine operazione n° 41 di cui dispaccio 28110 corrente 8 (alt) Convogli numero 2 et 3 aboliti (alt) Convoglio numero uno VIVALDI Capo Scorta mantiene itinerario et orario con arrivo 170018 (alt) Motonave ANKARA naviga con convoglio numero uno fino sera 17 poi con 2 C.T. SAETTA capo scorta dirige punto struttura [Bengasi] arrivo 080018 (alt) Confermo disposizioni comma F) su citato dispaccio et contenuto dispaccio 28214 corrente 9 (alt) Informate aerosettori - 195515*

Questo, ed altri messaggi trasmessi impiegando la macchina cifrante, servirono all'Ultra per farsi un'idea sulla situazione, per poi metterne al corrente i Comandi del Mediterraneo. I testi dei due messaggi Ultra, del 16 e del 18 dicembre, erano i seguenti:[186]

1°) *Ci sono indicazioni che un secondo tentativo possa essere compiuto per inviare mercantili nel nord Africa, forse con inizio da oggi* [16 dicembre]. *Le navi disponibili sono, probabilmente, l'ANKARA, il MONGINEVRO, il PISANI e il NAPOLI*

---

[185] AUSMM, *Scontri navali e operazioni di guerra*, b. 46.

[186] Alberto Santoni, Il vero traditore. Il ruolo documentato di ULTRA nella guerra del Mediterraneo, Milano, Mursia, 1981, p. 138.

*diretti a Bengasi e il FILZI e il DEL GRECO che erano originariamente destinati a Tripoli.*[187]

2°) *L'ANKARA scortato dal cacciatorpediniere SAETTA e da un'altra silurante, il PISANI, il MONGINEVRO e il NAPOLI scortati dal cacciatorpediniere VIVALDI e da altri cinque cacciatorpediniere doveva lasciare Taranto verso mezzogiorno del 16. Il primo mercantile dovrà giungere a Bengasi alle 08.00 del 18 e gli altri a Tripoli alle 17.00 del 18. Il convoglio deve essere protetto dalla corazzata DUILIO e dalla 7ª Divisione incrociatori, probabilmente l'AOSTA e l'ATTENDOLO. E' possibile che altre forze navali, inclusa la LITTORIO, possano essere in mare.*[188]

Il testo di questi due messaggi porta alle seguenti considerazioni:

**1°) messaggio**: era completamente sfuggito all'organizzazione crittografica Ultra l'affondamento dei piroscafi *Filzi* e *Del Greco*, avvenuto nel corso dell'operazione M. 41, mentre erano esattamente conosciuti i nomi dei rimanenti quattro mercantili. Anche il siluramento della corazzata *Vittorio Veneto* non era stato rilevato.

**2°) messaggio**: il piano operativo italiano, e gli orari d'arrivo a destinazione delle navi mercantili, erano stati chiaramente individuati, con qualche lacuna nella componente della scorta, poiché la 7ª Divisione Navale disponeva di tre incrociatori, che nel messaggio di Supermarina n. 50770 non erano stati menzionati. Non era chiara, ma soltanto supposta, la presenza in mare di altre forze navali italiane, con la corazzata *Littorio*. Occorre però rilevare che alla diramazione di questo secondo messaggio, i britannici, tramite i loro aerei da ricognizione, conoscevano già bene composizione e posizioni delle forze navali italiane, con le quali, come vedremo, la sera del 17 dicembre si erano scontrate nel Golfo della Sirte.

Due incrociatori italiani della 7ª Divisione Navale in navigazione con mare grosso.

---

[187] Public Record Office (da ora in poi P.R.O.), fondo *ADM 223/31*, dispaccio O.I.C. [Operational Intelligence Centre dell'Ammiragliato britannico] del 16 dicembre 1941.

[188] *Ibidem*, dispaccio O.I.C. del 17 dicembre 1941.

Dei risultati delle informazioni Ultra l'ammiraglio Vian fu messo al corrente la sera del 16 dicembre, quando fu avvertito dal Comandante della Mediterranean Fleet *"che segni di attività nella zona di Taranto facevano prevedere la partenza per i porti del Nord Africa di un convoglio scortato dalla Flotta Italiana"*. Immediatamente, *"Vian richiese al Vice Ammiraglio, a Malta, di far partire tutte le forze reperibili per congiungersi al C.S. 15 [Comandante della 15ª Divisione Incrociatori] e di disporre perché la ricognizione facesse il massimo sforzo"*.[189]

La conferma che le navi italiane erano in mare arrivò per la prima volta al contrammiraglio Vian tramite segnali di scoperta trasmessi nel Golfo di Taranto dal sommergibile *Unbeaten* (capitano di corvetta Edward Arthur Woodward), alle 23.58 del 16 dicembre. Il sommergibile, che come detto era stato scoperto dalla torpediniera *Lince* alle ore 21.00, aveva percepito con l'asdic rumore di turbine dirette a sud, e ne apprezzò la velocità in 14 nodi, per poi trasmettere il segnale di scoperta intercettato dalla *Littorio* e decifrato dal gruppo di crittografi di Maristat. Successivamente un velivolo da ricognizione Maryland del 69° Squadron di Malta, che incrociava a ponente di Navarino, riuscì ad avvistare il gruppo delle corazzate, partito da Taranto. L'aereo, denominato Duty B, segnalò di aver avvistato, alle 10.25 del 17, due navi da battaglia, due incrociatori e sette cacciatorpediniere che procedevano, a bassa velocità e con rotta sud, a circa 150 miglia a nordest delle forze navali britanniche, che si trovavano a nord di Tobruk.

Un velivolo da bombardamento italiano Cant. Z. 1007 bis sorvola nel Mare Ionio gli incrociatori della 7ª Divisione Navale *Eugenio di Savoia* e *Duca d'Aosta*.

All'avvistamento del gruppo di appoggio dell'ammiraglio Iachino non seguì l'individuazione del convoglio che, con la sua potente scorta del gruppo di sostegno, costituita dalla corazzata *Duilio*, dai tre incrociatori leggeri della 7ª Divisione Navale

---

[189] AUSMM, 1ª Battaglia della Sirte. Resoconto inglese", *Scambio notizie con Ammiragliato britannico*.

*Aosta*, *Attendolo*, *Montecuccoli* e da undici cacciatorpediniere, era a circa 60 miglia a ponente del gruppo di appoggio, e quindi dalla parte in cui era ritenuto più probabile la provenienza di un attacco di superficie delle unità della Mediterranean Fleet.

Il velivolo Maryland del 69° Squadron da ricognizione della RAF di Malta con pilota il capitano Adrian Warburton.

La corazzata rimodernata *Duilio*. La sua velocità operativa era di 24-25 nodi (aumentabili in caso di necessità fino a 27-28 nodi), e l'armamento costituito da dieci cannoni da 320 mm e dodici cannoni da 135 mm.

La segnalazione dell'*Unbeaten*, riguardante anch'essa la presenza di unità pesanti italiane, pose il contrammiraglio Vian *"in una posizione molto spiacevole"*, ragion per cui, di fronte alle sue richieste di aiuto, anche il Comandante della Mediterranean Fleet si mise in contatto con il vice ammiraglio Wilbraham Ford, che era il responsabile della Marina britannica a Malta, dandogli l'ordine di far uscire tutte le navi in grado di prendere il mare, per rinforzare la protezione alla *Breconshire*, e di predisporre per la massima ricognizione aerea. Al contrammiraglio Vian fu comunicato che il suo compito principale era quello di assicurare l'incolumità la nave ausiliaria. Soltanto dopo averla lasciata dirigere verso Malta, il Comandante della 15ª Divisione era autorizzato a ricercare il nemico per attaccarlo, se possibile, col siluro.[190]

Sulla sua delusione per essere rimasto ad Alessandria in un momento talmente delicato, l'ammiraglio Cunningham ha scritto nella sua autobiografia:[191]

*Per me la cosa era estremamente irritante. Almeno una parte della squadra da battaglia nemica si trovava in mare, mentre io mi rodevo e mi agitavo di dover restare ad Alessandria perché le corazzate erano costrette all'immobilità dalla mancanza di cacciatorpediniere per la scorta.*

## *I movimenti delle navi italiane nella giornata del 17 dicembre*

Come abbiamo detto nella prima parte di questo lavoro, il segnale di scoperta trasmesso dal sommergibile britannico *Unbeaten* fu intercettato dalla *Littorio*, e rapidamente interpretato dai crittografi di Maristat imbarcati sulla corazzata. Anche il segnale di avvistamento dell'aereo Maryland del 69° Squadron di Malta del capitano Warburton, fu prontamente decrittato dal servizio d'intercettazione a bordo della *Littorio*.

In quel momento le navi della Mediterranean Fleet si trovavano a circa 160 miglia a sud e leggermente a levante della *Littorio*, ragion per cui pur mantenendo, con il gruppo di appoggio, la rotta per 160° assunta alle 08.00 del 17 dicembre, fu necessario prendere la decisione di dirottare il convoglio, per confondere il nemico. Pertanto, l'ammiraglio Angelo Iachino ordinò che al sopraggiungere della notte le navi mercantili del convoglio, che assieme al gruppo di sostegno, avevano seguito le direttrici previste, fossero dirottate provvisoriamente su una rotta più settentrionale, passante a circa 200 miglia a sud-est di Malta.[192]

---

[190] Andrew Browne Cunningham, *L'odissea di un marinaio*", Firenze, Garzanti, 1952, p. 316.
[191] *Ibidem*.
[192] Il complesso del convoglio e della scorta diretta continuavano a navigare alla velocità di 13 nodi, mentre il gruppo di sostegno dell'ammiraglio Carlo Bergamini lo affiancava a distanza, effettuando ampi zigzagamenti alla velocità di 18 nodi. Lo zigzagamento fu brevemente interrotto al mattino, quando il gruppo di sostegno si spinse in avanti alla velocità di 20 nodi, per investigare su un falso allarme determinato da un segnale del cacciatorpediniere *Malocello* sulla presenza di fumo all'orizzonte.

Operazione M.42. Nell'immagine sono visibile le corazzate *Andrea Doria* (mimetizzata con uno schema tipo "Claudus") e *Littorio* (con una colorazione sperimentale "a spina di pesce") riprese da bordo della *Giulio Cesare*.

Lo scambio delle comunicazioni radio diramato dal Comando della Squadra navale e da Supermarina, che a sua volta alle ore 15.21 ordinò di dirottare il convoglio, fu intercettato e decifrato da Ultra quello stesso pomeriggio del 17 dicembre. Diramata ai Comandi del Mediterraneo, la decrittazione portava a conoscenza che alla corazzata *Littorio* era stato segnalato da Roma "*di alterare la rotta del convoglio secondo le necessità*", ed era confermato che i piroscafi "*ANKARA, PISANI, MONGINEVRO e NAPOLI erano stati avvistati alle 16.25 del giorno 17 da un aereo da ricognizione*".[193]

Tuttavia i britannici non poterono sfruttare l'importante informazione. Essa fu diramata all'incrociatore *Neptune* (capitano di vascello Rory O'Conner) che, accompagnato dai due cacciatorpediniere *Kandahar* e *Jaguar* e agendo sulla base della richiesta pervenuta dal contrammiraglio Philip Vian e soprattutto all'ordine impartito dall'ammiraglio Andrew Browne Cunningham, era salpato nel pomeriggio, alle ore 15.00,

---

[193] *Ibidem*, dispaccio O.I.C. del 18 dicembre 1941, parte I, convogli in mare, in Alberto Santoni, *Il vero traditore. Il ruolo documentato da ULTRA nella guerra del Mediterraneo*, Milano, Mursia, 1981 p. 138-139. * L'ammiraglio Carlo Bergamini ha scritto nella sua relazione che l'aereo britannico, con sigla Q6PU, segnalò di aver avvistato il convoglio in due occasioni, alle 15.25 e alle 17.07. I messaggi furono decifrati dai crittografi dislocati a bordo della corazzata *Duilio*, ma il primo dato di avvistamento era sbagliato segnalando le navi spostate di 30 miglia verso nord, ed anche rispetto alla rotta. Il secondo messaggio fornì invece la rotta giusta, ma ancora errata nella posizione e composizione delle navi del convoglio e del gruppo di sostegno. Il velivolo nemico non fu mai avvistato. Una terza segnalazione di un altro velivolo (DR6V), anch'esso non avvistato, che riferiva sulla presenza del convoglio localizzato alle 16.30, era ugualmente errata nella posizione di 15 miglia verso est e nella rotta stimata in 30°. Infine non precisava il tipo e il numero delle unità italiane avvistate. Cfr. AUSMM, "Comando 5ª Divisione Navale, Rapporto di missione", *Scontri navali e operazioni di guerra*, cartella 46.

dal porto della Valletta, per intercettare il convoglio italiano a sud-est di Malta. L'intercettazione, che secondo noi sarebbe risultata molto azzardata per il *Neptune* e i suoi due cacciatorpediniere, visto il divario di forze esistenti nella zona del convoglio, non riuscì, proprio perché il provvidenziale cambiamento di rotta ordinato dall'ammiraglio Iachino, aggiunto agli errori commessi dai ricognitori di Malta sulle posizioni e rotta del convoglio, misero l'incrociatore fuori strada, impedendogli di effettuare un'eventuale e, forse, pericolosissimo attacco notturno.

Come, infatti, risulta da una relazione britannica custodita nell'Archivio Storico della Marina Militare, il *Neptune*, sostenuto da uno speciale velivolo da ricognizione notturna Wellington VIII del 221° Squadron della RAF, dotato di apparato radar ASV di scoperta navale, aveva ricevuto l'ordine di raggiungere alle ore 23.00 del 17 dicembre il punto lat. 32°40'N, long. 16°06'E (circa 30 miglia ed est di Ras Misurata), per poi esplorare verso nord-est con la speranza di incontrare un convoglio nemico diretto a Tripoli. La lat. 32°40'N, long. 16°06'E era l'esatta posizione in cui, secondo gli Avvisi n. 8671 e 8672 di Supermarina, rispettivamente diramati al Comando della Marina Germanica in Italia e a Superaereo alle 01.05 di quel giorno 18, avrebbero dovuto transitare le navi italiane.

Il testo originale dei due avvisi, diramati a firma del Sottosegretario di stato e Capo di Stato Maggiore della Regia Marina, Ammiraglio Arturo Riccardi, e che portavano a conoscenza l'intero schema dell'operazione M 42, era il seguente:[194]

*Si completano le indicazioni circa movimenti forze navali in relazione alla operazione M 42 desunta dall'ordine di operazioni n. 56 di LITTORIO PER SQUADRA (alt) Gruppo LITTORIO da punto lat. 3640 long. 1900 nel quale si troverà alle 070017 dirigerà per S.E. fino alle ore 120017 (alt) Da detta ora salvò necessità operative il gruppo di appoggio proseguirà con direttrice Sud facendo ampi zigzagamenti intorno a tale direttrice e mantenendosi a levante dei convogli (alt) Al mattino del giorno 18 si troverà verso il parallelo 3240 ed il meridiano 1640 per eventuale azione di appoggio (alt) Rientrerà con rotte simili a quelle del gruppo DUILIO (alt) Il gruppo DUILIO alle ore 080018 lascerà il convoglio PISANI ed a velocità di nodi 20 dirigerà per levante fino alle ore 090018 (alt) A tale ora la 7ª Divisione dirigerà verso ponente sino alle ore 100018 con rotta esterna al cerchio pericoloso di Malta mentre il DUILIO incrocerà a levante da questa restando a circa 20 miglia di distanza (alt) Alle ore 100018 salvo eventuali necessità operative la 7ª Divisione ed il DUILIO dirigeranno per riunirsi verso le ore 160018 nella zona compresa fra i paralleli 3320 e 3340 ed i meridiani 1740 e 1800 (alt) A riunione effettuata il gruppo dirigerà per rientrare a Taranto a velocità nodi 20 con rotte a passare a distanza da Malta non inferiore a miglia 190 (alt) Ora prevista di arrivo a Taranto circa 140019 (alt) Qualora il mattino del 18 fossero avvistate in mare le forze di Malta dirette verso Sud la 7ª Divisione dirigerà per intercettarle manovrando in modo da impedire a queste forze l'attacco del convoglio (alt) In tal modo il DUILIO rimarrà fuori del cerchio pericoloso (190 miglia da Malta) in posizione di eventuale appoggio (alt) RICCARDI*

---

[194] AUSMM, *Scontri navali e operazioni di guerra*, cartella 46.

A poppavia della corazzata *Caio Duilio* manovra un cacciatorpediniere della scorta.

Dal momento che i due avvisi furono consegnati a mano, e quindi non trasmessi da Supermarina, è improbabile che l'Ultra ne fosse venuto a conoscenza. Nello stesso tempo, però, l'organizzazione crittografica britannica ebbe modo di intercettare e decifrare un messaggio trasmesso alle 11.18 del 16 dicembre dal Comando in capo della Squadra navale e diramato a Supermarina e ai Comandi di Marina Taranto, Marina Messina, Marina Bengasi e a Marina Tripoli (Marilibia). Poi nel pomeriggio, decrittando un nuovo messaggio (n. 24978) trasmesso alle 1855 da Supermarina a Marina Tripoli, l'Ultra fu in grado di specificare che il convoglio era costituito dai piroscafi *Ankara*, *Monginevro*, *Pisani* e *Napoli*, la sua scorta formata da sei cacciatorpediniere guidati dal *Vivaldi*, e che il gruppo di sostegno comprendeva la corazzata *Duilio*, la 7ª Divisione incrociatori e tre cacciatorpediniere. Tuttavia non veniva ancora specificato quali erano esattamente gli incrociatori, ed era errato il numero dei cacciatorpediniere del gruppo di sostegno dal momento che erano sei.

I testi originali dei due messaggi decifrati da Ultra erano i seguenti:[195]

1°) – *Ci sono indicazioni che un secondo tentativo possa essere compiuto per inviare mercantili nel nord Africa, forse con inizio da oggi. Le navi disponibili sono, probabilmente, l'ANKARA, il MONGINEVRO, il PISANI e il NAPOLI diretti a Bengasi e il FILZI e il DEL GRECO che erano originariamente destinati a Tripoli.*

---

[195] A. Santoni, *Il vero traditore*, cit., p. 138; *Scontri navali e operazioni di guerra*, "Le decrittazioni britanniche e la guerra dei convogli", *Bollettino d'Archivio dell'Ufficio Storico della Marina Militare*, Giugno 1993, p. 52.

2°) – *L'ANKARA scortato dal cacciatorpediniere SAETTA e da un'altra silurante, il PISANI, il MONGINEVRO e il NAPOLI scortati dal cacciatorpediniere VIVALDI e da altri cinque cacciatorpediniere dovranno lasciare Taranto verso mezzogiorno del 16. Il primo mercantile dovrà giungere a Bengasi alle 08.00 del 18 e gli altri a Tripoli alle 17.00 del 18. Il convoglio deve essere protetto dalla corazzata DUILIO e dalla 7ª Divisione incrociatori, probabilmente l'AOSTA e l'ATTENDOLO. E' possibile che altre forze navali, inclusa la LITTORIO, possano essere in mare.*

Occorre dire che la diramazione di rotta ordinata al convoglio, e conseguentemente anche ai gruppi di sostegno e di appoggio, non fu soltanto provvidenziale per sviare la ricerca dell'incrociatore *Neptune*, ma avrebbe poi contribuito a rendere praticamente inattuabile ogni altro tentativo per rintracciare le navi italiane rispetto agli orari e ai punti delle coordinate geografiche fissate negli Avvisi di Supermarina. Il fallimento della missione del *Neptune*. venne anche giustificata con il fatto che gli aerei disponibili a Malta per la ricognizione erano pochi. Pertanto, "*occorreva che le informazioni circa i movimenti del nemico fossero molto accurate*", mentre invece, a giudizio del generale britannico Ian Stanley Ord Playfair, "*non lo furono sufficientemente*".[196]

Occorre dire che la piccola formazione britannica era stata segnalata da un veloce velivolo da foto-ricognizione Mc.202 del 7° Gruppo del 54° Stormo Caccia, che alle 09.20 del 17 aveva individuato il porto di Malta sgombro e due incrociatori e due cacciatorpediniere in prossimità di Marsa Scirocco con rotta verso sud.[197]

Successivamente, alle 18.15, il sommergibile italiano *Squalo* (tenente di vascello Ludovico Grion), avvistò la medesima formazione a 46 miglia per 160° da Malta con rotta 130° e velocità di 28 nodi, ma la segnalò come forza navale imprecisata. Mentre l'avvistamento delle ore 09.20 faceva pensare che quelle navi fossero dirette verso il convoglio italiano, la segnalazione dello *Squalo* denotava invece che la formazione britannica – se effettivamente era la stessa – aveva percorso un ben scarso cammino, rispetto alla segnalazione dell'aereo che risaliva a ben nove ore prima.

Per cercare di menomare le navi da guerra britanniche che si trovavano alla Valletta, il Fliegerführer Sizilien aveva programmato per la tarda serata del 16 dicembre un modesto attacco aereo, a cui parteciparono tre velivoli Ju.88 di un nuovo reparto appena arrivato in Sicilia, il 2° Gruppo del 77° Stormo Bombardamento (II./KG.77), al comando del capitano pilota Heinrich Paepcke. I tre velivoli portarono a termine la missione, attaccando alle 22.30 il porto e la città della Valletta, senza però riuscire a procurare danni alle unità britanniche. Secondo i britannici gli aerei furono, preannunciati arrivare da Nord tra le 22.52 e le 23.31, furono accolti dal fuoco di sbarramento

---

[196] I.S.O. Playfair e altri, *The Mediterranean and Middle East*, vol. III, *British Fortunes reach their Lowest Ebb*, Londra, H.M.S.O., 1960, p. 113.

[197] Nel corso della giornata del 17 dicembre l'Aeronautica italiana della Sicilia impiegò nei compiti di ricognizione diciotto S.79 del 10° Stormo B.T., tre S.84 della 282ª Squadriglia A.S., e quattro Mc.202 del 7° Gruppo del 54° Stormo C.T., questi ultimi impiegati per la foto-ricognizione delle basi aeronavali di Malta. Inoltre, cinque Mc.200 del 54° Stormo C.T. furono impiegati per crociere d'interdizione a est e sudest di Malta, mantenendosi a circa 20 miglia dalle coste meridionali dell'isola.

contraereo, e le loro bombe caddero presso le località di Attard, Poorhouse, e a sud di Marsa Scirocco.

Ju.88 del II./KG.77, il secondo reparto da bombardamento del II Fliegerkorps ad arrivare in Sicilia nel dicembre 1941. Il Gruppo era al comando del capitano Heinrich Paepcke, uno dei più grandi specialisti del bombardamento tedesco, che fu insignito della croce di cavaliere con fronde di quercia. Decedette durante un'incursione contro Malta il 17 ottobre 1942, abbattuto da un caccia Spitfire V del 126° Squadron della RAF.

## *Gli avvenimenti che precederono lo scontro della Sirte*

L'ammiraglio Iachino era stato tenuto al corrente dei movimenti navali britannici fin dal mattino del 16 dicembre, a seguito delle segnalazioni effettuate dai velivoli da ricognizione italiani dell'Aeronautica dell'Egeo e da quelli tedeschi del X Fliegerkorps dislocati a Creta. La navigazione notturna si era svolta senza presentare alcun fatto degno di rilievo. Alle ore 08.00 del 17, giunto nel posto prestabilito dall'ordine di operazione, il gruppo d'appoggio "Littorio" diresse per sudest, in attesa di eventuali avvistamenti di navi nemiche provenienti da levante. La 3ª Divisione, fungendo da gruppo di esplorazione, si manteneva ad una distanza di 10 miglia dalla prora della *Littorio*.

Ricordiamo che a distribuzione delle unità navali del gruppo d'appoggio, quella della partenza da Taranto, era la seguente: Nel gruppo corazzato vi erano, in linea di fila, le navi da battaglia *Littorio* (ammiraglio Angelo Iachino), *Andrea Doria* e *Giulio Cesare*, con i sette cacciatorpediniere delle squadriglie 13ª (*Granatiere, Fuciliere, Bersagliere, Alpino*) e 12ª (*Corazziere, Carabiniere* e *Alpino*) distribuiti in scorta ravvicinata di prora e sul lati. La 3ª Divisione Navale, costituita dagli incrociatori pesanti *Gorizia* (ammiraglio Angelo Parona) e *Trento*, era scortata da 3 cacciatorpediniere della 10ª Squadriglia (*Maestrale, Oriani* e *Gioberti*), che si mantenevano di prora alle due grandi navi.

Nel frattempo cominciavano ad essere avvistati dalle navi del gruppo d'appoggio gli aerei venuti ad assumere la scorta. I primi ad arrivare furono due Ju.88 del Fliegerführer Sizilien, che effettuarono segnali di riconoscimento molto visibili anche a grande distanza. Seguirono velivoli nazionali S.79 e Cant.Z.1007 bis, i cui segnali erano molto meno individuabili di quelli tedeschi. Anche in questo campo, che può apparire marginale, le lacune italiane erano evidenti. Aerei di scorta, isolati o a pattuglie, arrivarono regolarmente anche sul convoglio e il suo gruppo di sostegno, ragion per cui la navigazione diurna si svolse con relativa tranquillità.[198]

Non avendo ancora ricevuto segnalazioni, alle 10.00 l'ammiraglio Iachino ordinò all'incrociatore *Gorizia* di lanciare il suo idrovolante Ro. 43 ( capitano pilota Gastone Mezzetti – tenente di vascello osservatore Bausano), per eseguire una ricognizione verso sudest. Poco dopo, alle 10.24, il Comandante della Squadra navale ricevé la prima segnalazione della giornata da parte di un velivolo Ju.88 del X Fliegerkorps, che alle 09.00 aveva trasmesso l'avvistamento di una corazzata, due incrociatori e dodici cacciatorpediniere, con rotta ovest (270°) a 20 nodi, ad una distanza di 160 miglia verso sud-est rispetto alla posizione in cui si trovava il gruppo delle corazzate italiane.

Il fatto che ci fossero voluti ottantaquattro minuti dall'avvistamento del velivolo tedesco al momento in cui l'informazione, ritrasmessa da Marisudest, arrivò sulla *Littorio* contribuì, come vedremo, a ritardare la possibilità di anticipare l'intercettazione del convoglio britannico, prima del sopraggiungere della notte, da parte del gruppo di appoggio dell'ammiraglio Iachino.

---

[198] AUSMM, "Comando in Capo Squadra Navale, Ufficio del Capo Servizio Aereo, "Rapporto relativo alle operazioni Supermarina N. 41 e Supermarina n. 42", *Scontri navali e operazioni di guerra*, cartella 46.

Operazione M.42, la corazzata *Littorio* in navigazione (pag precedente ) e (sopra) l'armamento contraereo delle mitragliere contraeree Breda da 37 e 20 mm a centro nave, con gli uomini al posto di combattimento.

La segnalazione del ricognitore tedesco era fatta giusto nel momento in cui con il ricongiungimento del convoglio con la Forza K, verificatosi alle 08.00 del 17 dicembre, le navi britanniche – allo scopo di fornire al *Breconshire* la maggiore protezione antisom e antiaerea – alle 09.00 si erano costituite, intorno alla nave ausiliaria, in unica formazione (denominata 6A) di quattro incrociatori e dodici cacciatorpediniere. In quel momento la forza riunita si trovava a 85 miglia per 335° da Apollonia, e procedeva con rotta 265° alla velocità di 16 nodi.

Formavano lo schermo avanzato (vedi cartina a pagina seguente) i cacciatorpediniere della 14ª Flottiglia *Jervis* (capitano di vascello Philip John Mack), *Kipling*, *Nizam*, *Kimberley*, *Havoch* e *Decoy*. Seguivano in linea di fila, al centro della formazione, l'incrociatore *Naiad* (contrammiraglio Philip Vian), la nave ausiliaria *Breconshire*, e l'altro incrociatore della 15ª Divisione *Euryalus*. Poco di poppa a sinistra dell'*Euryalus* vi erano gli incrociatori della Forza K, l'*Aurora* (capitano di vascello William Gladstone Agnew) che aveva di poppa il *Penelope*, mentre, suddivisi in due colonne laterali, i cacciatorpediniere della 4ª Flottiglia *Sikh, Legion, Lance – Maori, Isaac Sweer, Lively* occupavano posizioni poppiere in linea di fila, rispettivamente dietro l'*Euryalus* e dietro il fianco destro del medesimo incrociatore.

È scritto nella relazione britannica:[199]

---

[199] AUSMM, "1ª battaglia della Sirte. Resoconto inglese", *Scambio notizie con Ammiragliato britannico*.

*Questa formazione fu studiata per offrire al BRECONSHIRE la massima protezione contro gli attacchi dei sommergibili e aerosiluranti, come pure per permettere il più efficace fuoco antiaereo contro l'aviazione da bombardamento e dare la possibilità alle singole unità di accostare prontamente qualora forze superiori venissero a contatto diurno.*

*Il piano del contrammiraglio Vian era che, se il contatto fosse avvenuto o fosse giudicato imminente, il BRECONSHIRE, DECOY e HAVOCK si sarebbero dovuti dirigere a Malta, assumendo una rotta meridionale, mentre egli avrebbe portato con le rimanenti unità attacchi diversivi al nemico.*

Sempre alle 09.00 del 17, furono avvistati dalle navi britanniche due velivoli da ricognizione tedeschi, e in seguito altri velivoli che tenevano sotto osservazione la formazione navale britannica. Questa presenza contributi a far aumentare lo stato di vigilanza, anche perché gli aerei nemici, che a un certo momento arrivarono al numero di sei intorno alle navi, seguirono il convoglio per tutta la giornata, senza che fosse possibile contrastarli per mancanza di una scorta di velivoli da caccia. Si aggiunga poi che contemporaneamente all'istante, ore 10.24, in cui l'ammiraglio Iachino riceveva la prima segnalazione sulla presenza delle navi del contrammiraglio Vian, anche quest'ultimo ricevé da un ricognitore notizie sulla presenza del gruppo "Littorio".[200]

---

[200] Historical Section Admiraly, *Mediterranean*, vol. II., cit., p. 220.

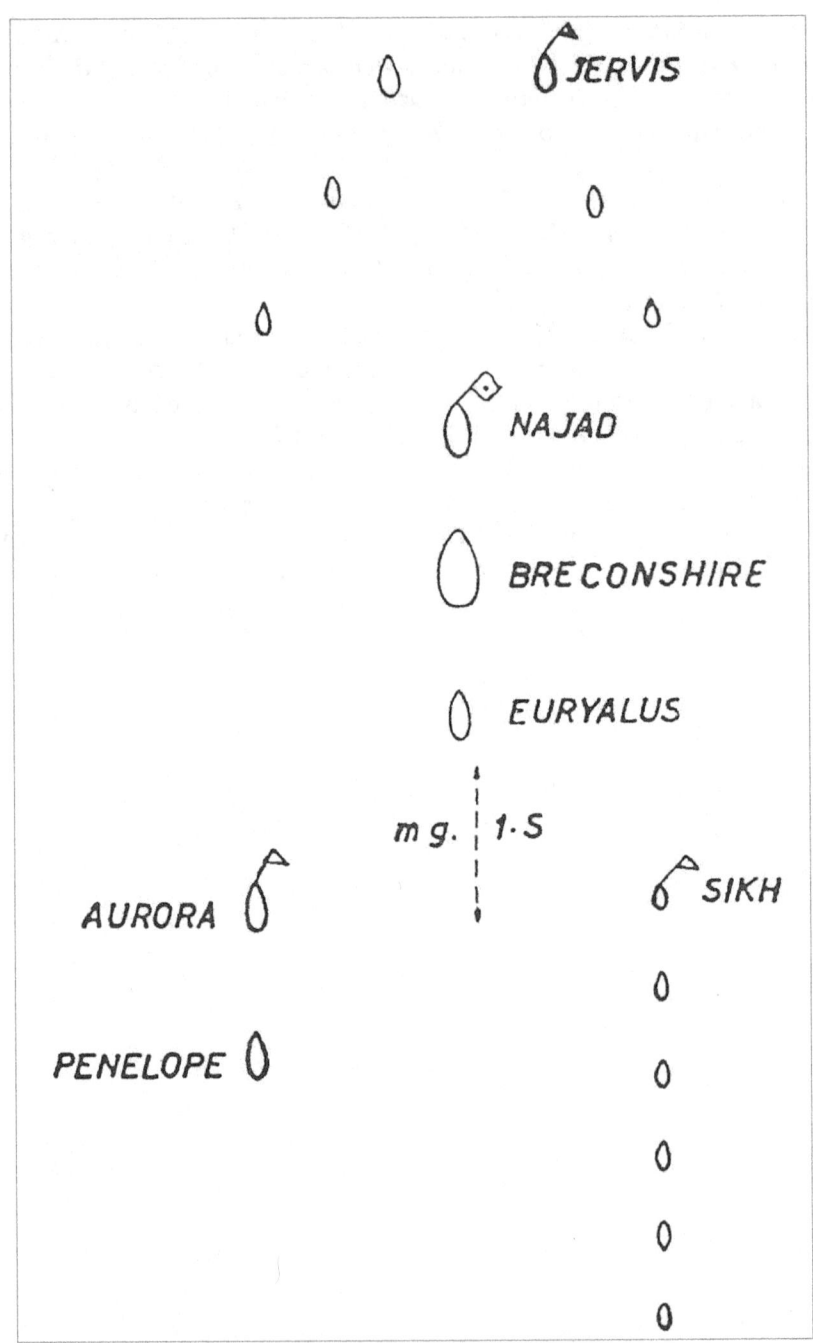

Formazione di marcia delle forze navali britanniche assunta alle ore 09.00 del 17 dicembre 1941

In seguito alla segnalazione del ricognitore tedesco, che aveva comunicato una velocità della formazione britannica di 20 nodi, e quindi superiore a quella effettiva di 16 nodi, all'ammiraglio Iachino si presentò la possibilità di costringere una squadra navale britannica, molto inferiore alla sua, ad affrontare il combattimento. Lo imponeva la situazione tattica, perché arrivare rapidamente al contatto balistico rappresentava, nell'opera di copertura del convoglio, *"il modo migliore per tenere le unità britanniche lontane dai nostri mercantili"*. Pertanto accostò per sud e poi per sud-ovest, assumendo prima rotta 180° e poi 220°, e manovrò verso il nemico aumentando la velocità fino a 24 nodi, che era quasi la massima velocità operativa che potevano sviluppare le corazzate rimodernate *Doria* e *Cesare*. La nave ammiraglia *Littorio* era invece in grado di sostenere la velocità operativa di 28 nodi.

Se il Comandante superiore in Mare avesse avuto la certezza che tra le navi britanniche non vi erano corazzate, avrebbe potuto agire come aveva fatto l'ammiraglio Cunningham nella battaglia di Punta Stilo, quando lasciò indietro le corazzate più lente della sua formazione, per andare al combattimento con la sola *Warspite*.[201]

L'ammiraglio Iachino, pertanto, avrebbe potuto aumentare la velocità della *Littorio* e dei due incrociatori pesanti della 3ª Divisione Navale, *Gorizia* e *Trento*, che si trovavano dalle corazzate ad una distanza di 15.000 metri, in modo da lasciare indietro la *Doria* e la *Cesare* ed arrivare al combattimento molto prima del tramonto.

Nella decisione di mantenere il gruppo corazzato riunito influì, forse, anche il notevole ritardo con cui arrivò alle 10.24 la segnalazione dallo Ju.88 del X Fliegerkorps delle ore 09.00, ritrasmessa da Marisudest. Essa non permise all'ammiraglio Iachino di orientare sul nemico il ricognitore da ricognizione Ro.43, catapultato alle 10.15 dall'incrociatore *Gorizia* che, essendo già in volo verso sudest, avrebbe potuto accertare in anticipo posizione e composizione della squadra britannica.[202]

Ma, poiché il punto di segnalazione trasmesso dall'aereo tedesco era troppo lontano per poter deviare la rotta del velivolo Ro.43, la *Littorio* gli ordinò di spingere la sua ricognizione a sud, per una distanza di 20 miglia. L'idrovolante nel dirigere in direzione della costa africana non fece avvistamenti, ma la sua missione fu ugualmente preziosa perché tranquillizzò il Comando Squadra, dandogli la sicurezza che a nord e a

---

[201] Per la manovra dell'ammiraglio Cunningham in quella che i britannici hanno chiamato *Battaglia della Calabria* del 9 luglio 1940, vedi: Francesco Mattesini, *La battaglia di Punta Stilo*, 2ª Edizione, Roma, USMM, 2001. Francesco Mattesini, *Punta Stilo 9 Luglio 1940 – 80° anniversario della prima battaglia aeronavale della Storia*, Ristampa Edizioni, Santa Rufina di Cittaducale (RI), marzo 2020. Vedi anche, Francesco Mattesini, *Punta Stilo. La prima battaglia aeronavale della storia*, nel sito Academia Edu.

[202] Anche le successive segnalazioni, trasmesse da un velivolo della 5ª Squadra Aerea alle 10.30 e da un ricognitore tedesco alle 09.14, contennero ritardi di oltre due o tre ore, da generare il sospetto *"che tali velivoli non abbiano trasmesso"* in volo , ma *"si siano limitati a comunicare i dati del nemico al loro rientro alle basi"*: Ciò significava, è scritto nel rapporto del Capo Servizio Aereo della Squadra Navale, dover *"lamentare ancora una volta il non perfetto funzionamento del servizio di ricognizione, che dovrebbe essere orientato a mantenere il contatto con il gruppo nemico più importante e fornire informazioni atte a consentire la manovra della Squadra"*. Tempestivi erano invece giudicate le segnalazioni d'avvistamento riguardanti l'uscita da Malta delle unità navali, e quelle trasmesse nella giornata dai velivoli della Ricognizione Strategica dell'Egeo, che però riguardavano movimenti navali secondari, in particolare convogli con TobruK, che si svolgevano nel Mediterraneo orientale. Cfr., AUSMM, "Comando in Capo Squadra Navale, Ufficio del Capo Servizio Aereo, "Rapporto relativo alle operazioni Supermarina N. 41 e Supermarina n. 42", *Scontri navali e operazioni di guerra*, cartella 46.

levante della forza navale segnalata dal ricognitore tedesco non vi erano altre formazioni di navi nemiche provenienti da Alessandria.[203]

Successivamente, come vedremo, le preziose informazioni trasmesse da due ricognitori Ro.43 catapultati dalla *Littorio*, che erano stati inviati a perfezionare l'avvistamento delle navi britanniche, permisero alla potente squadra da battaglia italiana di arrivare in vista del nemico alle 17.53, e ciò al tramonto del sole; ma non servirono, tuttavia, a chiarire la presenza di una nave da battaglia segnalata dagli aerei terrestri, perché la nave ausiliaria *Breconshire* continuò ad essere scambiata dagli osservatori degli idrovolanti imbarcati per una corazzata. Anche gli aerei tedeschi continuarono a commettere gli stessi errori, poiché alle 12.53 fu consegnato all'ammiraglio Iachino un messaggio, proveniente dal X Fliegerkorps, in cui era riportato: *"Alle 0914 in lat. 34°10' long. 20°50' una corazzata due incrociatori pesanti un incrociatore leggero dodici cacciatorpediniere rotta prevalente ovest alta velocità 18 sino 23 nodi"*.[204]

La presenza di una sola nave da battaglia nelle formazione britannica, sulle tre che si ritenevano efficienti nella Mediterranean Fleet, appariva poi confermata dal fatto che alle ore 12.56 arrivò a Iachino un messaggio Papa (precedenza assoluta sulle precedenze assolute) di Supermarina trasmesso dalla stazione radio di Marina Messina al Comando Squadra in cui si affermava: *"Supermarina – ore 11.15 Aereo Ricognizione Egeomil Rodi visto porto Alessandria due navi da battaglia – 123617"*.[205]

Quindi mancava una corazzata che, secondo un giusto ragionamento, non poteva essere che quella avvistata in mare. In realtà, lo ripetiamo, le navi da battaglia disponibili nella Mediterranean Fleet erano soltanto due (*Queen Elizabeth* e *Valiant*), e si trovavano entrambe ad Alessandria, e da parte dell'Asse non si immaginava che la *Barham* fosse stata affondata.

L'avvistamento era poi confermato ad Alessandria, senza ombra di dubbio, dalle fotografie scattate dal ricognitore dell'Egeo, un Cant.Z.1007 bis del 47° Stormo Bombardamento Terrestre, rientrato alla base dopo essere stato colpito dalle schegge dell'artiglieria contraerea, ed essendo sfuggito a numerosi velivoli da caccia che si trovavano in volo sull'obiettivo.[206]

Sulla presenza in mare della presunta nave da battaglia, che finì per condizionare la manovra del gruppo d'appoggio, l'ammiraglio Iachino ha scritto col senno di poi:[207]

*Tutte le informazioni sulla composizione del gruppo nemico davano per certo che esso contenesse almeno una nave da battaglia. Non sapevamo quindi che stavamo per affrontare una forza navale composta esclusivamente di incrociatori e cacciatorpediniere, e credevamo invece di doverci misurare con unità di tipo uguale al nostro.*

---

[203] AUSMM, "Comando in Capo della Squadra Navale, Rapporto di missione – Operazione M 42- - 16 – 17 – 18 – 19 Dicembre 1941-XX" , *Scontri navali e operazioni di guerra*, cartella 46.

[204] AUSMM, *Scontri navali e operazioni di guerra*, "Comando in Capo Squadra Navale – Messaggi in arrivo", cartella 46.

[205] *Ibidem.*

[206] ASMAUS, *Diario Storico Aeronautica Egeo 1941.*

[207] Angelo Iachino, *Le due Sirti. Guerra ai convogli in Mediterraneo*, Milano, Mondatori, 1953, p. 113 -114

*Questo errore di apprezzamento nella relatività delle forze in presenza ebbe effetti sfavorevoli durante quella giornata poiché vincolò il gruppo delle nostre corazzate a una velocità inferiore alla massima che avrebbe potuto sviluppare il LITTORIO, se isolato. Se avessimo saputo fin da principio che il gruppo nemico non conteneva corazzate, che anzi, per la presenza di un piroscafo, non poteva superare la velocità di 16 nodi, la nostra manovra di avvicinamento avrebbe potuto essere diversa e molto più rapida. Avremmo potuto infatti, fin dal mattino, formare un gruppo veloce col LITTORIO, il GORIZIA e il TRENTO, e distaccarlo alla ricerca del nemico alla velocità di 28 nodi, il che gli avrebbe consentito di raggiungerlo almeno un'ora prima del tramonto, in condizioni assai più favorevoli per trarre risultati concreti dal combattimento.*

Per meglio comprendere la titubanza di Iachino a manovrare verso il nemico con la sola *Littorio* e i due incrociatori pesanti *Gorizia* e *Trento*, occorre fare una considerazione. E' quasi opinione corrente, tra gli storici navali, che dopo il disastro di Capo Matapan l'ammiraglio doveva essere sostituito nel Comando della Squadra navale. Ma l'ammiraglio Riccardi non lo propose e il capo del governo, Benito Mussolini, a cui spettava la decisione, non lo fece; anzi in un colloquio tenuto a Palazzo Venezia alla fine di marzo del 1941, presente il Capo di Stato Maggiore della Marina, il Duce disse a Iachino che attendeva da lui al più presto una rivincita. Fu, secondo noi, un errore fondamentale, derivante da una decisione molto bonaria di un mediocre condottiero militare, quale era Mussolini, che altri capi di governo non avrebbero commesso, come dimostrano le radicali decisioni prese da Churchill, da Hitler, da Stalin, e da Roosevelt, nei confronti anche dei più prestigiosi generali e ammiragli, che avendo fallito malamente gli incarichi affidati non ebbero assegnata una prova di riparazione.

L'esperienza di Matapan costituì un vero dramma per l'ammiraglio Iachino, l'"*angelo biondo*", che era ritenuto nell'ambito della Marina l'ufficiale comandante più capace e carismatico della flotta, e quindi praticamente inamovibile. La sconfitta del 28 marzo 1941 non fu mai assorbita, e parecchi errori di valutazione che l'ammiraglio aveva commesso in quel triste episodio, minando il suo equilibrio di valutazione, si ripeterono, e non poteva essere altrimenti, nei due anni seguenti, quando ormai si sussurrava negli ambienti navali italiani che fosse anche un capo poco fortunato, e qualcuno si azzardò anche a dire che portava iella.

Sulla perplessità dell'ammiraglio Iachino in quella che è passata alla Storia come battaglia della Prima Sirte, e sulla sua difficoltà di fare un logico apprezzamento della situazione, perché sempre timoroso di dover affrontare un nemico che riteneva potesse essere a lui potenzialmente superiore, l'ammiraglio Aldo Cocchia, è stato molto chiaro, scrivendo:[208]

*Il comandante in capo italiano, mentre non seppe mai che le forze navali avversarie erano vincolate ad una preziosa nave mercantile, pensò costantemente di dover essere pronto a battersi contro una nave da battaglia armata con 381 e forse anche contro più di una poiché niente poteva escludere che l'unica corazzata avvistata fosse seguita a distanza, come talvolta era già avvenuto, da altre non rilevate dalla*

---

[208] Aldo Cocchia, *La difesa del traffico con l'Africa Settentrionale. Dal 1° ottobre 1941 al 30 settembre 1942*, Volume 2°, USMM, Roma, 1962, cit., p. 197.

*ricognizione aerea. Nel rapporto di missione dell'ammiraglio Iachino l'apprezzamento della situazione è sempre fatto considerando la presenza <u>effettiva</u> di una nave da battaglia, e <u>probabile di più di una,</u> nella linea avversaria e soprattutto senza mai supporre che la forza navale britannica avesse lo scopo di proteggere una propria nave mercantile.*

D'altronde il timore di dover si trovare a fronteggiare più di una nave da battaglia nemica, e che si ripetesse l'equivoco della giornata di Matapan, è stato confermato dallo stesso ammiraglio Iachino. Fin dal momento della partenza da Taranto, egli dubitò, al pari di Supermarina, sull'esattezza delle informazioni fornite dall'aereo tedesco che il giorno 16 dicembre aveva segnalato una sola corazzata nella formazione navale avvistata. E nel dopoguerra scrisse:[209]

*L'aereo aveva visto una sola nave da battaglia; ma non era la prima volta che gli avvistamenti erano stati incompleti, e sembrava tanto più probabile che fossero uscite tutte le tre corazzate di Alessandria (ripeto che non sapevamo ancora che la BARHAM era affondata), tanto più che la scorta di otto cacciatorpediniere sembrava più giustificata per questa ipotesi, che non per scortare una nave da battaglia e due incrociatori.*

"*Questo preconcetto* – ha commentato l'ammiraglio Romeo Bernotti – *ebbe effetto determinante sull'impiego delle forze*".[210] Ed è anche da supporre che, in queste condizioni di incertezza, le istruzioni impartite da Supermarina al Comandante della Flotta fossero state di non correre rischi, e di mantenere la sua potente flotta tutta riunita.

Come era sua abitudine di scaricare negli altri parte dei suoi errori di valutazione, l'ammiraglio Iachino accusò gli ufficiali osservatori dei suoi ricognitori di non averlo aiutato, in fase pretattica, nella scelta delle decisioni, perché, indubbiamente, indicarono nelle navi nemiche tenute sotto controllo una velocità superiore a quella che potevano sostenere, in convoglio, le normali navi mercantili. Tutto questo servì ad avvalorare la presenza di almeno una nave da battaglia della Mediterranean Fleet, armata con cannoni da 381 mm. E poiché, per decisioni di Supermarina presa all'inizio del 1941[211], e condivisa da Iachino, il combattimento alla pari (uno contro uno) era da vietare assolutamente, la *Littorio* continuò a navigare a velocità moderata, in formazione con le più lente corazzate *Andrea Doria* e *Giulio Cesare*.

---

[209] Angelo Iachino, *Le due Sirti*, cit. p. 94.

[210] Romeo Bernotti, *Storia della guerra nel Mediterraneo (1940-43)*, Roma, Vito Bianco, 1959, p. 195.

[211] Francesco Mattesini, *Corrispondenza e direttive tecnico-operative di Supermarina*, vol. 2°, tomo 2°, AUSMM, doc. 53, 54 e 55, p. 189-195.

La corazzata *Giulio Cesare* in navigazione durante l'Operazione M.42 o M.43 che si svolse nel gennaio 1942.

Ma vediamo ora come realmente si svolse la manovra per intercettare le navi del contrammiraglio Vian, che per tutto il pomeriggio continuarono ad essere tallonate dai ricognizione dell'asse, compresi i due Ro. 43 catapultati dalla *Littorio* che fornirono le informazioni più utili per indirizzare la manovra della flotta italiana.

Una prima segnalazione, però particolarmente imprecisa, arrivò alle 12.53 dall'aereo n. 1 della *Littorio* (capitano pilota Lucio Scarpetta – tenente vascello osservatore Franco Micali Baradelli), che catapultato alle 11.45, trasmise: "*Ore 1240 in lat. 34°30', long. 19° 25' una nave da battaglia rotta 245° velocità 20 nodi*". In base a quest'informazione, che rendeva il Comando Squadra alquanto perplesso perché la posizione della corazzata risultava a 60 miglia di distanza dalla *Littorio*, e quindi molto più vicina al gruppo navale nemico precedentemente segnalato, alle 13.02 l'ammiraglio Iachino trasmise alle navi del gruppo corazzato di accostare per sud (180°), e ordinò di prepararsi per il combattimento. Ma poi, inaspettatamente, alle 13.13 arrivò la rettifica dell'idrovolante Ro.43 che, annullando il segnale di scoperta, trasmetteva trattarsi di una nave ospedale nazionale in rotta verso l'Italia. Con grande delusione, fu allora annullato il segnale "*preparativi al combattimento*", e la Squadra Navale tornò verso nord-ovest, accostando per 220°.[212]

Trascorse poco meno di un'ora poi, alle 14.08, il medesimo aereo n. 1 della *Littorio* segnalò la presenza di un complesso navale, avvistato alle 13.40 in lat. 33°57'N, long. 19°15'E, e costituito da una nave da battaglia, quattro incrociatori e tredici cacciatorpediniere, che procedeva con rotta 300° alla velocità di 22 nodi, che l'ammiraglio Iachino considerò "*un poco eccessiva quale velocità di resistenza di una nave da battaglia Inglese*". Tuttavia, scrisse nella sua "*Relazione sintetica*", che tale velocità "*poteva essere giustificata se il nemico aveva conoscenza del nostro convoglio*

---

[212] AUSMM, "Comando in Capo della Squadra Navale, Rapporto di missione – Operazione M 42 – 16 – 17 – 18 – 19 Dicembre 1941-XX", *Scontri navali e operazioni di guerra*, cartella 46.

*in mare e intendeva attaccarlo al più presto, come anche la rotta assunta (300°) sembrava confermare.*[213]

Ricordiamo che la rotta 300° era alquanto errata, poiché le navi del contrammiraglio Vian dirigevano ad ovest per parallelo.

L'errore fu però subito rettificato dall'osservatore del medesimo idrovolante, che alle 14.16 segnalava esattamente la rotta del nemico per 270°, confermando però l'errata velocità di 22 nodi.[214]

In seguito a questa segnalazione del ricognitore n. 1, che sembrava confermare la presenza delle navi nemiche avvistate tre ore prima dall'aereo tedesco, alle 14.47 la *Littorio* catapultò l'idrovolante n. 3, con pilota il maresciallo Bissi. L'ordine, personalmente impartito dall'ammiraglio Iachino all'ufficiale osservatore, Domenico Ravera – capo servizio osservazione del Comando Squadra – era quello di ricercare, e trasmettere notizie, sulla formazione navale britannica avvistata dal precedente Ro. 43, il n. 1.

In attesa di nuove notizie sul nemico, la rotta del gruppo da battaglia non fu variata, come sarebbe stato logico volendo al più presto affrontare una squadra nemica che, almeno inizialmente, sembrava stesse dirigendo ad alta velocità verso il convoglio. Ma si deve anche ritenere che il Comandante della Squadra Navale, non conoscendo ancora bene quale fosse la situazione del nemico, non avesse nessuna intenzione di allontanarsi troppo dal convoglio, che stava proteggendo.

---

[213] Francesco Mattesini, *Corrispondenza e direttive tecnico operative di Supermarina*, vol. 2°, tomo 2°, cit., doc. 519, p. 1243-1244. * Nel suo rapporto di missione, trasmesso a Supermarina il 17 gennaio 1942 con numero di protocollo 249/S.R.P., l'ammiraglio Iachino ribadì: "*La velocità segnalata di 22 nodi sembrava invero un poco eccessiva quale velocità di resistenza di una nave da battaglia Inglese, ma poteva essere giustificata se il nemico aveva conoscenza del nostro convoglio in mare e intendeva attaccarlo al più presto, come anche la rotta assunta (300°) sembrava confermare. Date le nostre posizioni relative, non vi era la necessità di mutare la nostra rotta e la nostra velocità, che erano già quelle più adatte per frapporci col gruppo LITTORIO tra il nemico e il convoglio*".

[214] AUSMM, "Comando in Capo della Squadra Navale, Rapporto di missione – Operazione M 42- - 16 – 17 – 18 – 19 Dicembre 1941-XX", *Scontri navali e operazioni di guerra*, cartella 46.

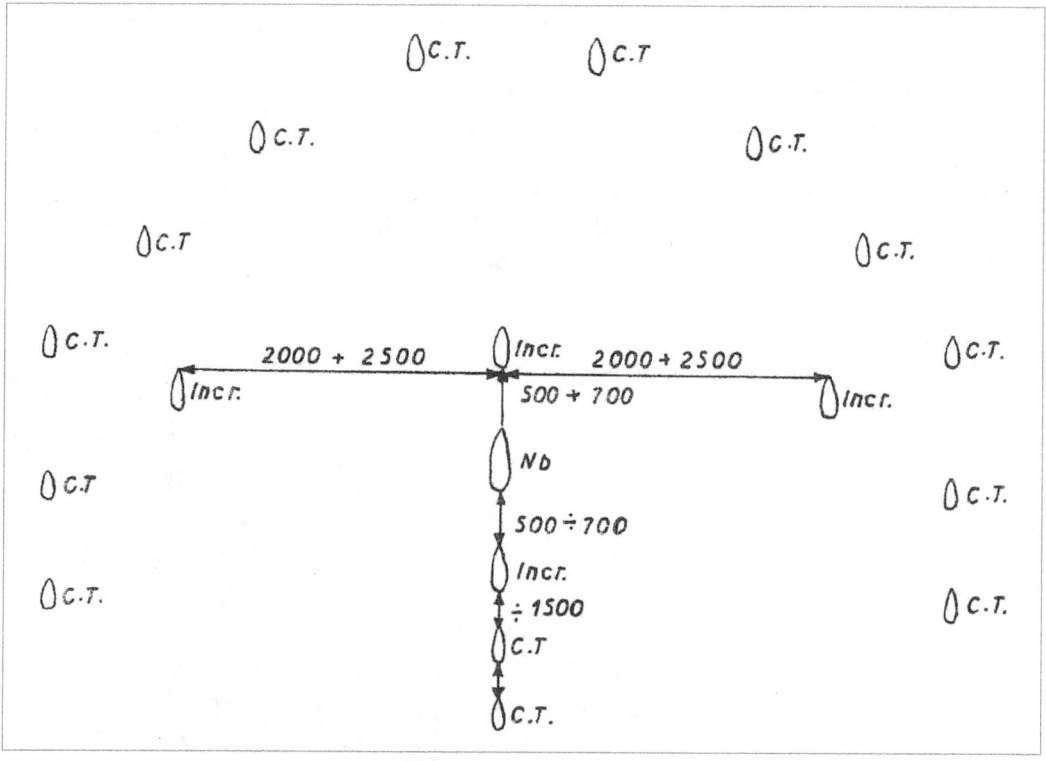

Formazione di Marcia del convoglio britannico, rilevata dall'idrovolante Ro.43 n. 1 della corazzata *Littorio* alle ore 13.40 del 17 dicembre 1941.

In effetti, l'ammiraglio Iachino giustificò la sua decisione di non apportare cambiamenti di rotta, dopo le segnalazioni del ricognitore che riportava le rotte nemiche prima per nord-ovest e poi per ponente, scrivendo nella sua "*Relazione sintetica*" quanto segue:[215]

> *Questo fatto ci metteva in imbarazzo perché, pur assicurandoci che il nemico non sarebbe mai riuscito a raggiungere indisturbato il convoglio, ci faceva temere di non poterlo impegnare in combattimento prima del calar della notte D'altra parte, non essendo noi in grado di aumentare di velocità oltre i 24 nodi (il DORIA comunicava, a mia richiesta, che la sua velocità massima di nave isolata era di soli 25 nodi), ogni cambiamento di rotta non poteva che peggiorare la nostra situazione. Ho perciò continuato a correre per Rb. 220, disponendo la 3ª Divisione a 10 miglia di distanza sul rilevamento 180.*

In realtà, come risulta dalle relazioni, la distanza della 3ª Divisione Navale aumentò fino a raggiungere i 16.000 metri dalla prora della *Littorio*.

Alle 15.17, dopo che la corazzata *Doria* aveva sparato, per errato riconoscimento, tre salve da 90 mm contro uno degli aerei di scorta tedeschi,

---

[215] *Ibidem*, doc. 519, p. 1244.

dall'idrovolante Ro. 43 n. 1° della *Littorio* arrivò la segnalazione che alle 14.45 due incrociatori e dieci cacciatorpediniere si erano staccati dal grosso della formazione britannica, e dirigevano con rotta 240° alla velocità di 25 nodi. Poi, mentre il ricognitore n. 1, avendo ultimato il suo compito, dirigeva per ammarare a Bengasi, alle 15.53, arrivò la prima segnalazione dell'idrovolante n. 3 del comandante Ravera, indicante che la forza britannica, costituita da una nave da battaglia, quattro incrociatori e dodici cacciatorpediniere, dirigeva per 240° alla velocità di 20 nodi. Quest'ultima fu poi rettificata, con successivo messaggio, in 18 nodi.[216]

Durante un attacco aereo i serventi ad una mitragliera binata Breda da 20 mm di una silurante puntano l'arma verso il cielo

La composizione numerica delle unità britanniche era sostanzialmente esatta, tranne il fatto che la nave ausiliaria *Breconshire* veniva nuovamente ritenuta una corazzata dall'osservatore dell'idrovolante; errore, ha scritto l'ammiraglio Iachino, *"spiegabile col fatto che il BRECONSHIRE era un grosso piroscafo le cui dimensioni non differivano molto da quelle di una nave da battaglia; inoltre esso aveva la mimetizzazione esterna, e molte altre caratteristiche più simili a quelle delle unità militari che a quelle dei mercantili. La velocità di 16 nodi era poi insolita per un piroscafo"*.[217]

---

[216] AUSMM, "Comando in Capo della Squadra Navale, Rapporto di missione – Operazione M 42 – 16 17 – 18 – 19 Dicembre 1941-XX", *Scontri navali e operazioni di guerra*, cartella 46.
[217] Angelo Iachino, *Le due Sirti*, cit., p. 102.

Alle 15.43 un segnale del cacciatorpediniere *Oriani* (capitano di fregata Vittorio Chinigò), indicante fumo all'orizzonte, fece battere nuovamente, sulle unità della squadra, il posto di combattimento. L'ammiraglio Iachino, che aveva stimato di arrivare al contatto balistico verso il tramonto, si era convinto di aver agganciato il nemico prima del previsto, ma ne restò deluso perché due minuti dopo, alle 15.45, l'*Oriani* annullò l'avvistamento.

Nei minuti seguenti arrivarono altre due segnalazioni dall'idrovolante n. 1, indicanti che il complesso nemico si trovava sotto attacco aereo, e che la sua rotta era 285° e la velocità di 16 nodi. Poi, alle 16.00, anche l'incrociatore *Trento* catapultò il suo ricognitore Ro. 43 (sergente maggiore pilota Dante Biondi – sottotenente di vascello osservatore Michele La Rosa). Dodici minuti dopo, alle 16.12, l'idrovolante n. 1 della *Littorio* segnalò che le forze navali britanniche accostavano per 220° aumentando la velocità. Ritenendo che il nemico avesse ricevuto informazioni del gruppo di sostegno italiano, *"e manovrasse per evitare il contatto tattico"* con esso allo scopo di tagliarli la rotta, l'ammiraglio Iachino fece accostare le sue navi per 180°, e ordinò alla 3ª Divisione di portarsi alla distanza di 5.000 e sul rilevamento 90° dalla *Littorio*, lasciando i cacciatorpediniere della 10ª Squadriglia nella posizione in cui si trovavano, a 10 miglia dalla corazzata. Nella sua *"Relazione sintetica"*, Iachino a riferito di aver ordinato alla 3ª Divisione di ripiegare immediatamente verso la *Littorio*, non appena avesse avvistato il nemico, e ciò allo scopo di non interferire nel tiro delle corazzate.[218]

In seguito ad una comunicazione del 1° Direttore del Tiro della *Littorio*, che riportava *"alcune ombre all'orizzonte su brandeggio 352"*, alle 16.21 i cacciatorpediniere della 12ª e 13ª Squadriglia, che scortavano le corazzate, ricevettero l'ordine *"di portarsi nelle posizioni stabilite per il combattimento"*; ossia disposte in due gruppi, ai lati delle navi da battaglia, in modo da non interferire con il loro tiro e, nel contempo, essere pronte a contrattaccare i cacciatorpediniere nemici, in qualunque direzione di provenienza.

Quindi, alle 16.27 la squadra da battaglia accosto nuovamente per sud; manovra che, volendo guadagnare tempo per arrivare al contatto balistico, l'ammiraglio Iachino avrebbe potuto ordinare più di due ore prima, dopo aver ricevuto, alle 14.18, la prima segnalazione di avvistamento delle navi nemiche da parte del ricognitore n. 1 del *Littorio*. In tal caso sarebbe stato anche necessario riportare la velocità da 20 a 24 nodi.

Fu a questo punto che intervenne Supermarina, comunicando al Comandante superiore in Mare e per conoscenza al Comandante della 5ª Divisione ammiraglio Bergamini:[219]

*SUPERMARINA... - Destinatario LITTORIO per Squadra et per conoscenza DUILIO per Divisione (alt) Se ritenete non poter impegnare nemico di giorno esaminate possibilità temporanea inversione rotta del convoglio – 152117.*

Secondo l'ammiraglio Iachino il telegramma di Supermarina doveva essere interpretato come *"l'autorizzazione, anzi il suggerimento di fare inversione di rotta"*, e quindi, in pratica, secondo la nostra opinione, di evitare il combattimento notturno.

Subito dopo un mezzo pasticcio fu commesso dall'idrovolante del *Trento*. Catapultato col compito di dare notizie del nemico fino al limite dell'autonomi, si era

---

[218] Francesco Mattesini, *Corrispondenza e Direttive tecnico operative di Supermarina*, vol. 2°, tomo 2°, doc. 519, p. 1244.

[219] *Ibidem*, doc. 519, p. 1245.

dapprima diretto verso sud, poi ad ovest ed infine a nord, finendo per avvistare il gruppo "Littorio" alle 16.29. L'ufficiale osservatore, sottotenente di vascello Michele La Rosa, che evidentemente aveva scarsa attitudine al riconoscimento delle navi italiane, le scambiò per nemiche. Commise però anche un errore di individuazione e di rotta, perché segnalò quella formazione come comprendente una nave da battaglia, due incrociatori e quattro cacciatorpediniere. Gli altri tre cacciatorpediniere, che si trovavano sul lato opposto della linea delle corazzate, non furono individuati. La trasmissione del Ro.43, che avrebbe potuto generare perplessità nel Comando della Squadra navale, non fu intercettato dalla *Littorio*, mentre è possibile lo sia stato dalle navi del contrammiraglio Vian, aumentandone lo stato di allarme.[220]

Tra le 16.33 e le 16.42 arrivarono sul *Littorio* altre due segnalazioni dell'idrovolante Ro.43 n. 3, secondo le quali il nemico aveva variato la rotta dapprima per 220° e poi, direttamente a sud, per 180°. Era evidente che le navi britanniche tentavano di evitare di essere intercettate dal gruppo corazzato italiano, il quale, dimostrando di non aver fretta, alle 16.48 ridusse la velocità a 20 nodi. Successivamente i cacciatorpediniere della 12ª e 13ª Squadriglia ebbero l'ordine di assumere le posizioni di scorta ravvicinata alle navi da battaglia, e infine, alle 17.05, tutte le navi cessarono il posto di combattimento.

In quel momento gli incrociatori della 3ª Divisione Navale avevano nuovamente aumentato le distanze dalla *Littorio*, e preceduti dai tre cacciatorpediniere della 10ª Squadriglia (*Maestrale, Oriani, Gioberti*) si trovavano a 10.000 metri di prora alla corazzata, su rilevamento 180°. Essi potevano essere mandati ancora più avanti per anticipare l'avvistamento del nemico, ma l'ammiraglio Iachino non le fece "*nel timore che si trovassero da soli a combattere contro un nemico decisamente superiore. Ed aggiunse:*[221]

*Ero infatti sempre convinto che il gruppo inglese comprendesse almeno una corazzata; in tali condizioni non c'era, secondo me, niente di meglio da fare che rimanere con tutte le mie unità riunite fino al momento del contatto tattico, in modo da poter impegnare il nemico con le nostre forze corazzate preponderanti.*

Ed era questo realmente, nella grande prudenza tattica del Comandante superiore in Mare, il motivo per cui egli non tento di guadagnare tempo, lasciando indietro le due corazzate più lente del suo gruppo da battaglia, e non permettendo agli incrociatori della 3ª Divisione Navale di prendere contatto con il nemico. Quindi, per sua scelta, ancora una volta discutibile, l'ammiraglio Iachino rinunciò ad avanzare con la poderosa e veloce *Littorio* e i due incrociatori pesanti *Gorizia* e *Trento*, per tentare di anticipare il contatto con il nemico prima del tramonto, ben sapendo di dover affrontare al massimo soltanto una presunta vecchia corazzata e qualche incrociatore leggero.

---

[220] AUSMM, "Comando in Capo Squadra Navale, Ufficio del Capo Servizio Aereo – Rapporto relativo alle Operazioni Supermarina n. 41 e Supermarina n. 42", *Scontri navali e operazioni di guerra*, cartella 46.
[221] Angelo Iachino, *Le due Sirti*, cit., p. 106.

L'incrociatore pesante *Gorizia* alla fonda nel porto di Messina. A prora del *Gorizia* il suo idrovolante da ricognizione Ro.43.

Analizzando le manovre ordinate dall'ammiraglio Iachino, arriviamo alle seguenti considerazioni. Inizialmente, basandosi sull'erronea velocità della formazione britannica di 20 nodi e sulla rotta di impatto che avrebbe assunto il nemico, il Comandante superiore in Mare ritenne che il contatto balistico fosse imminente. Ragion per cui, preparandosi al combattimento, aveva fatto assumere agli incrociatori e alle corazzate della 3ª e della 9ª Divisione Navale, e ai loro cacciatorpediniere di scorta, lo schieramento più adatto per affrontare il cimento nelle migliori condizioni tattiche. Poi, visto che non riusciva a prendere contatto con il nemico, segnalato dai ricognitori diretto a sud a 20 nodi, cominciò a dubitare di potervi riuscire prima del calar della notte. Ne conseguirono la fine del posto di combattimento, la riduzione di velocità a 20 nodi, e l'aumento delle misure difensive, che comportavano una più adeguata scorta ravvicinata alle corazzate da parte dei cacciatorpediniere.[222]

Successivamente, basandosi sull'erronea velocità della formazione britannica di 20 nodi e sulla rotta d'impatto che avrebbe assunto il nemico, nelle prime ore del pomeriggio, per dati trasmessi dal ricognitore n. 3 della *Littorio*, l'ammiraglio Iachino ritenne che il contatto balistico fosse imminente. Pertanto, preparandosi al combattimento, egli fece assumere agli incrociatori e alle corazzate della 3ª e della 9ª Divisione Navale, e ai loro cacciatorpediniere di scorta, lo schieramento più adatto per affrontare il cimento nelle migliori condizioni tattiche. Poi, visto che non riusciva a prendere contatto con il nemico, cominciò a dubitare di potervi riuscire prima del calar della notte. Mancava soltanto un'ora al tramonto, e Iachino motivò la sua decisione di diminuire la velocità e sospendere il posto di combattimento, scrivendo: *"e inutile, anzi dannoso continuare a*

---

[222] Aldo Cocchia, *La difesa del traffico con l'Africa Settentrionale*, vol. 2°, USMM, cit., p. 201.

*navigare verso sud alla massima velocità allontanandoci sempre più dal convoglio, e lasciandolo così esposto a pericolose incognite.*[223]

La manovra di avvicinamento e le perplessità del comandante superiore in mare, sono state descritte in modo ben più dettagliato, nella "*Relazione sintetica*", dallo stesso ammiraglio Iachino:[224]

*Siamo così tutti pronti per l'imminente contatto con il nemico e già le bandiere di combattimento si sfrangiano al vento fresco di libeccio, quando l'aereo del LITTORIO segnala, alle 16.40, che il nemico ha accostato anche lui per 180° alla velocità di 20 nodi. Il tramonto è fra un'ora e non è certo possibile, con quattro soli nodi di vantaggio sulla velocità, sperare di raggiungere il nemico prima di notte. Ci rassegniamo quindi, scoraggiati, a rinunciare al combattimento; alle 16.50 si diminuisce la velocità a 20 nodi, essendo inutile, anzi dannoso, allontanarsi troppo dal convoglio, e si batte la ritirata al posto di combattimento. Le unità vengono disposte nuovamente in linea di fila.*

*Alle 17.00 il servizio di intercettazione estera ci comunica che un aereo da ricognizione di Malta ha avvistato il nostro convoglio: non mi pare prudente perciò che esso continui a mantenere inalterate rotto e velocità, e dispongo pertanto che, a notte fatta, inverta la rotta onde frustrare la probabile ricerca notturna da parte del nemico. Questo, del resto, era stato già autorizzato da Supermarina con seguente telegramma delle 15.21:*

*SUPERMARINA – 54561 alt Destinazione LITTORIO per Squadra per conoscenza DUILIO per Divisione alt Se ritiene non poter impegnare nemico giorno esaminate possibilità temporanea inversione rotta convoglio - 152117.*

Vediamo ora quali furono gli avvenimenti che si susseguirono nelle restanti ore di luce, e che portarono l'ammiraglio Iachino a riprendere l'assetto offensivo.

Alle 17.24 fu avvistato del fumo al traverso a sinistra della *Littorio*, che ordinò nuovamente il posto di combattimento, per poi accostare ad un tempo, assieme alle altre due navi da battaglia *Doria* e *Cesare*, assumendo rotta 90°, e riportando i cacciatorpediniere della 12ª e 13ª Squadriglia ad occupare, rispettivamente, posizioni a nord e a sud dello schieramento. Alla stessa ora, avendo intercettato, alle 15.25, la segnalazione di scoperta del convoglio e della forza di sostegno proveniente dall'aereo britannico Q6PV, e che fu successivamente ritrasmessa, alle 16.40, dalla base maltese di Hal Far con buona approssimazione di posizione ed anche nella composizione delle forze (due o tre corazzate, due incrociatori e dodici cacciatorpediniere), l'ammiraglio Iachino ordinò all'ammiraglio Bergamini di fare invertire la rotta del convoglio al sopraggiungere dell'oscurità, trasmettendo al *Duilio*: "*Siete stati avvistati (alt) A buio invertite rotta (alt) 172817*".[225]

Alle 17.30 l'ammiraglio Iachino ordinò al Gruppo "Littorio" di aumentare la velocità a 24 nodi, e due minuti più tardi arrivò dall'incrociatore *Trento* la segnalazione di avvistamento del nemico su rilevamento 100°, ossia leggermente a sud di quella che era la rotta delle navi italiane. Alle 17.39 l'incrociatore *Gorizia* (capitano di vascello

---

[223] Angelo Iachino, Le due Sirti, cit., p. 107 sg.

[224] Francesco Mattesini, *Corrispondenza e Direttive*, vol. 2°, tomo 2°, USMM, doc. 519, p..1245; Aldo Cocchia, *La difesa del traffico con l'Africa Settentrionale*, vol. 2°, USMM, cit., p. 203.

[225] AUSMM, *Scontri navali e operazioni di guerra*, cartella 46.

Renato Salvatori), la nave comando dell'ammiraglio Parona, comunicando l'avvistamento di una forte reazione contraerea nella stessa direzione segnalata dal *Trento*, confermò l'avvistamento del nemico.

Il fuoco contraereo, che faceva apparire il cielo tutto punteggiato di scoppi che si susseguivano con una velocità impressionante, fu individuato anche dalla *Littorio*, e fu constatato che gli scoppi delle granate si estendevano molto fitte per un vasto raggio dell'orizzonte, e con notevole estensione in altezza. Questo significava che il tiro, che teneva fissi gli sguardi dei marinai italiani, era effettuato a quote diverse dalle navi britanniche, che non erano in vista perché erano ancora molto a disotto dell'orizzonte. Ma quello che sorprese l'ammiraglio Iachino fu la direzione in cui il nemico si stava presentando, non di prora, come era stato ritenuto basandosi sulle errate segnalazioni del ricognitore n. 3 della *Littorio*, ma si trovava sul traverso a sinistra; e ciò significava che le previsioni fatte, sulla base dei dati forniti dall'idrovolante, *"erano sbagliate"*.[226]

La posizione in si trovava il nemico risultava particolarmente favorevole alle navi italiane. Non solo esse, per fortunate circostanze, erano venute a trovarsi proprio di prora alle unità britanniche, ma era soprattutto la rotta delle unità nemiche verso ponente a rappresentare, per le navi dell'ammiraglio Iachino, le condizioni migliori possibili per realizzare il taglio del T. Per conseguirlo fu quindi ordinata dalla *Littorio* un'accostata ad un tempo di 90° a sinistra, per poi procedere, alla velocità di 24 nodi, dritto sul nemico.

Da sinistra l'ammiraglio Angelo Parona, comandante della 3ª Divisione incrociatori, il generale Bruno Loerzer Comandante del II Fliegerkorps in visita all'incrociatore *Gorizia*, il capitano di vascello Renato Salvatori, comandante del *Gorizia*, e altri due ufficiali.

---

[226] Angelo Iachino, *Le due Sirti*, cit., p. 110.

In quel momento la formazione delle unità italiane era la seguente: gli incrociatori pesanti della 3ª Divisione Navale *Gorizia* e *Trento* si trovavano, con i loro tre cacciatorpediniere di scorta della 10ª Squadriglia, di prora alle corazzate *Littorio, Duilio* e *Cesare*. Queste erano a loro volta accompagnate dai sette cacciatorpediniere delle squadriglie 12ª e 13ª, le quali, per ordine impartito dell'ammiraglio Iachino alle 17.29, erano andate a dislocarsi rispettivamente a nord e a sud dello schieramento delle navi da battaglia.

Il rapporto di missione dell'ammiraglio Iachino riporta:[227]

*Mentre stiamo pensando ai provvedimenti per la notte imminente, viene improvvisamente avvistato (ore 1723), al traverso a sinistra, a quote alte e medie, un intenso fuoco di sbarramento c.a. che evidentemente il nemico sta facendo per respingere un attacco di bombardieri nazionali o tedeschi. La direzione secondo cui si vedeva questo fuoco era per noi inaspettata perché ritenevamo che il nemico fosse a circa 30° di prora e non sul nostro traverso. Tuttavia questo avvistamento riapriva le possibilità di un combattimento prima che cadesse la notte: disponevo quindi subito di riaumentare la velocità a 24 nodi e accostavo con le unità 90° a sinistra ad un tempo dirigendo sul nemico.*

*Alle 17.40, e cioè al tramonto del sole, mentre si vedono ancora di prora, in un ampio arco di orizzonte, gli scoppi delle granate contraeree del nemico, vengono avvistati dei fumi a circa 30° di prora a dritta: dalla coffa del 1° D.T. vengono riconosciute le sagome di alcune navi inglesi.*

*Alle 17.45 effettuò lo spiegamento facendo accostare ad un tempo tutte le unità di 90° a dritta in modo da iniziare il tiro su un brandeggio conveniente. Alle 17.50 do ordine di caricare i pezzi e di aprire appena possibile il fuoco sulla nave di testa della formazione nemica, che dalla coffa del 1° D.T. era riconosciuta per una nave da battaglia.*

*La distanza di questa da noi risulta di circa 32.000 m., il brandeggio 60° dalla prora a sinistra: la visibilità è già scarsa verso levante mentre verso ponente il nemico deve vederci un po' meglio.*

*Cielo nuvoloso, vento moderato da SW, mare mosso.*

Pochi minuti dopo l'avvistamento delle navi britanniche l'ammiraglio Bergamini – basandosi sul dispaccio pervenuto da Supermarina di esaminare la convenienza di invertire la rotta del convoglio e avendo ricevuto dall'ammiraglio Iachino l'ordine, trasmesso dalla *Littorio* alle 17.29 e arrivato a destinazione alle 17.56, di invertire la rotta al buio – ordinò alle navi mercantili di dirigere verso nord, con accostata ad un tempo; ne imitò la manovra con le unità il suo gruppo di sostegno che, essendo incorporate nella medesima formazione, continuavano a seguire di poppa le navi del convoglio. Dalla posizione in cui si trovavano le navi dell'ammiraglio Bergamini poterono distinguere verso sud-est le vampe delle cannonate in partenza dalle unità del gruppo di appoggio, ormai a contatto con il nemico.

---

[227] *Ibidem*, p. 204; per il testo originale, senza omissioni, vedi Francesco Mattesini, *Corrispondenza e Direttive*, vol. 2°, tomo 2°, doc. 519, cit., USMM, p. 1245.

Sull'avvicinamento delle navi italiane a quelle del contrammiraglio Vian, l'ammiraglio Cunningham ha scritto:[228] (37)

*Alle 8,25 un segnale comunicò che unità pesanti nemiche si trovavano a nord e un successivo segnale, alle 15,25, informò che esse erano a una sessantina di miglia sullo stesso rilevamento. La nostra ricognizione funzionava male, poiché erano disponibili pochi aerei; e alle 15.45, nel mezzo di un violento attacco aereo, Vian avvistò improvvisamente due corazzate nemiche con vari incrociatori e cacciatorpediniere verso ovest, fra sé e la sua destinazione. Dopo aver distaccato il vulnerabile BRECONSHIRE mandandolo a tutta velocità verso sud, Vian mosse arditamente all'attacco, ch'era l'unica cosa che egli potesse fare. Le tenebre stavano calando, e le navi da battaglia nemiche dopo aver tirato poche salve, accostarono in fuori verso nord e scomparvero nelle tenebre. Non posso dirlo con sicurezza ma può essere che i segnali radio del CARLISLE emessi a mezzanotte avessero ingannato il nemico, facendogli credere che la nostra squadra da battaglia si trovasse a poche miglia di poppa agli incrociatori di Vian.*

Questa descrizione e confermata anche nelle relazioni e nelle pubblicazioni ufficiali dell'Ammiragliato britannico. Nell'imminenza del contatto con le navi italiane, che riteneva sarebbe avvenuto con condizioni favorevoli di oscurità, il contrammiraglio Vian aveva disposto, come programmato, che la *Breconshire* uscisse di formazione per procedere verso Malta scortata dai cacciatorpediniere *Decoy* e *Havock*, mentre le altre navi (quattro incrociatori e dieci cacciatorpediniere) sarebbero andate all'attacco. Vi erano poi sei ricognitori di Malta che furono impegnati, nel pomeriggio, nella ricerca e nel controllo delle navi nemiche.

Uno di questi velivoli, un Maryland del 69° Squadron, il "Duty B", segnalò alle 10.25, nella sua esatta composizione (tre corazzate, due incrociatori e sette cacciatorpediniere) il gruppo di appoggio dell'ammiraglio Iachino, a 150 miglia a nord-nord-ovest delle navi del contrammiraglio Vian; e alle 14.00 il Comandante della 15ª Divisione ricevé altri due segnali trasmessi alle 10.25 e alle 11.22 dall'aereo B (anch'esso Maryland del 69° Squadron), indicanti che quella squadra navale italiana si trovava sempre nella medesima posizione, a 150 e poi a 140 miglia a nord-nord-ovest delle unità britanniche. Giudicando le informazioni incomplete poiché esse "*non rendevano pianamente conto di potenti unità nemiche*", alle 14.00 il contrammiraglio Vian ordinò di cambiare rotta, per 240°, e cominciò a procedere nella nuova direzione, sotto frequenti attacchi aerei, in attesa di ricevere notizie più precise.[229]

Tra le 12.15 e le 18.19 le navi britanniche dovettero fronteggiare numerosi e massicci attacchi dall'aria. Fu stimato che vi partecipassero non meno di settantacinque velivoli, dei quali cinquanta bombardieri tedeschi Ju.88 e venticinque aerosiluranti italiani S.79. Questi ultimi effettuarono diversi attacchi, lanciando dieci siluri, e in sei occasioni le navi britanniche furono costrette ad effettuare manovre di emergenza per schivarli. Uno degli S.79, superò lo schermo e fu abbattuto dal fuoco antiaereo. Un altro fece la stessa fine dopo essere stato colpito dalle armi contraeree dei cacciatorpediniere della 4ª

---

[228] A. B. Cunningham, *L'odissea di un marinaio*", cit., p. 317.
[229] AUSMM, "1ª battaglia della Sirte. Resoconto inglese", *Scambio notizie con Ammiragliato britannico.*

Flottiglia. Anche l'incrociatore *Penelope*, che costituì uno dei bersagli, fu fortunato perché riuscì a schivare due siluri passati a breve distanza dallo scafo.[230]

L'incrociatore *Naiad*, la nave commando del contrammiraglio Vian, della classe "Dido", spara contro gli aerei attaccanti con le torri prodiere di cannoni da 133 mm.

Dai resoconti italiani, constatiamo che i primi velivoli ad arrivare sull'obiettivo, a 200 chilometri a nord di Bengasi, furono quelli del X Fliegerkorps, che decollarono dagli aeroporti di Creta e della Grecia continentale, per attaccare le navi nemiche avvistate alle 09.00 a nord di Barce. Si trattava di sei aerosiluranti He.111 della 6ª Squadriglia del 2° Gruppo del 26° Stormo Bombardamento (6./KG.26), seguiti dai trentatré bombardieri Ju.88 del 1° Gruppo del 1° Stormo Sperimentale (I./LG.1), partiti in due formazioni, alle 11.55 e alle 14.22, dalla loro base di Heraklion. Il Gruppo era comandato del famoso capitano pilota Joachim Helbig, insignito della Ritterkreuz, la croce di cavaliere dell'ordine della Croce di Ferro. Infine, come vedremo, si inserirono negli attacchi altri sei Ju.88 del KGr.606 (colonnello Joachim Hahn) del Fliegerführer Sizilien, decollati da Catania.[231]

---

[230] Ed Gordon. *The* Penelope *in World War Two*, Londra, Robert Hale, 1985, p. 88.

[231] Quel giorno 17 dicembre, il Fliegerführer Sizilien disponeva di due gruppi da bombardamento con velivoli Ju.88A, il KGr.606 (colonnello Joachim Hahn), a Catania, e il II./KG.77 (capitano Heinrich Paepcke) a Gerbini. Ogni gruppo disponeva di una Squadriglia comando (Stab) e tre squadriglie d'impiego, con un totale di quarantadue velivoli. Con l'arrivo in Sicilia del II Fliegerkorps, che subentrò al Fliegerführer Sizilien, gli altri tre gruppi da bombardamento (I./KG.54, III./KG.77 e KGr.806) arrivarono in Sicilia nel corso del mese di gennaio 1942, e ad essi si aggiunse in febbraio il II./LG.1, temporaneamente sottratto al X Fligerkorps in Grecia, e in marzo arrivarono dalla Puglia (San Pancrazio) a San Pietro gli Ju.87

Disegno pittorico dell'incrociatore britannico *Naiad* della classe "Dido". I testa d'albero le antenne dei radar. Modello di Ann Chu.

Il capitano Johakim Helbig conversa con i piloti del suo Gruppo I./LG.1.

---

"Stuka" del III./St.G.3 (ex 2./St.G.2), riequipaggiato, in luogo dei velivoli Ju.87R, con i nuovi Ju.87D. Vi erano poi le Squadriglie da ricognizione strategica I. e II.(F)/122, equipaggiate con velivoli Ju.88D.

Formazione di bombardieri Ju.88 del I./LG.1 in missione di guerra.

Analizzando lo svolgimento del primo attacco aereo, esso fu iniziato alle 13.00 degli aerosiluranti italiani. Vi partecipò soltanto una pattuglia di tre S.79 della 281ª Squadriglia, decollati da Benina, con capi equipaggio il capitano Carlo Emanuele Buscagli e i tenenti Carlo Faggioli e Clemente Forzinetti. Avendo avvistato la formazione, ritenuta comprendere una nave da battaglia, quattro incrociatori e dodici cacciatorpediniere, il capitano Buscaglia, che era anche il comandante della Squadriglia, decise di attendere il momento propizio per l'attacco, essendovi condizioni di visibilità ottime, che agevolavano la reazione contraerea delle navi iniziata, contro i tre velivoli, alla distanza di 10 chilometri. Ma il tenente Forzinetti volle andare all'attacco da solo, e colpito in pieno da una granata precipitò con alta colonna di fumo. Gli altri due S.79 avvicinandosi alla formazione navale, che faceva fuoco con armi di ogni calibro, attaccarono un incrociatore e, erroneamente, ritennero di averlo colpito con un siluro.[232]

---

[232] ASMAUS, *Diario Storico della 281ª Squadriglia Aerosiluranti 1941*.

L'abbattimento dell'S.79 del sottotenente Forzinetti della 281ª Squadriglia Aerosiluranti L'aereo brucia nel mare. Sulla destra vi sono l'incrociatore *Naiad* e la nave trasporto ausiliaria *Breconshire*.

La prima ondata di bombardieri tedeschi del I./LG.1 attaccò tra le 14.44 e le 15.23 con quattordici velivoli, dal momento che uno degli Ju.88 aveva dovuto interrompere la missione per guasto al motore, ed un altro, che fungeva da ricognitore avanzato, non rintracciò l'obiettivo.

I bombardieri Ju.88 del I./LG.1, che avevano già ottenuto considerevoli successi nelle operazioni antinave svolte nel Mediterraneo, non furono questa volta efficaci, come invece sarebbe stato necessario, anche perché la visibilità era resa precaria dalle nubi basse, sui 1.000 metri di altezza. I velivoli attaccarono in picchiata, con sgancio delle bombe ad una quota di circa 800 metri, in parte anche più alta proprio a causa della copertura delle nubi. I loro equipaggi affermarono di aver visto una bomba da 500 chili cadere in vicinanza alla fiancata di un cacciatorpediniere, e altre due bombe da 250 chili presso la fiancata di un altro cacciatorpediniere, e infine altre quattro bombe da 250 chili caddero intorno a quella che fu ritenuta essere una nave da battaglia.[233]

Nello stesso tempo si portarono all'attacco delle navi britanniche i sei He.111 della 6./KG.26 (capitano Karl Barth), ma soltanto quattro equipaggi riuscirono a lanciare i siluri e di essi tre si resero conto di aver fallito il bersaglio. Invece, gli uomini del quarto velivolo riferirono, ottimisticamente, di aver colpito con due siluri un incrociatore all'altezza della plancia.

---

[233] ASMAUS, *GAM 8*, b. 139 e *DGH 1*, b. 7; Peter Taghon, *Die Geschichte des Lehrgeschwaders 1*, Volume I, Germania, 2004, p. 344. Vedi anche, Francesco Mattesini, *Luci e ombre degli aerosiluranti italiani e tedeschi nel Mediterraneo Agosto 1940 – Settembre 1943*, Ristampa Edizioni, Rieti, 2019, p. 158-159.

Seguì poi l'attacco di sei Ju.88 tedeschi del 606° Gruppo da Combattimento (KGr.606) del Fliegerführer Sizilien, decollati da Catania. Altri quattro velivoli del medesimo reparto, che era comandato dal tenente colonnello Joachim Hahn, furono inviati a rintracciare a levante di Malta le navi che erano state individuate mentre uscivano dal porto della Valletta, ma non avvistarono l'obiettivo. Anche i velivoli della formazione che attaccò a 200 chilometri a nord di Bengasi, arrivarono sulle navi britanniche in formazione ridotta, dal momento che soltanto quattro velivoli, sui sei partiti da Catania, riuscirono ad attaccare. Essi presero di mira due incrociatori e due cacciatorpediniere, e l'equipaggio di uno degli Ju.88 del KGr.606 ritenne di aver colpito con le bombe un incrociatore, sul quale, con grande ottimismo, fu visto divampare un incendio.[234]

Oltre all'impiego degli aerosiluranti italiani, avrebbe dovuto svolgersi anche quello dei bombardieri della Libia. Fin dal mattino Superaereo aveva avvertito Supermarina di aver ordinato al Settore Ovest della 5ª Squadra Aerea di predisporre, qualora la disponibilità del carburante e dell'armamento lo avesse consentito, l'impiego dei velivoli da bombardamento S.79 e Br.20 dell'8° e del 13° Stormo contro le forze navali nemiche. Purtroppo l'indisponibilità di benzina, che stava condizionando ogni svolgimento di operazioni aeree, impedì che l'intervento potesse avvenire.[235]

Entro le 17.00 l'ammiraglio Vian aveva ricevuto dalla ricognizione di Malta altri tre segnali d'avvistamento, trasmessi alle 15.25, 16.25 e 16.30 dagli aerei U e V. Il primo segnale indicava la presenza di tre navi da battaglia, due incrociatori, dieci cacciatorpediniere e quattro piroscafi, che navigando con rotta sud si trovavano alla distanza di 100 miglia a nord dalla posizione occupata dalla formazione britannica. Poiché si trattava del convoglio e del gruppo di sostegno dell'ammiraglio Bergamini, vi erano forti errori di apprezzamento nella loro composizione.

Le tre corazzate, sommate alle altre tre individuate nel Gruppo "Littorio" portarono perplessità nell'ammiraglio Vian, dal momento che i britannici sapevano che le navi da battaglia italiane allora ritenute efficienti – e quindi compresa la *Vittorio Veneto* del cui danneggiamento non erano ancora al corrente – non potevano essere più di cinque. Questa situazione non fu chiarita neppure quando arrivò la segnalazione delle 16.30, poiché il ricognitore britannico trasmise genericamente di aver avvistato quattordici navi da guerra italiane, senza precisarne il tipo, con rotta sudest. Messa sulla carta la posizione appariva a 65 miglia a nord delle navi britanniche. Si trattava ancora delle unità del Gruppo "Duilio" assieme al convoglio.

Constatate le posizioni del gruppi navali segnalati dalla ricognizione, il Comandante della 15ª Divisione Incrociatori ritenne che, presumibilmente, nessun reparto di navi italiane si sarebbe trovato prima del tramonto del sole entro un raggio inferiore alle 60 miglia dalle sue navi. Si fece perciò la convinzione che, eventualmente, sarebbe stato intercettato dopo il sopraggiungere delle tenebre, intorno alle 18.30, e ciò lo metteva al sicuro da un incontro diurno contro una forza navale nemica nettamente superiore. Ma questa valutazione non era corretta, perché la reale distanza della flotta italiana era di 50 miglia.

---

[234] ASMAUS, *GAM 8*, b. 139.
[235] AUSMM, *Scontri navali e operazioni di guerra*, "Messaggi di Superaereo", cartella 46.

Trascorse una mezzora poi, alle 17.30, furono avvistati i due aerei da ricognizione Ro.43, il n. 1 e il n. 3, che erano stati catapultati dalla *Littorio*. Subito dopo apparvero cinque aerosiluranti, che cominciarono a girare intorno alle navi britanniche, senza attaccare. La presenza di questi ultimi velivoli, e il fatto che i due idrovolanti da ricognizione Ro.43 stessero effettuando segnalazioni con lancio di razzi, dettero all'ammiraglio Vian il sospetto che fosse atto da parte del nemico *"un'azione decisiva"*, e quindi ebbe la sgradevole impressione di un pericolo imminente. Ritenne, infatti, a ragione, che le forze di superficie italiane dovevano essere molto più vicine di quanto la ricognizione britannica avesse segnalato.[236]

A questo punto ebbe inizio quello che i britannici hanno considerato il più pericoloso attacco aereo della giornata, con un'azione congiunta di undici bombardieri Ju.88 e di cinque aerosiluranti, mentre velivoli da ricognizione lanciavano segnali luminosi, probabilmente per indicare alle sopraggiungenti navi italiane la presenza del nemico.

In realtà i bombardieri Ju.88 che andarono all'attacco delle navi britanniche erano diciassette, e gli aerosiluranti soltanto tre S.79 italiani. I primi appartenevano alla seconda ondata del I./LG.1, i secondi alla 279ª Squadriglia Aerosiluranti del Settore Centrale della 5ª Squadra Aerea. Questi ultimi avevano per capi equipaggio il capitano Giulio Marini e i tenenti Guglielmo Ranieri e Mario Fronza. Altri due aerei della Squadriglia erano dovuti rientrare a Bengasi, per disturbi tecnici sopravvenuti subito dopo la partenza.

Si trattava degli stessi attacchi che furono individuati dalle navi italiane verso occidente, e che permisero all'ammiraglio Iachino di andare verso il nemico.

I primi a sopraggiungere sull'obiettivo furono i velivoli del I./LG.1. Essi attaccarono tra le ore 16.00 e le 17.25 e, scendendo in picchiata. Ma essendo stati ostacolati dalla cortina nuvolosa, sganciarono le bombe tra i 600 e 2.000 metri di quota, prendendo di mira gli incrociatori, senza però riuscire a colpirli. Alcune bombe, da 1.000 e da 500 chili, furono state viste cadere vicino al bersaglio, e fu ritenuto che almeno due incrociatori avessero riportato danni. Uno degli Ju.88, con pilota e capo equipaggio il sergente maggiore Heinz Betken, essendo stato probabilmente danneggiato dal fuoco contraereo delle navi, non rientrò alla base.[237]

L'attacco dei tre aerosiluranti S.79 della 278ª Squadriglia – iniziato alle 17.55, dopo che gli equipaggi avevano accertato trattarsi di navi nemiche e riconosciuto le unità italiane del gruppo "Littorio" che stavano sopraggiungendo a 25 miglia a nordovest della formazione britannica – fu simultaneo con quello di alcuni bombardieri tedeschi, e creò tra i cacciatorpediniere della scorta una certa confusione; ma nessuna nave fu colpita, nonostante le affermazioni degli equipaggi italiani che ritennero di aver silurato due incrociatori.[238]

---

[236] AUSMM, "1ª battaglia della Sirte. Resoconto inglese", *Scambio notizie con Ammiragliato britannico*.

[237] Peter Taghon, *Die Geschichte des Lehrgeschwaders 1*, Volume I, Germania, 2004, p. 344.

[238] Francesco Mattesini, *Luci e ombre degli aerosiluranti italiani e tedeschi nel Mediterraneo Agosto 1940 – Settembre 1943*, cit., p. 160.

Aerosilurante S.79 della 279ª Squadriglia che attaccarono al comando del capitano Giulio Marini.

Al crepuscolo del 17 dicembre 1941, durante il combattimento navale tra le unità italiane e quelle britanniche, gli incrociatori della 15ª Divisione sparano con tutti i cannoni sugli aeri dell'Asse.

Dalla documentazione britannica sappiamo che nel corso degli attacchi degli aerosiluranti un siluro mancò di poco l'incrociatore *Naiad* (capitano di vascello Marcel Harcourt Attwood Kelsey) e un altro passò vicino al cacciatorpediniere *Sikh* (capitano di fregata Graham Henry Stokes), costringendo le unità della sua 4ª Flottiglia ad effettuare per breve tempo manovre disordinate.[239]

Ma quello che sempre più preoccupava il contrammiraglio Vian era l'avvicinamento della flotta italiana che, in effetti, non tardo a verificarsi prima del previsto. Il potenziale dei due avversari era nettamente favorevole alle navi dell'ammiraglio Iachino, che poteva schierare tre corazzate, due incrociatori pesanti e

---

[239] *Ibidem*; ASMAUS, *Diario Storico della 278ª Squadriglia Aerosiluranti 1941*.

dieci cacciatorpediniere, mentre il contrammiraglio *Vian* possedeva soltanto quattro incrociatori leggeri e dodici cacciatorpediniere, dei quali però due sarebbero stati deviati al momento dell'avvistamento del nemico, per scortare il *Breconshire*.

Ma era soprattutto nell'artiglieria che gli italiani possedevano una superiorità schiacciante, potendo disporre di un armamento principale di 9 cannoni da 381, venti da 320 e 16 da 203 mm, a cui si aggiungeva sulle corazzate un armamento secondario di 12 cannoni da 152 e 24 da 135, e sui cacciatorpediniere non meno di 45 cannoni da 120 mm. Da parte inglese erano disponibili sugli incrociatori soltanto 12 cannoni da 152 e 20 da 133 mm, mentre i cacciatorpediniere ne possedevano all'incirca una cinquantina da 120 mm.

Inoltre, vi erano altri motivi che agevolavano gli italiani poiché, come ha scritto l'ammiraglio Iachino, *"gli attacchi aerei tuttora in corso ci dava altri notevoli vantaggi, perché la formazione inglese doveva affrontare il nostro tiro mentre era fortemente scompaginata dalle improvvise accostate intese ad evitare i siluri e le bombe degli aerei"*.[240]

A questo punto, la logica avrebbe quindi voluto che, con una reazione aggressiva da parte italiana, la formazione navale britannica, che doveva anche proteggere ad ogni costo la nave ausiliaria *Breconshire*, dovesse essere fatta letteralmente a pezzi, in pochissimi minuti. In realtà, come accadeva ogni volta che gli italiani si trovavano a contatto con una forza inferiore, la prudenza e le indecisioni tattiche avevano sempre il sopravvento sulla logica, e per l'ennesima volta il nemico, per le caratteristico inefficaci dell'ammiraglio Iachino, avrebbe ringraziato per essere stato graziato.

## *La battaglia della Sirte – Il contatto balistico*

Alle 17.40, alcuni minuti prima del tramonto del sole furono avvistate dall'incrociatore *Naiad*, per 300° e alla distanza di 17 miglia, le alberature di una grossa formazione navale italiana, le cui unità apparivano ripartite in cinque colonne, con al centro due corazzate della classe *"Cavour"*, mentre invece non fu individuata la *Littorio* che guidava la linea delle tre navi da battaglia. Queste, subito dopo, iniziarono a sparare da una distanza di circa 29.00 metri, che era superiore di 7.000 metri a quella massima di tiro degli incrociatori britannici. Ricordiamo che il *Naiad* e l'*Euryalus* avevano cannoni da 133 mm, mentre l'*Aurora* e il *Penelope* disponevano del calibro 152 mm. La zona della battaglia era situata all'estremità settentrionale del Golfo della Sirte e a circa 200 chilometri ad ovest di Bengasi, e l'inizio del fuoco delle navi italiane coincise esattamente con il momento in cui i tre aerosiluranti S.79 del capitano Giulio Marini andavano all'attacco, scompaginando la formazione dei cacciatorpediniere britannici della 4ª Flottiglia.

Non appena avvistate le navi italiane il Comandante della 15ª Divisione mise in atto quanto aveva programmato, ordinando alla *Breconshire* e ai cacciatorpediniere *Decoy* e *Havock* di uscire di formazione, dirigendo verso sud. Nello stesso tempo, allo scopo di distogliere l'attenzione del nemico dalla nave ausiliaria, ordino ai suoi quattro incrociatori (*Naia, Euryalus, Aurora, Penelope*) e ai restanti dieci cacciatorpediniere (*Jervis, Kipling, Nizam, Kimberley, Sikh, Legion, Lance, Lively, Maori, Isaac Sweer*) di effettuare una

---

[240] Angelo Iachino, *Le due Sirti*, cit., p. 113.

manovra diversiva verso nord, facendo fumo e sparando alla massima portata delle artiglierie. In effetti la manovra di disimpegno della *Breconshire* non fu notata dalle navi italiane.

Non era intenzione del contrammiraglio Vian di dare battaglia in condizioni tanto largamente favorevoli agli italiani, anche a causa delle condizioni di luce, che ancora agevolavano il nemico. Ed in effetti, alle 17.57, quando il capitano di vascello Philip John Mack comandante della 14ª Squadriglia Cacciatorpediniere sul *Jervis*, manovrò di sua iniziativa, per andare all'attacco, lo richiamò indietro. Vian, che evidentemente voleva risparmiare le sue navi in attesa dell'oscurità incombente, gli aveva soltanto ordinato di stendere una cortina fumogena per distoglierne l'attenzione del nemico dalla *Breconshire*. Nello stesso tempo si ripromise di effettuare la manovra d'attacco silurante, ma soltanto nel caso fossero fallite "*la mossa diversiva ed il fuoco di artiglieria*".[241]

Queste disposizioni tattiche furono intercettate dal reparto d'intercettazioni di Maristat distaccato sul *Littorio*, ed erroneamente interpretate come il fatto che la nave ammiraglia britannica avesse assegnato alle unità dipendenti i bersagli da battere. Vi era quindi, da parte dell'ammiraglio Iachino e degli ufficiali del suo stato maggiore, l'ansiosa attesa di vedere le grandi colonne d'acqua delle salve sollevate dai proiettili di grosso calibro delle unità nemiche. Molta fu invece la sorpresa nel constatare che ciò non avveniva, nonostante si distinguessero "*nettamente sulle navi inglesi i bagliori delle vampe*" dei cannoni "*tra la nuvolaglia delle cortine di fumo*". Quelle vampe non significavano una risposta al fuoco degli italiani, le cui navi si trovavano tutte al di fuori del raggio d'azione delle artiglierie degli incrociatori e dei cacciatorpediniere del contrammiraglio Vian, ma appartenevano, in effetti, al tiro di sbarramento diretto contro gli aerei dell'Asse che continuavano saltuariamente ad attaccare le navi britanniche.[242]

---

[241] I.S.O. Playfair e altri, *The Mediterranean and Middle East*, vol. III, cit., p. 112.
[242] Angelo Iachino, *Le due Sirti*, cit., p. 117.

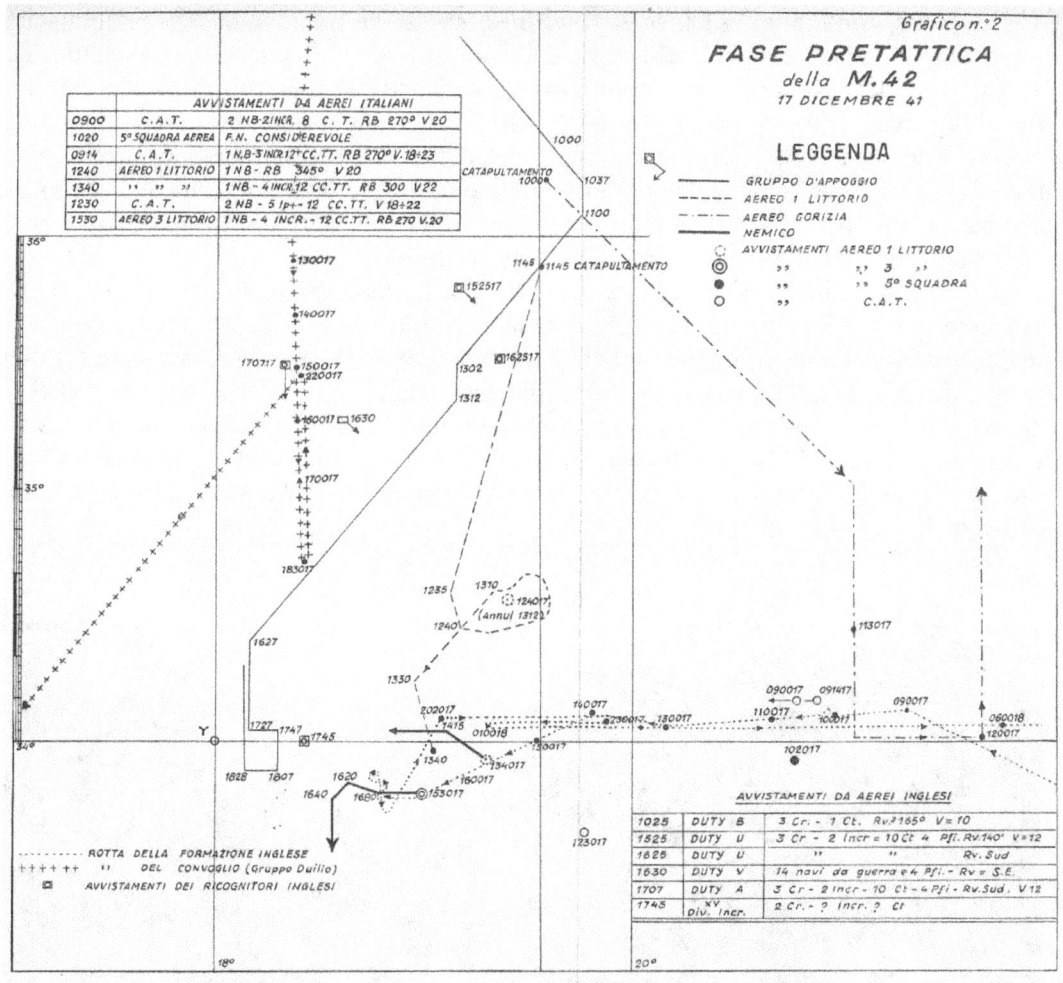

LE MANOVRE DELLE FORMAZIONI NAVALI ITALIANE
(Dalla relazione dell'ammiraglio Iachino)

Non appena avvenne la presa di contatto, al tramonto del sole, all'ammiraglio Iachino apparve chiaro che ormai rimaneva soltanto pochissimo tempo di luce per dare battaglia, prima che le unità britanniche sparissero nell'oscurità. Dopo l'avvistamento da parte della *Littorio*, che alle 17.45 aveva rilevato le navi nemiche per 120° alla distanza di 35.000 metri, era seguita, alle 17.49 la segnalazione dell'incrociatore *Gorizia* (capitano di vascello Ugo Salvatori), nave ammiraglia della 3ª Divisione Navale. Il *Gorizia* che, avendo di poppa il *Trento* (capitano di vascello Alberto Parmigiano), precedeva il gruppo delle corazzate, trasmise la presenza di un altro gruppo di unità navali, con rotta apprezzata 190°, alla distanza di 25.000 metri.

Dopo l'accostata ad un tempo di 90°, iniziata alle 17.45, le corazzate ricostituirono la linea di fila. Come abbiamo visto nella *"Relazione sintetica"*, l'ammiraglio Iachino ordinò di far fuoco, appena possibile, sulla nave di testa della formazione britannica, che ancora una volta, per sommo di ironia, fu scambiata, per una corazzata, questa volta addirittura dal 1° Direttore del Tiro della *Littorio*.

Poco dopo, alle 17.48, la *Breconshire*, che stava manovrando per allontanarsi verso sud, fu individuata per pochi secondi alla distanza di 32.000 metri dalla stazione del 1° Direttore del tiro dell'incrociatore *Gorizia*, e riconosciuta per un piroscafo con alto fumaiolo, che si trovava dietro altre quattordici unità, tra cuì due incrociatori, uno della classe "Neptune", l'altro della classe "Arethusa".[243] Questa informazione sarebbe stata molto importante se fosse stata comunicata all'ammiraglio Iachino prima dell'inizio del combattimento, perché forse sarebbe servita per convincerlo di non avere di fronte navi da battaglia, ma soltanto incrociatori e cacciatorpediniere.

Il tiro balistico con i cannoni da 381 mm della *Littorio* iniziò alle 17.53, sul brandeggio 60° a sinistra, alla distanza stimata dai telemetri di 32.000 metri, mentre in realtà, confrontandola con la misurazione delle navi britanniche di 29.000 yard (26.500 metri), doveva essere alquanto minore. Quindi aprirono il fuoco le artiglierie da 320 della *Doria* e della *Cesare* (la loro massima portata era di 28.000 metri), che erano state precedute, alle 17.55, dal tiro dei cannoni da 203 mm dell'incrociatore pesante *Gorizia*, diretto su un incrociatore ritenuto del tipo "Neptune" (inesistente), telemetrato alla distanza di 22.400 metri.

Una bordata dai cannoni da 381 mm in partenza dalla *Littorio* alla distanza di 32.000 metri. Sono pronti a sparare anche i cannoni da 152 mm se la distanza di tiro dovesse diminuire.

Quando l'incrociatore fu occultato dalle cortine di nebbia stese dalle proprie siluranti, il *Gorizia*, che aveva sparato su quella nave cinque salve, spostò il fuoco sul

---

[243] AUSMM, , 3ª Divisione Navale – Combattimento navale del 17 dicembre 1941-XX in lat. 34°00'N, long. 18°20'E", *Scontri navali e operazioni di guerra*, cartella 46.

cacciatorpediniere capofila, e ritenne di averlo duramente colpito alle 17.58 con la terza e ultima salva, partita alla distanza di 20.740 metri.[244]

Per ultimo intervenne il *Trento* che, possedendo telemetri molto vecchi ed anche molto imprecisi, alle 17.57 cominciò a sparare usando l'APG (Apparecchio di punteria generale) notturno contro un cacciatorpediniere, che fu ritenuto distante circa 13.000 metri, mentre invece doveva trovarsi molto più lontano. Contro quell'unità sottile il *Trento* sparò quattro salve a granate dirompenti, poi, quando la nave sparì dietro la cortina di fumo emessa dalle altre siluranti, l'incrociatore sposto su un altro cacciatorpediniere altre tre salve, due delle quali furono giudicate inutili perché l'oscurità, che ostacolava la direzione del tiro, non permetteva più di distinguere il bersaglio.

I cannoni da 203 mm di poppa dell'incrociatore *Trento* in una foto del 1936. Potevano sparare fino a una distanza di 28.000 metri, mentre i 152 mm degli incrociatori britannici della classe "Arethusa", cui appartenevano l'*Aurora* e il *Penelope*, non superavano i 22.000 metri, e ancora più modesta era la distanza di tiro dei cannoni da 133 mm degli incrociatori e *Naiad* e *Euryalus* della classe "Dido". Per non parlare poi del peso dei proiettili, a netto vantaggio del *Trento* e *Gorizia*.

Da parte del nemico, l'unica reazione osservata fu costituita "*da alcuni colpi molto corti del probabile calibro da 120*". Il comandante del *Trento*, capitano di vascello Alberto Parmigiano, si disse convinto che "*Il tiro eseguito sui cacciatorpediniere giudicati più vicini, ha contribuito a frustrare il tentativo di attacco silurante di essi*".[245]

---

[244] AUSMM, "R.N. GORIZIA – Azione tattica del giorno 17 dicembre 1941-XX", *Scontri navali e operazioni di guerra*, cartella 46.

[245] AUSMM, "R. Incrociatore TRENTO – Partecipazione all'azione di guerra del 17 dicembre 1941", *Scontri navali e operazioni di guerra*, cartella 46.

Nei successivi sedici minuti al momento dell'apertura del fuoco della *Littorio*, le tre corazzate e i due incrociatori pesanti italiani spararono col grosso calibro sui quattro incrociatori leggeri dell'ammiraglio Vian che, non potendo rispondere al fuoco per l'inferiore portata delle loro artiglierie, si occultarono facendo fumo. I loro cacciatorpediniere di scorta ne imitavano la manovra, soprattutto per coprire la nave ausiliaria *Breconshire* che si allontanava verso sud. Data la distanza di apertura del fuoco, il tiro italiano fu considerato dai britannici *"violento e sgradevolmente preciso"*. Tuttavia, non avendo le navi italiane ridotto le distanze a causa della manovra ordinata dall'ammiraglio Iachino ed effettuata in linea di fila con rotta sud, mentre invece per colpire a distanza gradatamente decrescente sarebbe stato necessario manovrare per sud-est, il tiro non poteva fare grossi danni. Ciò anche perché, con il cielo ad oriente che si faceva rapidamente scuro, le varie unità ebbero sempre maggiore difficoltà a distinguere i loro bersagli.

L'ammiraglio Iachino descrisse la fase culminante dello scontro, come gli appariva dal torrione della *Littorio*:[246]

*Viene intercettato l'ordine della nave ammiraglia inglese che assegna il bersaglio da battere alle unità dipendenti, ma non si può dire che il nemico abbia aperto veramente il fuoco perché non si sono mai viste cadere salve di grosso calibro nelle nostre vicinanze.*

*Si vedono invece le navi inglesi continuare il fuoco contraereo molto intensamente, indice chiaro che l'attacco degli aerei nazionali e tedeschi non è ancora finito.*

*Alcune unità nemiche cominciano a distendere una cortina di nebbia per coprire la corazzata e gli incrociatori maggiori mentre la nave ammiraglia da l'ordine ai suoi cacciatorpediniere di attaccare.*

*Mentre le nostre corazzate sparano col grosso calibro a ritmo piuttosto lento, data la scarsa visibilità del bersaglio, ordino alle navi di aprire il fuoco col medio calibro sui cacciatorpediniere nemici, e alle nostre Squadriglie cacciatorpediniere di andare al contrattacco.*

*La X e la XIII Squadriglia eseguono prontamente l'ordine, dirigendo alla massima velocità sul nemico e sparando su di lui con tutti i pezzi.*

---

[246] Aldo Cocchia, *La difesa del traffico con l'Africa Settentrionale*, vol. 2°, USMM, p. 204-205; Francesco Mattesini, *Corrispondenza e Direttive operative di Supermarina*, vol. 2°, tomo 2°, USMM, doc. 519, p. 1244.

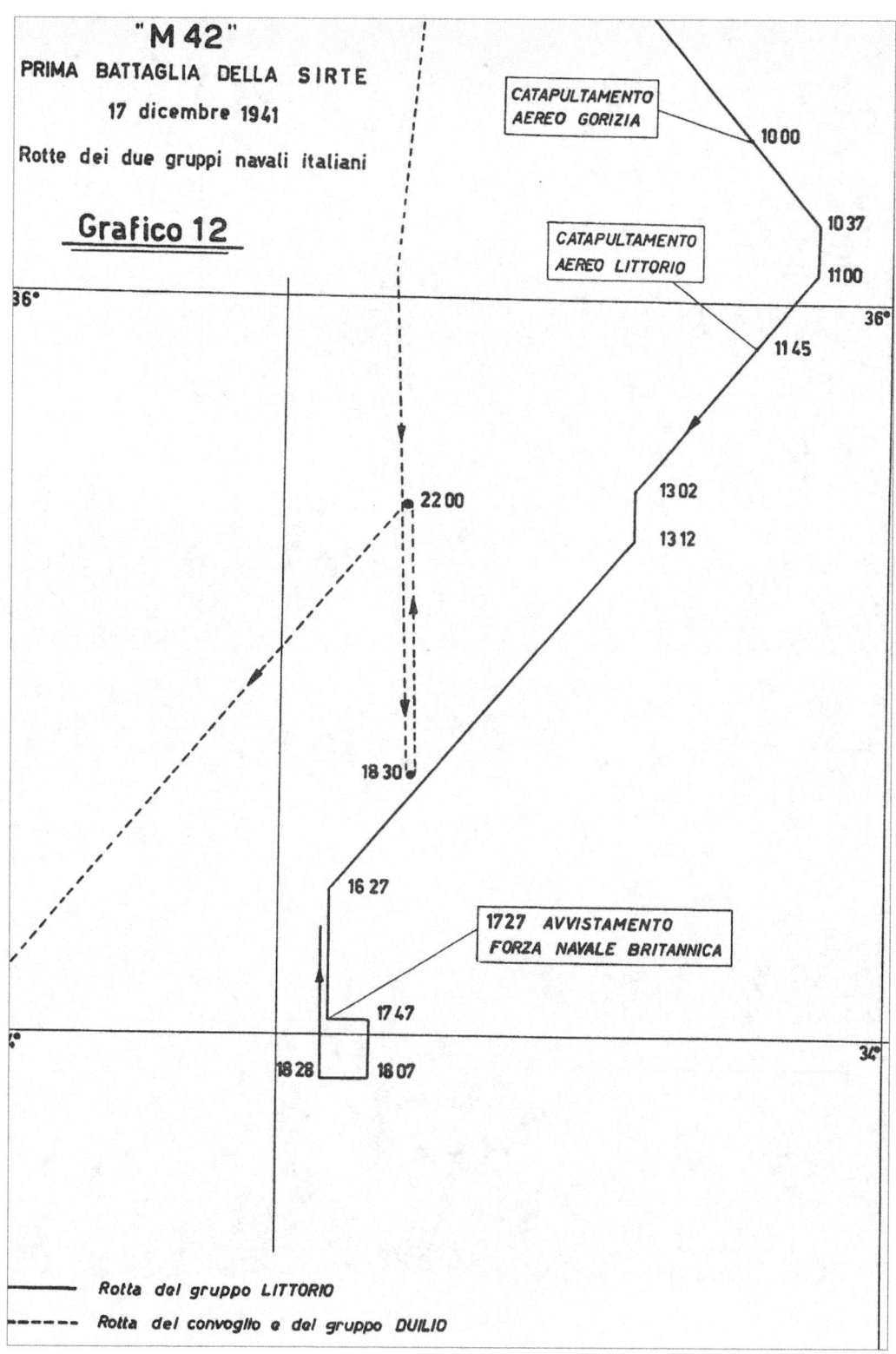

17 dicembre 1941. Altre due immagino del tiro della *Littorio* nel corso dell'impegno balistico.

*E' questo il momento più bello dell'azione tattica: verso levante molto lontano, fra le ombre della notte incombente e fra le cortine di nebbia del nemico si intravedono le sagome delle unità inglesi fra i bagliori delle vampe del loro tiro c.a. Più vicino si vedono le siluranti inglesi che vengono all'attacco facendo nebbia e sparando coi cannoni di medio calibro verso di noi. Poco di prora a sinistra delle corazzate, i due nostri incrociatori della 3ª divisione, avvicinatisi ancora un po' al nemico, dirigono un intenso fuoco da 203 contro il gruppo di unità inglesi che si trovano più a Sud e a distanza più ravvicinata. Ancora più a sinistra, fra noi e il nemico, si vedono i nostri cacciatorpediniere lanciati al contrattacco, che sparano con tutti i loro pezzi contro le siluranti nemiche illuminando il teatro della battaglia coi rossi bagliori delle codette luminose.*

*È uno spettacolo indimenticabile pieno di forza e di bellezza guerriera.*

Alle 17.59, un minuto dopo che le navi nemiche avevano cominciato a coprirsi con cortine di nebbia, non vedendo più i bersagli la corazzata *Doria* cessò il fuoco. Lo stesso fece la *Littorio* alle 18.02. Nello stesso tempo le squadriglie cacciatorpediniere 12ª e 13ª ricevettero l'ordine di contrattaccare le siluranti britanniche della 14ª Flottiglia, che poi sarebbero state richiamate indietro dal contrammiraglio Vian. I cacciatorpediniere della 10ª Squadriglia (*Maestrale, Oriani, Gioberti*), essendo con gli incrociatori della 3ª Divisione Navale nella posizione più avanzata, manovrando alla velocità di 30 nodi e poi alla "*massima forza*" impegnarono le unità nemiche, che stavano sollevando cortine di fumo, sparando da grande distanza per quattro minuti con i pezzi prodieri da 120 mm ad una portata inferiore ai 18.000 metri, poi scesa rapidamente fino a 9.000. Il Comandante della Squadriglia, capitano di vascello Riccardo Pontremoli, sul *Maestrale*, scrisse nella sua relazione:[247]

*18.05. Avanti alla massima forza Il nemico reagisce debolmente con fuoco assai disordinato, dirigo per contrattaccare i cacciatorpediniere che distendono una cortina di fumo. 1807 Giunto a distanza sicuramente al disotto dei 18000 metri apro il fuoco imitato da ORIANI e GIOBERTI. In nemico reagisce debolmente con fuoco assai disordinato. Qualche salva cade in prossimità dell'ORIANI e del GIOBERTI. 1810. Alla distanza di circa 9000 metri le unità nemiche ripiegano occultandosi dietro una cortina di fumo. Cesso il fuoco.*

Nel frattempo, alle 18.07, allorquando le navi da battaglia ricevérono dall'ammiraglio Iachino l'ordine di accostare ad un tempo di 90° a dritta, per schivare una minaccia silurante che in realtà non si presentò, anche il *Cesare* aveva cessato il tiro.[248] Complessivamente furono sparate dalle corazzate e dagli incrociatori italiani il seguente numero di granate: *Littorio* ventisette da 381, *Doria* dieci da 320, *Cesare* imprecisato numero da 320, *Gorizia* cinquantotto da 203, *Trento* trentaquattro da 203.[249]

---

[247] AUSMM, , "Comando X Squadriglia CC.TT. – Rapporto di missione dei giorni 16-17-18-19-20-21 dicembre 1941", *Scontri navali e operazioni di guerra*, cartella 46.

[248] La *Doria* cesso il tiro dopo sei minuti dall'inizio dell'apertura del fuoco, la *Littorio* dopo 9 minuti, la *Cesare* dopo 14, il *Gorizia* dopo 9, il *Trento* dopo 5 minuti.

[249] AUSMM, Rapporto telefonico del 19 dicembre comunicato dall'ammiraglio Iachino all'ammiraglio Sansonetti, *Scontri navali e operazioni di guerra*, cartella 46.

Fuoco dei cannoni prodieri da 320 mm della corazzata *Giulio Cesare*.

Terminato il breve combattimento, alle 18.12 l'ammiraglio Iachino ordinò ai suoi cacciatorpediniere di raggiungere la formazione e di mantenersi di poppa alle corazzate, la cui velocità alle 18.15 fu ridotta a 20 nodi.

Sulla manovra di disimpegno delle navi italiane, gli orari dei rapporti britannici corrispondono quasi perfettamente a quelli trascritti dall'ammiraglio Iachino. Alle 18.06, la flotta italiana fu vista dalle navi britanniche manovrare per allontanarsi, e alle 18.30 il contrammiraglio Vian ebbe conferma della ritirata, e ritenne che ciò fosse dovuto al timore del nemico di evitare un attacco silurante delle unità britanniche. Ed in effetti, come abbiamo visto, avendo ritenuto, erroneamente, che i cacciatorpediniere britannici manovrassero per lanciare i siluri, l'ammiraglio Iachino aveva inviato le sue due squadriglie al contrattacco, per poi sospenderne l'azione ordinando l'inversione di rotta. Questa manovra, fu eseguita in maniera forse troppo affrettata vista la modesta composizione delle forze nemiche, la cui unica preoccupazione appariva quella di evitare il combattimento.

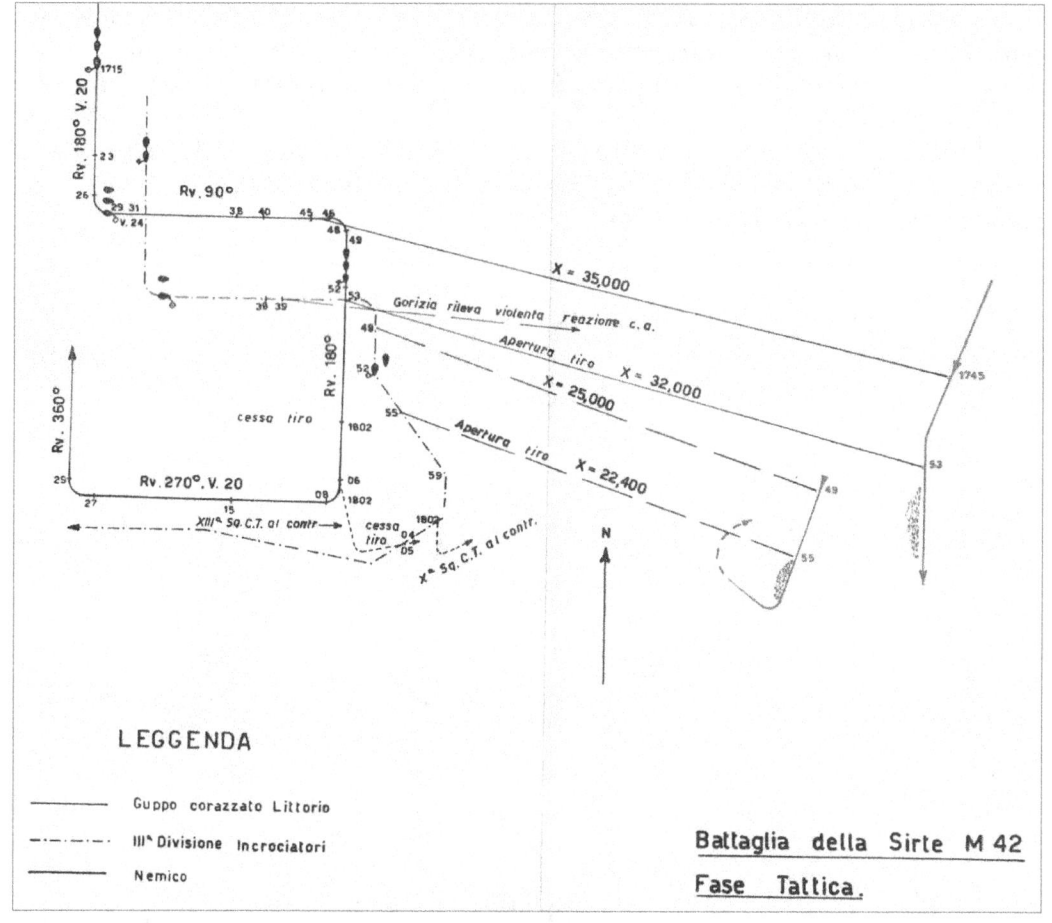

IL TIRO BALISTICO DELLE UNITA' ITALIANE
(Dalla relazione dell'ammiraglio Iachino)

Nella "*Relazione sintetica*", il disimpegno, seguito al presunto attacco dei cacciatorpediniere britannici, fu giustificato dall'ammiraglio Iachino con le seguenti motivazioni, che oggi, conoscendo i fatti, lasciano alquanto perplessi:[250]

*E' in questa fase dell'azione che una salva del GORIZIA centra in pieno un cacciatorpediniere nemico e lo spezza in due affondandolo, mentre il tiro della X Squadriglia (MAESTRALE) colpisce visibilmente un altro cacciatorpediniere nemico.*

*L'attacco lanciato dalle siluranti nemiche contro di noi viene così completamente stroncato dal contrattacco delle nostre squadriglie* [sic]. *Il nemico ripiega dietro cortine di fumo.*

*Purtroppo l'azione dura poco perché il breve crepuscolo delle basse latitudini precipita all'arrivo dell'oscurità e fa interrompere il tiro del grosso calibro e poi di tutti i cannoni.*

---

[250] Francesco Mattesini, *Corrispondenza e Direttive tecniche operative di Supermarina*, vol. 2°, tomo 2°, USMM, doc., 519, p. 1246.

*Faccio allora accostare le unità maggiori per 90° a dritta ad un tempo, onde sottrarle ad un attacco di siluranti nemiche, che sarebbe molto pericoloso, nell'ora incerta del crepuscolo, soprattutto data la nostra posizione relativa rispetto al nemico (noi a ponente, lui a levante).*

*Riduco la velocità a 20 nodi, e poco dopo (1827) accosto ad un tempo per Nord, richiamando i nostri cacciatorpediniere ed effettuando la riunione delle corazzate e degli incrociatori su una unica linea di fila.*

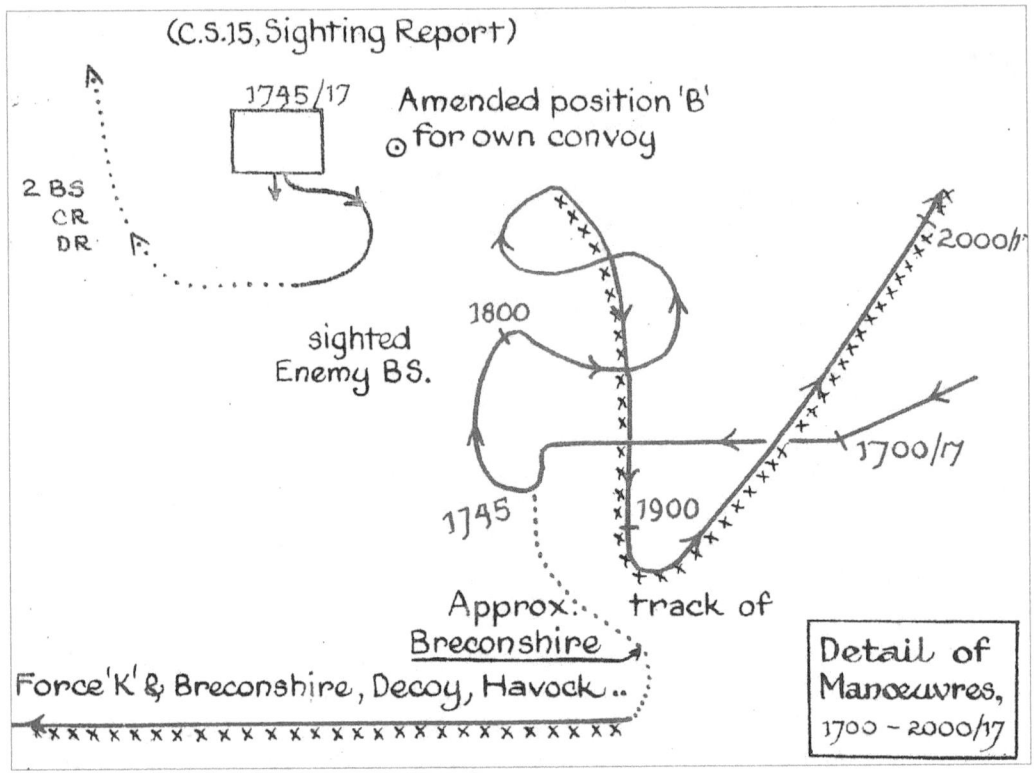

In grigio, la manovra della Forza Navale britannica durante l'azione tattica e balistica. Da un documento della Historical Section Admiralty

Sempre sul rapido disimpegno ordinato al gruppo da battaglia, l'ammiraglio Iachino ha scritto in una delle sue fumose ricostruzioni del dopoguerra:[251]

*Il combattimento è finito, non è più possibile utilizzare il nostro preponderante volume di fuoco, e comincia l'azione notturna, nella quale noi siamo in netta condizione d'inferiorità rispetto al nemico munito di radar [sic]. Ci conviene quindi allontanarci al più presto, in modo da fargli perdere il contatto con noi, se vogliamo evitare di essere facilmente rintracciati nelle prime ore della notte ed esposti a pericolosi attacchi di siluranti. Faccio perciò accostare la formazione di 90° a dritta ad un tempo, e riduco la*

---

[251] Angelo Iachino, *Le due Sirti*, cit., p. 118.

*velocità a 20 nodi per evitare un eccessivo e inutile consumo di nafta e per facilitare la riunione dei vari miei gruppi, un poco sparpagliati per il mare.*

*Poco più tardi, alle 18.27, quando ritengo ormai di essere abbastanza lontano dal nemico e di avergli fatto perdere il contatto, accosto nuovamente di 90° a dritta a un tempo, assumendo rotta nord, in modo da rendere più difficile la ricerca da parte delle siluranti. Richiamo vicino a me le squadriglie cacciatorpediniere, e ordino che gli incrociatori raggiungano anch'essi il gruppo delle corazzate, disponendosi in linea di fila, di prora a noi.*

Nel corso della breve battaglia, il comandante del *Gorizia* affermò di aver visto un cacciatorpediniere della probabile classe "Tribal" spezzarsi in due tronconi ed affondare, in conseguenza di una salva da 203 mm dell'incrociatore. In realtà, al pari delle altre navi italiane che, per le lacune di tiro più volte descritte, aggiunte alla scarsa visibilità, effettuarono i consueti buchi sull'acqua, il *Gorizia* non conseguì alcun risultato. La sua presunta vittima, il grosso cacciatorpediniere di squadra *Kipling* (capitano di corvetta Aubrey St. Clair-Ford), ebbe a bordo soltanto un morto, in conseguenza delle schegge dei proietti caduti in prossimità della nave.

Il cacciatorpediniere di squadra britannico *Kipling*.

Anche il *Maestrale* (capitano di vascello Stanislao Caraciotti), che guidava la 10ª Squadriglia Cacciatorpediniere, ritenne di aver colpito una silurante nemica, mentre invece apparve subito chiaro che il tiro delle corazzate, anche per la distanza in cui si svolse, non poteva avere avuto effetto concreto.

Quanto agli aerei dell'Asse, come abbiamo visto, effettuarono in quel tardo pomeriggio una serie di attacchi inconcludenti malgrado l'impiego di sei aerosiluranti italiani e di sei aerosiluranti e trentanove bombardieri tedeschi.

Nonostante le ottimistiche affermazioni degli equipaggi, che sostennero di aver colpito con il siluro almeno tre incrociatori, gli unici danni alla navi inglesi furono limitati a quelli leggeri causati al *Kipling* da una bomba, sganciata da uno Ju.88 del I./LG.1, e caduta vicino allo scafo del cacciatorpediniere, mentre il *Jervis*, con il leader della 14ª Flottiglia capitano di vascello Philip John Mack, ebbe a lamentare un marinaio ferito da un proiettile di mitragliera.

## *L'affondamento della cisterna Lina*

Da parte britannica, invece di rivolgere l'attenzione alle navi italiane, gli aerei da bombardamento Malta durante la giornata del 17 dicembre dedicarono la loro attenzione soltanto ad obiettivi della costa della Tripolitania, inviando due bombardieri Blenheim del 107° Squadron ad attaccare Sorman e Zuara. Uno dei velivoli fu abbattuto durante l'attacco, ma il suo capo equipaggio, tenente pilota F.H.W. Keene, si salvò e fu fatto prigioniero. Il tenente Dieter Schleif, pilota di uno Ju,88 C del 1° Gruppo Caccia Notturna (I./NJG.2) rivendicò qual giorno l'abbattimento di un Blenheim, ma non doveva essere quello di Keene perché l'attacco del velivolo tedesco avvenne presso Malta.[252]

In precedenza, sulla base di informazioni Ultra, si era verificato l'attacco notturno alla piccola cisterna italiana *Lina* (1.235 tsl.), che fu affondata alle 04.30 del 17 da tre aerei Swordfish dell'830° Squadron (capitano di corvetta Frank H.E. Hopkins) della F.A.A., decollati da Malta al comando del tenente di vascello Alan Downes. L'episodio, che determinò ancora una perdita nel rifornimento della Libia, si verificò a 80 miglia a nordovest di Tripoli, mentre la cisterna era diretta da Pantelleria a Zuara, dopo aver fatto scalo a Lampedusa.

Fin dal giorno precedente l'Ultra aveva informato che la *Lina* era salpata da Pantelleria, alle 07.40 del 15 per trasferirsi probabilmente a Tripoli, ragion per cui decollarono da Malta, per attaccarla, sei aerosiluranti Swordfish dell'830° Squadron, che poi rientrarono ad Hal Far dopo cinque ore di volo senza averla rintracciata, nonostante avessero avuto l'appoggio di un Wellington VIII del 221° Squadron della RAF dotato di radar ASV. Il 17 fu confermato da Ultra l'orario di partenza della *Lina*, che doveva svolgersi assieme alla nave ausiliaria *Diadora*, e la rotta che avrebbe seguito, Lampedusa - Tripoli.

---

[252] C. Shores, B. Cull e N. Malizia, *Malta the Hurricane years 1940-1941*, Londra, Grub Street, 1987, p, 348.

Una formazione di bombardieri britannici Bristol Blenheim.

Un Wellington VIII del 221° Squadron da ricognizione della RAF. Notare le quattro antenne del radar di scoperta navale ASV, che era particolarmente utile di notte e con cattiva visibilità per scoprire i convogli e le unità navali italiane sulle rotte libiche e non solo.

Ne seguì l'attacco dei tre aerosiluranti Swordfish dell'830° Squadron FAA, che erano guidati da un altro velivolo dello stesso tipo fornito di radar di scoperta navale ASV. Ancora una volta partecipò alla ricerca un Wellington VIII del 221° Squadron della RAF, anch'esso fornito di apparato ASV, che segnalando poco dopo la mezzanotte la posizione del piccolo convoglio italiano, permise il decollo della formazione d'attacco, e di guidarla sul bersaglio per mezzo dell'apparato di riconoscimento IFF (Identification Friend or Foe). Il convoglio fu quindi localizzato, alla distanza di 45 miglia, dal sottotenente di Vascello William Garthwaite operatore al radar sullo Swordfish pilotato dal capitano di corvetta Frank Henry Edward Hopkins, che guidò l'attacco degli altri due velivoli, mentre il Wellington, informato per radio, lo illuminava con i bengala.

Nel corso dell'azione, mentre il comandante Hopkins continuava con il suo velivolo l'opera di illuminazione del bersaglio, i sottotenenti di vascello Cedric Coxon e Roger Kerrison si portarono al lancio. Essi riferirono di aver messo a segno sulla petroliera almeno un siluro, e di averla lasciata ferma dopo che la nave aveva compiuto un giro di 360°.[253]

Il 18 dicembre l'Ultra riferì che *"La petroliera LIMA, partita da Lampedusa alle 19.00 del 16 per Zuara"* era *"stata attaccata e colpita da aerei in posizione 33°58'N, 12°03°E.* In seguito un aereo da ricognizione Blenheim segnalò di aver rintracciato in mare, nella zona dell'attacco, rottami e nafta di quella cisterna, e l'Ultra confermò che in aiuto della cisterna erano stati inviati *"la torpediniera CASCINO, la nave salvataggio LAURANA e il rimorchiatore CICLOPE"*.[254]

Dopo il rientro alla base dei tre Swordfish che avevano affondato la *Lima*, quella stessa sera, nonostante la minacciosa presenza di velivoli da caccia notturni tedeschi Ju.88 del I./NJG.2 nel cielo di Malta, un'altra formazione di quattro Swordfish dell'830° Squadron decollò da Hal Far per attaccare un altro convoglio, costituito da una petroliera, da un piroscafo e da un cacciatorpediniere, che era stato segnalato a sud di Lampedusa. All'attacco parteciparono i velivoli dei sottotenenti di vascello Alan Downes e Vercoe, che riferirono di aver colpito la petroliera con almeno un siluro, mentre il sottotenente di vascello Kerrison, che ancora una volta in quel giorno partecipava ad una missione bellica, sostenne di aver colpito il piroscafo.

L'esplosione sul fianco del piroscafo di un siluro Duplex, a duplice acciarino a contatto e magnetico, fu confermata dal tenente di vascello Ransford Slater, che era l'operatore al radar ASV del quarto Swordfish, il cui incarico era stato quello di effettuare l'illuminazione delle navi al momento dell'attacco e poi di controllare gli esiti.[255]

In realtà si trattò di un'illusione ottica, perché l'attacco non portò ai risultati sperati. Esso fu rivolto contro due navi italiane, il piroscafo *Proibitas* scortato dalla torpediniera *Climene*, che erano partite da Trapani, dirette a Tripoli, alle ore 10.00 del 17 dicembre. Il *Climene* evitò due siluri, mentre il piroscafo fu colpito da una bomba riportando soltanto lievi danni. Vi furono a bordo un marinaio morto e altri tre feriti. Dirottato nel porto tunisino di Sfax, il *Proibitas* poté poi riprendere la rotta per Tripoli. Vi arrivò senza subire altre avventure alle 20.45 del giorno 21 dicembre, scortato dalla torpediniera *Polluce*, appositamente uscita da quel porto della Libia, per sostituire la *Climene* che era stata costretta ad abbandonare il piroscafo quando si era diretto verso Sfax, entrando in acque territoriali francesi.[256]

---

[253] Kenneth Poolman, *Night strike from Malta. 830° Squadron RN and Rommel's Convoys*, Londra – Sydney, Jane's Publishing Company, 1980, p. 141.

[254] P.R.O., *ADM 223/31*, dispacci O.I.C. del 16, 17 e 18 dicembre 1941, in Alberto Santoni, *Il vero traditore*, cit., p. 139.

[255] Kenneth Poolman, *Night strike from Malta. 830° Squadron RN and Rommel's Convoys*, cit., p. 141.

[256] AUSMM, *Diario di Supermarina del mese di dicembre 1941*.

La torpediniera italiana *Climene* nel 1941.

Per finire sull'attività aerea di Malta, nel corso della note tra il 16 e il 17 dicembre cinque velivoli Albacore dell'820° Squadron della FAA decollati da Hal Far avevano attaccato l'aeroporto di Catania, accolti da forte reazione contraerea, sganciandovi 2.240 chili di bombe esplosive e 137 chili di bombe incendiarie. Nella giornata del 17 dicembre arrivarono a Malta da Gibilterra tredici velivoli, dei quali cinque bombardieri Blenheim e otto caccia a lungo raggio Beaufighter. Nel corso della stessa giornata furono impiegati nel servizio di ricognizione sette velivoli, tra cui due Wellington VIII e tre Maryland del 69° Squadron per controllare la situazione in mare, e due Spitfire fotografici della 2° Unità, dei quali uno fu inviato a controllare la situazione navale a Taranto e l'altro nella zona tunisina di Sfax.

## L'arrivo a Tripoli del convoglio italiano e il rientro alle basi metropolitane del gruppi di scorta

Come abbiamo visto, alle 17.56 del 17 dicembre, prima ancora che fosse sopraggiunta completamente la notte, il convoglio italiano era stato dirottato temporaneamente verso nord con un'accostata ad un tempo, seguito in formazione dalle grandi navi del gruppo di sostegno dell'ammiraglio Bergamini. La rotta fu mantenuta fino all'incirca alle ore 20.00 per non allontanarsi troppo dalla zona di destinazione, dal momento che dirigendo verso nord avrebbe portato il convoglio ad avvicinarsi troppo a Malta, da cui potevano partire pericolosi attacchi aerei. Pertanto, in seguito ad un ordine impartito alle 19.00 dall'ammiraglio Iachino, fatto allo scopo di recuperare almeno in parte il tempo perduto con l'inversione di rotta, le navi mercantili e le unità di sostegno, manovrando per conversione, iniziarono un'ampia accostata per portare nuovamente la prora verso le coste della Tripolitania, all'incirca su Misurata.

La stessa preoccupazione era in Supermarina. Infatti, poco dopo che l'ammiraglio Iachino aveva trasmesso alla corazzata *Duilio* l'ordine di invertire la rotta, gli arrivò da Roma il seguente messaggio:[257]

*Avete libertà di scegliere per convoglio qualunque rotta ritenuta più opportuna per risolvere situazione tattica notturna. Tenete presente possibilmente necessità riprendere domani rotta verso porti arrivo stabiliti.*

Come si vede, nel messaggio di Supermarina si chiedeva di riprendere la rotta per la Libia l'indomani, evidentemente perché era ritenuto di dover allontanare il convoglio il più possibile durante la notte dalle unità britanniche che si trovavano di poppa, Ma l'ammiraglio Iachino, essendo anche stato messo in condizioni di scegliere nella notte la rotta ritenuta più opportuna per evitare la minaccia nemica, decise di far continuare la navigazione che aveva ordinato, senza mutare gli ordini impartiti al *Duilio*. Di questa sua iniziativa egli informò per radio Supermarina, che non ebbe nulla da obiettare.

Tutte i dubbi, le incertezze e le perplessità sulle manovre da effettuare sono state descritte del Comandante della Squadra navale nella sua "*Relazione sintetica*", ingigantendo le difficoltà a cui andava incontro. Non si deve infatti dimenticare che quel documento, appositamente richiesto con urgenza dall'ammiraglio Riccardo e compilato nell'ambito del Comando Squadra, fu preparato per essere consultato dal generale Ugo Cavallero, per poi essere portato all'attenzione di Mussolini. Lo scopo evidente era quello fare su di loro un'ottima impressione, dimostrando che la Squadra Navale, per proteggere il convoglio, aveva superato brillantemente tutte le avversità della navigazione, anche ricercando il combattimento con la flotta nemica.

Le seguenti frasi ne sono una chiara testimonianza:[258]

*Ultimato il combattimento riunite tutte le unità, e assunta rotta verso Nord a velocità 18 nodi mi sono soffermato a fare l'apprezzamento della situazione che veramente si presentava alquanto complessa.*

*Il convoglio, la cui protezione era il nostro compito principale, stava dirigendo ormai a Nord, in base all'ordine che gli avevo dato; e questa rotta era certo la più sicura per lui, dato che il nemico non poteva conoscere la sua inversione di rotta fatta al buio e probabilmente ne aveva perduto le tracce. Ma se il convoglio avesse continuato a navigare per Nord tutta la notte, l'indomani mattina il problema si sarebbe presentato in forma ancora più complessa perché si sarebbero perdute 24 ore. Si sarebbe quindi facilitato il compito del nemico già allertato, mentre si mettevano in condizioni difficili le siluranti di scorta che non avevano una sufficiente autonomia di nafta.*

*Il problema quindi si presentava sotto la forma di un dilemma ben netto: o far riprendere al più presto al convoglio la rotta per Tripoli, nonostante i gravi evidenti rischi della navigazione notturna in vicinanza di forze navali nemiche, oppure rientrare addirittura a Taranto, facendo fallire del tutto la nostra missione* [sic].

---

[257] AUSMM, *Supermarina – Messaggi in partenza*.
[258] Francesco Mattesini, *Corrispondenza e Direttive tecnico operative di Supermarina*, vol. 2°, tomo 2°, USMM, doc. 519, p. 1246-1248.

*L'aver posto così nella sua elementare chiarezza il problema ha permesso di risolverlo immediatamente. Avevamo avuta la consegna di portare il convoglio in Libia, e bisognava che assolutamente arrivasse. Pertanto alle 1900 ordinavo al DUILIO di invertire nuovamente la rotta del convoglio e di dirigere sul punto C, tagliando un poco il percorso prestabilito in modo da recuperare parte del tempo perduto.*

*Si calcolava che il convoglio sarebbe stato così in ritardo complessivamente di circa tre ore, ma in realtà se ne sono perdute non meno di sei perché la velocità effettiva dei piroscafi è risultata in pratica inferiore al previsto.*

*Era poi evidente che, data la posizione delle forze navali inglesi, non si poteva in alcun modo distaccare il piroscafo ANKARA dal rimanente per mandarlo a Bengasi, come previsto: ho perciò disposto che anch'esso dirigesse per il punto C insieme agli altri.*

*Più tardi ho ricevuto da SUPERMARINA il seguente telegramma: "Avete libertà scegliere per convoglio qualunque rotta ritenuta più opportuna per risolvere situazione tattica notturna alt Tenere presente possibilmente necessità riprendere domani rotta verso porti arrivo stabiliti – 183717" che mi ha mostrato come anche da Roma si fosse fatto lo stesso apprezzamento della situazione.*

*Prese queste disposizioni, ho esaminato il problema della difesa del convoglio dai probabili attacchi notturni di unità di superficie e specialmente di cacciatorpediniere inglesi. La situazione era resa complessa dal fatto che secondo un avvistamento del sommergibile SQUALO alle 1845 (comunicataci un'ora più tardi) due incrociatori inglesi erano nel pomeriggio del 17 usciti da Malta e correvano su rotta 140° alla velocità di 28 nodi. Era logico pensare che queste unità fossero incaricate di intercettare il nostro convoglio durante la notte.*

*Tuttavia non era questa la preoccupazione maggiore per noi, poiché il DUILIO e la Divisione AOSTA a difesa diretta del convoglio, erano più che sufficienti a respingere l'attacco di questi due incrociatori. L'incognita maggiore era invece costituita dai movimenti del reparto nemico con cui eravamo stati a contatto tattico, e che munito com'era di numerosi cacciatorpediniere probabilmente li avrebbe lanciati all'attacco dei piroscafi, appoggiandoli con gli incrociatori e con la nave da battaglia.*

*Per proteggere il convoglio da attacchi di questo genere non era possibile pensare ad una sua riunione notturna col gruppo LITTORIO: l'unico provvedimento pratico ed efficace era invece quello di costituire con le nostre navi una barriera insormontabile fra il convoglio e il nemico. Ordinai perciò alle nostre cinque unità maggiori (2 incrociatori e 3 navi da battaglia) di disporsi in linea di fila e di navigare a 18 nodi alternativamente su Rb. 40° e Rb. 220° onde mantenersi all'altezza del convoglio, che frattanto navigava su rotta parallela (213°; alla velocità media di circa 12 nodi).*

*Delle tre squadriglie di cacciatorpediniere una fu messa di scorta avanzata verso Sud-Ovest, onde prevenire qualunque sorpresa in quel settore estremo della formazione: le altre due furono messe in linea di fila, in scorta ravvicinata, a 2.000 metri di distanza dalle navi maggiori, verso Su-Est.*

*Le due rotte 40° e 220° venivano assunte alternativamente ad intervalli di tempo appropriati con accostate di tutte le unità ad un tempo, allo scopo di non modificare l'anzidetta posizione relativa alle varie unità, che era la più conveniente per impedire ogni attacco di sorpresa dalle direzioni di più probabile arrivo del nemico.*

Prima di tornare a descrivere come furono attuate le misure difensive, e come si svolse la navigazione notturna del gruppo da battaglia dell'ammiraglio Iachino, vediamo come si realizzò il cambio di rotta del convoglio e del gruppo di sostegno, alle cui navi era stato dato ordine dal *Duilio* "*di fare attenzione ad attacchi di cacciatorpediniere nemici da poppa*". Questo stato di attenzione derivava dall'intercettazione di segnalazioni britanniche, da cui risultava, erroneamente, che un Comando navale in mare aveva ordinato "*a Squadriglie di suoi cacciatorpediniere di dirigere per un punto vicino a quello occupato dal convoglio*" italiano.[259]

Manovrare un complesso di diciassette navi, alcune delle quali, come la motonave *Napoli*, effettuarono il cambio di rotta con estrema decisione, richiese del tempo. A bordo di ciascun mercantile, su esplicita richiesta dell'ammiraglio Bergamini, Supermarina aveva imbarcato un ufficiale di vascello, con il compito di comandante militare, per coadiuvare nella navigazione il comandante civile. Ma non tutte le navi mercantili erano bene addestrate per realizzare tempestivamente quella manovra notturna, che l'ammiraglio Bergamini fece effettuare per successive conversioni di 20° alla volta, allo scopo di mantenere ordinata la formazione. In questo caso, mentre il precedente cambio di rotta era stato effettuato al tramonto nello spazio di mezzora, la nuova manovra, realizzata nell'oscurità della notte senza luna, richiese circa due ore, con nuova perdita di tempo sull'orario di marcia previsto.

Soltanto alle ore 21.58 del 17, dopo che alcuni cacciatorpediniere erano stati mandati sottobordo alle navi mercantili del convoglio per convincere i loro comandanti che la manovra non era pericolosa, l'intera formazione fu riordinata sulla rotta desiderata di 210°.

Il cambio di rotta fu realizzato anche dal gruppo di appoggio dell'ammiraglio Iachino. Come descritto nella "*Relazione sintetica*", attendendosi attacchi notturni da parte di unità leggere di superficie britanniche, il Comandante superiore in Mare dispose le sue tre corazzate in posizione opportuna per proteggere le navi mercantili, allo scopo di mantenne un servizio di perlustrazione a circa 30 miglia a sud-est del convoglio, che procedeva alla velocità di 13 nodi. Ciò comportò di riordinare, alle ore 19.00, la formazione in un'unica linea di fila, con gli incrociatori *Gorizia* e *Trento* che precedevano le unità maggiori disposte in ordine inverso, con la corazzata *Cesare* che era seguito dalla *Doria* e dalla *Littorio*.

I cacciatorpediniere di due squadriglie furono disposti anch'essi in un'unica linea di fila, a 2.000 metri a levante delle corazzate e degli incrociatori, in modo da costituire per quelle navi un velo protettivo, che anticipasse gli eventuali e temuti attacchi notturni delle navi britanniche, che arrivassero da poppa. I cacciatorpediniere della 3ª Divisione ebbero l'incarico di tenersi a pendolare di poppa a sinistra, per vigilare da ogni provenienza nemica da sud-ovest. Tutte le navi mantennero la posizione ad ogni inversione di rotta ordinata dal Comando Squadra, ed effettuata sempre in modo che la formazione iniziale fosse mantenuta inalterata.

In questo modo si trattava di aver realizzato uno schieramento di opportunità, forse il migliore per fronteggiare un attacco di navi di superficie proveniente da levante e dai quartieri poppieri, ma che però sarebbe risultato molto pericoloso in caso di attacco di

---

[259] AUSMM, "Comando 5ª Divisione Navale, Rapporto di Missione", *Scontri navali e operazioni di guerra*, cartella 46.

sommergibili e di aerosiluranti, mancando di prora alle grandi navi la protezione dei cacciatorpediniere di scorta.

Verso sud-est, a circa 60 miglia di distanza, anche l'ammiraglio Vian manteneva in quello stesso periodo un proprio servizio di perlustrazione. Ma nessuno dei due ufficiali superiori, l'italiano e il britannico, erano al corrente dei movimenti dell'avversario.

La notte illune, molto buia anche per le dense nubi che coprivano il cielo, trascorse in un certo stato d'allarme, con le vedette allerta perché fu ritenuto che il convoglio fosse stato individuato da ricognitori nemici e, probabilmente, per un messaggio intercettato e decifrato, anche da un incrociatore.

Nel frattempo il gruppo d'appoggio guidato dalla *Littorio* continuò a mantenere la posizione verso levante – in modo da garantire al convoglio e al suo gruppo di sostegno la protezione contro le navi britanniche che erano state impegnate al tramonto del sole – e navigò alternando la rotta per 40° e 220° alla velocità di 18 nodi. Anche questa formazione, a iniziare dalle ore 21.00 del 17 dicembre, fu sorvolata da un aereo che, volando a bassa quota, ritenuta inferiore ai 500 metri, tentò di scambiare segnali, rivolti verso la *Littorio*, prima con la luce di una lampada azzurra e poi con luce bianca.

Non avendo ricevuto alcuna risposta, e certamente sorpreso di non essere fatto segno ad azione di fuoco, il ricognitore si abbassò ancora di più sulle navi per effettuare il riconoscimento a vista, illuminando le unità maggiori della squadra italiana con un piccolo proiettore dal velivolo. Quindi, non avendo più dubbi sulla nazionalità delle navi, il velivolo continuò a mantenerne il contatto, trasmettendo a Malta i dati di posizione, come fu constatato dal Servizio di Intercettazione Estere della *Littorio* alle 21.15. A quell'ora furono sicuramente individuati gli incrociatori della 3ª Divisione dal velivolo AM9V, che mantenne il contatto fino alle 01.31 del 18, trasmettendo sei segnalazioni.

Dopo la mezzanotte, fu anche ritenuto che le navi fossero state localizzate con il radar da un'unità di superficie, della quale furono percepiti i relativi segnali radio, tra i rilevamenti 13° e 65° dalla *Littorio*. La corazzata ordinò allora a tutte le navi un'inversione di rotta ad un tempo per sviarne le ricerche.

La corazzata Andrea Doria in navigazione durante l'operazione "M.42".

Operazione "M.42", la corazzata *Duilio*, che procede con mare molto mosso, sorvolata da un idrovolante Cant. Z. 501 con compito di scorta antisommergibile.

Le stesse segnalazioni, ritenute provenienti da avvistamenti radar di un incrociatore, furono rilevate dal *Duilio*, che immediatamente avvertì tutte le unità dipendenti *"della possibilità di un attacco abbastanza prossimo di navi di superficie. Pertanto, la nave ammiraglia del gruppo di sostegno ordinò "di controllare lo spegnimento di qualsiasi luce e di evitare fumo e faville"*, e fu confermato *"ai cacciatorpediniere l'ordine di portarsi alla massima distanza compatibile con la necessità di mantenere il contatto con il convoglio*". Furono poi impartite disposizioni dando "*il punto di riunione all'alba in caso di separazione del convoglio*" e l'ordine di interrompere "*qualsiasi comunicazione su onde medie e corte*".[260]

Tuttavia, ancora una volta con grande meraviglia di tutti coloro che si aspettavano da un momento all'altro di vedere apparire in cielo la luce dei bengala, segni premonitori dell'inizio di un attacco aereo, nulla accadde. Non vi furono le temute azioni di disturbo o offensive, da parte degli aerei e delle navi britanniche, sebbene i ricognitori continuassero per tutta la notte a sorvolare le navi italiane, mantenendosi però ad una certa distanza. Il velivolo, che aveva preso contatto con il gruppo d'appoggio, si allontanò alle 01.30 del 18, per essere sostituito da un altro ricognitore notturno, che continuò a trasmettere le informazioni a Malta. Poco dopo fu intercettato del primo velivolo, che si trovava in rotta di rientro, un segnale di soccorso, interpretato sul *Littorio* come probabilmente SOS dovuto a un ammaraggio forzato, causato da qualche guasto.

Nel clima di vigilanza, che comportò di tenere tutte le artiglierie pronte ad entrare in azione al primo allarme – ma senza aprire il fuoco sui velivoli nemici, e quindi senza sparare un colpo "*perché altrimenti le vistosissime codette luminose del tiro c.a. avrebbero meglio di ogni altra cosa attirata l'attenzione del nemico*" sul gruppo d'appoggio "*e quindi sul convoglio*" – gli ufficiali dello stato maggiore dell'ammiraglio Iachino erano tutti in plancia, intenti ad esplorare da ogni lato l'orizzonte con i binocoli.[261] Lo stesso Comandante superiore in Mare si mantenne sveglio sulla *Littorio*, dapprima sostando nel palco di comando e poi, essendo la temperatura molto fredda, restò per qualche tempo seduto su una poltroncina metallica all'interno della torretta corazzata, e appoggiando la testa, per riposare, su un salvagente che gli faceva da cuscino.

L'indomani, in seguito all'avvistamento di due piroscafi britannici in navigazione nel Mediterraneo centrale con rotta levante, l'ammiraglio Iachino, continuando ad ignorare la missione del *Breconshire*, fece un'errata ipotesi. Egli, infatti, ritenne che l'intenzione del nemico fosse stata quella di non far fallire, con un combattimento notturno, "*una sua probabile missione di scorta ad un convoglio proveniente da Malta, e per incontrare il quale erano appunto uscite in mare le forze di Alessandria*".[262]

Come abbiamo visto, da parte italiana vi fu molta sorpresa nel dover constatare che il convoglio e i gruppi di scorta non fossero stati attaccati dall'aria, né nella giornata del 17 dicembre né il quella successiva del 18. Il motivo ci è stato spiegato dal vice maresciallo dell'aria Hugh Pughe Lloyd, che scrisse:[263]

*Il 17 dicembre quattro navi mercantili presero il mare per l'Africa, ma invece della scorta normale di quattro sei cacciatorpediniere e di apparecchi, il pilota del Maryland, capitano Warburton* [Adrian Warburton del 69° Squadron]*, constatò una scorta di due navi da battaglia, due incrociatori, quindici cacciatorpediniere, ed altre navi, oltre a un certo numero di Ju.88.*

*La soluzione che noi proponemmo fu: impiegare Swordfish e Albacore di notte quando l'obiettivo era a nostra portata, inviare Blenheim – quando c'erano i piroscafi passeggeri – a ripetere su Tripoli l'attacco che fosse andato male, bombardare Tripoli*

---

[260] *Ibidem*.
[261] Angelo Iachino, *Le due Sirti*, cit., p. 127-128.
[262] *Ibidem*, p. 130.
[263] Hugh Pughe Lloyd, *Briefed to attack*.

*con i Wellington. Ma non ne andò una dritta: il convoglio non fu mai a portata utile dell'Aviazione della Marina, i Blenheim non poterono decollare perché impantanati nei punti di decentramento, e piovve così fortemente che anche i Wellington dovettero forzatamente restare a terra. Così, nella notte tra il 18 e il 19 dicembre, solo un velivolo da ricognizione lasciò il suolo e le tempeste elettriche rovinarono i frutti di quella grande fatica.*

Il capitano Adrian Warburton, comandante del 69° Squadron da ricognizione della RAF di Malta sul suo velivolo Maryland.

\* \* \*

Tornando ai movimenti delle navi italiane, intorno alle 01.30 – 02.00 del 18 dicembre arrivarono agli ammiragli Iachino e Bergamini i due seguenti telegrammi cifrati di Supermarina:[264]

*SUPERMARINA a LITTORIO e DUILIO per Macchina Cifrante: SUPERMARINA 12380 – Convoglio può dirigere direttamente porto destinazione (alt) Marilibia informato – 010018*

*SUPERMARINA 96718 – Destinatario LITTORIO per Squadra per conoscenza DUILIO per Divisione (alt) A giorno fatto se situazione lo consentisse converrebbe inviare ANKARA saracinesca* [Bengasi] *per rotte costiere – 014018*

Con l'approssimarsi dell'alba del 18 dicembre, si rese necessario di riorganizzare la scorta diurna alle grandi navi del gruppo di appoggio, che durante la notte era stata

---

[264] AUSMM, *Scontri navali e operazioni di guerra*, cartella 46.

trascurata per mantenere i cacciatorpediniere di vigilanza sul lato orientale e nei quartieri poppieri. Ciò comportava di riportare parte dei cacciatorpediniere sul lato di ponente delle corazzate; ossia nella direzione in cui, agevolati dalla luce favorevole delle prime ore del mattino, potevano realizzarsi gli attacchi siluranti più pericolosi. La *Littorio* ordinò, pertanto, alla 13ª Squadriglia Cacciatorpediniere di effettuare lo spostamento. Erano le ore 06.00 quando, con l'oscurità che ancora incombeva profondamente, l'unità di testa della squadriglia, il *Granatiere* (capitano di vascello Ferrante Capponi), per errore di manovra commesso sulla rotta di controbordo, entrò in collisione, ad elevata velocità, con il *Corazziere* (capitano di vascello Paolo Melodia). Entrambi riportarono danni piuttosto gravi, poiché ebbero la prora asportata per lungo tratto. Il *Granatiere* fino alla plancia, il *Granatiere* fino al complesso d'artiglieria binato dei cannoni da 120 mm. Inoltre, tra gli equipaggi dei due cacciatorpediniere, si verificarono dolorose perdite.

Su questo malaugurato incidente l'ammiraglio Iachino scrisse nella lettera di trasmissione della Relazione d'inchiesta, inviata il 3 febbraio 1942 a Supermarina:[265]

*La collisione non sarebbe avvenuta se l'ordine di passare sulla dritta delle formazione fosse stato dato alla Squadriglia di coda (la XII$^a$) come era mia intenzione, anziché alla Squadriglia di testa (la XIII), come invece è avvenuto per un errore materiale del Comando in Capo Squadra.*

*Comunque la manovra che, a causa di tale errore, venne effettivamente ordinata, non era difficile e non avrebbe potuto provocare incidenti se non si fossero verificate le varie disgraziate circostanze concomitanti che qui si elencano:*

*a) - le due Squadriglie cacciatorpediniere non formavano una linea di fila unica, come avrebbero dovuto, ma erano alquanto disperse, specialmente alla coda.*

*b) - la XII Squadriglia era più vicina alle navi maggiori di quanto prescritto, mentre la XIII era alquanto più lontana (il contrario avrebbe facilitata la manovra);*

*c) – due cacciatorpediniere della XIII Squadriglia hanno male interpretato l'ordine del Comando Squadra e, senza attendere ordini dal Comando Squadriglia, hanno accostato per portarsi sulla dritta delle grandi navi: la linea dei cacciatorpediniere che era già dispersa si è venuta così ad interrompere (senza che il CORAZZIERE ne avesse notizia) proprio nella zona immediatamente precedente il GRANATIERE.*

*d) - L'attenzione del Comandante del GRANATIERE è stata attirata sulla dritta da questo movimento inopinato dei due cacciatorpediniere proprio nel momento in cui dal lato sinistro si avvistava la massa oscura del CORAZZIERE che si avvicinava di controbordo, di modo che la conseguente manovra del GRANATIERE è rimasta affidata al solo Ufficiale di rotta (un'accostata più decisa e più ampia avrebbe potuto in quel momento evitare la collisione);*

*e) - La piccola accostata del GRANATIERE, subito dopo avvistato il CORAZZIERE, poteva forse anch'essa essere sufficiente ad evitare l'investimento, che*

---

[265] AUSMM, "Comando in Capo Forze Navali, Relazione d'Inchiesta sulla collisione avvenuta fra i CC.TT. CORAZZIERE e GRANATIERE il mattino del 18 Dicembre 1941.XX", *Scontri navali e operazioni di guerra*, cartella 46.

*ha coinciso con l'accostata del CORAZZIERE in senso opposto, ed è stata frustrata da essa.*

Alle 07.12 l'ammiraglio Iachino ordinò alla 3ª Divisione di inviare due cacciatorpediniere della 13ª Squadriglia a dare assistenza alle due unità sinistrate, trasmettendo:[266]

*0638 – Dal Comando Squadra a 3ª Divisione recatevi con nave TRENTO e 10ª Squadriglia dare aiuto a GRANATIERE e CORAZZIERE che si sono investiti (alt) In caso arrivo forze superiori abbandonate le navi investite e ripiegate su Gruppo LITTORIO.*

In seguito a quest'ordine, alle 08.00 gli incrociatori della 3ª Divisione Navale accostavano per portare aiuto al *Granatiere* e al *Corazziere*, per poi inviare i loro cacciatorpediniere a prenderli a rimorchio di poppa. Si incaricarono di farlo l'*Oriani* e il *Gioberti* che, rispettivamente, passarono i cavi del traino al *Granatiere* e al *Corazziere*.

Alla stessa ora la *Littorio* ordinò al gruppo delle corazzate di accostare per 260° per portarsi in vista del convoglio. Ma dal momento che quest'ultimo, per il tempo perso nell'inversione di rotta notturna aveva aumentato il suo ritardo sull'orario previsto, prima di rintracciarlo il gruppo delle corazzate dovette manovrare per tutta la mattinata, fino a mezzogiorno, seguendo rotte varie e zigzagando per premunirsi dalla minaccia di eventuali sommergibili. Fu grande la soddisfazione degli equipaggi delle unità dell'ammiraglio Iachino, che avevano temuto di non rivedere molte delle navi, nell'individuare all'orizzonte i quattro mercantili che procedevano in formazione ordinata, avendo nelle vicinanze il gruppo di sostegno guidato dalla corazzata *Duilio*.

In seguito ad un ordine trasmesso dalla *Littorio*, poco dopo l'alba, alle 07.50, l'ammiraglio Bergamini aveva ordinato agli incrociatori *Aosta* e *Attendolo* di catapultare il loro aereo da ricognizione, per esplorare tutt'intorno alle sue navi per un'estensione di 50 miglia. I due Ro.43 – che avevano per piloti il sergente maggiore Antonio Pasinetti e il maresciallo Dante Salotti, e per ufficiali osservatori il tenente di vascello Sosto e il sottotenente di vascello Ardinghi – non fecero nessun avvistamento e si portarono ad ammarare a Tripoli.

Nel frattempo era stata ripresa la navigazione con zigzagamento, che era stata sospesa durante le ore di oscurità, e la velocità portata a 16 nodi. Poco dopo, alle 08.35, furono visti arrivare i primi aerei di scorta della 5ª Squadra Aerea, che aumentarono la loro presenza con il passare dei minuti fino a raggiungere il numero di diciassette. Poi, alle 09.34, furono avvistate dalla *Duilio* le sagome delle navi del gruppo *Littorio*, apparse verso sud alla distanza di 32.000 metri. Fu allora trasmesso all'ammiraglio Iachino che, salvo ordini contrari, una volta raggiunto il parallelo 33° Nord il convoglio L avrebbe diretto direttamente per Tripoli. L'ordine fu impartito al contrammiraglio Amedeo Nomis di Pollone, sul cacciatorpediniere *Vivaldi*, alle 11.50.

Alla stessa ora l'ammiraglio Bergamini ordinò alla motonave tedesca *Ankara* (convoglio N) di staccarsi dal convoglio L alle 12.30 per dirigere, come era stato programmato, per Bengasi, scortata dal cacciatorpediniere *Saetta* e dalla torpediniera *Pegaso*. La separazione dei due convogli si verificò esattamente all'ora ordinata. Poco

---

[266] *Ibidem.*

dopo, alle 12.45, fu intercettata la trasmissione di un aereo britannico che segnalava di aver avvistato il convoglio e la forza navale di scorta, seguendoli con continuità.

Nel frattempo, con un telegramma compilato in tre parti e trasmesso tra le 11.40 e le 12.10, l'ammiraglio Iachino metteva Supermarina a conoscenza della situazione, comunicando:[267]

*NAVE LITTORIO per Squadra – 33456 – Destinatario Supermarina Marilibia Duilio per Divisione (alt) Ore 1030 sono in vista convoglio lat. 33°35'N, long. 16°3... E rotta 213 velocità 12 (alt) Giunto parallelo Pago ore 13 convoglio L dico L dirigerà Tripoli et salvo contrordini convoglio N dico N per Bengasi (alt) Ore 1400 rientrerò con tutte divisioni navali a meno che Supermarina ordini 7ª Divisione proseguire con convoglio L dico L (alt) Ore 0600 stamane in lat. 33°50'N, long. 17°30'E avvenuta collisione tra CORAZZIERE et GRANATIERE (alt) Entrambi cacciatorpediniere perduta prora (alt) GIOBERTI e ORIANI tenteranno rimorchio di poppa verso Navarino (alt) Fine messaggio - 111518*

Alle 13.00 il Comandante della Squadra navale ordinò alla corazzata *Duilio*, su cui era imbarcato l'ammiraglio Bergamini, di lasciare la scorta diretta del convoglio L, per raggiungere il gruppo di appoggio, che sarebbe così venuto a disporre di un complesso di quattro navi da battaglia, due incrociatori pesanti, e tre incrociatori leggeri. Il gruppo di sostegno aveva appena iniziato la manovra, quando, alle 16.04, arrivò un messaggio di Supermarina, inviato alla *Littorio*, che ordinava ai tre incrociatori leggeri della 7ª Divisione Navale (*Aosta, Attendolo, Montecuccoli*) e i loro tre cacciatorpediniere di scorta dell'11ª Squadriglia (*Aviere, Ascari* e *Camicia Nera*) di restare a proteggere il convoglio fino al sopraggiungere della notte. L'organo operativo dell'Alto Comando navale, non volendo far correre rischi ai piroscafi nell'ultimo tratto della navigazione, ritenne che la 7ª Divisione Navale dovesse restare con il convoglio, anche perché, assieme alle unità della scorta diretta, costituiva una forza ritenuta sufficiente a proteggerlo da un attacco diurno dalle unità britanniche, eventualmente salpate da Malta.

Sulla base dell'ordine ricevuto, alle 14.18 l'ammiraglio Raffaele de Courten rese indipendente la manovra della 7ª Divisione Navale, e diresse con i suoi tre incrociatori e tre cacciatorpediniere, alla velocità di 24 nodi, per riunirsi al convoglio L, a cui fu dato ordine, dall'ammiraglio Iachino, di puntare su Tripoli seguendo le rotte costiere e non quelle dirette. A manovra ultimata de Courten fece ridurre la velocità e, zigzagando, restò verso nord in vista dei mercantili. Alle 16.30 l'*Aosta* intercettò il messaggio n. 43827 con il quale la *Littorio* informava Supermarina di una proposta del contrammiraglio Nomis di Pollone, trasmessa dalla nave scorta convoglio *Vivaldi*, "*di ritardare l'arrivo a Tripoli al mattino del 19, rimanendo in crociera nelle ore notturne sotto la protezione della 7ª Divisione*".[268]

---

[267] AUSMM, , "Comando in Capo della Squadra Navale, Rapporto di missione – Operazione M 42- - 16 – 17 – 18 – 19 Dicembre 1941-XX", *Scontri navali e operazioni di* guerra, cartella 46.

[268] AUSMM, "Comando 7ª Divisione Navale, Rapporto sulla missione dei giorno 16, 17, 18, 19 dicembre 1941/XX, AUSMM, *Scontri navali e operazioni di guerra*, cartella 46. * Il messaggio era compilato come segue: "*43827 C.C.S.N. (alt) VIVALDI propone ritardare arrivo at domani mattina scopo evitare eventuali bombardamenti notturni sulle rotte di sicurezza (alt)*

L'ammiraglio Raffaele de Courten, in basso primo a sinistra, in un immagine del 25 gennaio 1942, sulla plancia comando dell'incrociatore *Duca d'Aosta*, nave comando della 7ª Divisione Navale.

In attesa di conoscere la risposta di Supermarina, al tramonto l'ammiraglio de Courten portò le sue navi ad assumere una protezione di scorta ravvicinata al convoglio L, mettendosi di poppa alle tre motonavi. Poi, non avendo ancora ricevuto nessuna risposta da Supermarina, continuò a rimanere con le sue unità in posizione di scorta ravvicinata al convoglio. Finalmente, alle 19.40 arrivò la risposta di Supermarina, espressa con il messaggio n. 45614, nel quale era ordinato alla 7ª Divisione *"di proseguire secondo le primitive disposizioni"*.[269] Ciò significava, sulla base dell'ordine operativo n. 56 del Comando della Squadra Navale, di abbandonare la scorta del convoglio L al sopraggiungere dell'oscurità, che in quel momento era già alquanto avanzata. Ma, la decisione presa da Supermarina era anche basata su una più che ottimistica ipotesi, ossia che il tempo cattivo esistente nella zona di Malta avrebbe impedito gli attacchi dell'aviazione dell'isola contro il convoglio.

---

*Convoglio dovrebbe invertire rotta et conservare protezione notturna gruppo DUCA AOSTA (alt) Pregasi comunicare decisioni direttamente VIVALDI (alt). Destinatario Supermarina per conoscenza Comando VII Divisione Navale, Comando XIV Squadriglia CC.TT. (alt) 150518"*.

[269] Il testo del messaggio riportava: *"45614 Supermarina (alt) Data difficoltà assicurare domani protezione aerea et impossibilità rifornimento proseguite con convoglio come previsto (alt) In zona Malta tempo cattivo ostacola impiego aviazione (alt) Destinatario VIVALDI per Squadriglia per conoscenza LITTORIO per Squadra D'UCA D'AOSTA per Divisione (alt) 171518"*.

Erano le 19.50 quando la 7ª Divisione Navale effettuò l'inversione di rotta, dandone comunicazione al *Vivaldi*, e poi anche a Supermarina e alla *Littorio* per il Comando Squadra. Dirigendo per il rientro a Taranto, alla velocità di 20 nodi, alle 20.47 le navi dell'ammiraglio de Courten avvistarono aerei britannici diretti a ponente, che sorvolarono le navi a bassa quota senza attaccarle. Circa mezz'ora più tardi, alle 21.10, fu avvistato di poppa, a grande distanza, il bagliore di un bengala, che l'ammiraglio de Courten ritenne lanciato da aerei per individuare due torpediniere italiane, dirette da Misurata verso ponente. In realtà, come vedremo, di trattava di ben altro, perché l'obiettivo ricercato dagli aerei britannici, decollati da Malta, era il convoglio L diretto a Tripoli.

Nel frattempo, alle 15.00, le corazzate dell'ammiraglio Iachino avevano assunto esattamente rotta nordest (45°), dirigendo per Taranto alla velocità di 20 nodi. Poco dopo, alle 15.21, il *Duilio* si riunì al gruppo d'appoggio e andò a prendere posto dietro alla *Littorio*. I due cacciatorpediniere della formazione rimaste indietro danneggiati per la collisione, il *Granatiere* e il *Corazziere*, furono trascinati di poppa dai cacciatorpediniere *Oriani* e *Gioberti* della 3ª Divisione Navale, ma soltanto per breve tempo, perché i cavi di rimorchio si ruppero. Il *Corazziere* proseguì allora con i suoi mezzi, scortato dall'*Orianti* mentre a trascinare il *Granatiere* fu incaricato il *Mitragliere*, con il *Gioberti* che si manteneva nelle vicinanze, vigilando sulle due navi a rimorchio che procedevano ad una velocità di nodi 5 e mezzo . Poi, per deficienza di autonomia, alle 11.00 del 19 il *Mitragliere* fu obbligato a mollare il rimorchio e diresse per Navarino per rifornirsi, lasciando sul posto il *Gioberti*, che restò presso il *Granatiere* fino all'arrivo del cacciatorpediniere *Strale*.[270]

Dicembre 1941. Il cacciatorpediniere *Granatiere* alla fonda a Navarino con la prora asportata nella collisione con il *Corazziere*.

---

[270] AUSMM, "Comando in Capo della Squadra Navale, Rapporto di missione – Operazione M 42- - 16 – 17 – 18 – 19 Dicembre 1941-XX", *Scontri navali e operazioni di guerra*, cartella 46.

Successivamente, arrivò, proveniente da Bengasi, il rimorchiatore tedesco *Max Barent*, che passato il rimorchiò al *Granatiere* lo portò a Navarino, ove già era arrivato il *Corazziere*.[271] I due cacciatorpediniere effettuarono in quell'ancoraggio della Grecia le prime sommarie riparazioni. Successivamente si trasferirono a Taranto, navigando faticosamente a causa del mare grosso, senza essere state disturbate dal nemico. La conseguenza maggiore dell'incidente, fu rappresentata dal fatto che due preziose unità classe "Soldati" venivano per lungo tempo a mancare alla Squadra Navale e sulla rotta dei convogli.

Durante la giornata del 19 dicembre, la navigazione di ritorno delle forze navali italiane si svolse alquanto tranquilla. Come abbiamo detto, le corazzate del gruppo d'appoggio dell'ammiraglio Iachino, che ora comprendevano anche il *Duilio*, raggiunsero il porto di Taranto indisturbate. L'unica preoccupazione derivò dal tempo molto cattivo e dalla visibilità così pessima, da impedire alle navi di fare il punto astronomico, durante quasi tutta la navigazione. In queste condizioni, arrivate le navi in vicinanza della base, un cacciatorpediniere fu mandato avanti per indicare il punto d'inizio della rotta di sicurezza, e fu anche richiesto l'ausilio di una pilotina e l'accensione del faro di Capo San Vito. Alle 17.00 la *Littorio* attraversò le istruzioni e diresse per l'ormeggio nel suo recinto retale del Mar Grande, seguita da tutte le altre unità.

Tranquilla fu anche la navigazione di rientro degli incrociatori pesanti della 3ª Divisione Navale dell'ammiraglio Parona. Avendo lasciato due cacciatorpediniere della sua scorta a proteggere i danneggiati *Granatiere* e *Corazziere*, la divisione fu raggiunta da altri due cacciatorpediniere, il *Geniere* e lo *Scirocco*, salpati da Taranto per scortarla fino in porto.[272]

Qualche emozione fu, invece, ancora riservata alla 7ª Divisione Navale dell'ammiraglio De Courten. Nel rientrare alla base, la sera del 18 dicembre il Comandante della 7ª Divisione aveva ricevuto dalla *Littorio*, con messaggio n. 13415, le disposizioni per la navigazione di ritorno, concernenti rotte e velocità, e i provvedimenti intesi a fornirgli una scorta di siluranti all'approdo nel Golfo di Taranto. All'alba del 19 la velocità fu aumentata a 26 nodi, poi mantenuta per tutta la giornata assieme alla navigazione con zigzagamento. Poi, essendo stato informato da Supermarina del prossimo arrivo dei cacciatorpediniere *Scirocco* e *Geniere*, l'ammiraglio Raffaele de Courten ne fissò per le ore 16.00 l'incontro, che si svolse regolarmente. Quindi fu ordinato alle due siluranti di assumere posizione ravvicinata di scorta, di prora agli incrociatori. Alle 16.42 fu ordinata alle navi l'accostare ad un tempo per assumere la rotta di approdo a Taranto, al termine della quale la formazione degli incrociatori venne ad assumere una linea di fronte con ordine inverso: *Montecuccoli*, *Eugenio*, *Aosta*.[273]

Nel corso di questa manovra gli incrociatori italiani vennero a trovarsi in una zona insidiata dai sommergibili della 10ª Flottiglia di Malta, che il giorno 18 dicembre avevano ricevuto l'ordine di costituire, con l'*Unbeaten* e il polacco *Sokol*, una linea di agguato

---

[271] Alle 1405 del 20 gennaio Supermarina aveva segnalato che, in caso di attacco il *Granatiere* e il *Max Barente* fossero affondati dallo *Strale* e dallo *Scirocco*.

[272] AUSMM, "Comando in Capo della Squadra Navale, Rapporto di missione – Operazione M 42- - 16 – 17 – 18 – 19 Dicembre 1941-XX", *Scontri navali e operazioni di guerra*, cartella 46.

[273] AUSMM, "Comando 7ª Divisione Navale, Rapporto sulla missione dei giorno 16, 17, 18, 19 dicembre 1941/XX", *Scontri navali e operazioni di guerra*, cartella 46.

all'entrata del Golfo di Taranto. L'*Upholder* si trovava più a sud, e il *P 31* (*Uproar*) nei pressi di Santa Maria di Leuca, e quindi all'entrata della rotta di sicurezza del porto di Taranto.

Tra le 08.00 e le 09.15 del 19 dicembre, prima l'*Umbeaten* e poi il *P 31*, avevano rispettivamente avvistato alcuni cacciatorpediniere ed un incrociatore che procedevano con rotta nord, ma non poterono attaccarli essendo quelle unità al di fuori della portata dei siluri. L'attività delle navi italiane in transito nella zona continuò ad essere molto intensa durante tutta la giornata. Alle 16.40 il *P 31* (tenente di vascello John Bertram de Betham Kershaw), avvistò alla distanza di 8.500 metri, la 7ª Divisione Navale, che poi attaccò alle 16.58 lanciando, in due occasioni, quattro siluri.[274] La minaccia fu però tempestivamente individuata da un aereo della scorta, un S.79 del 10° Stormo Bombardamento Terrestre della Sicilia, che dette l'allarme sparando da bassa quota raffiche in mare.[275]

Le prime due scie di siluri, individuate a circa 500 metri sulla sinistra, furono evitate dall'*Aosta* (capitano di vascello Carlo Rogadeo), l'ultima unità della formazione, accostando d'urgenza a dritta. I due siluri passarono di poppa alla nave ad una distanza di circa 200 metri. Gli altri due incrociatori della formazione continuarono a procedere nella loro rotta; ma poi, avendo l'*Attendolo* (capitano di vascello Mario Schiavuta) avvistato sulla sinistra, alla distanza di circa 2.000 metri, il periscopio di un sommergibile – individuato anche dall'S.79, che segnalava la minaccia con la prescritta fumata dall'allarme – l'incrociatore metteva immediatamente la prora in quella direzione, imitato dal *Montecuccoli* (capitano di vascello Arturo Solari).

Raggiunta la posizione stimata in cui doveva trovarsi il sommergibile, l'*Attendolo* lanciava in mare sette bombe di profondità, quattro regolate a 25 metri e le altre tre e 50 metri. Poi, mentre iniziava l'accostata a dritta per rimettere in rotta, si verificò l'avvistamento, sempre sul lato sinistro, di altre due scie di siluri, lanciate dal sommergibile che evidentemente si trovava più lontano di quanto era stato stimato dall'*Attendolo*. L'incrociatore, accostando a dritta, evitò i siluri portandosi parallelamente alle loro scie, e poi sempre seguito dal *Montecuccoli* si allontanò dalla zona pericolosa per ricongiungersi all'*Aosta* che aveva ripreso la sua rotta dopo l'accostata a dritta. Durante queste manovre l'*Attendolo* e l'*Aosta* lanciarono in mare altre bombe di profondità, a scopo intimidatorio. Infine, mentre l'ammiraglio de Courten ordinava di riordinare la formazione, alle 17.22 l'*Attendolo*, nel clima di nervosismo generale, sparò due proietti da 100 mm contro la torretta di un sommergibile, individuata di poppa alla distanza compresa fra 7.000 e 9.000 metri.

---

[274] Historical Section Admiraly, *Submarines*, Volume II, *Operations in the Mediterranean*, cit., p. 68. * Alle ore 09.35 del 17 dicembre, trovandosi in posizione lat. 39°22'N, long. 17°19'E, il sommergibile *P 31* aveva avvistato in superficie il sommergibile italiano *Santorre Santarosa* alla distanza di 5.500 metri; ma mentre manovrava per attaccarlo il *Santarosa* (capitano di corvetta Guido Coscia), che si trovava in agguato a sud-est di Malta, s'immerse sfuggendo all'attacco.

[275] Durante la giornata del 19 dicembre, sei S.79 del 10° Stormo B.T. furono impegnati nella scorta della 7ª Divisione Navale, con compito antiaerosilurante. Altri dodici velivoli del medesimo reparto, e due caccia Cr.42, svolsero le ricognizioni.

Anche i cacciatorpediniere *Scirocco* e *Geniere* si portarono nella zona in cui si trovava il sommergibile, che fu visto affiorare per pochi istanti, lanciarono varie bombe di profondità, senza rilevare alcun risultato apprezzabile.[276]

In effetti, come riferiscono le fonti britanniche, il *P 31* non riuscì a condurre l'attacco agli incrociatori italiani (scambiati per navi da battaglia) con la tranquillità necessaria, perché fu disturbato dal loro contrattacco e da quello dei cacciatorpediniere di scorta. Per questo motivo i quattro siluri lanciati alle 16.58 in posizione lat. 39°05'N, long. 17°31'E, da una distanza stimata di 900 metri, fallirono il bersaglio. Anche l'*Unbeaten* (capitano di corvetta Edward Arthur Woodward) avvistò le navi dell'ammiraglio de Courten, ma non si trovò in posizione opportuna per attaccare. In effetti, la difficoltà di raggiungere posizioni d'attacco favorevoli fu riscontrata da tutti i sommergibili della 10ª Flottiglia di Malta, e le loro manovre furono sempre ostacolate dal mare molto mosso e dalla ridotta visibilità.[277]

Il sommergibile britannico *Uproar* (*P 31*).

---

[276] Historical Section Admiraly, *Submarines*, Volume II, *Operations in the Mediterranean*, cit., p. 68.

[277] AUSMM, "Comando 7ª Divisione Navale, Rapporto sulla missione dei giorno 16, 17, 18, 19 dicembre 1941/XX", *Scontri navali e operazioni di guerra*, cartella 46.

L'incrociatore italiano *Raimondo Montecuccoli,* della 7ª Divisione Navale le cui unità evitarono i siluri lanciati dal sommergibile britannico *P 31.*

Il resto della navigazione della 7ª Divisione si svolse regolarmente, a parte una temporanea avaria al timone dell'*Attendolo*, che rimase arretrato rispetto alle altre navi, scortato per qualche tempo dallo *Scirocco* e dal *Geniere*, che poi furono inviasti, su ordine di Supermarina, a dare assistenza al danneggiato *Granatiere*. Gli altri due incrociatori, *Aosta* e *Montecuccoli*, che alle 17.45 erano stati raggiunti dai cacciatorpediniere della 11ª Squadriglia, arrivarono a Taranto, ormeggiandosi alle ore 23.00. L'*Attendolo*, che aveva ridotto la velocità a 18 nodi, dette fondo in Mar Piccolo alle ore 01.15 del 19 dicembre.

Nella sua relazione, l'ammiraglio de Courten affermò che la minaccia dei sommergibili britannici era stata sventata grazie alla velocità della formazione e al suo procedere con zigzagamento, che aveva impedito alle unità subacquee di apprezzare esattamente gli elementi del moto, alle tempestive manovre effettuate dall'*Aosta* prima e poi dall'*Attendolo*, e alla prontezza con cui la minaccia era stata tempestivamente segnalata dalla vigile attenzione del velivolo S.79. Aggiunse che un elogio doveva essere fatto ai comandanti dei due incrociatori (Rogadeo e Schiavuta), ed anche al capitano di corvetta C. Baglioni, capo del nucleo di personale destinato al servizio crittografico, che aveva sempre fornito *"elementi attendibili circa l'attività navale e aerea delle forze avversarie"*.[278]

\* \* \*

Frattanto, nel corso della notte tra il 17 e il 18 dicembre e per l'intera giornata dell'indomani, il convoglio L diretto a Tripoli aveva navigato, con inaspettata tranquillità, protetto dall'Aeronautica della Libia, che svolse un lavoro veramente notevole. La 5ª Squadra Aerea, infatti, impegnò con grande regolarità nei compiti di scorta numerosi aerei terrestri e idrovolanti con compiti antisom e antinave e ben 120 velivoli da caccia: quarantanove Cr.42 del 3° Gruppo, ventiquattro Cr.42 e ventiquattro Mc.200 del 23°

---

[278] ASMAUS, "Settore Aeronautico Ovest, Attività aerea scorta convoglio", *GAM 8*, cartella. 140.

Gruppo, e ventitré G.50 del 12° Gruppo. La vigilanza di scorta aerea era stata assicurata anche dall'Aeronautica della Sicilia, che nella giornata del 18 impiegò in quel particolare compito ventiquattro velivoli da caccia Cr.42 del 23° Gruppo, e ventiquattro Mc.200 del 150° Gruppo. Nello stesso tempo l'Aeronautica della Sicilia impegnò nell'opera di ricognizione marittima i suoi velivoli S.79 del 10° Stormo Bombardamento Terrestre, e due foto-ricognitori Mc.202 del 7° Gruppo del 54° Stormo Caccia.[279]

Uno dei ricognitori S.79, sorvolando la zona delle isole Kerkennah, avvistò quella che ritenne essere una formazione navale nemica con rotta nord, e la segnalò come tale, generando notevole allarme perché fu ritenuto si trattasse di un convoglio, fortemente scortato, destinato a superare il Canale di Sicilia, per poi dirigere verso Gibilterra. A parte il fatto che la posizione segnalata era assai distante verso sud, rispetto a quelle che erano le rotte percorse dalle navi britanniche, fu poi accertato che si trattava di un convoglio francese, la cui scorta di velivoli da caccia Devoitine D.520, temendo di dover fronteggiare una minaccia, non esitò a far fuoco sull'S.79, che rientrò alla base con fori di parecchi proiettili.[280]

Al sopraggiungere della notte, quando ormai erano terminate le scorte aeree, la 7ª Divisione Navale dell'ammiraglio de Courten abbandonò il convoglio L, per rientrare alla base, lasciando all'ammiraglio Nomis di Pollone il compito affidatogli di portare le navi mercantili a Tripoli. Per rendere la formazione più maneggevole, il comandante della scorta diretta la frazionò in tre gruppi, ciascuno costituito da una motonave e da due cacciatorpediniere di scorta, distanziati tra loro di circa 4 miglia. Pertanto, il 1° gruppo fu costituito con *Pisani, Vivaldi* e *Pessagno*; il 2° gruppo con *Monginevro, Da Recco* e *Malocello*; il 3° gruppo con *Napoli, Da Noli* e *Zeno*. L'ordine di frazionamento del convoglio L era in fase di esecuzione, quando all'improvviso, alle ore 21.40, con l'accendersi di bengala illuminanti di poppa a sinistra delle navi, all'altezza di Ras Hallab, si preannunciò un attacco aereo.

Ma vediamo come lo stesso ammiraglio Nomis di Pollone giustificò quella sua decisione di frazionamento del convoglio, che in definitiva avrebbe agevolato e non

---

[279] Un ufficiale superiore di Superaereo, il generale di brigata Marziale Cerutti, che era stato distaccato a Tripoli per seguire da vicino lo svolgimento dell'operazione M 42, scrisse nella sua relazione: "*L'assistenza al convoglio è avvenuta con la massima regolarità e puntualità senza inconvenienti od incidenti. Sebbene il convoglio fosse in ritardo di 5 ore e tale circostanza non fosse stata segnalata in tempo utile dal Comando della R. Marina, il contatto col naviglio da scortare fu ugualmente stabilito alle prime luci dell'alba per iniziativa del Comandante la 1ª pattuglia da caccia che si spinse in mare oltre 100 Km. Dal punto che gli era stato segnalato. E' stato poi mantenuto per tutta la giornata. La prima partenza della caccia e l'ultimo atterraggio sono avvenuti in ore notturne. Non vi è stata alcuna reazione da parte del nemico. Il convoglio che avrebbe dovuto entrare nel porto di Tripoli alle ore 2300 circa del giorno 18, all'ultimo momento è stato invece fermato una decina di miglia prima, per continuare il viaggio il mattino successivo. Non essendo stata tale circostanza comunicata dal Comando della R. Marina* [sic]*, la protezione al convoglio è mancata nelle prime ore del mattino.* Cfr., ASMAUS, "Superaereo – Operazione M 42", *GAM 8*, cartella 140.

[280] ASMAUS, *Diario Storico Comando Aeronautica Sicilia 1941*. * Occorre dire, che nell'autunno e inverno del 1941, incidenti fra aerei italiani e francesi furono assai frequenti lungo le coste della Tunisia, e portarono ad un vivace scambio di accuse sulle reciproche responsabilità.

diminuito, come egli riteneva, i pericoli l'attacco degli aerei britannici:[281]

*Poco prima di ricevere dal DUILIO l'ordine di separazione per il convoglio "N" [Ankara], ho proposto al Comando 5ª Divisione che il convoglio principale "L" eseguisse nelle ore notturne una inversione di rotta temporanea per i seguenti motivi:*

*1°) Arrivare a Tripoli in ore diurne per evitare il bombardamento aereo notturno che certamente sarebbe stato seguito sul porto in previsione dell'arrivo del convoglio.*

*2°) Tentare di eludere gli attacchi notturni al convoglio che erano molto probabili e che avrebbero trovato la formazione sulle rotte di sicurezza ossia in acque ristrette.*

*1°) Rendere i vari gruppi più maneggevoli in caso di attacco ad uno dei due gruppi, gli altri potessero sfuggire all'avvistamento del nemico.*

---

[281] AUSMM, "Comando Gruppo CC.TT. di Squadra – Rapporto di missione eseguita nei giorni 16-17-18-19-20 e 21 dicembre 1941", Scontri navali e operazioni di guerra, cartella 46.

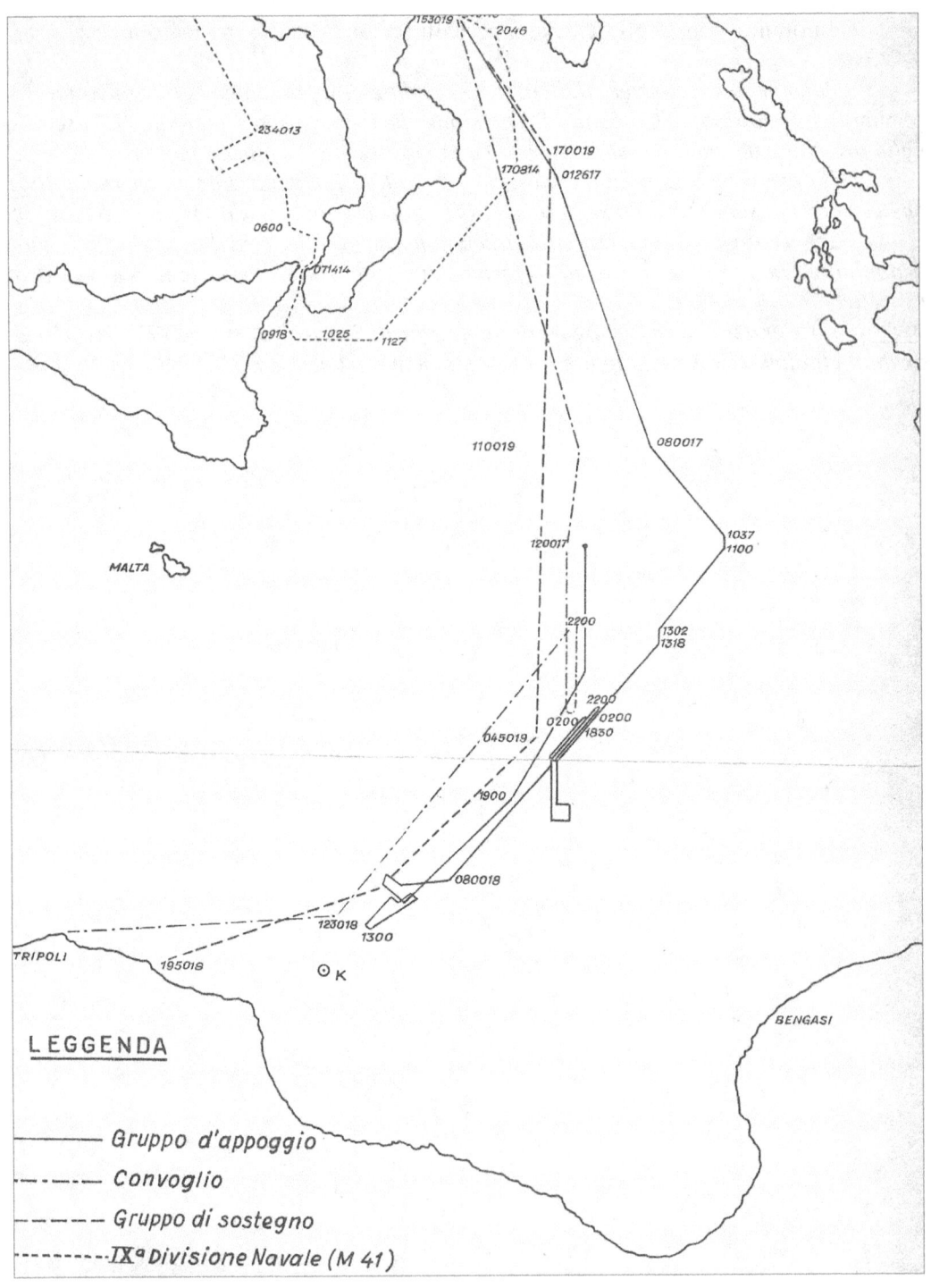

La rotta dei Gruppi Navali italiani da Taranto e Tripoli nell'Operazione M.42
17 – 18 – 19 Dicembre 1941
*La proposta comportava che la 7ª Divisione rimanesse nelle ore notturne presso il convoglio per proteggerlo contro attacchi di navi di superficie; non essendo stata*

*approvata da Supermarina, ho disposto che, a notte fatta, il convoglio si suddividesse in tre gruppi ognuno composto di un piroscafo e due cacciatorpediniere. che tra le 1900 e le 2330 del 18, ora prevista di arrivo a Tagiura, avrebbero dovuto distanziarsi fra di loro di circa 4 miglia. La suddivisione aveva i seguenti scopi:*

*2°) Aumentare le probabilità che, in caso di attacco ad uno dei due gruppi, gli altri potessero sfuggire all'avvistamento del nemico.*
*3°) Facilitare la manovra di entrata e di ormeggio a Tripoli.*

Secondo l'ordine impartito da Supermarina alle 15.10 del 18 le siluranti del Gruppo "Vivaldi" dovevano rientrare in Italia, se possibile, per la rotta passante a levante di Malta; oppure per quella più breve di ponente se vi fosse stata deficienza di autonomia. I cacciatorpediniere dovevano anche evitare di entrare nel porto di Tripoli, se le condizioni tecniche potevano permetterlo. Ma, come vedremo, gli eventi che seguirono impedirono di realizzare questo programma.

Occorre dire che, come vedremo nel capitolo che segue, l'ordine di Supermarina alla 7ª Divisione Navale, di non far accompagnare il convoglio L fino a Tripoli, ma di rientrare alla base, evitò che i tre incrociatori e tre cacciatorpediniere dell'ammiraglio de Courten si trovassero impegnati durante la notte in un indesiderabile battaglia navale, dalle conseguenze forse più letali di quelle dello scontro notturno di Capo Bon.

## *Il dramma delle Forze B e K nelle acque di Tripoli*

Il mattino del 18 dicembre i ricognitori britannici decollati da Malta avevano avvistato la formazione delle navi da battaglia italiane, che incrociava in una zona situata a circa 200 miglia a sud-est di Malta, corrispondente a circa metà strada fra Malta e Bengasi. Era evidente che anche il convoglio, che quelle navi stavano proteggendo aveva accostato per la sua destinazione di Tripoli, con l'intenzione di arrivarvi durante la notte.

Ed in effetti, la ricognizione della RAF, effettuando nel pomeriggio cinque avvistamenti, in particolare con i velivoli Maryland del 69° Squadron, confermò che il convoglio italiano stava avvicinandosi a quel porto della Tripolitania. Fu allora deciso di attaccarlo nel corso della notte con tutti gli aerei efficienti dell'Aviazione Navale, che disponeva ad Hal Far degli Albacore dell'828° Squadron (capitano di corvetta D.E. Longmore), e degli Swordsfis dell'830° Squadron (capitano di corvetta Frank Henry Edward Hopkins) Oltre all'impiego di siluri e di bombe, che quegli aerei trasportavano, fu anche predisposto un lancio di mine magnetiche all'entrata del porto di Tripoli. La missione fu affidata a sette Wellington del 104° Squadron della RAF (tenente colonnello P.R. Beare), in parte destinati a sganciare bombe a scopo diversivo.

I preparativi dell'attacco, che avrebbe dovuto iniziare nelle due notti precedenti ma che non era stato possibile realizzato, come abbiamo visto, per le pessime condizioni atmosferiche, aggiunte al fatto che il convoglio si mantenne al di fuori del raggio d'azione dei velivoli della FAA, sono stati spiegati, come segue, dal vice maresciallo dell'aria Lloyd:[282]

---

[282] H. Lloyd, *Briefed to attack*, cit. * Mentre i velivoli tedeschi realizzavano gli attacchi previsti contro gli aeroporti di Malta, da parte italiana si rinunciò a svolgere la missione,

Aerosiluranti Albacore dell'828° Squadron FAA in volo sopra Malta dopo essere decollati dall'aeroporto di Hal Far.

*Nemmeno il 19 a Malta cessò di piovere: gli aeroporti erano in uno stato pessimo. Takali e Hal Far erano di nuovo in atterrabili, e Luqa rassomigliava ad un albero di Natale, dato che ad esso erano appesi tutti gli aeroplani efficienti dell'isola. La sera, nonostante le nubi basse a 150 metri e la continua pioggia decisi di mandare i Wellington ad andare a tentare la fortuna. Solo quattro di essi si erano già alzati, quando si ebbe un'incursione da parte di Ju.88, i cui equipaggi – era ragionevolmente da supporre – non potevano sbagliare il bersaglio del nostro aeroporto, che era illuminato e senza comando a distanza per spengere le luci. Mentre un Wellington stava rullando per portarsi al decollo, fu colpito da una bomba e incendiato. Non potemmo fare più nulla: dovemmo aspettare che tutte le bombe esplodessero; l'apparecchio incendiato era diventato un eccellente punto di riferimento per il nemico, che sfruttò completamente tale preziosa opportunità. Per nostra fortuna tuttavia, nessun altro apparecchio prese fuoco, ma poiché i danni delle schegge sono sempre pericolosi e non possono essere accertati all'oscuro, gli altri Wellington dovettero restare al suolo.*

Ma era sulla Marina che i britannici facevano il massimo dell'affidamento, per annientare le navi da trasporto italiane. Come punto di riferimento per intercettare il convoglio nemico vi era una segnalazione di un velivolo da ricognizione Wellington. Questo velivolo aveva segnalato, alle 16.17, tre navi mercantili scortate da un incrociatore e sei cacciatorpediniere, che procedevano con rotta 270° alla velocità di 14 nodi.

---

motivandolo presso Supermarina con l'affermazione che ciò era dovuto "*a causa delle avverse condizioni atmosferiche*", che impedivano i decolli e la navigazione verso l'obiettivo. In realtà uno dei bombardieri dell'Aeronautica della Sicilia riuscì a partire, ma poi, avendo trovato pessime condizioni di visibilità lungo la rotta, preferì rientrare alla base. Occorre dire, come abbiamo visto, che le medesime condizioni di tempo avverso non fermavano gli attacchi dei velivoli britannici e tedeschi. Ciò era dovuto non tanto alla qualità dei velivoli impiegati, quanto ad un migliore addestramento dei piloti ad operare con il tempo cattivo.

Swordfish dell'830° Squadron FAA, in volo con il suo siluro sotto la carlinga.

Ritenendo, in base ai calcoli, che il convoglio sarebbe arrivato a Tripoli intorno alle ore 02.00 del 19 dicembre – e sperando che le incursioni degli aerei di Malta avrebbero disorganizzato il convoglio permettendo alle navi di attaccarlo e distruggerlo – le unità delle Forze B e K, avendo effettuato un rapido rifornimento, ripartirono dalla Valletta alle 18.00 del 18 con l'intenzione di arrivare all'intercettazione prima dell'alba dell'indomani. Non essendo disponibile l'*Ajax*, nave ammiraglia della Forza B, per guasto alle macchine, presero il mare gli incrociatori *Neptune, Aurora* e *Penelope* e i cacciatorpediniere *Lance, Lively, Kandahar* e *Havock*.

L'*Havock* (capitano di corvetta Geoffrey Robert Gordon Watkins), che non apparteneva alle forze presenti a Malta, si era reso disponibile dopo aver accompagnato la nave ausiliaria *Breconshire* alla Valletta. Il *Neptune*, al comando del capitano di vascello Rory O'Conner, fungeva da nave ammiraglia; un compito che forse, visto i precedenti successi ottenuti, sarebbe stato più giusto assegnare all'abile battagliero ed esperto comandante della Forza K, capitano di vascello William Agnew, imbarcato sull'*Aurora*.[283]

Alle 18.30 gli incrociatori britannici superarono le ostruzione del Grand Harbour e misero in mare i divergenti (paramine) per premunirsi nel caso fossero entrati in un campo minato nemico, posato nelle acque prossime alle entrate del porto di Malta. La minaccia era reale perché le acque prospicienti alla Valletta, al largo di Punta Sant'Elmo, erano già state minate dalle motosiluranti tedesche della 3ª Flottiglia (tenente di vascello

---

[283] P. C. Smith & E. Walzer, *The Battles of the Malta Striking Forces*, Londra, Ian Allen, 1974, p. 95-96.

Friedrich Kemnade), appena trasferite in Sicilia dalla Spezia, ove erano arrivate provenienti dalla Germania, navigando attraverso i canali e i fiumi della Francia.

La missione, la prima in Mediterraneo delle unità germaniche, era stata realizzata nella notte tre il 15 e il 16 dicembre per insidiare i movimenti delle unità britanniche di base alla Valletta, proprio in connessione con l'operazione M.42 (per i tedeschi operazione "Afrika"). Vi avevano partecipato, con partenza dalla base di Augusta, le motosiluranti *S 33, S 35, S 61* e *S 31*, che dopo la posa delle mine (sbarramenti MT 1a e MT 1b) effettuarono nella zona alcune ore di agguato, senza realizzare avvistamenti.[284]

Dicembre 1941. Durante una visita in Sicilia, calorosamente accolto ovunque dalle truppe e dalla popolazione, Sua Maestà il Re d'Italia Vittorio Emanuele III in visita alla 3ª Flottiglia Motosiluranti tedesca. Alla destra del Sovrano il comandante della Flottiglia, tenente di vascello Friedrich Kemnade.

---

[284] Friedrich Kemnade, *Die Africa Flottille. Der Einsatz del 3. Schnellbootflottille in Zweiten Weltkrieg. Chronik und Bilanz*, Stuttgart, Motorbuch Verlag, 1978, p. 188-194. * Supermarina, a cui spettava di dare il benestare ad ogni operazione della Marina tedesca in Italia, era stata informata della missione delle motosiluranti nella giornata del 15 dicembre dall'ammiraglio Weichold che, con lettera n. 1507/41, aveva trasmesso: "*Ho intenzione di eseguire, il giorno della partenza del convoglio per Bengasi e Tripoli, la missione colla III flottiglia MAS secondo l'ordine di operazione n. 4 qui allegato* [omesso]. *E' acclusa una copia per l'Ammiraglio di Messina. Si prega Supermarina di voler dare il suo consenso. Weichold*". La risposta con l'autorizzazione arrivò al Comandante della Marina tedesca in Italia il mattino dell'indomani 16, quando l'operazione si era già conclusa, con la seguente breve appunto n. 8631, avente data orario 09.35 e firmato dal capo di stato maggiore della Regia Marina: "*Riferimento 1507 in data 15 corrente. Nulla osta all'esecuzione dell'ordine di operazione n. 4. Riccardi*". Cfr, *La guerra di mine* (compilatore C.V.r. P. P. Lupinacci, revisore della 2ª Edizione C.F. G. P. Pagano), USMM, Roma, 1998, p. 290.

Occorre dire che i britannici si accorsero di quella minaccia insidiosa, poiché nel corso della giornata del 17 dicembre il drifter *Swona* (tenente di vascello Edward Charles Davis), adattato a unità dragaggio, aveva individuato e fatto esplodere due mine proprio all'entrata della rotta di sicurezza che portava al Grand Harbour.

Il *Neptune*, che era seguito nell'ordine, in linea di fila, dagli incrociatori della Forza K *Aurora* e *Penelope* e dai cacciatorpediniere *Kandahar, Lance, Havock* e *Lively*,[285] ordinò di aumentare gradualmente la velocità dapprima a 19 nodi, poi a 22, quindi a 28, e infine alle 19.25, nonostante le condizioni del mare divenuto molto grosso da Libeccio, la portarono a 30 nodi. Procedendo nell'oscurità con rotta 196°, il *Neptune*, come era di norma nella Royal Navy nella navigazione di guerra notturna, guidò la rotta della formazione, dirigendo verso la posizione segnalata dal Wellington. Un altro velivolo di questo tipo, anch'esso fornito di radar ASV, era stato inviato a tenere il contatto, ma nessun messaggio di scorta fu ricevuto dal *Neptune*. Poi, alle 22.18, l'incrociatore ricevé un breve messaggio che informava: *"100 N.W.W.F. numero delle navi da trasporto tre"*.[286]

All'incirca alla stessa ora, il vice ammiraglio Wilbraham Tennyson Randle Ford, Comandante dei reparti navali dislocati a Malta, segnalò al *Neptune* di avvicinarsi a 10 miglia da Tripoli, e il Comando della RAF ordinò ai velivoli Wellington del 104° Squadron di iniziare il bombardamento e di lanciare le mine all'entrata del porto.[287]

Come abbiamo visto, nel pomeriggio del 18 la motonave tedesca *Ankara* (comandante militare tenente di vascello Avanzino) si era staccata dal convoglio per dirigere su Bengasi; le altre tre navi mercantili *Pisani, Monginevro* e *Napoli*, in seguito all'ordine impartito dal Comandante della scorta diretta, ammiraglio Nomis di Pollone, stavano navigarono separatamente verso ovest lungo le coste della Tripolitania, ciascuna scortata da due cacciatorpediniere.

Dal momento che i due gruppi navali di protezione italiani, quello di sostegno e quello di appoggio, avendo assolto l'incarico che era stato loro assegnato nella pianificazione dell'operazione M.42 avevano iniziato il rientro alle basi, su ordine impartito da Supermarina, sembrava non esistere più per le motonavi il temuto pericolo il di un attacco di navi di superficie. Purtroppo, invece, l'intendimento britannico di distruggere il convoglio poteva ancora effettivamente realizzarsi.[288]

---

[285] Occorre considerare un fatto molto importante, rappresentato dallo schieramento assunto dalla formazione britannica, che aveva in testa i tre incrociatori, seguiti dai quattro cacciatorpediniere. Era il medesimo tipo di formazione, tanto ingiustamente criticata, assunta dall'ammiraglio Cattaneo la sera del 28 marzo 1941, quando si recò, con la 1ª Divisione Navale, in soccorso dell'incrociatore *Pola*, rimasto immobilizzato per aero siluramento a sud di Capo Matapan. Evidentemente, nelle sue norme di squadra, anche la Royal Navy considerava, come la Regia Marina, che la navigazione notturna in periodi di scarsa luce fosse guidata dagli incrociatori, anche per avere campo libero in previsione di azioni di fuoco. Per saperne di più: Francesco Mattesini, *L'Operazione Gaudo e lo scontro notturno di Capo Matapan*, Roma, USMM, 1988, capitolo XIX.

[286] P. C. Smith & E. Walzer, *The Battles of the Malta Striking Forces*, cit., p. 95.

[287] Historical Section Admiraly, *Mediterranean*, vol. II., cit., p. 223.

[288] Durante la giornata del 18 dicembre, i movimenti navali italiani continuarono ad essere tenuti sotto costante osservazione dell'organizzazione crittografica Ultra, tanto che la sala operativa dell'Ammiragliato britannico fu in grado di riferire, con estrema precisione: *"Alle 13.00 del giorno 18 in posizione 33°18'N, 15°33'E il convoglio nemico si divise in due parti: l'ANKARA*

Come era stato pianificato a Malta, nella speranza di ritardare l'entrata a Tripoli del convoglio prima dell'arrivo delle unità navali della Forza B e K, che avrebbero dovuto distruggerlo, i velivoli Wellington effettuarono le azioni di bombardamento, che dovevano anche servire per nascondere la posa di mine fuori dell'imboccatura del porto. Fu proprio a causa di questa incursione aerea della RAF, realizzata la sera del 18 dicembre, che le tre motonavi ebbero l'ordine di sostare fino all'alba dell'indomani ad una decina di miglia da Tripoli, presso Punta Tagiura, al riparo dei campi minati difensivi del porto.

Con tale discutibile decisione dell'ammiraglio Nomis di Pollone, vista l'importanza di mettere al più presto al sicuro il convoglio, sembrava proprio che gli italiani intendessero agevolare il nemico a distruggere le loro preziose navi mercantili.

La prima minaccia notturna si presentò sotto forma dell'attacco degli aerosiluranti di Malta, il cui compito fu particolarmente difficile. La ricognizione aerea della RAF, affidata ai Wellington del 69° Squadron, e l'avvicinamento a Tripoli degli Swordfish e agli Albacore dell'Aviazione Navale, furono molto ostacolati dal tempo burrascoso e dalla scarsa visibilità. A Malta pioveva violentemente, le nuvole erano molto basse e le piste di decollo erano disagiate, essendo state bombardate dall'aviazione dell'Asse. Tuttavia, uno dei velivoli Wellington riuscì a segnalare la presenza delle navi italiane, che procedevano frazionate in una vasta zona, situata ad est di Tripoli. Ciò nonostante, una forza d'attacco di aerosiluranti Swordfish dell'830 Squadron non riuscì ad individuare quei bersagli. Vi riuscirono, invece, gli Albacore dell'828° Squadron, decollati in una formazione di cinque velivoli, uno dei quali fu costretto a rientrare ad Hal Far per noie ai motori.[289]

I tre gruppi di navi italiane, distanziate tra loro di 2 o 3 miglia, al momento in cui si verificò l'allarme aereo ricevettero l'ordine di stendere cortine di fumo, e di seguire, controllando all'ecometro, la barometrica di 30 metri che portava all'incirca alla rotta di sicurezza. Venti minuti più tardi, alle 21.00, ebbe inizio l'attacco degli Albacore.

Nel corso dell'attacco notturno portato dai restanti quattro Albacore dell'828° Squadron, la motonave *Napoli* (tenente di vascello Bonincontro), che essendo scortata dai cacciatorpediniere *Da Noli* e *Zeno* era l'ultima nave del convoglio, fu colpita all'estremità della poppa da un siluro; ma fortunatamente, avendo riportato soltanto lievi danni allo scafo, anche se includevano l'arresto del timone, riuscì a restare a galla, salvando il suo importante carico bellico. La reazione contraerea della mitragliera della motonave, a causa della bassa elevazione dell'arma, colpì il cacciatorpediniere *Zeno*, uccidendo due

---

*e due cacciatorpediniere procedettero per Bengasi e il PISANI, il MONGINEVRO e il NAPOLI scortati da tre incrociatori per Tripoli. Alle 14.00 la forza principale di supporto tornò indietro verso Taranto e subito dopo calata la notte anche gli incrociatori di scorta puntarono verso le basi. Il NAPOLI fu danneggiato da un attacco aereo che mise fuori uso il suo timone. Il convoglio dovrebbe entrare in porto questa mattina dopo operazioni di dragaggio, essendo temuta la presenza di mine magnetiche*". Cfr., P.R.O., *ADM 223/31*, dispaccio O.I.C. del 18 dicembre 1941, parte I, convogli in mare, in Alberto Santoni, *Il vero traditore*, cit., p. 139. Altre informazioni Ultra riguardarono, come abbiamo visto, la vicenda della piccola cisterna italiana *Lina*, affondata alle 04.30 del 17 dicembre a 80 miglia a nordovest di Tripoli, da tre aerei Swordfish dell'830° Squadron della FAA di Malta.

[289] K. Poolman, *Night strike from Malta. 830° Squadron RN and Rommel's Convoys*, cit., p. 141-142.

uomini dell'equipaggio e ferendone un altro. Lo stesso *Zeno*, mentre stava manovrando per la protezione della motonave *Napoli*, entrò con la stessa in collisione, riportando una falla sul fianco sinistro tra l'impianto prodiero e gli argani.

Occorre dire che il comandante dello *Zeno*, capitano di fregata Baulini, aveva preso imbarco soltanto un quarto d'ora prima che il cacciatorpediniere salpasse da Taranto per la missione. Egli aveva sostituito il capitano di fregata Boccella, colto da improvviso malore.[290]

Nessun attacco subì la formazione di testa del convoglio, costituita dalla motonave *Pisani* (capitano di corvetta Avallone) e dai cacciatorpediniere *Vivaldi* e *Pessagno*. Invece, uno degli aerei britannici attaccò il gruppo centrale, formato dalla motonave *Monginevro* (tenente di vascello Bonincontro) e dai cacciatorpediniere *Da Recco* e *Malocello*; ma fu abbattuto dalle mitragliere del lato dritto del *Da Recco* (capitano di vascello Stanislao Esposito), nave comando della 14ª Squadriglia Cacciatorpediniere, che occupava la posizione prodiera davanti al *Monginevro*.

La motonave *Napoli*, danneggiata da un siluro aereo, in sosta nell'avamporto di Tripoli.

---

[290] AUSMM, "Comando Gruppo CC.TT. di Squadra – Rapporto di missione eseguita nei giorni 16-17-18-19-20 e 21 dicembre 1941", *Scontri navali e operazioni di guerra*, cartella 46.

Il cacciatorpediniere *Nicoloso Da Recco*, nave comando della scorta del convoglio L.

Sull'Albacore, visto cadere in mare, decedettero il comandante dell'828° Squadron, capitano di corvetta pilota D.E. Langmore, e il suo cannoniere. Al posto di Langmore sarebbe poi subentrato un ufficiale australiano, il tenente di vascello G.M. Haynes. Un altro Albacore, rimasto danneggiato nell'attacco contro il convoglio italiano, al rientro alla base di Hal Far si sfasciò in atterraggio.[291]

Nel frattempo, i sette bimotori Wellington della RAF del 104° Squadron avevano iniziato il bombardamento e il minamento del porto di Tripoli, che poi proseguirono a varie riprese fino alle 03.00 del 19, attaccando isolatamente, scaglionati nel tempo.

Attendendo la fine dell'incursione, prima di entrare in porto, l'ammiraglio Nomis di Pollone ordinò ai gruppi "Pisani" e "Monginevro" di portarsi alla fonda nei pressi di Tagiura, che si trovava all'interno del sistema degli sbarramenti difensivi di Tripoli. Nello stesso tempo, per dare assistenza alla danneggiata *Napoli*, richiese al locale Comando di Marina, l'invio dei rimorchiatori; e poiché quella motonave, e le sue unità di scorta, si trovavano in una zona notoriamente pericolosa all'attacco di sommergibili, Nomis di Polloni gli inviò in rinforzo i cacciatorpediniere *Malocello* e
e *Pessagno*. In tal modo, poiché questo gruppo era stato nel frattempo raggiunto dalle torpediniere *Perseo* e *Prestinari* arrivate da levante, intorno alla motonave *Napoli* si costituì un forte nucleo di sei unità di scorta.

La motonave, dopo la collisione con il cacciatorpediniere *Zeno* – che era entrato a Tripoli procedendo con i suoi mezzi – fu presa a rimorchio dal cacciatorpediniere *Da Noli*. Questi trascinò la motonave fino all'entrata del porto, a seguito di una navigazione alquanto faticosa, a causa del vento e del mare grosso da ovest, durata ben quindici ore, e

---

[291] *Ibidem*; K. Poolman, *Night strike from Malta. 830° Squadron RN and Rommel's Convoys*, cit., p. 141-142.

percorsa ad una velocità variabile tra i 3 e i 5 nodi. All'entrata del porto di Tripoli, subentrarono al *Da Noli*, nel trainare il *Napoli*, i rimorchiatori *Ciclope* e *Marsigli*, che poi condussero la motonave all'ormeggio alla banchina alle ore 14.00 del 19 dicembre. Il *Pisani* e il *Monginevro* l'avevano preceduta alle 10.00.

Per ancora maggiore fortuna degli italiani, durante la ricerca del convoglio le unità della Forza K entrarono in uno sbarramento difensivo di mine magnetiche tedesche, denominato Sbarramento T, che era stato posato nel precedente mese di giugno dagli incrociatori italiani della 4ª e 7ª Divisione Navale *Giovanni delle Bande Nere, Alberto di Giussano, Eugenio di Savoia* e dai cacciatorpediniere *Alvise da Mosto* e *Giovanni da Verazzano*. Ne derivarono per le navi britanniche effetti letali, sebbene conoscessero che quelle acque erano minate, come riportavano le loro carte, nelle posizioni QB 10 e 11, ma non conoscevano i punti esatti degli sbarramenti e la loro estensione a protezione delle rotte di sicurezza che conducevano al porto di Tripoli.[292]

Intorno alla mezzanotte del 19, trovandosi a circa 20 miglia a nord di Tripoli, e nell'addentrarsi, con forte vento e maraglione, in zone di bassi fondali ritenute minate, la formazione britannica, dopo aver superato la linea dei 180 metri di profondità, ridusse la velocità a ventiquattro 24 nodi, e cinque minuti più tardi, alle 01.05, a 20 nodi. Quindi, continuando a procedere silenziosamente in linea di fila e trovandosi a circa 17 miglia per 30° dal faro di Tripoli, le unità delle Forze B e K entrarono nello Sbarramento T, che, come detto, non era stato individuato dai britannici. La riduzione di velocità risultò, tuttavia, particolarmente utile, perché servì ad impedire che un maggior numero di navi finisse sulle mine

---

[292] Ed Gordon. *The Penelope in World War Two*, cit., p. 92.

Augusta primavera 1941. L'imbarco di una mina magnetica tedesca sull'incrociatore *Duca d'Aosta*, che poi servirono per gli sbarramenti di mine "S" di Capo Bon e "T" di Tripoli. A sinistra due marinai specialisti della Marina Germanica.

Alle ore 01.08 il *Neptune* del capitano di vascello Rory O'Conor, che era sempre seguito nell'ordine da *Aurora*, *Penelope*, *Kandahar*, *Lance*, *Havock* e *Lively*, fece esplodere con il suo divergente di dritta una prima mina, che generò soltanto un danno modesto. Da questo momento seguì però per l'incrociatore una fase particolarmente drammatica. Il comandante O'Conor, dando indietro alle macchine a tutta forza, portò il *Neptune* ad incappare in una seconda mina il cui brillamento, mettendo fuori uso le eliche e l'agghiaccio del timone, lo immobilizzò.[293]

Accostando in fuori a sinistra e a dritta, per uscire dallo sbarramento, anche gli altri due incrociatori che seguivano il *Neptune* finirono sulle mine. Un'esplosione si verificò sul fianco sinistro presso la torre B dell'*Aurora* (capitano di vascello Agnew), che stava allargando sulla dritta. Avendo riportato lesioni allo scafo, avarie agli apparati elettrici e allagamenti nei locali interni, l'incrociatore ridusse la velocità a 10 nodi, per uscire senza altri danni dal campo minato. Il *Penelope* (capitano di vascello Angus Decres Nicholl), che trovandosi di poppa all'*Aurora* accostava sulla sinistra, finì anch'esso su una mina, esplosa nel suo divergente di sinistra.

Alle 01.16 il *Neptune* fece esplodere una terza mina e sbandando sul fianco sinistro, segnalò con il lampeggiatore: "*Gravemente danneggiato. Ho perduto la prora e*

---

[293] *Ibidem.*

*la poppa*". Il *Kandahar* (capitano di fregata William Geoffrey Arthur Robson) manovrò per tentare di portare aiuto al *Neptune*, con l'intendimento di prenderlo a rimorchio o di trasbordandone l'equipaggio.[294] Ma alle 02.50 circa finì anch'esso su una mina, la cui esplosione, uccidendo ben sessanta uomini, asportò la poppa del cacciatorpediniere, che restò immobilizzato.

L'incrociatore britannico *Aurora* che riportò gravi danni per l'eplosione di una mina magnetica dello sbarramento "T" di Tripoli.

Il *Penelope*, avendo riportato soltanto alcuni danni leggeri, si avvicinò, a sua volta al *Neptune*, per tentare di rimorchiarlo, non appena fosse scarrocciato quel tanto che bastava per farlo uscire dal campo minato; ma il comandante O'Conor gli segnalò di stare alla larga.

Intanto l'*Aurora*, gravemente danneggiato, alle 01.43 aveva segnalato al *Penelope* di essere costretto ad allontanarsi dalla zona pericolosa. Quindi, inizialmente scortato dal cacciatorpediniere *Havock* e successivamente anche dal *Lance*, l'incrociatore diresse con rotta 015° per Malta, alla massima velocità sostenibile di 18 nodi.

---

[294] *Ibidem.*

Il cacciatorpediniere *Lively* mentre manovra ad alta velocità. L'immagine è del luglio 1941.

Alle 03.34 il *Kandahar* trasmise al *Penelope* di avere la sala macchina fuori uso e pertanto gli che era impossibile di realizzare un rimorchio. Poco dopo il capitano di corvetta William Frederick Eyre Hussey, comandante del cacciatorpediniere *Lively*, chiese al *Penelope* di poter entrare nello sbarramento minato per salvare i naufraghi del *Kandahar*; ma l'autorizzazione gli fu negata, perché il capitano di vascello Nicholl si rendeva conto della difficoltà dell'impresa che, in quelle condizioni pericolose, poteva determinare nuovi danni e nuove perdite. Successivamente, alle 04.11, il comandante del *Kandahar* suggerì al comandante Nicholl di richiedere l'intervento di un sommergibile per recuperare i superstiti.

Ricevuto questo segnale, il *Penelope*, che era rimasto per più di tre ore a dirigere le opere di soccorso, mantenendosi ad una distanza di 2 miglia e mezzo a nord del *Neptune*, diresse per rientrare alla Valletta assieme al cacciatorpediniere *Lively*, al quale trasmise alle 04.15: "*Rotta 010. Velocità 15 nodi*". Il comandante Hussey chiese allora, per l'ultima volta, di avere il permesso di andare a recuperare i superstiti del *Neptune*, ma il capitano di vascello Nicholl rispose con fermezza: "*Richiesta non approvata*".[295]

Quindi, dirigendo per rientrare alla Valletta, alle 05.30 il comandante del *Penelope* trasmise un messaggio immediato in cifra al vice ammiraglio Ford, a Malta, informandolo della decisione presa di ritirarsi, essendo impossibile avvicinarsi alle navi danneggiate, e suggerendo, per salvare i naufraghi, di mandare a nord dello sbarramento minato idrovolanti Sanderland o sommergibili.[296]

La decisione del capitano di vascello Nicholl di abbandonare delle navi in pericolo, fu certamente dolorosa, come ha scritto l'ammiraglio Cunningham:[297]

*Era contrario a tutte le tradizioni della Marina abbandonare i compagni in pericolo, ma egli giustamente considerò che, se fosse entrato nel campo di mine per*

---

[295] *Ibidem*. p. 93-95.
[296] *Ibidem*, p. 93.
[297] A. B. Cunningham, *L'odissea di un marinaio*", cit., p. 318.

*portare aiuto, avrebbe solamente perduto una nave di più. Egli si trovava al largo della costa nemica, e fu con il cuore pesante che diede l'ordine di tornare a Malta.*

Il *Penelope* raggiunse il porto della Valletta alle 11.00 del 19 dicembre, assieme al cacciatorpediniere *Lively*, precedendo il danneggiato l'*Aurora*, che arrivò a destinazione, senza altri incidenti, alle 12.30 del medesimo giorno. Quindi, entrambi gli incrociatori raggiunsero la zona dell'arsenale e si preparano ad entrare in bacino, per iniziare le riparazioni.

Quelle dell'*Aurora*, che andò ad occupare il bacino n. 5, furono lunghissime, tanto ché l'unità dovette raggiungere Gibilterra il 31 marzo 1942 scortato dal cacciatorpediniere *Avon Vale* (capitano di corvetta Peter Alison Ross W£ithers), sfuggendo al blocco dell'Asse, per poi andare a completare i lavori in un arsenale degli Stati Uniti tra l'aprile il giugno.[298] Il *Penelope*, invece, che aveva pochi danni allo scafo, fu riparato alla Valletta, nel bacino n. 2, per poi lasciarlo il 25 dicembre 1941, giorno di Natale.

Il *Penelope* mentre manovra nel Grand Harbour, il 27 gennaio 1942. L'incrociatore britannico, riparato dai danni dell'esplosione di una mina, ha ancora la colorazione grigia delle unità della Home Fleet.

Nel frattempo, tornando alla notte del 19 dicembre, era proseguito in dramma del *Neptune*. Alle 04.00 un'altra mina, la quarta, era scoppiata sotto il ponte di comando dell'incrociatore che nello spazio di cinque minuti si capovolse ed affondò in lat. 33°15'N, long. 13°12'E. Il mare era grosso, e dell'intero equipaggio, composto di 764 uomini, vi fu un solo superstite: un marinaio scelto, il secondo nocchiere John Walton. Esso fu raccolto alle 16.00 del pomeriggio del 24 dicembre, alla vigilia di Natale, dalla torpediniera italiana *Calliope* (capitano di corvetta Giuseppe Pighini), al termine di un'allucinante odissea di quattro giorni, trascorsa in una zattera in cui decedettero d'inedia quattordici persone, incluso il comandante capitano di vascello O'Conor, che morì il giorno 23. Un altro marinaio, il nocchiere Seaman Price, fu raccolto assieme a Walton dal *Calliope*, ma era in stato d'incoscienza e non sopravvisse.[299]

---

[298] Francesco Mattesini, *Luci e ombre degli aerosiluranti italiani e tedeschi nel Mediterraneo Agosto 1940 – Settembre 1943*, cit..

[299] Admiraly, *Mediterranean*, vol. II., cit., p. 224.

Quando fu dato l'ordine di abbandonare il *Neptune*, vi erano disponibili soltanto due battellini Carley. Alcuni marinai tentarono di raggiungere a nuoto il cacciatorpediniere *Kandahar*, ma con il mare grosso non vi riuscirono.

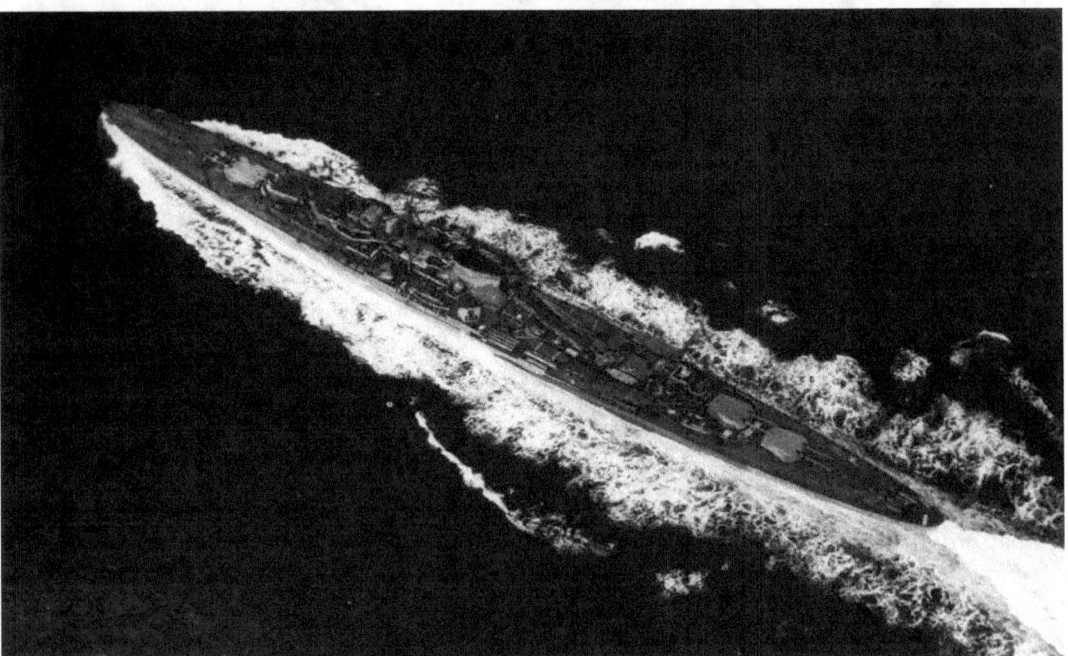

L'incrociatore leggero britannico *Neptune* che la notte del 19 dicembre 1941 affondò in uno sbarramento minato posato da incrociatori e cacciatorpediniere italiani nelle acque prossime alle rotte di sicurezza del porto di Tripoli (sbarramento "T").

La parte poppiera della torpediniera *Calliope* in immagine dell'anteguerra. Raccolse i due soli superstiti dell'incrociatore britannico *Neptune*, uno dei quali decedette a bordo.

Quanto al *Kandahar*, che non poteva manovrare per la distruzione delle eliche e dell'apparato motore, dopo che era stato abbandonato dal *Penelope* e dal *Lively*, trovandosi mezzo sommerso e quindi in condizioni di affondare lentamente, andò alla deriva per tutta la giornata del 19 dicembre e per gran parte della notte. Infine uscì dal campo minato, e stranamente, considerando l'attività che si stava svolgendo nella vicina Tripoli, senza essere stato avvistato dagli italiani.

Evidentemente la vigilanza nella zona non era perfetta, come un porto di quell'importanza necessitava. Eppure vi fu altro a che pensare, dal momento che il contrammiraglio Nomis di Pollone, in un appunto per il Primo Aiutante di Campo del Duca d'Aosta, riferì che le esplosioni sulle mine delle due navi britanniche "*erano state viste dalle unità della scorta e del convoglio*" all'attracco nelle vicinanze di Tagiura.[300] Evidentemente nessuno pensò di andare ad investigare. Onestamente, vi è da chiedersi dove si trovassero quella notte le torpediniere ed i Mas della vigilanza del porto di Tripoli.

Il *Kandahar* fu invece individuato al mattino da un aereo da ricognizione della RAF, i cui segnali radio furono ricevuti a Malta. Il locale comandante di Marina, vice ammiraglio Ford, prese allora la decisione di andargli in aiuto, per recuperarne l'equipaggio.

Il cacciatorpediniere *Jaguar* (capacitano di corvetta Lionel Rupert Knyvet Tyrwhitt), che si trovava alla Valletta, ricevette l'ordine di partire. Salpato alle ore 16.25 del 19, e dopo aver diretto alla velocità di 28, con rotta 188°, verso la posizione situata 5 miglia ad est di quella in cui il *Kandahar* avrebbe dovuto trovarsi alle 23.30, il *Jaguar*

---

[300] AUSMM, "Comando Gruppo CC.TT. di Squadra – Rapporto di missione eseguita nei giorni 16-17-18-19-20 e 21 dicembre 1941", *Scontri navali e operazioni di guerra*, cartella 46.

manovrò in base alle precise informazioni di un ricognitore notturno Wellington VIII del 221° Squadron fornito di radar di scoperta navale ASV. Il velivolo Z8703, denominato G (Goofington), con pilota il sergente maggiore William Denis Reason, alle 23.10 del 19 segnalò nella zona della ricerca – in lat. 33°10'N, long. 14°00' – sei motosiluranti nemiche, che erano assolutamente inesistenti.

Il cacciatorpediniere britannico *Jaguar*, ripreso dal *Kelvin*, che fu inviato in soccorso dell'immobilizzato *Kandahar* per recuperarne l'equipaggio. La vigilanza italiana era così inconsistente che nel corso di un'intera giornata nessuno a Tripoli si accorse di quella nave nemica immobilizzata davanti al porto, e neppure dell'affondamento del *Neptune*. C'è da chiederci, ma quale guerra gli italiani stavano combattendo.

Si trattava evidentemente di altri scafi, probabilmente piccole unità di sorveglianza Gena, oppure cacciasommergibili o dragamine che vigilavano all'entrata del porto di Tripoli. Il *Jaguar*, senza badare ai rischi a cui andava incontro, con l'ausilio del Wellington, che avendo individuato il relitto del *Kandahar* alle 01.45 del 20 continuò a fornire dati di posizione, manovrando a 20 nodi fu in grado di raggiungere il ricercato cacciatorpediniere soltanto alle ore 04.05.[301]

Quindi, dopo essersi mantenuto, a causa del mare ancora grosso, ad una certa distanza dal *Kandahar*, e aver preso a bordo 8 ufficiali e 157 uomini dell'equipaggio che effettuarono il tragitto a nuoto, alle 05.40 finì il danneggiato cacciatorpediniere con un siluro in lat. 32°57'N, long. 14°18'E, a circa 15 miglia a nord della costa libica. Con il *Kandahar*, che affondò capovolgendosi, andarono complessivamente perduti 91 uomini, inclusi 20 ufficiali. Il *Jaguar*, presa la rotta del ritorno alla velocità di 28 nodi, poi ridotta a 18 nodi, raggiunse il porto della Valletta alle ore 16.10 del 20 dicembre, sbarcandovi i

---

[301] T. Spooner, *Supreme Gallantry. Malta Role in the Allied Victory 1939-1945*, Londra, John Murray, 1996, p. 104. Il Wellington VIII del 221° Squadron del sergente pilota Reason rientrò alla sua base di Luca, ma poi il 23 dicembre, nel corso di un'altra missione notturna, andò perduto con i suoi sette uomini dell'equipaggio, precipitando in mare presso Marsala.

superstiti del *Kandahar*, compreso il comandante del cacciatorpediniere, capitano di vascello Robson.³⁰²

Il cacciatorpediniere britannico *Kandahar* ad Alessandria nel 1941. Affondò sulle mine di Tripoli poco distante dall'incrociatore *Neptune*. Nel giugno 1940 aveva trainato ad Aden il catturato sommergibile italiano *Galilei Galileo*.

---

³⁰² P. C. Smith & E. Walzer, *The Battles of the Malta Striking Forces*, cit., p. 96-103; Admiraly, *Mediterranean*, vol. II., cit., p. 224; War Diary of Vice-Admiral Malta, 19 December 1941.

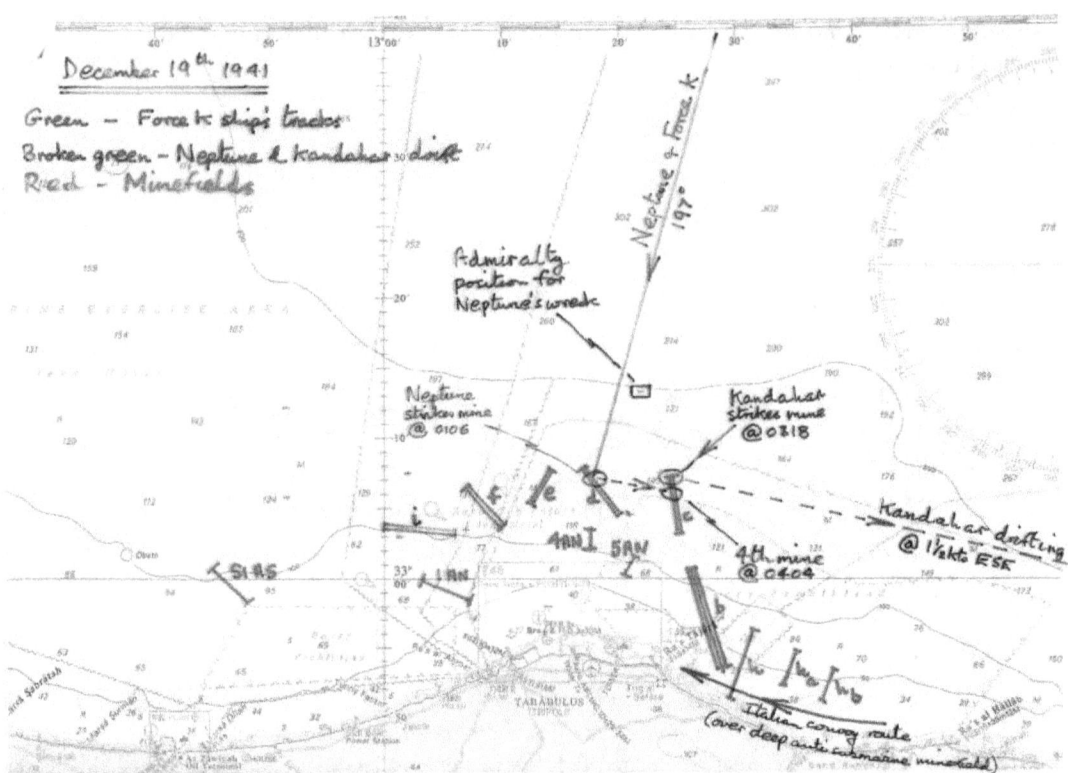

Cartina dell'inchiesta sull'affondamento dell'incrociatore *Neptune* e del cacciatorpediniere *Kandahar* sullo sbarramento minato italiano "T" presentata al contrammiraglio Bernard Rawlings, comandante della Forza B, l'8 gennaio 1942.

In questo frattempo il Fliegerführer Sizilien, pur possedendo ancora un potenziale piuttosto modesto – poiché la maggior parte dei velivoli dei reparti d'impiego del II Fliegerkorps si trovavano ancora in trasferimento verso l'Italia – aveva iniziato a battere gli obiettivi di Malta. Quest'attività aerea era cominciata la notte tra l'8 e il 9 dicembre, quando due Ju.88 da caccia notturni della 4ª Squadriglia del I./NJG.2, comandata dal capitano Rolf Jung, avevano effettuato un'azione di disturbo sul porto della Valletta, sull'idroscalo di Calafrana e sugli aeroporti di Hal Far e Luqa, limitata allo sgancio di venti bombe da 50 chili. Quindi, come abbiamo visto, seguì la sera del 16 dicembre l'attacco di tre Ju.88 contro il porto della Valletta, e nella notte successiva, tra il 17 ed il 18, si verificò un attacco più consistente sullo stesso obiettivo, realizzato con cinque bombardieri Ju.88 del II./KG.77 (capitano pilota Heinrich Paepcke) che, appena arrivati in Sicilia, trasportavano un maggiore carico di esplosivo rispetto ai caccia notturni. Poi, la notte successiva soltanto un velivolo del II./KG.77 fu inviato ad attaccare obiettivi situati sulle coste meridionali di Malta, sganciandovi 1.500 chili di bombe.

Gli attacchi contro Malta proseguirono nel corso della notte tra il 18 e il 19 dicembre ad opera di dieci Ju.88, sei dei quali del II./KG.77 e gli altri quattro della 4ª Squadriglia del I./JNG.2 (maggiore pilota Helmut Lent). Uno di questi ultimi velivoli dovette rientrare per avaria al motore, ed il pilota di uno dei tre che attaccò l'aeroporto di Luqa riferì di aver distrutto con una bomba da 500 chili due aerei, e probabilmente anche un terzo. In realtà fu un colpo magistrale, come aveva avuto modo di commentare il vice maresciallo dell'aria Lloyd, poiché la bomba sganciata dal velivolo della 4/NJG.2 determinò la distruzione al suolo di due bombardieri Wellington del 40° Squadron della RAF (X9912 e 29029), e danni ad altri velivoli del medesimo reparto che, essendo parcheggiati a Luqa, si apprestavano a decollare per attaccare il porto di Tripoli in connessione con l'arrivo del convoglio italiano. Quindi, sebbene limitato a pochi velivoli, l'attacco tedesco fu un vero successo, perché impedì di decollare a parecchi Wellington, che dovevano andare a bombardare Tripoli.

Formazione di caccia Ju.88C del 1° Gruppo del 2° Stormo (I.NJG.2). Questi velivoli tedeschi oltre a svolgere il compito di caccia notturna, venivano impiegati anche per il bombardamento notturno e, per la loro grande autonomia, per le scorte a unità navali e convogli.

Il mattino del 19 dicembre, nel corso di una crociera d'interdizione, svolta da nove Ju.88 del I./NJG.2 a levante e a sud Malta, uno dei velivoli fu intercettata da quattro Hurricane del 126° Squadron, e precipitò in fiamme. Dell'aereo tedesco vi furono un morto e due feriti, tra cui il pilota, tenente Wilhelm Brauns. Ma, nel corso dell'azione, anche il comandante del 126° Squadron, maggiore pilota Stan Morris, fu colpito dalle mitragliere dello Ju.88, e precipitò presso l'isola di Gozo. Morris si salvò lanciandosi con il paracadute, ma dovette prolungare di due mesi la sua degenza in ospedale.

Un altro Hurricane del 126° Squadron, fu colpito durante l'attacco ad una formazione di tre Ju.88, inviati al mattino a bombardare il porto della Valletta, e precipitò vicino a Dalimara, determinando la morte del pilota, tenente Edward Elmer Steele di nazionalità statunitense. Da parte britannica il maggiore Mortiner-Rose, comandante del 185° Squadron della RAF, si accreditò l'abbattimento di uno Ju.88, che non è stato confermato. Nel corso della giornata il Fliegerführer Sizilien aveva impiegato due Ju.88 a riprendere fotografie degli obiettivi di Malta, e ne aveva mandati altri sette a scortare il convoglio italiano diretto a Tripoli.

Ma le zampate della Luftwaffe estendevano la loro influenza distruttiva a tutto il Mediterraneo centro orientale, dal momento che quello stesso giorno 19, un caccia distruttore Bf.110 del III./ZG.26, abbatté in mare un Blenheim da ricognizione del 203° Squadron della RAF, di base in Egitto. L'intero equipaggio del velivolo, che aveva per pilota il capitano A.T. Reed, decedette.

Le missioni d'attacco contro Malta cominciarono ad assumere una certa intensità durante la giornata del 20 dicembre, con sgancio di dodici tonnellate di bombe, nel corso di due incursioni di bombardieri Ju.88, che videro impegnati, contro le navi nel porto della Valletta, quattro velivoli del II./KG.77 e altrettanti del KGr. 606. Questi ultimi, che erano comandati dal tenente colonnello Joachim Hahn, furono scortati da 43 velivoli Bf.109F del 1° e 2° Gruppo del 53° Stormo Caccia (I. e II./JG.53), decollati da Gela e da Comiso, rispettivamente al comando dei capitani pilota Herbert Kaminski e Walter Spies.

Dodici Hurricane, decollati al mattino su allarme, intervennero contro gli Ju.88, ma i Bf.109 vigilavano e nel corso dei combattimenti della giornata, decedettero altri due piloti britannici, entrambi del 249ª Squadron, il sergente Howard Moren, che entrò in collisione con il suo Hurricane contro uno Ju.88, e il capitano Brian Moore Cavan, che fu abbattuto da due Bf.109 della 1ª Squadriglia del I./JG.53, tenenti Friedrich-Karl Müller e Werner Schöw. Quest'ultimo fu accreditato della trentunesima vittoria.

Altri due successi furono rivendicati dal comandante dell'JG.53, maggiore Günther Freiherr von Maltzahan, che era alla sua cinquantaduesima vittoria, e dal tenente Peter Laufs, pilota di un Ju.88C del I./NJG. 2, che partecipava alla scorta dei bombardieri. Di questi ultimi, la formazione del II./KG.77 sganciò contro tre navi alla fonda alla Valletta 3 tonnellate di bombe, ma non riuscì ad apprezzare i risultati conseguiti. La formazione del KGr. 606 prese invece di mira un deposito di carburante, olio e munizioni.[303]

Infine, nella notte tra il 20 e il 21 dicembre, furono impiegati contro Malta cinque Ju.88 del II./KG.77, che sganciarono sei bombe da 1.000 chili e altrettante da 500 chili (cadute a Senglea), e sei caccia notturni del I./NJG.2 per missioni d'interdizione.[304]

---

[303] Secondo il *Malta War Diary* (20 dicembre 1941) le bombe furono sganciate dagli Ju.88 su Zabbar, Marsa Scala, Sliema, Grand Harbour, La Valletta e alcune caddero in mare. Diverse case furono demolite, altre danneggiate. Un civile fu ucciso, cinque feriti gravemente e trenta leggermente feriti in varie località. Alcune bombe non esplosero, e dall'esame fatto risulto che una di esse era da 500 chili. Fu ritenuto che almeno uno Ju.88 fosse stato abbattuto dagli Hurricane, assieme a due presunti caccia italiani Mc.202, ed altri tre Ju.88 danneggiati. Anche le batterie contraeree ritennero di aver danneggiato uno Ju.88 con i cannoni leggeri Bofor da 40 mm. Mancarono all'appello due Hurricane.

[304] ASMAUS, *DCH 1*, cartella 7; AUSMM, *Aviazione per la Marina*, cartella 16; C. Shores, B. Cull e N. Malizia, *Malta the Hurricane years 1940-1941*, cit, p, 349-352; B. Cull e F. Galea, *Hurricanes over Malta, June 1940 – April 1942*, cit., p. 164-168.

Il caccia Bf.109F del maggiore Günter Freiherr von Maltzahn, comandante dell'JG.53.

* * *

Il disastro a cui andarono incontro le unità della Forza B, a cui si aggiungeva la menomazione di quelle della Forza K, che tanti danni aveva causato agli italiani, eliminò almeno temporaneamente le possibilità offensiva delle forze navali di Malta, ridotte a disporre in efficienza (ma solo a partire dal mese di gennaio) su un solo incrociatore, il *Penelope*, e quattro cacciatorpediniere, dal momento che anche l'incrociatore *Ajax* era temporaneamente inefficiente, e dovette partire per riparazioni ad Alessandria il 26 dicembre, scortato dai cacciatorpediniere *Lance* e *Lively*.

Ma in quella stessa notte del 19 dicembre una catastrofe di ben maggiori proporzioni strategiche si abbatteva sulla Mediterranean Fleet. Le corazzate *Queen Elizabeth* e *Valiant*, che l'ammiraglio Cunningham aveva trattenuto ad Alessandria per mancanza di cacciatorpediniere di scorta, e per timore che potessero essere silurate dai sommergibili tedeschi che ormai dominavano le acque a levante di Tobruk, furono gravemente danneggiate nella loro base da mezzi d'assalto SLC della Regia Marina, trasportati in prossimità del porto dal sommergibile *Scire*, comandato dal capitano di corvetta Junio Valerio Borghese.[305]

Questo importantissimo avvenimento, che riduceva la Mediterranean Fleet ad unità combattente modestissima di quattro incrociatori leggeri e circa venti cacciatorpediniere, aggiunta al fatto che ormai i reparti aerei tedeschi della 2ª Luftflotte del feldmaresciallo Kesselring stavano assumendo il pieno controllo del Mediterraneo centrale, e si prestavano a mettere l'Isola di Malta sotto pressione,[306] ebbe subito un benefico effetto per le operazioni in Libia. Esso permise a Supermarina di pianificare altre importanti operazioni di rifornimento, a cominciare all'inizio di gennaio 1942 con la "M.43", e che si sarebbero svolte con pieno successo e con perdite modestissime.

---

[305] Francesco Mattesini, "Forzamento di Alessandria", *Corrispondenza e Direttive tecnico operative di Supermarina*, vol. 2°, tomo 2°, USMM, Doc. 520, p. 1255-1257.

[306] *Ibidem*, "Direttive operative per le azioni su Malta", doc. 531, p. 1274-1275.

L'arrivo a destinazione di una grande quantità di rifornimenti partiti dall'Italia, fu accolta dovunque con generale soddisfazione. Essi, seguiti da altri carichi bellici che transitarono praticamente indisturbati tra la fine di dicembre e i primi di gennaio, servirono al generale Rommel per scatenare a metà gennaio 1941 la controffensiva in Cirenaica, che avrebbe costretto i britannici a ritirarsi fino alla piazzaforte di Tobruk.

Alessandria 31 dicembre 1941. Sulla corazzata *Queen Elizabeth*, immobilizzata dai mezzi d'assalto italiani assieme alla gemella *Valiant*, l'ammiraglio Andrew Browne Cunningham con il Ministro di Stato britannico del Medio Oriente.

Occorre infine dire che i danni riportati della Forza K nelle acque di Tripoli ebbero grande importanza per la sua menomazione, ma non per il suo allontanamento da Malta. La divisione britannica, dopo la riparazione nei bacini dell'isola dei due incrociatori danneggiati, restò infatti, alla Valletta fino alla prima decade di aprile del 1942, quando i bombardamenti intensificati del II Fliegerkorps, procurando alle navi molte perdite umane e altri danni, la costrinsero a sloggiare assieme a tutti i sommergibili della base, che nei primi tre mesi dell'anno avevano continuato a falcidiare il traffico libico, affondando tra l'altro, il 1° aprile 1942, con l'*Urge* l'incrociatore leggero *Bande Nere* presso l'Isola Stromboli, mentre ad opera del letale *Upholder* andarono perduti i sommergibili *Ammiraglio Saint Bon* e *Tricheco*, rispettivamente il 5 gennaio e il 18 marzo.[307]

---

[307] Il sommergibile *Upholder* fu affondato il 14 aprile 1942 a nord di Tripoli da aerei tedeschi Bf.110 e Do.17 della Squadriglia 8./ZG.26, e l'*Urge* si è ritenuto che avesse fatto la stessa fine per attacco di caccia italiani Cr.42 della 153ª Squadriglia del 3° Gruppo Caccia Terrestre il 29 aprile a Ras el Hilal (Cirenaica). Ma recentemente, come dimostra inequivocabilmente un

L'allontanamento delle navi britanniche da Malta, assieme alla distruzione delle forze aeree offensive dell'isola determinata dagli incessanti attacchi del II Fliegerkorps, con il modesto concorso della Regia Aeronautica, concessero alla Regia Marina la possibilità di poter riprendere con profitto il rifornimento dell'Africa settentrionale. E tale situazione favorevole, che non sarebbe stata possibile senza la presenza e l'impegno della Luftwaffe, permise nella primavera del 1942 di far passare i convogli per Tripoli sulle rotte più brevi e con percentuali di perdite di naviglio e di carico esigue. Infine, concesse al generale Rommel la possibilità di portare a compimento la controffensiva in Cirenaica, espugnando Tobruk il 21 giugno, per poi avanzare in Egitto, fino alle fatali dune di El Alamein.

## Conclusioni e considerazioni

La positiva conclusione dell'operazione M.42 creò in tutti gli ambienti dell'Asse un clima di grande soddisfazione. Il maresciallo Cavallero, che con il feldmaresciallo Kesselring si trovava in Libia per seguire in loco la situazione militare – discutendola con il generale Bastico e il generale Rommel che non andavano troppo d'accordo sulla strategia da seguire per fronteggiare l'incontenibile offensiva dell'8ª Armata britannica – il mattino del 19 dicembre telefonò all'ammiraglio Riccardi facendogli i suoi *"rallegramenti per le brillanti azioni della Marina e per gli arrivi dei convogli"*.[308] Quindi gli ordinò di organizzare altri due grossi convogli, il primo dei quali (M.43) da avviare in Libia entro quattro o cinque giorni, contando sul fatto che il feldmaresciallo Kesselring si preparava *"a battere tutti gli accessi su Malta"*.[309]

Di quel successo, e del clima favorevole che si era creato alla conclusione dell'operazione, si fece maggiore interprete il solito ammiraglio Iachino. Esprimendosi forse con troppa enfasi, viste le magre forze nemiche che si trovò a dover fronteggiare nel Golfo della Sirte e che erano legate alla scorta del *Breconshire*, per non parlare poi della fortuna capitata agli italiani con il disastro della Forze B e K quando erano già a portata del convoglio italiano nelle acque di Tripoli, il Comandante della Squadra navale concluse la sua *Relazione sintetica"*, scrivendo:[310]

---

chiaro filmato, il suo relitto è stato trovato al largo di Malta, in un punto non ancora fatto conoscere. L'affondamento si sarebbe verificato, lo stesso giorno della sua partenza dalla Valletta per raggiungere Alessandria, il 27 aprile 1942, per l'esplosione di una mina degli sbarramenti tedeschi posati dalle motosiluranti della 3ª Flottiglia.

[308] Lo stato di euforia che si aveva a Supermarina per il riuscito arrivo a Tripoli del convoglio, dopo quaranta giorni di blocco britannico, fu dimostrato dall'ammiraglio Riccardi la sera del 19 dicembre, inviando all'ammiraglio Iachino i due seguenti messaggi di encomio: 1°) *"Per il Comandante in Capo. Lo scopo della vostra missione è stato pienamente raggiunto. Le forze navali britanniche hanno ripiegato dinnanzi alla Vostra Squadra. Mi felicito con Voi. Riccardi"*; 2° *"Trasmettete a tutte le Vostre navi, via via che rientrano, questo telegramma. Il convoglio da Voi protetto e del quale Voi tutti conoscevate l'importanza è arrivato. Né gli aerei né i sommergibili nemici né la flotta inglese del Mediterraneo sono riuscite ad impedirlo"*.

[309] ASMEUS, *Diario Storico del Comando Supremo, Dicembre 1941*.

[310] Francesco Mattesini, *Corrispondenza e Direttive tecnico operative di Supermarina*, vol. 2°, tomo 2°, USMM, doc. doc. 519, p. 1251-1254.

*L'arrivo a destinazione del convoglio, con un passaggio di forza nonostante la presenza in mare del nemico, era il primo e principale compito dell'operazione. Esso aveva un'importanza materiale immediata perché portava alle nostre truppe in A.S.I. i necessari rifornimenti per la continuazione del combattimento a difesa della Cirenaica, ma aveva soprattutto una importanza morale enorme perché l'arrivo del convoglio doveva dimostrare al Paese e al mondo che il controllo del Mediterraneo non è sfuggito dalle nostre mani, come ha tentato di far credere il nemico.*

*La riuscita dell'operazione aveva poi un'importanza tutta speciale per la nostra Marina che, negli ultimi mesi, aveva dovuto registrare dolorose perdite e vari colpi sfortunati. Era dunque necessario, anche per risollevare il morale e il prestigio delle nostre armi sul mare, che il convoglio passasse: ed è passato.*

*Grande è stata la soddisfazione generale per questo risultato concreto, e per l'ambito elogio che il C.S.M. della Marina si è compiaciuto rivolgerci al nostro arrivo in porto, e per il quale siamo tutti riconoscenti.*

*Ma, oltre a questo, la ripercussione del successo sul morale degli equipaggi è stata grandissima. Gli equipaggi delle corazzate che per mesi e mesi avevano dovuto rimanere inerti in porto hanno potuto finalmente affrontare il nemico e dimostrare il grado della loro lunga paziente preparazione. Gli incrociatori della 3ª Divisione, che ultimamente erano stati colpiti dall'avversità, sono ora esaltati dal successo e fieri di aver vendicato [sic] i loro fratelli caduti. Le Squadriglie cacciatorpediniere infine hanno dimostrato col loro brillante contrattacco al nemico che le loro doti di slancio, di combattività, di perizia sono sempre rimaste all'altezza delle più belle tradizioni marinare.*

Ma queste affermazioni retoriche, che potevano inorgoglire Mussolini e che in parte possono apparire anche giuste se considerate al clima di sconforto che si aveva allora in Italia per i ripetuti disastri sulle rotte libiche, poi superato per quello che fu ritenuto un successo quasi insperato e che ebbe indubbiamente benefici effetti sul morale degli equipaggi, non debbono oggi, dal punto di vista prettamente storico, essere enfatizzate, come poi avrebbe fatto nel dopoguerra lo stesso Iachino. Dopo aver preso visione della documentazione dell'Ammiragliato britannico inviata all'Ufficio Storico della Marina Militare, Iachino si reso conto della fortuna capitata nelle acque di Tripoli al convoglio L, che non era stato raggiunto dalle navi britanniche, soltanto perché la Forza K era finita sulle mine degli sbarramenti difensivi del porto; per non parlare poi del fatto che i graziati erano stati nell'occasione i britannici i quali, di fronte allo schieramento di forze italiane, ritenevano di dover perdere il *Breconshire* con la preziosa nafta destinata a rinsanguare i depositi di Malta.

Ciononostante, avendo l'ammiraglio Iachino condotto l'operazione M. 42 e non ammettendo che ombre di dubbio potessero essere sollevate sulla piena riuscita e nella sua condotta nell'averla diretta, ancora sosteneva con orgoglio:[311]

---

[311] Angelo Iachino, *Le due Sirti*, cit., p. 139.

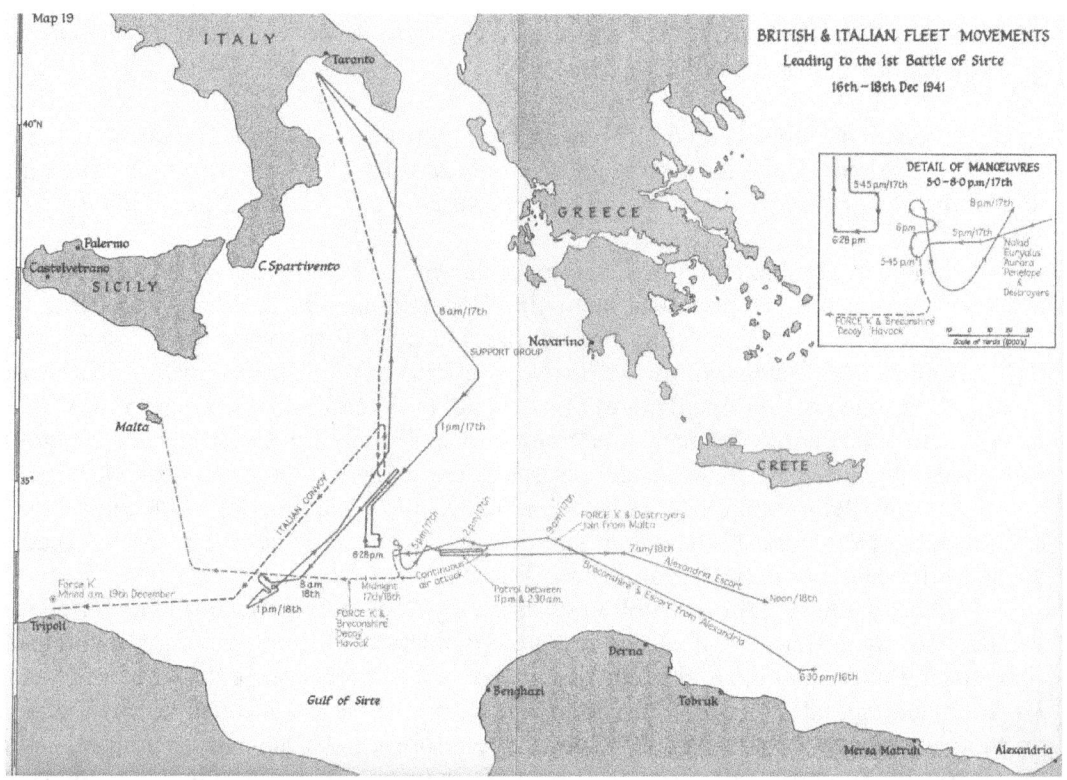

CARTA BRITANNICA MOVIMENTI DELLE FLOTTE BRITANNICHA E ITALIANA NEI GIORNI 17 E 18 DICEMBRE 1941

*Dopo due mesi di insuccessi e di dolorose perdite, finalmente un convoglio di grande importanza aveva raggiunto indenne la Libia. I dubbi che erano affiorati, prima della partenza, sulle possibilità che quel convoglio arrivasse indisturbato a destinazione erano stati smentiti e dispersi.*

*Noi poi eravamo fieri di essere riusciti a respingere le forze di superficie inglesi che, in base alle nostre informazioni, credevamo comprendessero una corazzata, e fossero uscite da Alessandria e da Malta proprio per attaccare il nostro convoglio. Eravamo fieri di essere riusciti a evitare gli attacchi aerei notturni e l'incontro di notte con forze di superficie nemiche, cioè i pericoli che più temevamo per quella operazione. In quel momento delicato e difficile, eravamo insomma riusciti a far passare, con un'azione di forza, un importante convoglio fino alla costa libica, come ci era stato ordinato, e come da tempo non si riusciva più a fare. I preziosi rifornimenti che i nostri fratelli dell'Esercito aspettavano da tempo, e che dovevano servire per stroncare l'offensiva nemica in Cirenaica, erano tutti arrivati a destinazione. Gli unici incidenti che avevamo avuti erano stati banali incidenti di manovra, e potevano essere facilmente riparabili.*

*In complesso c'era di che essere orgogliosi di quanto era stato fatto, anche se la cosa in se stessa non poteva certo essere considerata una grandiosa operazione di guerra. L'importanza della prima Sirte non risiede infatti tanto nel successo materiale, quanto piuttosto nell'effetto morale che essa ebbe nei nostri equipaggi, che erano partiti mortificati e resi apprensivi dai continui colpi sfavorevoli dei mesi precedenti, e ritornavano ora galvanizzati dal successo.*[312]

Fiero di questo successo, il 21 dicembre l'ammiraglio Iachino si recò a Roma per ricevere l'elogio del Capo di Stato Maggiore della Marina, che aveva riferito a Mussolini di aver mantenuto "*la promessa, da lui fatta, di far arrivare ad ogni costo il convoglio in Libia*".[313]

Ma queste esaltazioni non debbono far dimenticare quale prezzo la Regia Marina aveva dovuto pagare per portare a buon fine l'operazione M.42, visti i precedenti. Al disastro di Capo Bon, nelle prime ore del mattino del 13 dicembre, in cui si verificò l'affondamento degli incrociatori *Da Barbiano* e *Di Giussano*, era seguito quello stesso giorno il fallimento dell'operazione M.41. Tale fallimento, lo ricordiamo, era stato determinato dalla perdita delle due moderne motonavi *Filzi* e *Dal Greco*, a cui era seguito il danneggiamento, per collisione, dei piroscafi *Iseo* e *Capo d'Orso*; per non parlare poi del siluramento della corazzata *Vittorio Veneto* avvenuto il mattino del 14 dicembre, a cui si aggiunsero i danni per collisione a ben quattro cacciatorpediniere, e per questa causa anche l'affondamento di un dragamine ausiliario.

Quanto allo svolgimento dell'operazione M.42, esso fu particolarmente fortunato. E questo grazie al fatto che il cattivo tempo, e la mancanza di un sufficiente numero di ricognitori, impedì alla RAF di Malta di localizzare con precisione e di attaccare le navi italiane nelle giornate del 16, 17 e 18 dicembre. Si tenga poi conto che la Royal Navy, essendo impegnato nella scorta a Malta di una propria nave ausiliaria carica di nafta necessaria alle scorrerie della Forza K, pianificò l'attacco al convoglio italiano dopo che ebbe portato a termine la propria importante operazione di rifornimento. Soltanto dopo le navi britanniche salparono dalla Valletta per intercettare il convoglio, per poi finire, il mattino del 19, sulle mine degli sbarramenti difensivi di Tripoli, quando già avevano le navi mercantili italiane quasi a portata delle loro armi.

---

[312] L'ufficiale della Marina informatore del Ministero degli Interni non condivise lo stato euforico che si verificò alla conclusione dell'operazione M 42, tanto che in una sua relazione del 20 dicembre 1941 scrisse: "*L'ottimismo ufficiale col quale sono stati presentati come successi le varie operazioni navali, può aver illuso (ma non molto) il pubblico profano, ma non vi è nessun ufficiale e di Marina che non si renda perfettamente conto che la maggior parte delle operazioni navali d'insieme svolte siano state degli insuccessi, molti dei quali pagati a carissimo prezzo, pur riconoscendo che vi sono stati anche episodi numerosi e magnifici di eroismi individuali. Oggi vi è molto sconforto, molta sfiducia, molto pessimismo, molto nero, sull'orizzonte degli ufficiali di Marina. Se l'intervento giapponese non determinerà un cambiamento di fronte della Marina inglese ed un abbandono, od un indebolimento delle sue posizioni nel Mediterraneo, in generale si ritiene che la Marina abbia partita perduta. Nessuno pensa che nelle condizioni attuali sia ormai più possibile un'azione di massa contro la flotta inglese, azione invece che si ritiene sarebbe stata possibile e sfruttabile all'inizio della guerra ...*", Cfr. Archivio Centrale dello Stato, *Regia Marina Italiana*, "Ministero dell'Interno Direzione Generale Pubblica Sicurezza 1927, 1944", cartella 213.

[313] Angelo Iachino, Le due Sirti, cit., p. 141.

L'arrivo a Malta della nave ausiliaria *Breconshire*. La sagoma della nave e la sua mimetizzazione furono le cause per cui aerei e navi italiane che l'avvistarono nel corso della battagla navale, contribuirono a farla ritenere una nave da battaglia.

Altra immagine della *Breconshire* mentre si avvicina al suo punti di ormeggio alla Valletta per sbarcare il carico di nafta.

La motonave *Breconshire* quando prima della guerra era impiegata nel servizio civile.

Questa missione non fu conosciuta in Italia se non alcuni giorni più tardi, quando fu recuperato il naufrago dell'incrociatore *Neptune*. Nel frattempo Supermarina era rimasta sorpresa che il nemico non avesse tentato di attaccare il convoglio italiano la notte tra il 17 e il 18 dicembre; ma poi l'indomani, quando le navi che proteggevano il *Breconshire* furono scoperte con l'intercettazione radio – che denunciò la presenza a sud di Malta di un convoglio chiamato in codice "Major" la cui presenza fu poi confermata dall'attacco dagli aerosiluranti della Sicilia –Supermarina si rese certamente conto di aver fallito un'occasione per fare danni al nemico con una forza navale superiore. Scrisse, infatti, l'organo operativo dell'Alto Comando navale:[314]

> *Il fatto che il nemico pur conoscendo la posizione delle nostre unità, non abbia attaccato, malgrado la sua superiorità negli scontri notturni può essere spiegato solo ammettendo che le sue forze erano totalmente impegnate in un compito più importante che non l'attacco al convoglio. Questo confermerebbe l'ipotesi che la presenza delle forze navali nemiche nel Mediterraneo Centrale era dovuta non al contrasto del nostro trasporto, ma ad una operazione indipendente.*
> 
> *E' possibile che nella decisione del nemico di proseguire dopo l'avvistamento delle nostre forze, pur avendo l'intenzione di evitare il contatto diurno che notturno, abbia influito il fatto che la sua ricognizione aerea gli ha doto notizia, nelle ore pomeridiane, del solo convoglio e delle sue forze di scorta, più a nord del Gruppo LITTORIO ed evidentemente impossibilitato ad inseguirlo ...*
> 
> *La scoperta del convoglio "Major" il mattino del 18 e della forza navale con convoglio alle 1600 dello stesso giorno sono state* [a Supermarina] *delle complete sorprese".*

---

[314] AUSMM, "Valutazioni di Supermarina", *Scontri navali e operazioni di guerra*, cartella 46.

Ciononostante i giudizi di Supermarina sulla piena riuscita dell'operazione continuarono ad essere considerati molto soddisfacenti, tanto che nella riunione dei trasporti del giorno 20 dicembre l'ammiraglio Luigi Sansonetti sostenne:[315]

*Supermarina è pienamente soddisfatta dei risultati conseguiti, con il solo rammarico che il contatto con il nemico sia avvenuto quasi al tramonto ed abbia così impedito di ottenere maggiori risultati. Nel combattimento sono stati affondati due cacciatorpediniere.* [sic]

E di questo clima di euforia che si verificò in Italia ne furono contagiati, seppure limitatamente, gli stessi tedeschi, tanto che l'ammiraglio Eberhard Weichold, il quale non possedeva ancora tutti gli elementi, soprattutto da parte della stampa britannica, per fare un'esatta valutazione dell'accaduto e del livello di forze che si fronteggiarono nella battaglia, inviò al 1° Reparto Operativo della Seekriegsleitun una relazione, che fu commentata come segue:[316]

*Il Capo del Comando della Marina germanica in Italia nell'apprezzare l'operazione italiana, considera raggiunto l'obiettivo, avendo conseguito un considerevole, anche se non decisivo, miglioramento della critica situazione dei rifornimenti per l'Africa settentrionale. Egli è dell'opinione che le forze navali italiane ed inglesi grossomodo si bilanciassero in fatto di incrociatori e cacciatorpediniere, mentre di giorno si segnalava una evidente superiorità italiana in forza del maggior numero di navi da battaglia italiane, il cui potenziale operativo non è stato, purtroppo, sfruttato da parte del Comando italiano. Di notte, secondo il parere del Capo del Comando della Marina germanica* [in Italia] *per gli italiani il rapporto si rovescia, in considerazione del diverso livello di preparazione al combattimento notturno, tanto che sarebbe stato giusto evitare un combattimento notturno. Va pienamente riconosciuto che il comando* [italiano] *non lo ha fatto, ma nell'interesse del compimento della missione assunse il rischio della navigazione notturna, nonostante il contatto nemico* [sic]. *Per il momento non è ancora chiaro per quale motivo gli inglesi non abbiano provocato gli attesi combattimenti notturni. Relativo telescritto a norma del 1/SKl 21389/41 Gkdos in KTB, parte C, fascicolo XIII*
*Il presente apprezzamento non può che essere condiviso dalla SKL.*

L'ammiraglio Sansonetti e l'ammiraglio Weichold furono però costretti a ricredersi. Infatti, una settimana dopo, il 27 dicembre, durante la consueta riunione dei trasporti il Sottocapo di Stato Maggiore della Marina comunicò ai presenti che dalle dichiarazioni di un naufrago britannico risultava che l'incrociatore *Neptune* e un cacciatorpediniere erano affondati sulle mine in vicinanza di Homs. Per Weichold, che, superando le opposizioni italiane aveva voluto tenacemente la realizzazione di quello sbarramento di mine magnetiche tedesche posato da navi italiane, fu come una rivincita

---

[315] ASMAUS, "Superaereo – Riunioni Giornaliere a Supermarina, Verbali 1942", *GAM 15*, cartella 249.
[316] *Kriegstagebuch der Seekriegsleitung/Operationsabteilung 1939/1945*, parte A (KTB 1.Skl, A), Mittler & Sohn – Bon – Berlin, 1988 ss., vol. 28, 19.12.1941, p. 303-304. Traduzione di Augusto De Toro.

che non lasciò di commentare con una frase polemica, ma veritiera, come risulta dal verbale della riunione, compilato dal rappresentante di Superaereo, tenente colonnello pilota Francesco Martini:[317]

*Ammiraglio Tedesco fa rilevare che lo sbarramento delle mine a Nord-Nord-Ovest di Tripoli, da lui voluto e molto discusso da Supermarina, oltre all'essere costato al nemico un Incrociatore e probabilmente anche un Ct.,* **ha salvato il convoglio dall'attacco della Forza Navale nemica** [il neretto è dell'Autore].

Dello stesso avviso, come ha rilevato il Primo ministro britannico Winston Churchill, fu anche il parere dell'OKW che, commentò l'episodio nel seguente modo, molto istruttivo:[318]

*Può darsi che l'affondamento del NEPTUNE abbia deciso le sorti della Tripolitania. Senza tale incidente, la formazione britannica avrebbe probabilmente distrutto il convoglio italiano. Non vi è dubbio che la perdita di quei rifornimenti nella fase più drammatica della crisi, avrebbe avuto le più gravi conseguenze.*

Occorre ricordare che i britannici, oltre ad aver perso l'incrociatore *Neptune* e il cacciatorpediniere *Kandahar* sulle mine di Tripoli, cinque giorni prima, il 14 dicembre, nel contrasto all'operazione M.41, avevano perduto anche l'incrociatore *Galatea* silurato dal sommergibile tedesco *U-557*. Con ciò, senza contare le navi mercantili perdute (*Finzi, Dal Greco, Lina*) veniva dagli italiani praticamente pareggiato il conto dell'affondamento degli incrociatori *Da Barbiano* e *Di Giussano*, che però avevano generato nella Regia Marina un clima di dolore e grande tristezza. Sempre nei giorni delle operazioni M.41 e M.42 danni riportò anche il naviglio mercantile minore italiano, poiché il 15 dicembre erano andati perduti per attacco di sei bombardieri Blenheim del 18° Squadrone RAF di Malta, decollati da Luqa, i motovelieri *Esmeralda* e *Santa Maria* nel Golfo di Hammamet.

\* \* \*

Anche l'operazione M.42 non fu esente da danni, poiché tre preziosi cacciatorpediniere di squadra, *Granatiere, Corazziere* e *Zeno*, riportarono gravi danni e la motonave *Napoli* fu colpita dal siluro di un aerosilurante della FAA Erano comunque danni sopportabili, non certamente della stessa entità di quelli che avevano costretto ad interrompere la M.41. Inoltre la sera del 19, durante la partenza da Tripoli per rientrare a Taranto, i cacciatorpediniere del contrammiraglio Nomis di Pollone andarono incontro ad un nuovo malaugurato incidente, che però, fortunatamente, non ebbe conseguenze. Accadde, infatti, che alle 19.45 il *Da Recco* (capitano di vascello Stanislao Esposito) andasse ad urtare con la prora contro il dragamine ausiliario *G 32 Ferruccio*, di 83 tsl, ex rimorchiatore, affondandolo all'imboccatura del porto. Su cacciatorpediniere si produsse una ammaccatura sul lato dritto di prora, che però non ne compromise la navigazione per il porto di Taranto raggiunto dalla Squadriglia alle 02.50 del 20 dicembre.[319]

---

[317] ASMAUS, "Superaereo – "Riunioni Giornaliere a Supermarina, Verbali 1942", *GAM 15*, b. 249.

[318] Winston Churchill, *La seconda guerra mondiale*, vol. 4°, Milano, Mondatori, 1965, p. 1412.

[319] AUSMM, "Comando Gruppo CC.TT. di Squadra – Rapporto di missione eseguita nei giorni 16-17-18-19-20 e 21 dicembre 1941", *Scontri navali e operazioni di guerra*, cartella 46.

Il cacciatorpediniere *Granariere* nel bacino di Taranto in riparazione dopo la collisione che aveva asprtato ad entrambi la prora. Alla sua sinistra il cacciatorpediniere *Grecale*.

Il cacciatorpediniere Nicolò *Zeno* alla fine del 1941 anch'esso rimasto danneggiato a causa di una collisione.

Il *Il Nicoloso Da Recco* sulla scia di un altro cacciatorpediniere della classe "Navigatori". A prora le strisce bianco e rosse per il riconoscimente dagli aerei nazionali e tedeschi.

Interessanti appaiono le "*Osservazioni e proposte*" espresse dall'ammiraglio Carlo Bergamini per migliorare la navigazione e la protezione di un convoglio e del suo gruppo di sostegno:[320]

*Le formazioni assunte sono state mantenute abbastanza bene anche di notte. L'incorporamento diretto durante la notte del gruppo di sostegno con il convoglio da luogo naturalmente ad una formazione che è molto complessa e difficile da manovrare e, con luna, anche poco sicura nei riguardi degli attacchi nemici sia aerei che subacquei.*

*A tale riguardo è necessario chiarire che mentre di giorno la presenza di un forte gruppo nell'immediata prossimità del convoglio da una buona garanzia contro attacchi navali di superficie, di notte tale garanzia è molto minore, sia per la pesantezza della formazione che costituisce un ottimo boccone per attacchi siluranti condotti con decisione da varie parti e con conoscenza di causa (come è il caso degli inglesi sia per l'innegabile allenamento, sia per i mezzi che hanno) sia perché un attacco bene organizzato che provochi la inevitabile separazione del convoglio dal suo gruppo di protezione può portare ugualmente ad una efficace difesa del convoglio dea parte di un altro gruppo e ciò a meno che non si disponga di un numero di navi e di cacciatorpediniere molto superiore a quello delle unità che il nemico può mandare all'attacco (rapporto da 1 a 2 e forse anche a 3).*

*Tuttavia, <u>se si vuol dare la precedenza al pericolo rappresentato dagli attacchi di navi di superficie</u>, non si vede per ora come si possa fare diversamente; l'efficacia del sistema non è stata d'altra parte messa alla prova. L'unico risultato che si è sicuramente raggiunto è che con notte buia ed anche con piovaschi etc. si è riusciti a manovrare ed ha tenere ordinata una formazione che prima della guerra sarebbe sembrata inconcepibile; questo è già un notevole progresso.*[321]

Dopo aver trattato della costituzione dei convogli, che dovevano includere non più di quattro navi mercantili avendo una velocità effettiva di 14 nodi, per concedere quel minimo di manovrabilità che era necessaria, l'ammiraglio Bergamini ritenne che fossero necessari il maggior numero possibile di cacciatorpediniere, in modo da costituire, oltre ad una scorta circolare, anche una scorta più ravvicinata ai piroscafi, in modo da fargli da "*cani da pastore*". Con ciò sarebbe aumentata l'efficienza protettiva, sia nei riguardi dei sommergibili, sia in quelli degli attacchi aerei.

---

[320] AUSMM, "Comando 5ª Divisione Navale – Rapporto di missione", *Scontri navali e operazioni di guerra*, cartella 46.

[321] Per rendersi conto di quali progressi avevano fatto gli inglesi nella composizione dei loro convogli diretti a Malta, occorre ricordare che essi, inglobando le unità dei gruppi di scorta, formavano imponenti formazioni, le quali arrivarono a raggruppare anche più di cinquanta navi. Il convoglio dell'Operazione Pedestal dell'agosto 1942, tanto per fare un esempio, era costituito da 14 navi mercantili, per la cui scorta erano in formazione ravvicinata 2 corazzate, 3 portaerei, 7 incrociatori, 24 cacciatorpediniere e 2 grandi rimorchiatori. Per non parlare poi dei convogli di rifornimento diretti nel Mediterraneo tra 1943 e il 1945, che spesso superavano le 100 navi mercantili scortate da una ventina di unità di scorta. Per l'Operazione Pedestal vedi Francesco Mattesini, *La battaglia aeronavale di mezzo agosto*, Roma, Edizioni dell'Ateneo, 1986. Ed anche, soprattutto, la nuova edizione di quell'operazione, compilata dall'Autore, *La battaglia aeronavale di mezzo agosto, Il contrasto delle forze italo-tedesche all'Operazione britannica "Pedestal" (10-15 agosto 1942)*, Ristampa Edizioni, Rieti, Settembre 2019, pagine 677.

L'ammiraglio Bergamini passò poi a lamentare quello che era il motivo principale dell'inferiorità italiana nella navigazione e il combattimento notturno, ossia la mancanza di buoni apparati per il tiro e la mancanza di radiolocalizzatori, questi ultimi non soltanto per sopperire ad una grossa inferiorità tecnica, ma anche dal punto di vista psicologico che aveva raggiunto livelli particolarmente deleteri nei i comandanti e gli equipaggi delle navi italiane.

Inverno 1941-1942. Il Re d'Italia, Vittorio Emanuele II, in visita alla corazzata *Duilio*. All'estrema desta l'ammiraglio Carlo Bergamini, Comandante della 2ª Squadra Navale.

Al riguardo egli scrisse: [322]

*Le sistemazioni per il tiro notturno delle navi devono essere portate al più presto al massimo grado di efficienza e bisogna indire molto esercizio, che può servire forse anche più che la stessa missione di guerra.*

*Occorre poi risolvere al più presto sia per le navi maggiori che per i cacciatorpediniere (per lo meno di alcuni di essi) la questione del r.d.t. [radiolocalizzatore]. E' da ritenersi che la Marina Italiana sia ormai l'unica delle Marine più importanti impegnate nell'attuale conflitto a non possedere questo prezioso occhio notturno e ciò costituisce una ragione di inferiorità che ha già prodotto notevoli inconvenienti.*

*Anche nella notte fra il 17 e il 18 dicembre si è avuta la sensazione di essere visti e seguiti senza poter vedere nulla e ciò è certamente un elemento non favorevole.*

---

[322] AUSMM, "Comando 5ª Divisione Navale – Rapporto di missione", *Scontri navali e operazioni di guerra*, cartella 46.

*Occorre che siano emanate al più presto norme generali adatte a formazioni così complesse per ciò che riguarda sia di giorno che di notte:*
- *il combattimento con navi di superficie*
- *gli attacchi aerei*
- *gli apparecchi subacquei.*

*Quelle della D.T. 1 S.* [norme generali] *non sono adatte e quelle della Squadra Navale nemmeno, come del resto è evidente dati i presupposti assai diversi cui esse si riferiscono. E' invece indispensabile che tutti coloro che partecipano a tali formazioni sappiano quello che devono fare e tutti si regolino nello stesso modo senza dover volta per volta in ogni ordine di operazione dare delle direttive.*

\* \* \*

Occorre poi doverosamente dire che l'apporto offerto dalle aviazioni italiana e tedesca nell'opera di ricognizione, nel contrasto all'operazione nemica e nella scorta alle navi amiche, si svolse nel modo migliore e fu realizzata con ampia disponibilità di mezzi aerei, soprattutto da caccia. In particolare, fu molto utile l'attività svolta dalla Regia Aeronautica nella scorta al convoglio diretto a Tripoli, sebbene esso non fosse mai stato attaccato di giorno dagli aerei nemici. L'incarico fu assolto *"con precisione e larghezza di mezzi nonostante le variazioni di rotta e di orario cui furono obbligate le navi mercantili in conseguenza degli avvenimenti del giorno 17"* dicembre; e risultò ancora più apprezzabile durante la giornata del 18 quando le navi mercantili furono rintracciate puntualmente dai velivoli decollati dalle basi della Tripolitania, *"benché fossero in ritardo"*, per le imposte variazioni di rotta, *"di ben 5 ore sull'orario previsto"*.[323]

Riguardo alle scorte, anche i gruppi di sostegno e di appoggio non ebbero nulla da recriminare, a parte alcuni incidenti senza conseguenze, determinati da qualche aereo tedesco isolato, avvicinatosi troppo alle navi, che almeno in un'occasione (con la corazzata *Doria*) aprirono anche il fuoco a scopo preventivo. I velivoli da caccia non riuscirono a impedire che i vari gruppi navali italiani fossero avvistati dai ricognitori britannici, ma con la loro assidua presenza ne ostacolarono l'opera, impedendo che il Comando di Malta ricevesse informazioni continue e precise.

Ugualmente la scorta degli aerei antisom, in particolare quella degli idrovolanti Cant.Z.501 e Cant.Z.506 dell'Aviazione Ausiliaria della Marina, si svolse con continuità. Molto apprezzata fu anche l'opera di ricognizione e mantenimento del contatto con le navi nemiche da parte degli idrovolanti imbarcati Ro.43, anche se questa volta la loro opera fu agevolata dall'assoluta mancanza della caccia britannica. Uno di questi velivoli, quello decollato il 17 dicembre dall'incrociatore *Trento*, a causa dell'oscurità era andato ad ammarare a 20 miglia dalla costa della Grecia, al largo di Zante; ma poi, per il forte vento, andò alla deriva per quarantotto ore e finì per andare a finire sugli scogli distruggendosi completamente. Il pilota e l'osservatore, sergente maggiore Biondi e sottotenente di vascello La Rosa, si salvarono.[324]

Un elogio deve essere poi fatto alla determinazione con cui furono condotti gli attacchi dagli aerei dell'Asse alla formazione britannica nella giornata del 17 dicembre,

---

[323] Aldo Cocchia, *La difesa del traffico con l'Africa* Settentrionale, vol. 2°, USMM, p. 211.

[324] ASMAUS, *Relazioni giornaliere del Capo Servizio Aereo Squadra Navale*.

in particolare con gli aerosiluranti dalla Regia Aeronautica e con gli aerosiluranti e i bombardieri della Luftwaffe. Gli attacchi furono realizzati con continuità e risultarono anche di notevole violenza. Tuttavia, a causa del tempo cattivo, della fortissima reazione contraerea e dell'abilità di manovra delle navi britanniche, i risultati conseguiti furono modestissimi, essendo stati limitati al lieve danneggiamento di un cacciatorpediniere (*Kipling*) per bombe tedesche cadute vicino allo scafo.

Il cacciatorpediniere *Kipling*, l'unica nave britannici che il 17 dicembre riportò alcuni danni per bombe e per proietti d'artigliaria caduti vicino allo scafo.

Da parte della Regia Marina, e dell'ammiraglio Iachino in particolare, vi fu molto da recriminare. Soprattutto sul fatto che, nella giornata cruciale del 17 dicembre, la collaborazione con gli aerei dell'Asse fosse stata in parte vanificata dal ritardo in cui le segnalazioni di avvistamento dei velivoli da ricognizione trasmesse all'etere, ma poi ritrasmesse con forma indiretta dai Comandi di settore (Marisudest, 5ª Squadra, Aeronautica della Sicilia), arrivarono al Comandante superiore della Squadra Navale. Le trasmissioni dei velivoli, pur tempestive, contenevano inoltre errori di composizione, della formazione britannica, soprattutto riguardo alla frequente segnalazione di una inesistente nave da battaglia, e sulla velocità, considerata superiore a quella reale di spostamento che, per la presenza della nave ausiliaria *Breconshire*, non superò mai i 16 nodi. L'aver trasmesso velocità nell'ordine di 20 - 22 nodi, significò avvalorare la presenza di una nave da battaglia, che finì per ingannare non soltanto i Comandi italiani in mare ma anche quelli a terra.

In queste condizioni d'incertezza, anche le notizie fornite dai ricognitori imbarcati decollati dalle navi del gruppo di appoggio – che non vennero disturbati nel loro servizio dai velivoli da caccia nemici della Cirenaica e di Malta a causa del loro corto raggio d'autonomia – finirono per dimostrarsi imprecise, e in parte dannosi perché anch'esse contenevano i medesimi errori di composizione e velocità trasmessi dai velivoli terrestri. Ne conseguì, in particolare che le imprecisioni sulla rotta del nemico, che navigava per parallelo, furono addirittura apprezzate una volta per 345° e un'altra volta per 300°.

Questi errori, ma soprattutto quelli commessi sulla velocità delle navi nemiche, lo ripetiamo, stimata intorno ai 20 – 22 nodi mentre invece non superava i 16 permessi dalle motrici del *Breconshire*, impedirono all'ammiraglio Iachino di assumere, con l'intero gruppo d'appoggio, una rotta di avvicinamento ancora più a sud, in modo da arrivare ugualmente allo scontro balistico prima del tramonto.

L'ammiraglio Iachino riponeva molta fiducia sulle notizie che gli pervennero dai due idrovolanti Ro.43 catapultati dalla *Littorio*, soprattutto il secondo. Essi fornirono tempestive segnalazioni sulle posizioni delle navi dell'ammiraglio Vian. Ma l'errore di fondo, derivato dalle notizie che continuavano a segnalare la presenza di una nave da battaglia, impedì al prudente Comandante della Squadra Navale di anticipare il combattimento, con forze ridotte, almeno un'ora prima del sopraggiungere dell'oscurità, e in condizioni di relativa tranquillità. Sarebbe stato, infatti, possibile affrontare il nemico con la solo *Littorio* e i due incrociatori pesanti *Gorizia* e *Trento*, che possedevano di una velocità operativa di almeno 4 nodi superiore a quelle delle altre due corazzate rimodernate del gruppo di appoggio (*Doria* e *Cesare*), e di una potenzialità d'artiglieria nettamente superiore a quella delle navi britanniche.[325]

Al riguardo, nel dopoguerra, quando conosceva il contenuto delle relazioni britanniche che gli permettevano di fare analisi più precise e favorevoli alla sua difesa, l'ex Comandante della Squadra Navale scrisse:[326]

*Comunque l'errore d'identificazione e l'errore di eccesso della velocità, commessi dai nostri ricognitori, ebbero grande importanza per l'andamento dell'operazione. Se infatti avessi saputo che la forza navale nemica non comprendeva corazzate, avrei potuto spingermi in avanti col LITTORIO e con i due incrociatori della III Divisione, alla velocità di 28 nodi, lasciando indietro le due corazzate meno veloci, che ritardavano la marcia di tutta la formazione.*

Da queste frasi si capisce che il Comandante della flotta non si fidò di andare all'attacco con la sola corazzata *Littorio*, per affrontare la presunta unità similare nemica, e lo si comprende benissimo per quando egli scrisse nella sua relazione inviata a Supermarina. Infatti, dopo aver sostenuto nella sua *"Relazione sintetica"*, che le segnalazioni ricevute dai ricognitori terrestri e imbarcati, pur contenendo errori, gli avevano "**permesso di conoscere per tempo l'esatta composizione del reparto nemico in presenza, illuminando tutti i dubbi e tutte le incertezze delle precedenti missioni**" [il neretto è dell'Autore], l'ammiraglio Iachino fece un'altra stupefacente rivelazione:[327]

*L'azione tattica è stata perciò di breve durata e di limitati risultati materiali, data la grande distanza di tiro e l'incombente oscurità; sarebbe stata sufficiente anche solo mezz'ora di anticipo per ottenere un successo più completo. Ciò sarebbe stato possibile se, invece di avere nel gruppo LITTORIO le due corazzate tipo DORIA che in formazione non possono far più di 24 nodi, avessi potuto disporre del VITTORIO VENETO che*

---

[325] Anche un tecnico navale di valore, l'ammiraglio Romeo Bernotti, già Comandante dell'Accademia Navale e della 2ª Squadra durante la guerra di Spagna, non ebbe dubbi sulla mancanza di iniziativa dell'ammiraglio Iachino, scrivendo: *"Per sfruttare maggiormente il breve tempo disponibile per l'azione tattica la corazzata LITTORIO, anziché mantenersi in formazione con DORIA e CESARE, avrebbe utilmente potuto rendere indipendente la sua manovra, sviluppando la massima velocità per avvicinarsi al nemico"*. Cfr. Romeo Bernotti, *La guerra sui mari nel conflitto mondiale 1939-1941* (Volume. I), Livorno, Tirrena, 1947, p. 377.

[326] Angelo Iachino, *Le due Sirti*, cit., p. 146.

[327] *Ibidem*, p. 145.

*avrebbe formato col LITTORIO un gruppo omogeneo, capace di 27 o 28 nodi, e atto ad aprire il fuoco a oltre 30.000 metri.*

A questo punto ogni altra considerazione fatta dall'ammiraglio Iachino sulle cause del mancato contatto balistico prima del tramonto, appaiono strumentali, e non certamente imputabili soltanto agli errori di identificazione e di velocità delle navi nemiche da parte dei ricognitori. Si trattava di andare al combattimento con la *Littorio*, il *Gorizia* e il *Trento*, e dieci cacciatorpediniere, per affrontare una formazione nemica di quattro incrociatori leggeri e dieci cacciatorpediniere, e quindi in condizioni pur sempre favorevoli anche dovendo realmente affrontare una nave da battaglia armata con cannoni da 381; ma Iachino evitò di farlo, e si giustificò scrivendo che dietro di essa potevano seguire le altre due corazzate della Mediterranean Fleet, facendolo cadendo in una trappola come era successo nell'episodio di Capo Matapan. Quest'eventualità non esisteva assolutamente, e l'ammiraglio lo sapeva bene, poiché gli era stata preventivamente segnalata da Supermarina la presenza in porto, ad Alessandria, di due navi da battaglia, che erano poi le uniche rimaste alla Mediterranean Fleet.

Anche l'azione tattica non fu condotta nel modo migliore, come riconobbe, sempre nel dopoguerra, lo stesso ex Comandante della flotta, sostenendo:[328]

*Esaminando oggi lo svolgimento dell'azione tattica con occhio critico, si potrebbe osservare che sarebbe stato meglio, al momento di spiegare con le corazzate per iniziare il tiro, accostare a un tempo di soli 60°, anziché di 90°, come ordinai. Così facendo, avrei ottenuto un avvicinamento più rapido al nemico e quindi probabilmente effetti più concreti.*

Tuttavia, l'ammiraglio Iachino non si limitò a questa breve frase. Egli, infatti, giustificò quella mancata manovra esprimendosi con il suo solito impeto tecnico e letterario, affermando che andare al tiro per 60° non appariva conveniente. Il nemico sarebbe stato rilevato per 30° dalla prora, e pertanto in un settore che permetteva alle sue navi di utilizzare soltanto una parte del loro armamento, e quindi di realizzare, con il ridotto volume di fuoco, soltanto una minima offesa. Nell'accostare ad un tempo a dritta di 90°, Iachino sostenne di averlo fatto *"piuttosto istintivamente"*, perché ritenne che anche il nemico accostasse verso sud per schierarsi per il combattimento.

Ma poi lo stesso Iachino ci fa capire che i motivi per cui non realizzò quella rapida manovra di avvicinamento erano ben altri. Andare per 60° contro un nemico che si intravedeva confusamente di prora, e che l'ammiraglio riteneva stesse manovrando per accettare il combattimento, significava far diminuire velocemente la distanza, rischiando *"di arrivare, nella semioscurità della sera, a una pericolosa mischia tra siluranti e navi maggiori"*.[329]

La manovra dell'ammiraglio Iachino fu quindi studiata a posteriori, in quanto, dobbiamo ricordarlo, l'ordine giuntogli da Supermarina nel pomeriggio del 17 dicembre, gli imponeva di evitare ad ogni costo un combattimento notturno. L'inferiorità tattica, tecnica e di addestramento della Marina italiana nei riguardi della Royal Navy, come noi abbiamo spesso documentato generando in taluni cosiddetti storici una certa contrarietà, appariva talmente manifesta, che ogni possibilità di incontro nelle ore di oscurità, anche

---

[328] *Ibidem*.
[329] *Ibidem*, p. 148. *Ibidem*, p. 148.

con forse nemiche limitate, era vista a Supermarina e nei vari Comandi navali, a terra e sulle navi, con vero terrore.

Inverno 1941-1942. Il porto di Tripoli durante lo sbarco di carri armati da un convoglio nell'inverno 1941-42. Sopra un carro armato italiano M.13.

Vi era poi un altro motivo, che rendeva incerta nei Comandanti della flotta ogni manovra da affrontare nelle ore d'oscurità, in presenza, anche solo sospetta, di navi nemiche. E, questo argomento, l'ammiraglio Iachino non mancò di sottolineare nella sua relazione, dichiarandosi ammirato dall'ottimo servizio svolto dai ricognitori britannici nel localizzare e tenere il contatto con le navi italiane durante la notte, arrivando ad affermare, come in effetti era, *"che la precisione e la sicurezza"* che ne derivava era dovuta *"non solo a un grande addestramento del personale, ma anche al possesso di mezzi tecnici particolarmente perfezionati, quali per esempio il radiotelenetro"*. E aggiunse:[330]

*E' stato infatti da più fonti segnalato che gli aerei inglesi sarebbero già muniti di tale apparecchio, ed è facile vedere quanto ciò possa avvantaggiarli nelle operazioni di ricerca notturna.*

*In ogni modo è ben certo che il radiotelemetro è già in uso corrente sulle unità di superficie inglesi, come è stato provato una volta di più dalle intercettazioni della notte sul 18. E' indubitato che il possesso di questo prezioso apparecchio, e la collaborazione di una ricognizione aerea notturna perfettamente addestrata, mettono la Marina inglese in condizioni particolarmente privilegiate per ogni operazione di ricerca notturna di unità nemiche.*

\* \* \*

Passiamo adesso ai commenti britannici, e sui motivi che impedirono di raggiungere il convoglio italiano, e che portarono poi, con l'eliminazione della Forza K e delle due corazzate della Mediterranean Fleet, ad un vero stato di crisi, che sarebbe poi proseguito, per la mancanza di navi portaerei e di navi da battaglia, per tutto l'anno 1942.

Sull'efficienza dell'Ultra, ed anche sulla incapacità di poter sempre sfruttare al meglio le informazioni da essa diramate, Alberto Santoni ha scritto:[331]

*L'attività ULTRA fu rilevante, ma incapace di determinare conseguenti successi a causa degli inadeguati contemporanei strumenti offensivi inglesi o dell'insuperabile capacità difensiva avversaria. Alcuni pur minimi ma rilevabili ritardi nella decrittazione dei radiomessaggi italiani dimostrarono inoltre nell'occasione che da parte inglese non sempre si poteva fare completo affidamento su tale preziosa fonte informativa, a prescindere dalla disponibilità o meno di idonei mezzi d'attacco.*

Analizzando i risultati dell'arrivo a Malta della nave ausiliaria *Breconshire* e sull'importanza dell'arrivo a Tripoli del convoglio italiano, il generale Playfair e stato molto chiaro, sostenendo:[332]

*Ancora una volta, e non per l'ultima, operazioni di convogli britannici ed italiani si erano trovati a coincidere. La petroliera BRECONSHIRE aveva compiuto, indenne, la traversata per Malta, ma anche gli italiani avevano ottenuto quanto essi si erano prefissi di fare. Quel che era più importante, essi probabilmente avevano acquistato, come*

---

[330] *Ibidem*, p. 152.
[331] Alberto Santoni, *Il vero traditore*, cit., p. 140.
[332] I.S.O. Playfair e altri, *The Mediterranean and Middle East*, vol. III, cit., p. 114.

*risultato di quell'esperienza, considerevole fiducia in se stessi. Per un intero giorno una gran parte della Flotta Italiana aveva operato entro 200 miglia da Malta senza essere seriamente attaccate, ed il nemico sapeva ora che la forza di superficie di base a Malta era fuori causa, almeno por il momento.*

*Peggio ancora, i rinnovati attacchi della Luftwaffe su Malta stavano diventando più massicci e più frequenti, e si venne a conoscere che il numero degli aerei tedeschi in Sicilia stava aumentando.*

*Le prospettive in mare, perciò alla fine del 1941 non potevano essere definite incoraggianti.*

Sulle possibilità che si offrivano alla Mediterranean Fleet dopo l'affondamento dell'incrociatore *Galatea* e i disastri di Tripoli e di Alessandria, lo storico britannico Donald Macintyre, già famoso comandante di gruppi di scorta impegnati nella battaglia dell'Atlantico, e poi dell'incrociatore *Scylla*, ha fatto la seguente analisi:[333]

*Sei uomini valorosi e risoluti eliminarono d'un sol colpo la squadra da battaglia di Cunningham in un momento in cui le corazzate che ne facevano parte non potevano essere sostituite. Undici giorni prima i Giapponesi avevano sferrato a tradimento il loro attacco a Pearl Harbour e, poco dopo, la corazzata PRINCE OF WALES e l'incrociatore da battaglia REPULSE erano stati affondati dagli aerosiluranti della Marina nipponica. Tutto quel che restava della potenza navale inglese ora occorreva per la difesa dei possedimenti britannici in Oriente.*

*In seguito alle perdite sofferte fra il 14 e il 19 dicembre 1941 la squadra navale di Cunningham s'era improvvisamente ridotta, salvo i cacciatorpediniere, ai tre incrociatori leggeri della 15ª Divisione di Vian, NAIAD, EURYALUS e DIDO e all'incrociatore antiaereo CARLISLE. A Malta v'erano il PENELOPE e l'AJAX, quest'ultimo fuori combattimento perché in avaria. Di fronte a forze così esigue, gli italiani allineavano quattro corazzate, tre incrociatori pesanti e tre [sic] leggeri e uno schieramento di sommergibili e caccia molto superiore a quello britannico.*[334]

*Dato un tale stato di cose la flotta britannica non avrebbe più potuto operare nel Mediterraneo centrale. In realtà, come i fatti dovevano dimostrare, l'impossibilità di Cunningham di tenere in campo una squadra da battaglia era di gran lunga meno importante del fatto che a lui mancava un adeguato appoggio aereo fornito da una nave portaerei oppure da velivoli dislocati in aeroporti terrestri. Però, fin quando i campi d'aviazione della Cirenaica furono nelle mani dei Britannici, la divisione di Vian fu sempre in grado di scortare le navi dirette a Malta facendole passare sotto il naso della flotta italiana impegnata nella protezione dei propri convogli libici contro le forze d'attacco che avevano in Malta la loro base.*

---

[333] Donald George Frederick Wyvill Macintyre, *La battaglia del Mediterraneo*, Firenze, Sansoni, 1965, p. 160.

[334] La Flotta italiana disponeva allora di dodici incrociatori, dei quali quattro pesanti (*Trento, Trieste, Bolzano, Gorizia*), armati con cannoni da 203 mm, e otto leggeri (*Abruzzi, Garibaldi, Eugenio, Montecuccoli, Aosta, Attendolo, Bande Nere, Cadorna*), armati con cannoni da 152 mm.

Sulle modeste possibilità offensive che rimanevano alla Forza K di Malta, e il vantaggio che ne derivò per la Marina italiana, il famoso storico britannico capitano di vascello Stephen Roskill ha sostenuto:[335]

*Nello spazio di poche ore, terminò la breve ma brillante carriera della forza d'attacco di Malta e per interrompere il traffico dei rifornimenti con l'Africa noi dovemmo, una volta di più, fare affidamento sui sommergibili e sugli aerei. Il nemico si avvantaggio immediatamente di questo movimento oscillatorio del pendolo per avviare due convogli a Tripoli e Bengasi e alla fine dell'anno fu in grado di riferire che il rischio cui le sue armate erano state soggette si era considerevolmente attenuato. Infatti, la combinazione di una buona dose di fortuna e di una riuscita reazione le aveva per il momento salvate.*

Ancora in modo più drastico, Roskill commentò la situazione che si era venuta a creare nella Royal Navy con il disastro di Alessandria, che faceva seguito a quello riportato nelle acque orientali della Malesia dalla flotta orientale concentrata a Singapore, che il 10 dicembre aveva perduto per attacco di aerosiluranti e bombardieri G4M (Betty) della Marina nipponica le due navi di linea *Prince of Wales* e *Repulse*:[336]

*Mai fin dall'evacuazione del Mediterraneo nel 1796, la Royal Navy era stata premuta così duramente; e allo stesso modo sembrava possibile che ora dovesse effettuarsi una simile ritirata. Il 10 dicembre il Primo Lord del Mare* [ammiraglio Dudley Pound] *domandò agli ammiragli Cunningham e Somerville quali sarebbero state, secondo la loro opinione, le conseguenze del ritiro di tutte le navi pesanti da uno o da entrambi i loro Comandi. L'Ammiraglio Cunningham nella sua risposta mise in rilievo il suo ansioso desiderio di contribuire al superamento della crisi che era sorta e disse che, sempreché l'Esercito ottenesse una solida presa in Cirenaica e che le forze aeree realmente adeguate avessero base là e a Malta, la ritirata di nuove navi poteva essere accettata come un gioco d'azzardo. Se noi fossimo costretti a tale provvedimento "la nostra salvezza", considerava, "sarà nell'aria".*

*Mentre queste importanti decisioni erano soppesate, le circostanze considerate erano infatti prodotte dal danno alla QUEEN ELIZABETH ed alla VALIANT, e alla vigilia di Natale l'Ammiragliato comunicò all'Ammiraglio Cunningham che gli eventi forzavano la loro adesione. Le due corazzate, quando riparate, e le tre moderne portaerei, ILLUSTRIOUS, FORMIDABLE e INDOMITABLE, quando pronte* [dopo le riparazioni], *dovevano, probabilmente, essere tutte inviate nell'Estremo Oriente. Per sostituire le navi pesanti della flotta erano previsti rinforzi aerei per il Mediterraneo. Questo programma, sebbene non fosse stato effettivamente seguito, è interessante perché mostra la ristrettezza cui eravamo ridotti dalle perdite navali sofferte in questo periodo. Nella sua risposta a quest'ultimo messaggio l'Ammiraglio Cunningham esortava affinché, nel tentativo di regolare le faccende nell'Estremo Oriente, noi ci guardassimo dal perdere la nostra posizione nel Mediterraneo. Questa disse, deve ora basarsi su un adeguato e idoneo potere aereo offensivo.*

---

[335] Stephen Wentworth Roskill, *The war at sea*, volume I, Londra, HMSO, 1954, p. 535- 536.
[336] *Ibidem*, p. 539-540..

*La Formidable* l'ultima portaerei della Mediterranean Fleet che era stata gravemente danneggiata il 26 maggio 1941 dall'attacco degli Ju.87 tedeschi del II./St.G.2. Da allora fino al giugno 1943 non vi sarebberi più state portaerei britanniche, e neppure navi da battaglia britanniche, nel Mediterraneo centr'orientale.

*L'effetto delle perdite combinato a diversioni di navi ad altri teatri di guerra fu, come l'Ammiraglio Cunningham aveva previsto, che l'effetto dell'offensiva dell'Esercito – poiché Bengasi fu di nuovo occupata alla vigilia di Natale – non poté essere sfruttato. Lo slancio dell'Esercito fu perduto e fu resa impossibile un'ulteriore avanzata verso ponente, in gran parte perché la Flotta non poté sorvegliare il suo fianco e garantire il suo rifornimento. In questo modo le possibilità di una decisione in Africa furono differite per un altro anno e più.*

*Di tutti gli eventi che contribuirono a questo frantumarsi delle nostre speranze, l'attacco del Giappone, che, nelle parole del Primo Lord del Mare, "unì due grandi oceani ... alla zona in cui era minacciato il nostro traffico", fu certamente il più grande. Ma anche le reazioni tedesche alla nostra offensiva contro le rotte di rifornimento libiche, che comprendevano la diversione di U-boots dall'Atlantico e il ritorno della Luftwaffe in Sicilia, giocarono una parte.*

L'ammiraglio Cunningham si trovava veramente in una situazione delicata, e particolarmente spiacevole, per mancanza di forze necessarie per rifornire Malta e per appoggiare e alimentare l'8ª Armata britannica avanzante in Cirenaica. Egli aveva ora un numero di navi ancora minore di quante ne avesse possedute nel precedente mese di giugno 1941 dopo le forti perdite che accompagnarono la perdita dell'isola di Creta.[337]

Essendo stato costretto a privarsi dell'incrociatore australiano *Hobart* rimandato in Patria, del posamine veloce *Abdiel* e di sei cacciatorpediniere, tre dei quali australiani

---

[337] Francesco Mattesini, *La Battaglia di Creta Maggio 1941 – Il contributo italiano*, nel sito Academia Edu.

(*Napier*, *Nizam*, *Nestor*), spediti nell'Oceano Indiano per rinforzare la Flotta Orientale dopo l'attacco giapponese, l'ammiraglio Cunningham aveva protestato con l'ammiraglio Pound, sostenendo che gli rimanevano soltanto *"dieci cacciatorpediniere efficienti per soddisfare crescenti impegni"*. Pochi giorni dopo il Comandante della Mediterranean Fleet protestò ancora più fermamente con il Primo Lord del Mare per la mancanza di una nave portaerei. Egli *"sottolineò che se l'offensiva dell'Esercito fosse riuscita, il mantenimento del suo slancio offensivo sarebbe difeso dalla capacità della sua flotta ad operare nel Mediterraneo orientale, cosa che non si poteva fare con sicurezza senza aerei da caccia che decollassero da portaerei.*[338]

Davanti alle pressanti richieste dell'ammiraglio Cunningham l'ammiraglio Pound, espose l'impossibilità di trovare una nave portaerei da inviare ad Alessandria, essendo tutte quelle disponibili necessarie nell'Oceano Indiano. Egli si rendeva conto ne si faceva illusione dei pericoli che la Royal Navy stava affrontando nel Mediterraneo, e scrivendo alla fine del 1941 all'ammiraglio Cunningham disse: *Non vi sarebbe nulla di preferibile all'inviarvi, come dono, venti o trenta cacciatorpediniere e una dozzina d'incrociatori ... Voi sapete, però, quanto siamo terribilmente preoccupati in ogni direzione e ciò spiegherà la piccolezza dei nostri invii.*[339]

Basandosi su questa previsione, all'inizio del 1942 il Primo Lord del Mare avvertì tutti i Comandi imbarcati alle sue dipendenze che *"la ritirata delle navi maggiori della flotta del Mediterraneo significava che il controllo di quelle acque sarebbe dipeso dalle nostre unità minori sostenute dagli aerei. Se Malta doveva essere tenuta il sostegno della Royal Force era essenziale. La caduta di Malta avrebbe avuto incalcolabili risultati"*.[340]

---

[338] *Ibidem*, p. 538 sg.

[339] *Ibidem*, p. 539. I pochi rinforzi furono prelevati dalla Home Fleet e da Gibilterra, e quindi a spese delle operazioni in Atlantico e nel Mediterraneo occidentale, ove la Forza H dell'ammiraglio James Somerville era ridotta a disporre soltanto della vecchia corazzata *Malaya*, della piccola portaerei *Argus*, dell'incrociatore leggero *Hermione* e tredici cacciatorpediniere. Dopo l'arrivo ad Alessandria dei quattro cacciatorpediniere che avevano partecipato al vittorioso scontro di Capo Bon, la Mediterranean Fleet era riuscita a sostituire le unità andate via, con altri quattro cacciatorpediniere e con l'incrociatore *Dido* che, avendo riparato i danni riportati il precedente maggio al largo di Creta, giunse ad Alessandria alla fine di dicembre, dopo aver attraversato il Mediterraneo, e superando il Canale di Sicilia. Erano poi in arrivo una decina di piccoli cacciatorpediniere di scorta della classe "Hunt", costruiti durante la guerra e poi chiamati "*Muta di cani*", che servirtono ottimamente nella scorta ai convogli e nelle cacce antisommergibili.

[340] *Ibidem*.

Da destra, il Primo Lord del Mare, ammiraglio della Flotta Dudley Pound, il Re d'Inghilterra George VI, il Primo Lord dell'ammiragliato Signor Albert Victor Alexander, e Sir Henry Markham, Segretario permanente all'Ammragliato.

***

Per concludere, mentre le unità britanniche, essendo vincolate alla protezione della nave ausiliaria *Breconshire*, nella notte tra il 17 e il 18 dicembre 1941 non poterono andare all'attacco delle navi italiane, queste ultime si comportarono nello stesso modo per proteggere il loro convoglio. Ma mentre i britannici erano stati anche costretti a farlo con le limitate forze disponibili, tanto che l'ammiraglio Cunningham dette al contrammiraglio Vian l'ordine di rientrare ad Alessandria senza cercare di impegnare durante la notte le navi dell'ammiraglio Iachino, quest'ultimo avrebbe potuto osare di più, perché aveva le forze potenzialmente necessarie per cercare di anticipare il breve combattimento che si svolse al tramonto del 17, senza correre troppi rischi; e probabilmente lo avrebbe anche fatto, se il Comandante superiore in mare fosse stato meglio servito dai suoi ricognitori, avesse avuto maggiore fiducia nello sfruttare l'opportunità che gli si offriva, e non fosse stato, infine, trattenuto da Supermarina, che assolutamente non intendeva impegnare le sue navi in un combattimento notturno, dagli esiti, visto i precedenti, imprevedibili.

In definitiva, la battaglia della prima Sirte ebbe un'importanza tutt'altro che straordinaria a causa della eccessiva prudenza con cui fu condotta da parte italiana. Il modesto episodio non avrebbe migliorato la situazione dei rifornimenti alla Libia se non fosse stato integrato da due episodi di grandissima importanza, che favorirono, indubbiamente, il miglioramento della situazione strategica in favore dell'Asse.

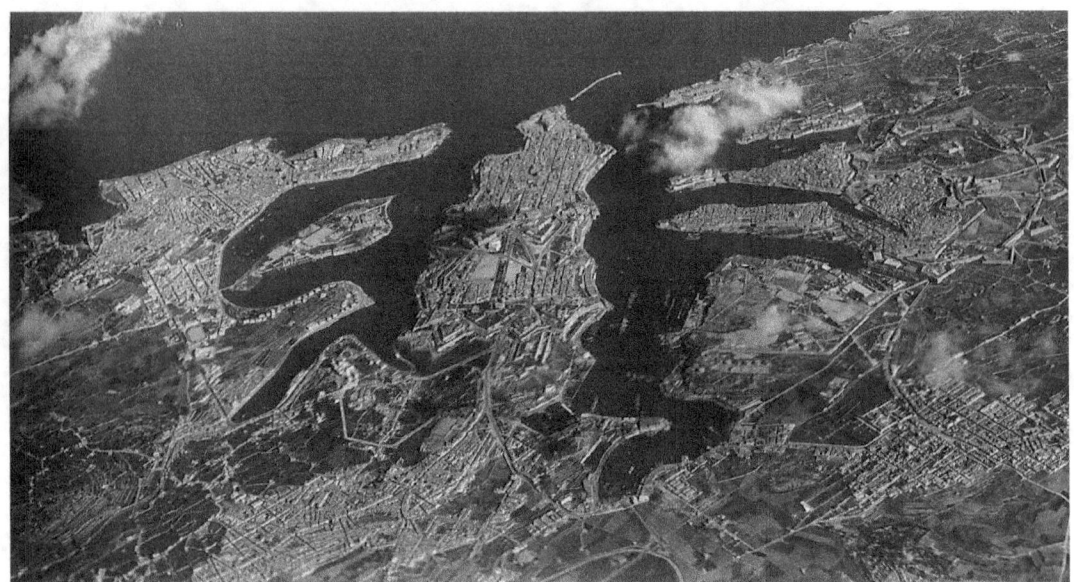
30 dicembre 1941. Il porto maltese della Valletta fotografata da alta quota da un velivolo italiano S.79 del 30° Stormo Bombardamento Terrestre.

Il primo episodio fu rappresentato dallo sbarramento minato di Tripoli, imposto a Supermarina dalla Seekriegsleitung proprio per proteggere le navi di quel porto, e che menomò considerevolmente le Forze B e K, eliminando, per affondamento o per grave danneggiamento, due dei loro quattro incrociatori.

Il secondo episodio, fu di portata strategica ben più importante perché ebbe l'effetto di un riflusso della marea, portando realmente ad una svolta della guerra nel Mediterraneo, in favore delle potenze dell'Asse. Ciò fu determinato non per una modesta battaglia navale, ma grazie al valore degli uomini eccezionali dei mezzi d'assalto della X Flottiglia Mas che, trasportati dal sommergibile *Scire*, immobilizzarono ad Alessandria le ultime due corazzate della Mediterranean Fleet, che restarono fuori servizio per lungo tempo.

Vogliamo ricordare il nome di quei valorosi: capitano di corvetta Junio Valerio Borghese, comandante dello *Scire*; e le coppie degli operatori dei siluri a lenta corsa Durand de La Penne-Bianchi, Marceglia-Shergat, e Martellotta-Marino.

Poiché gli operatori, fatti prigionieri, non poterono riferire sulla loro straordinaria impresa, il successo della missione cominciò ad apparire in tutta la sua importanza a iniziare dal 5 gennaio 1942 quando, per una fotografia scattata da un ricognitore Ju.88D tedesco del X Fliegerkorps, fu compreso che la *Valiant* e la *Queen Elizabeth* poggiavano sul fondo ed erano pertanto fuori combattimento. In quel momento stava per concludersi, con nuovo enorme ed inutile dispendio di mezzi navali e di preziosa nafta, l'operazione M.43 che, essendo stata pianificata da Supermarina sulla falsariga della M.42, permise di portare a Tripoli sei grosse motonavi, che imbarcavano molti mezzi tedeschi e i carri armati della Divisione Corazzata "Littorio".

La corazzata *Vittorio Veneto* al rientro in squadra nel marzo 1942 dopo siluramento del 14 dicembre 1941 passa il ponte girevole di Taranto per raggiungere il suo posto di ormeggio nel Mar Grande.

In quel momento l'offensiva aerea del II Fliegerkorps contro le basi aeronavali di Malta era in pieno svolgimento, e l'operazione si concluse senza perdite o emozioni, fortemente protetta dall'aviazione italiana e tedesca. Era solo l'inizio, perché nei mesi successivi dell'inverno e della primavera, con il generale Erwin Rommel che il 21 gennaio era passato alla controffensiva ad Agedabia – travolgendo le forze del 30° Corpo dell'8ª Armata britannica e riconquistando il porto Bengasi che era stato sgombrato il 23 dicembre – i rifornimenti dell'Asse sarebbero transitati, con le scorte navali ridotte al minimo e senza subire gravi perdite, seguendo la rotta più breve che passava ad appena 50 miglia da Malta.

FRANCESCO MATTESINI

# INDICE

- L'offensiva della R.A. contro le basi aeronavali di Malta e l'arrivo alla Valletta della Forza K pag. 3
- Dalla distruzione del convoglio "*Duisburg*" al disastro di Capo Bon   pag. 11
- Direttive per le forze aeree dell'Asse nell'operazione M 41 Pag. 44
- Il giallo della Battaglia di Capo Bon. pag. 47
- L'inizio dell'operazione M.41e l'attività delle forze aeree di Malta pag. 87
- L'affondamento dell'incrociatore britannico *Galatea* e delle motonavi italiane *Filzi* e *del Greco* pag. 97
- Il siluramento della corazzata *Vittorio Veneto* pag. 116
- Le considerazioni dopo il fallimento dell'operazione "M.41" pag. 125
- La pianificazione dell'operazione M. 42 pag. 132
- La pianificazione dell'appoggio aereo all'Operazione "M.42" pag. 136
- Le fasi iniziali dell'operazione M 42   pag. 143
- L'inizio dell'operazione britannica "ME.9" per portare a Malta la nave ausiliaria *Breconshire* e le informazioni ricavate dalle intercettazioni Ultra pag. 149
- I movimenti delle navi italiane nella giornata del 17 dicembre   pag. 161
- Gli avvenimenti che precederono lo scontro della Sirte   pag. 166
- La battaglia della Sirte – Il contatto balistico   pag. 193
- L'affondamento della cisterna *Lina* Pag. 206
- L'arrivo a Tripoli del convoglio italiano e il rientro alle basi metropolitane del gruppi di scorta Pag. 209
- Il dramma delle Forze B e K nelle acque di Tripoli  pag. 229
- Conclusioni e considerazioni Pag. 251

# TITOLI PUBBLICATI - ALREADY PUBLISHING
## DELLO STESSO AUTORE

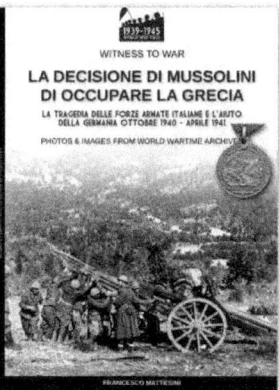

www.ingramcontent.com/pod-product-compliance
Lightning Source LLC
LaVergne TN
LVHW081540070526
838199LV00057B/3728